QUADRIVIUM

Título original: *Quadrivium*

Publicado en colaboración con Alexian Limited

Producción de la edición española:
Delivering iBooks & Design, Barcelona
Traducción: Montserrat Ribas para
Delivering iBooks & Design

Distribución exclusiva de la edición española:
LIBRERO IBP
C/ Paseo de los Olmos, nº 20
Planta 1ª, Oficina 7
28005 MADRID
Tel. 0034 915001438
info@libreroibp.es

Impreso en India
ISBN 978-90-8998-458-6

QUADRIVIUM

LAS CUATRO ARTES LIBERALES CLÁSICAS: ARITMÉTICA, GEOMETRÍA, MÚSICA Y ASTRONOMÍA

Librero

ÍNDICE

TYPVS A·RITHMETICAE·
BOETIVS

TYPVS GEOMETRIE

TYPVS MVSICES
TVBA

Ptolemeus

Prefacio del editor

El libro que tiene en sus manos es un excepcional tesoro de cosas antiguas y siempre útiles, que en un tiempo fueron secretas. También es inmortal, pues nunca pasará de moda. En tercer lugar, es universal, un pasaporte mágico entre culturas, sagrado y científico, local y extranjero, antiguo y moderno.

Un volumen de esta magnitud requiere el esfuerzo conjunto de muchas personas. Gracias por su ayuda y sus contribuciones a Sally Pucill, Richard Henry, Adam Tetlow, John Michell, John Neal, Dr. Paul Marchant, Robin Heath, David Wade, Dr. Khaled Azzam, Malcolm Stewart, Polly Napper, Geoff Stray, Dr. Moff Betts, profesor Scott Olsen, Richard Heath, Matt Tweed, Mark Mills, profesor Robert Temple, Stephen Parsons, Nathan Williams, Charlie Dancey y Tracey Robinson.

También deseo expresar mi agradecimiento al profesor Keith Critchlow por el prólogo, y a los propios autores, Miranda Lundy, Daud Sutton, mi abuelo Anthony Ashton y el Dr. Jason Martineau de Berkeley.

John Martineau

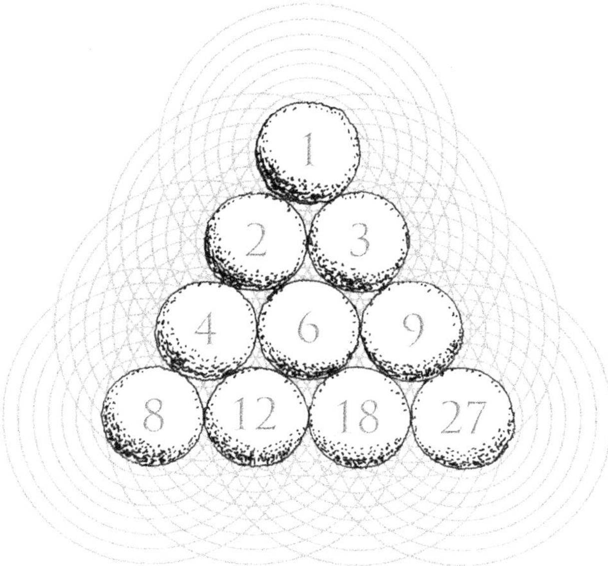

La Tetraktys *de Pitágoras ampliada con la* lambda *de Timeo. Platón retuvo tres números, revelando solo siete: 1, 2, 3, 4, 8, 9 y 27, por su relación con los planetas. Los guijarros o* khalix *eran la norma en la matemática griega.*

Prólogo

Sobre el año 500 a. C., Pitágoras formuló y enseñó por primera vez el *quadrivium* como la Tetraktys, en una comunidad donde todos eran iguales, tanto material como moralmente, y donde las mujeres poseían el mismo estatus que los hombres. Se trata de la primera estructura educativa en Europa, que fue refinando las enseñanzas hasta llegar a siete materias esenciales, más tarde conocidas como las siete artes liberales.

La palabra «educación» viene del latín *educere*, que significa «dirigir», lo que apunta hacia la doctrina básica que Sócrates, según lo escrito por Platón, elucidó de forma tan clara: el conocimiento es una parte inherente e intrínseca de la estructura del alma. El *trivium* del lenguaje se estructura sobre los valores cardinales y objetivos de Verdad, Belleza y Bondad. Sus tres materias son la *gramática*, que se ocupa de la buena estructura del lenguaje, la *lógica*, que se emplea para descubrir la verdad, y la *retórica*, para un elegante uso del lenguaje a la hora de expresar la verdad. El cuadrivio surge del más venerado de todos los temas al alcance de la mente humana: el número. La primera de estas disciplinas la llamamos *aritmética*; la segunda, *geometría* o el orden del espacio como «el número en el espacio»; la tercera es *armonía*, que para Platón significaba «el número en el tiempo», y la cuarta es *astronomía*, o «el número en el espacio y el tiempo». Todos estos estudios ofrecen una escalera segura y fiable para alcanzar los valores simultáneos de la Verdad, lo Bueno y lo Bello. Esto a su vez conduce al valor armonioso esencial de Totalidad.

Nuestra alma, cuya inmortalidad demuestra Sócrates en el *Fedón* de Platón, procede de una posición de conocimiento absoluto antes de encarnarse en un cuerpo. El volver a recordar –el propósito de la educación– literalmente significa recomponer las piezas separadas en una totalidad. El objetivo de estudiar estas materias era volver a ascender hacia la Unidad mediante una simplificación basada en la comprensión que se obtenía profundizando en cada materia del cuadrivio. El objetivo era encontrar su *fuente* (tradicionalmente este era el único propósito de la búsqueda del conocimiento).

En sus discusiones sobre los ideales de la educación, Sócrates revela su modelo de la continuidad de la conciencia. Esta era una «línea» trazada verticalmente y que alcanzaba desde los inicios del conocimiento consciente en Estimaciones hasta el clímax de la conciencia como *Noesis*, que es la Comprensión Unificada. Más allá reside lo indescriptible y lo inefable. De modo significativo, existen cuatro etapas (otro cuadrivio o *Tetraktys*), que vienen dadas por la división socrática de la «Línea ontológica». La primera y fundamental división es entre el mundo Inteligible y Sensorial, entre Mente y Materia. A continuación, cada una de ellas se divide, las Estimaciones de las Opiniones. En el mundo sensorial incluso las opiniones correctas siguen estando basadas en la experiencia sensorial, mientras que por encima de la primera línea dividida, en el mundo Inteligible de la Mente nos encontramos en el reino «portador de verdad» del cuadrivio, el conocimiento verdadero y objetivo. La última y más alta división de lo inteligible es *Nous* o el propio Conocimiento Puro, donde el conocedor, lo conocido y el acto de conocer se convierten en Uno. Este es el objetivo y la fuente de todo conocimiento. Así, probado por el tiempo y la sabiduría, el cuadrivio ofrece al buscador sincero la oportunidad de recuperar su propia comprensión interna de la naturaleza integral del universo, con él mismo como parte inseparable.

Volviendo ahora con mayor detalle a los «cuatro caminos», la *Aritmética* consta de tres niveles: lo materialmente Enumerado, el Número de los Matemáticos (indefinido) y el Número Ideal o Arquetípico (que se completa en el 10). La *Geometría* se revela en cuatro etapas: el punto adimensional, que avanza para convertirse en línea, que a su vez avanza para convertirse en plano; por último alcanza la solidez como tetraedro. La *Armonía* (la naturaleza del Alma) muestra cuatro «escalas» musicales: pentatónica, diatónica, cromática y *shruti*. Por último llegamos al *Cosmos*, palabra que tiene su origen en Pitágoras y que significa «orden» y «adorno». Los pitagóricos consideraban los cielos visibles como un «adorno» de principios puros, y el número de planetas visibles tenía relación con los principios de la armonía proporcional. El estudio de la perfección de los cielos era una forma de perfeccionar el movimiento de la propia alma.

Entre los estudiantes del cuadrivio encontramos a: Casiodoro, Filolao, Timeo, Archytus, Platón, Aristóteles, Eudemo de Rodas, Euclides, Cicerón, Filón de Alejandría, Nicómaco de Gerasa, san Clemente de Alejandría, Orígenes, Plotino, Jámblico de Calcis, Macrobio, Capella (de todas, la suya es la versión más entretenida), Dionisio el Areopagita, Beda el Venerable, Alcuino de York, Al-Khwarizmi, Al-Kindi, Eriugena, Gerberto de Aurillac (papa Silvestre II), los Hermanos de la Pureza, Fulberto de Chartres, Ibn Sina (Avicena), Hugo de san Víctor, Bernardo Silvestre, Bernardo de Claraval, Hildegarda de Bingen, Alain de Lille (Alanus ab Insulis), Joaquín de Fiore, Ibn Arabi, Robert Grosseteste (el gran científico inglés), Roger Bacon, Tomás de Aquino, Dante y Kepler.

Terminamos con dos citas. La primera es de los *Versos dorados* de Pitágoras: «Y TÚ SABRÁS QUE LA LEY [...] ESTABLECIÓ LA NATURALEZA INTERNA DE TODAS LAS COSAS POR IGUAL»; la segunda es de Jámblico: «No por ti se creó el mundo (cosmos), pero tú naciste por su causa».

Keith Critchlow

LIBRO I

El grabado de Gregor Reisch, del siglo XVI, muestra a Pitágoras usando un ábaco medieval para formar los números 1241 y 82 *(derecha)*, mientras que Boecio calcula con los números indios con los que actualmente estamos familiarizados *(izquierda)*. En el centro está Aritmética, con las dos progresiones geométricas 1, 2, 4, 8 y 1, 3, 9, 27 inscritas en su vestido.

EL NÚMERO SAGRADO

Las cualidades secretas de las cantidades

Miranda Lundy

Con material adicional de Adam Tetlow y Richard Henry

Introducción

¿Qué es el número? ¿Cómo distinguimos el uno del mucho o, lo que es lo mismo, el dos del tres? Si tres hombres armados pretenden esconderse bajo el árbol en el que anida un cuervo, el ave saldrá volando y contará desde la distancia mientras los hombres se van marchando uno por uno, cansados y hambrientos, y después regresará a su nido sintiéndose a salvo. ¿Pero cinco? Los cuervos solo saben contar hasta cuatro.

Sabemos cosas sobre ciertos números: un círculo puede tener inscritos otros seis, la escala musical tiene siete notas, contamos por decenas, tres patas forman un taburete, cinco pétalos una flor. Algunos de estos descubrimientos elementales son las primeras verdades universales con las que nos topamos, así que simplemente nos olvidamos de ellas.

La ciencia y estudio del número es uno de los más antiguos de la Tierra, sus orígenes se pierden en la niebla de los tiempos. Las culturas más tempranas grababan números en vasijas de arcilla, patrones de tejidos, hacían muescas en huesos, nudos, monumentos de piedra, y contaban el número de sus dioses. Otros sistemas posteriores integraron los misterios en el quadrivio medieval mágico de aritmética, geometría, música y astronomía: las cuatro artes liberales precisas para una auténtica comprensión de las cualidades del número.

Toda ciencia tiene su origen en la magia, y en las antiguas escuelas no había mago que no fuera instruido en el poder del número. Hoy día el conocimiento tradicional del número sagrado ha sido desbancado por una marea de números cuantitativos, que no cubrimos en estas páginas. El libro i de *Quadrivium* es una guía para principiantes a la aritmología mística, un pequeño intento de desvelar parte de las muchas cualidades secretas y esenciales del número contenido dentro de la Unidad.

LA MÓNADA

Una unidad

Unidad. El Uno. Dios. El Gran Espíritu. Espejo de maravillas. La eternidad tranquila. Permanencia. Existen incontables nombres para ello.

Según un punto de vista,. no se puede hablar del Uno porque hablar de ello es convertirlo en objeto, lo que implica una separación, tergiversando así desde un principio la esencia de la unidad, un dilema misterioso.

El Uno es el límite de todo, el primero antes del principio y el último después del fin, el *alpha* y el *omega*, el molde que da forma a todas las cosas y la cosa formada por todos los moldes, el origen del cual surge el universo, el propio universo, y el centro al que todo regresa. Es punto, semilla y destino.

El Uno resuena en todas las cosas y trata a todos por igual. Su estabilidad entre los números es única, el uno sigue siendo uno al multiplicarlo o dividirlo por sí mismo, y uno de cualquier cosa es única y exclusivamente esa sola cosa.

Todas las cosas están inmersas en el océano sin límites de la Unidad. La cualidad de unidad lo permea todo, y aunque no existe nada sin ella, tampoco hay cosa alguna en su interior, ya que incluso una comunicación o una idea requiere partes en relación. Igual que la luz del Sol o la suave lluvia, el Uno se percibe tradicionalmente como incondicional en su amor, pero su majestad y misterio permanecen velados y más allá de la comprensión, porque el Uno solo puede ser comprendido por sí mismo. Como tal, el Uno siempre está solo, en su unidad, y no puede existir ninguna cosa que lo describa.

El Uno es simultáneamente círculo, centro y el tono más puro.

La dualidad

Opuestos

Toda moneda tiene dos caras, y la otra cara es donde habita la díada. El dos es la sombra sobrenatural, opuesta, polarizada y convertida en objeto. Está ahí como el otro, lo que no esto, y es esencial como base de comparación, el método por el cual nuestras mentes conocen las cosas. Existen innumerables nombres para la pareja divina.

Para los pitagóricos, el dos era el primer número sexuado, par y femenino. Para desarrollar su apreciación de la cualidad del dos, reflexionaban sobre pares de opuestos puros, como limitado-ilimitado, par-impar, uno-varios, derecha-izquierda, masculino-femenino, descanso-movimiento y recto-curvo. También podríamos pensar en la inhalación y espiración de la respiración, en la carga positiva y negativa del electromagnetismo, y en los números reales e imaginarios.

La díada aparece en música como la proporción dos a uno, cuando experimentamos un tono similar en una octava más alta o más baja, al doble o a la mitad del tono. En geometría es una línea, dos puntos o dos círculos.

En lingüística, cuando hablamos de ambas partes de algo funcionando como una sola usamos el prefijo bi-, como en *bicicleta* o *binario*, pero cuando se invoca la cualidad divisiva del dos, las palabras empiezan por di-, como *discordia* o *divergencia*. La distinción entre el yo y el no yo es una de las primeras y de las últimas que por norma general hacemos.

Los filósofos actuales, cuando reflexionan sobre la cualidad del dos, no pueden ir mucho más allá que los antiguos. Todos observan una derecha y una izquierda, un delante y un detrás, un arriba y un abajo, a través de dos ojos y dos oídos. Hombres y mujeres viven bajo un Sol y una Luna, recordando solo en ocasiones el milagro de su aparente equilibrio, con el mismo tamaño en el cielo, uno brillando de día, el otro de noche.

TRES

Son multitud

Masculino en algunas culturas, femenino en otras, el tres, como un árbol, sirve de puente entre el cielo y la tierra. La tríada se relaciona con los opuestos como parte de la mezcla, como solución o mediador. Es la síntesis o el retorno a la unidad tras la división del dos y también es tradicionalmente el primer número impar.

La tercera pata de un taburete le proporciona equilibrio, el tercer mechón de una trenza le da su forma. Abundan los relatos, los cuentos de hadas y las tradiciones espirituales con un número tres portentoso, que juega con pasado, presente y futuro y con el conocedor, el acto de conocer y lo conocido. Igual que en nacimiento, vida y muerte, la tríada aparece en toda la naturaleza, tanto en principio como en forma. El triángulo, el elemento estructural más simple de la trinidad, es el primer polígono estable y define la primera superficie.

En música las proporciones 3:3 y 3:1 definen los intervalos de la quinta y su octava, las más bellas armonías además de la propia octava, y la clave de todas las afinaciones antiguas. El tres es el primer número triangular.

La *vesica piscis* formada por dos círculos solapados *(pág. sig., arriba, izq.)* hace pensar en triángulos. Un triángulo equilátero dentro de un círculo define la octava ya que su círculo exterior es dos veces el diámetro del interior *(abajo, izq.)*, y el área del anillo es tres veces la del círculo interior. Abajo, en el centro, vemos el descubrimiento de Arquímedes (287-212 a. C.): los volúmenes del cono, esfera y cilindro tienen una proporción de 1:2:3.

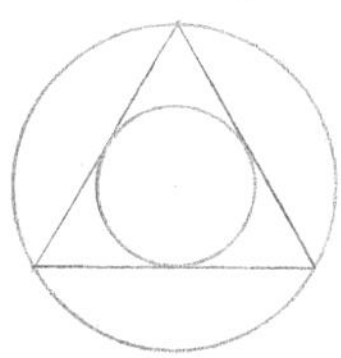

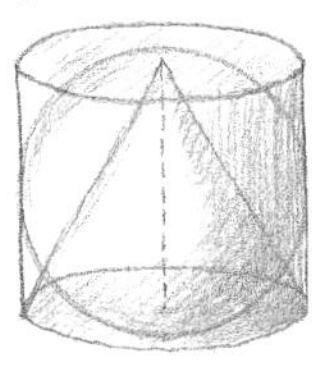

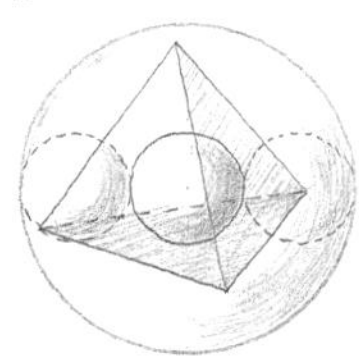

Cuaternidad

Dos pares

Más allá del tres entramos en el reino de la manifestación. El cuatro es la primera cosa que nace, el primer producto de la procreación, dos números dos. La tétrada es por tanto el primer número cuadrado (aparte del uno) y símbolo de la Tierra y del mundo natural.

El cuatro es la base del espacio tridimensional. El sólido simple conocido como tetraedro, o «cuatro caras», está compuesto de cuatro triángulos, o de cuatro puntos o esferas, y resulta fundamental para la estructura del espacio tridimensional, como el triángulo para el plano.

El cuatro se asocia a menudo con las formas materiales de manifestación: fuego, aire, tierra y agua, y un cuadrado alrededor de un círculo define un anillo celestial cuya área es igual al círculo incluido *(pág. sig., arriba dcha)*. Los solsticios y los equinoccios dividen el año en cuatro, los caballos andan sobre cuatro patas, y hay una profusión de otros cuatro terrenales.

El cuatro como cuadrado estático tiene su eco en la cruz dinámica. La interacción de cruz y cuadrado está codificada en el rito tradicional de orientación de un nuevo edificio, donde las sombras que arroja un pilar central al amanecer y al atardecer forman el eje simbólico este-oeste. El principio de cuadratura es universal, aparece tanto en antiguos textos chinos como en los escritos de Marco Vitruvio. Sobrevive actualmente en el término *quarter*, barrio en inglés.

Toda la materia cotidiana está formada, de manera apropiada, por solo cuatro partículas: protón, neutrón, electrón y electrón-neutrino.

El cuatro aparece en música como el cuarto armónico, 4:1, que es dos octavas, y también como la proporción 4:3, conocida como la cuarta, que es el complemento de la quinta dentro de la octava.

CINCO

La vida misma

El cinco posee una cualidad mágica. Los niños instintivamente dibujan estrellas de cinco puntas y todos percibimos su fuerza, su energía.

El cinco combina masculino con femenino –como dos y tres en algunas culturas, o tres y dos en otras– y por tanto es el número universal de la reproducción y de la vida biológica. Es uno de los números de la sucesión de Fibonacci y también el número del agua: cada una de sus moléculas es el vértice de un pentágono. La propia agua es una asombrosa retícula de cristal líquido formada por icosaedros flexionados, que son uno de los cinco sólidos platónicos *(abajo, segundo por la dcha.)*, cinco triángulos confluyendo en cada vértice. Como tal, el agua demuestra que su cualidad es la fluidez, el dinamismo y la vida. Las cosas secas están o bien muertas o bien esperando recibir agua.

El cinco se encuentra en las manzanas, en las flores, en las manos y los pies. Nuestro planeta más cercano, Venus, diosa del amor y de la belleza, traza un atractivo patrón de base cinco con las retrogradaciones de su órbita alrededor del Sol *(pág. sig., arriba, izq.)*. Nuestra escala más universal, la pentatónica, está compuesta de cinco tonos (las teclas negras del piano), agrupadas en grupos de dos y de tres. La demanda de la época renacentista por intervalos relacionados con el número cinco, como la tercera mayor, de proporción 5:4, dio como resultado la escala actual.

El cinco es la diagonal de un rectángulo de tres por cuatro. No obstante, a diferencia del tres y del cuatro, el cinco desdeña el plano, esperando que el encaje de la tercera dimensión produzca el quinto elemento.

El seis

La media docena

La héxada, como su grácil mensajero el copo de nieve, trae la perfección, la estructura y el orden. Unión por multiplicación de dos y tres, par e impar, el seis es también el número de la creación, con un universo creado en seis días, un tema común de las escrituras.

Los números enteros que dividen a otros números se conocen como *factores*, y la mayoría de los números tienen factores que dan una suma menor a sí mismos, por lo que se conocen como *deficientes*. El seis, de manera elegante, es la suma y el producto de los tres primeros números, y sus factores son también uno, dos y tres; estos suman seis y así lo convierten en el primer *número perfecto*.

El radio de un círculo se puede trazar alrededor de su circunferencia formando exactamente seis arcos idénticos donde inscribir un hexágono regular, y seis círculos encajan a la perfección alrededor de uno. Después del triángulo y del cuadrado, el hexágono es el último polígono regular que puede servir para rellenar perfectamente un plano con copias idénticas de sí mismo.

Las tres dimensiones conforman seis direcciones: adelante, atrás, izquierda, derecha, arriba y abajo, y estas a su vez se encarnan en las seis caras de un cubo, las seis esquinas de un octaedro y los seis bordes de un tetraedro. El seis suele aparecer en estructuras cristalinas como los copos de nieve, el cuarzo y el grafito, y los hexágonos de los átomos de carbono forman la base de la química orgánica. Solo hace falta añadir agua.

El bien conocido triángulo pitagórico 3-4-5 tiene un área y un semiperímetro de seis. El seis es también la octava pentatónica en música.

Los insectos se arrastran sobre seis patas, y la abeja melífera deposita instintivamente sus secreciones secas y cerosas en un panal hexagonal.

W
N
S
E

La héptada

Siete hermanas

El siete es la Virgen, que permanece sola y mantiene poca relación con cualquiera de los otros números simples. En música una escala de siete tonos surge de forma tan natural como su hermana, la escala de cinco tonos. Son las teclas blancas del piano, que producen los siete modos de la Antigüedad, un patrón universal. Al igual que todos los números, el siete encarna al número que lo precede; espacialmente funciona como el centro espiritual del seis, ya que las seis direcciones emanan de un punto en el espacio, y en un plano seis círculos en movimiento rodean a un tranquilo séptimo.

Las fases de la Luna se calculan por lo general con cuatro números siete, con una o dos misteriosas noches sin luna que completan su verdadero ciclo.

Nuestros ojos perciben tres colores primarios de la luz –rojo, verde y azul– que se combinan para producir cuatro más: amarillo, cian, magenta y blanco. Según los antiguos indios, un arcoíris vertical de siete centros de energía sutil o *chakras* asciende por el interior de nuestro cuerpo. Hoy los entendemos como las siete glándulas endocrinas.

Los siete planetas de la Antigüedad, dispuestos por orden de su velocidad aparente *(pág. sig., arriba, centro)* forman fascinantes conexiones con los metales *(pág. sig., arriba, dcha.)*: Luna-☽-plata-lunes, Mercurio-☿-mercurio-miércoles, Venus-♀-cobre-viernes, Sol-☉-oro-domingo, Marte-♂-hierro-martes, Júpiter-♃-estaño-jueves y Saturno-♄-plomo-sábado *(véase también pág. 305)*.

Existen siete tipos de frisos simétricos, siete grupos de estructuras cristalinas y siete bucles en el laberinto tradicional *(véase pág. sig.)*.

El ocho
Dos cuadrados

El ocho es dos por dos por dos, y como tal es el primer número cúbico después del uno. Como el número de vértices de un cubo o las caras de su derivado, el octaedro, el ocho es un número completo. En el nivel molecular esto se observa en los átomos, que aspiran a tener una octava completa de ocho electrones en su capa más exterior. Un átomo de azufre tiene seis electrones en su capa externa, así que ocho átomos se juntan para compartir electrones, formando un anillo de azufre octogonal. El ocho es el número de Fibonacci que viene a continuación del cinco.

En arquitectura el octógono con frecuencia simboliza la transición entre cielo y tierra, como puente entre el cuadrado y el círculo. Una cúpula esférica se suele colocar sobre una estructura cúbica, formando una hermosa bóveda octogonal.

La religión y la mitología de Oriente sienten una veneración especial por el ocho. El *I-Ching*, el antiguo oráculo chino, se basa en combinaciones de ocho *trigramas*, cada uno de ellos resultado de una elección entre una línea quebrada (yin) o continua (yang), que se repite tres veces. En la página siguiente, la «Antigua secuencia celestial» representa el patrón ideal de transformaciones del cosmos. Cada trigrama es el complemento de su opuesto. Haciendo eco a estas antiguas parejas chinas, el mundo moderno está lleno de computadoras que funcionan en unidades llamadas *bytes*, cada una de ellas compuesta por ocho bits binarios.

En una escala heptatónica la nota número ocho es la octava, dos veces el tono de la primera nota, por lo que señala el paso a un nuevo nivel. Tal vez por ello, en el simbolismo religioso, el octavo paso se suele asociar con la evolución o la salvación espiritual.

Arañas y cangrejos tienen ocho patas, y los pulpos ocho tentáculos.

La enéada

Tres por tres

El nueve es la tríada de las tríadas, el primer número impar cuadrado, y con él se da algo extraordinario, porque los primeros nueve números se pueden colocar en un cuadrado mágico donde cada línea de tres, sumada en cualquier dirección, da el mismo resultado *(pág. sig., centro)*. Fue en China donde se observó por primera vez este antiguo patrón numérico, en el caparazón de una tortuga divina que emergió del río Lo (Amarillo).

Tres por tres es uno más que dos por dos por dos, y la proporción entre el nueve y el ocho define en música el crucial tono, la semilla 9:8 de la cual surge la escala, como la diferencia entre las dos armonías más simples en la octava, la quinta 3:2 y la cuarta 4:3.

Existen nueve formas tridimensionales regulares: los cinco sólidos platónicos y los cuatro poliedros estelares de Kepler-Poinsot *(véase el Libro III)*.

El nueve aparece en nuestro cuerpo como el corte transversal de los cilios tentaculares, que mueven las cosas por nuestras superficies, y los haces de microtúbulos de los centriolos, esenciales para la división celular *(abajo)*.

El nueve es el número celestial del orden, y muchas tradiciones antiguas hablan de nueve mundos, esferas o niveles de realidad. Los nueve dioses del panteón egipcio, las nueve musas, nueve meses de gestación...

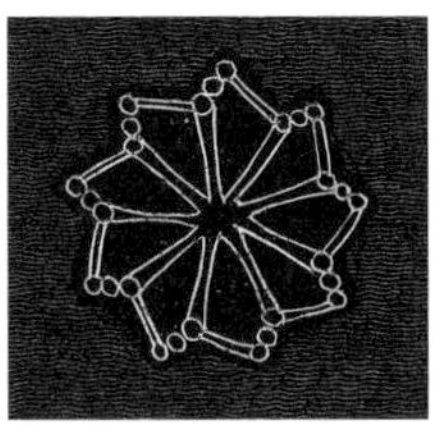

El diez

Dedos y pulgares

El hecho de que los seres humanos tengan ocho dedos más dos pulgares debe de haber influido favorablemente en el número diez, ya que culturas tan diversas como los incas, los indios, los bereberes, los hititas y los minoicos lo adoptaron como base de sus sistemas de cálculo. Actualmente todos utilizamos el sistema decimal. El diez es hijo del cinco y del dos y no nos sorprende que la palabra diez se derive del latín *decem* y este a su vez del *dekm* indoeuropeo, que significa «dos manos».

El diez se forma sobre todo por la suma de los primeros cuatro números: 1 + 2 + 3 + 4 = 10, un hecho de profunda importancia para los pitagóricos, que lo inmortalizaron en la figura de la Tetraktys *(pág. sig., centro, puntos negros)* y lo llamaron Universo, Cielo y Eternidad. Además de ser el cuarto número triangular, el diez también es el tercer número tetraédrico *(pág. sig., abajo, dcha.)*, hecho que le otorga su gran importancia como número constructor tanto de la forma triangular bidimensional como tridimensional.

El diez está formado por dos pentágonos y diez pentágonos invocadores de vida caben perfectamente alrededor de un decágono, y el ADN, clave de la reproducción de la vida, tiene apropiadamente diez peldaños en cada vuelta de su doble hélice, por lo que su corte transversal tiene un aspecto de roseta de diez pétalos *(pág. sig., arriba, izq.)*.

El Árbol de la Vida de la cábala hebrea tiene diez *sefirot (pág. sig., abajo, izq.)* y la arquitectura gótica empleaba con frecuencia la simetría del diez *(pág. sig., arriba, dcha.)*.

Platón creía que la década contenía todos los números, y también es el caso para la mayoría de nosotros, ya que podemos expresar cualquier número que queramos con solo diez simples símbolos.

El once
La medida y la Luna

El once es un número misterioso del mundo sobrenatural; en alemán es *Elf*, que nos recuerda a *elfo*. El once es importante como el primer número que nos permite empezar a entender la medida de un círculo. Esto se debe a que, por razones prácticas, en un círculo con un diámetro de siete, el semicírculo medirá once *(pág. sig., arriba, izq.)*.

Esta relación entre el once y el siete tenía un significado tan profundo para los egipcios, que lo usaron como base para el diseño de la Gran Pirámide. Un círculo trazado alrededor de la elevación de la Gran Pirámide tiene el mismo perímetro que el de su base cuadrada. La conversión prevista de siete-once entre cuadrado y curva ha quedado demostrada por numerosos estudios.

Los antiguos estaban obsesionados con las medidas, y el número once es primordial en su esquema metrológico. En la página siguiente mostramos el extraordinario hecho de que la relación entre el tamaño de la Luna y la Tierra es la misma que la que existe entre el número tres y el once. Lo que esto significa es que si llevamos la Luna hacia la Tierra, tal como indica la ilustración, entonces un círculo celestial que atraviese la Luna tendrá una circunferencia igual al perímetro de un cuadrado que rodee la Tierra. Esto se llama «cuadrar el círculo». Tal vez no sepamos nunca cómo llegaron los antiguos druidas a esta conclusión, pero es seguro que lo hicieron, puesto que la mejor forma de medir la Luna y la Tierra es en millas, tal como se indica en la página siguiente. Un doble arcoíris también cuadra de forma mágica el círculo *(véase pág. 78)*.

El once, el siete y el tres son números de Lucas, emparentados con los números de Fibonacci, nuevos números que se forman a partir de la suma de los dos números anteriores. La sucesión de Fibonacci empieza con 1, 1, 2, 3, 5, 8, mientras que el inicio de la sucesión de Lucas es 2, 1, 3, 4, 7, 11.

11
7
11
7
11
7
11
7
11
11
3
11
DIÁMETRO DE LA LUNA
= 3 x 1 x 2 x 3 x 4 x 5 x 6
= 3 x 8 x 9 x 10 MILLAS
DIÁMETRO DE LA TIERRA
= 1 x 2 x 3 x 4 x 5 x 6 x 11
= 8 x 9 x 10 x 11 MILLAS
RADIOS DE LUNA + TIERRA
= 1 x 2 x 3 x 4 x 5 x 6 x 7
= 7 x 8 x 9 x 10 MILLAS
ÁREA DEL CÍRCULO CELESTIAL
= 2 x 1 x 2 x 3 x 4 x 5 x 6 x 7 x 8 x 9 x 10 x 11
MILLAS CUADRADAS

EL DOCE

Cielo y Tierra

El doce es el primer *número abundante*, con factores uno, dos, tres, cuatro y seis, sumando más que sí mismo. Se pueden unir doce puntos de un círculo para formar cuatro triángulos, tres cuadrados o dos hexágonos *(pág. sig., centro)*. Como producto de tres por cuatro, a veces también se asocia el doce con su suma: siete.

El doce goza de la tercera dimensión y es el número de lados tanto del cubo como del octaedro. El icosaedro tiene doce vértices y mantiene una dualidad con el dodecaedro (literalmente «doce caras»), que tiene doce caras de pentágonos regulares. Doce esferas encajan perfectamente alrededor de una para formar un cuboctaedro. Más adelante veremos de nuevo estos poliedros.

En una escala de siete notas, estas ascienden siguiendo un patrón de cinco tonos y dos semitonos. En la afinación actual, los cinco tonos se dividen para crear una escala de doce semitonos idénticos, la bien templada escala de doce tonos que escuchamos todos los días.

Curiosamente, el triángulo pitagórico más sencillo después del tres-cuatro-cinco tiene lados de cinco, doce y trece unidades.

El doce es un número que aparece rodeando a un héroe solar central, y existen muchas naciones con doce tribus. En la antigua China, Egipto y Grecia, las ciudades se solían dividir en doce distritos y, por supuesto, el año tiene doce plenilunios.

Actualmente se considera que el universo material está compuesto por tres generaciones de cuatro partículas fundamentales, doce en total.

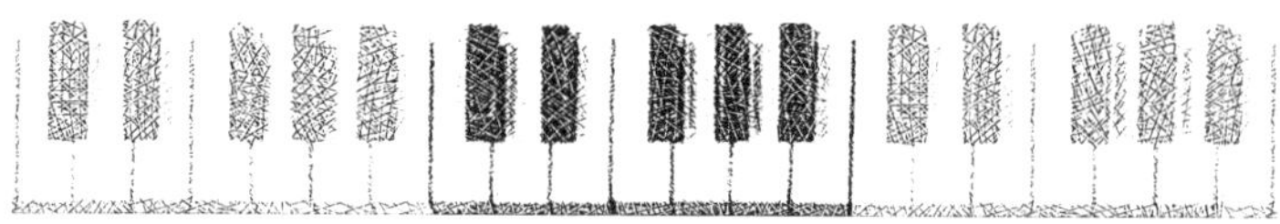

Del trece a la veintena

Los números más altos

El trece, número muy estimado por los antiguos mayas y primordial en la estructura de una baraja de cartas, es un número de Fibonacci expresado en los movimientos de Venus, para el que trece años equivalen a ocho años terrestres, y a menos que lo considere de mala suerte, recuerde que el maestro de un grupo de doce discípulos es el decimotercer miembro de la pandilla, igual que el decimotercer tono de la escala cromática completa la octava.

El catorce, como dos por siete, y el quince, como tres por cinco, poseen cada uno de ellos cualidades únicas, pero empiezan a demostrar cómo los números más altos que no son primos suelen ser percibidos en términos de sus factores.

El dieciséis es 2 x 2 x 2 x 2, el cuadrado de cuatro (a su vez un cuadrado).

El diecisiete guarda muchos secretos. Tanto el haiku japonés como el verso hexámetro griego consisten en diecisiete sílabas, y los místicos islámicos a menudo lo describen como un número especialmente bello.

El dieciocho, como nueve por dos y seis por tres, y el diecinueve, un número primo, tienen importantes conexiones con la Luna *(véase pág. 42)*.

El veinte, una veintena, la suma de los dedos de manos y pies, sirve como base en muchas culturas. Contar con los dedos, como en el ejemplo de la página siguiente, era algo corriente en los mercados europeos medievales. En francés ochenta es *quatre-vingt* (cuatro veinte) y los antiguos mayas usaban un sofisticado sistema de base 20 *(abajo, los glifos del 1 al 19)*.

No podemos explicar todos los números con detalle, pero pueden consultarse los números altos en el glosario numérico *(véanse págs. 364-366)*.

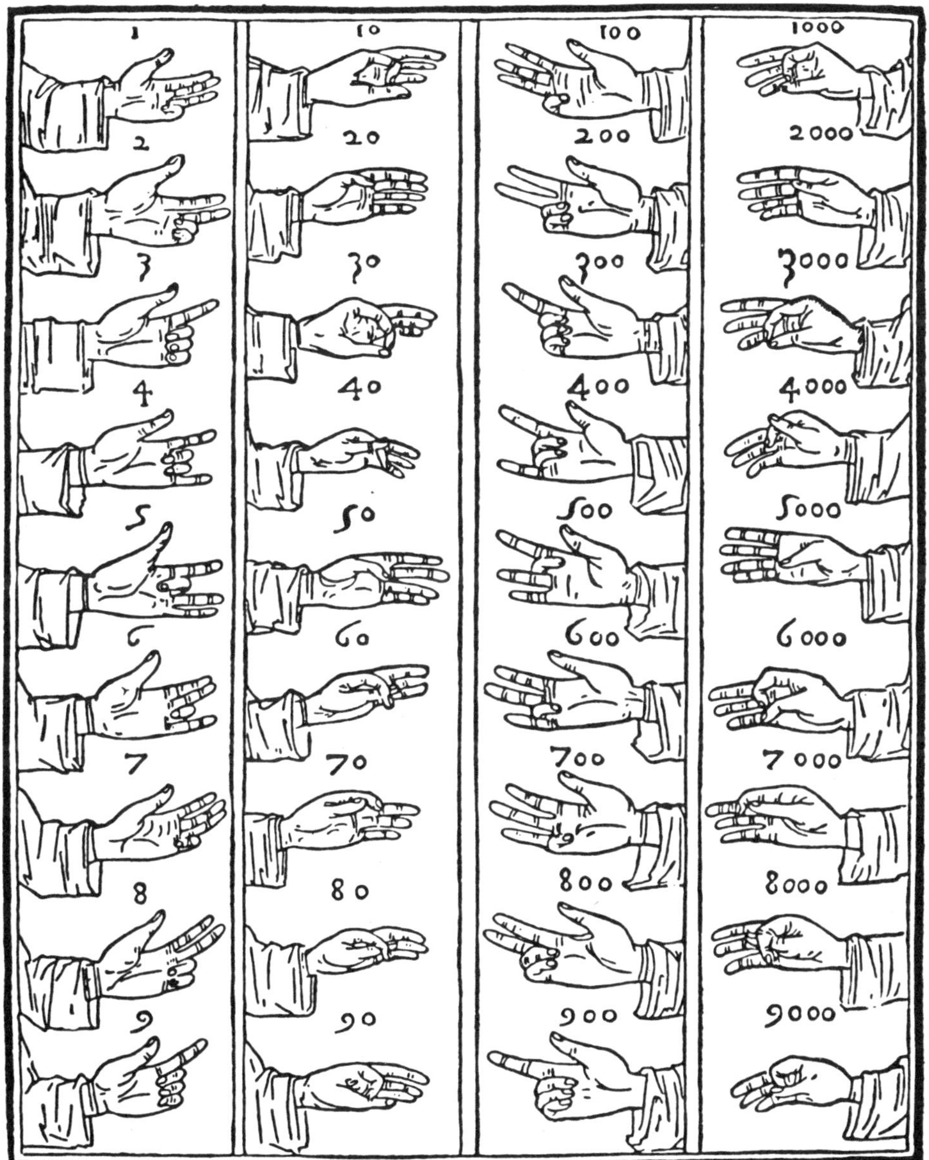
1
2
3
4
5
6
7
8
9
10
20
30
40
50
60
70
80
90
100
200
300
400
500
600
700
800
900
1000
2000
3000
4000
5000
6000
7000
8000
9000

El Quadrivium

Cualidades de los quanta

Otro término para definir a un número entero es *quantum* y el *quadrivium* es una enseñanza sobre el comportamiento de los *quanta* simples. El estudio de los quanta puros trata de factores, proporciones, números triangulares, cuadrados y cúbicos, números primos y perfectos, y de la manera en que los números aparecen en secuencias como la de Fibonacci o la de Lucas. A medida que avanzamos iremos encontrando muchas de estas ideas, pero la división de la unidad de espacio y tiempo también arroja luz sobre la naturaleza de los quanta en estos medios.

Por ejemplo, en la página siguiente vemos algunos de los límites que el espacio impone a un número. Si tenemos en cuenta solo los polígonos perfectos, existen tres retículas regulares *(arriba, izq.)*, cinco sólidos regulares *(arriba, dcha.)*, ocho retículas semirregulares *(centro, izq.)* y trece sólidos semirregulares *(centro, dcha.)*. Estos números, 3, 5, 8 y 13, forman un grupo interesante y los veremos de nuevo en este libro.

Los números en música se revelan como simples proporciones entre períodos o frecuencias *(pág. sig., abajo)*: 1:1 (unísono), 2:1 (la octava), 3:2 (la quinta) y 4:3 (la cuarta). La frecuencia de la quinta difiere de la cuarta como 9:8 (el valor del tono que da lugar a la escala).

La forma en que el número se revela en el espacio requiere que estudiemos el cosmos manifestado, y en este caso el tema de estudio es el sistema solar. No obstante, también podríamos añadir la hermosa simplicidad de la tabla periódica, el comportamiento cuántico de los mundos subatómicos o la organización de otros fenómenos naturales con elementos discretos.

Los hechos numéricos de espacio y tiempo son universales. Puede que en la próxima galaxia inteligente toquen o no las mismas melodías, pero estarán de acuerdo en que las quintas suenan de maravilla y sabrán reconocer los cinco sólidos simples.

GNOMON

Formas de crecimiento

Aristóteles observó que algunas cosas cuando crecen no sufren cambio alguno, aparte de la magnitud. Con ello estaba describiendo los principios que los griegos denominaban «crecimiento gnómico». En su origen un término para describir una herramienta de carpintero, gnomon se define como cualquier figura que, cuando se añade a otra, deja la figura resultante similar a la original. Su contemplación lleva a la comprensión de uno de los principios más comunes de la naturaleza: el crecimiento por añadidura. Es así como se desarrollan estructuras como huesos, dientes, cuernos y conchas.

Los antiguos sentían una fascinación general por patrones y progresiones creadas por proporciones de números enteros. Algunos ejemplos son los números triangulares, rectangulares, cuadrados y cúbicos *(pág. sig., arriba, y págs. 358 y 368)*; asimismo la *lambda* o *lambdoma* platónica, que produce la gama completa de proporciones musicales, y los rectángulos proporcionales usados en el diseño griego, donde cada rectángulo subsiguiente se forma en la diagonal del anterior *(pág. sig., centro)*. La sucesión de Fibonacci es un descubrimiento más reciente, pero basado en el mismo principio del crecimiento gnómico. La ilustración inferior muestra una sección transversal del templo azteca de Tenayuca, que revela cinco reconstrucciones gnómicas, hechas cada 52 años, cuando su calendario, heredado de los mayas, volvía a empezar y todos los edificios se renovaban.

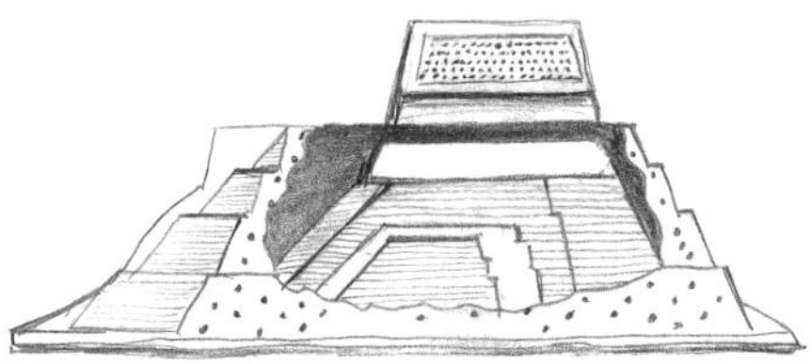

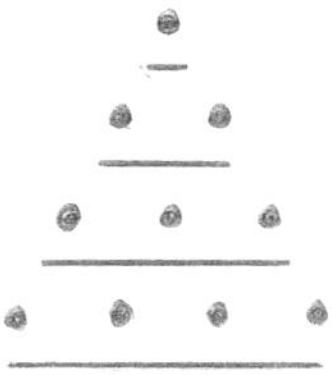

Números TRIANGULARES
La secuencia 1, 3, 6, 10 progresa de forma triangular.

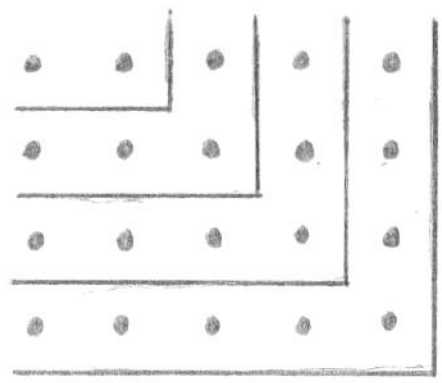

Números RECTANGULARES
La secuencia 2, 6, 12, 20 progresa de forma musical.

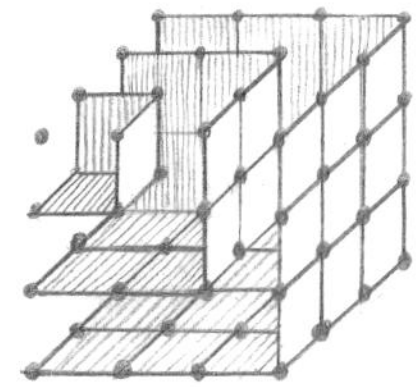

Números CUADRADOS y CÚBICOS
El cuadrado progresa como 1, 4, 9, 16 y el cubo como 1, 8, 27, 64.

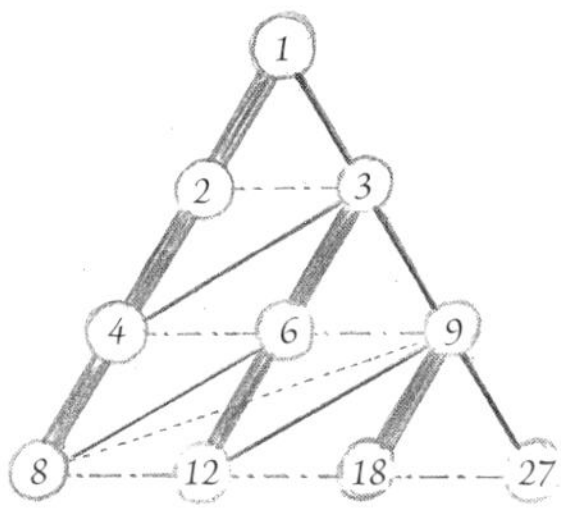

La LAMBDA
La línea gruesa muestra la octava (2:1), y bajando por el otro lado los números se triplican. También están presentes la quinta (3:2), la cuarta (4:3) y el tono (9:8).

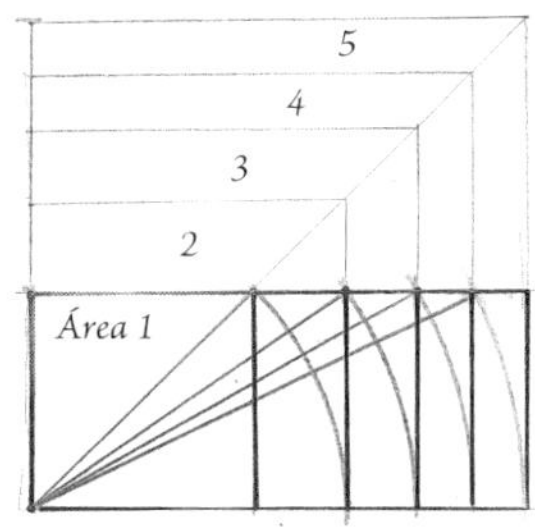

RECTÁNGULOS PROPORCIONALES
Empezando con un lado cuadrado 1, cada rectángulo sucesivo se forma en la diagonal del anterior para crear cuadrados de área 2, 3, 4 y 5.

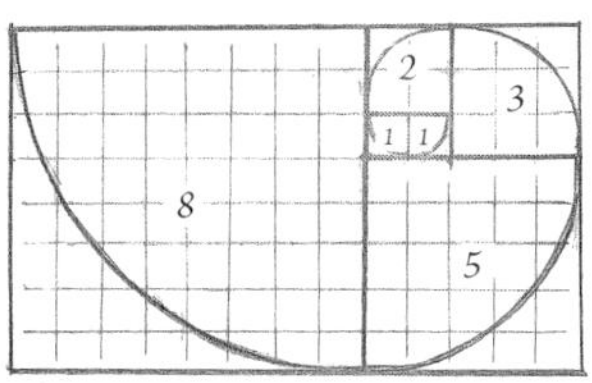

La ESPIRAL ÁUREA
Empezando con un cuadrado vamos creando otros nuevos para formar una espiral de cuadrados, que crece y crece según la mágica sucesión de Fibonacci: 1, 1, 2, 3, 5, 8, 13, 21, 34, 55.

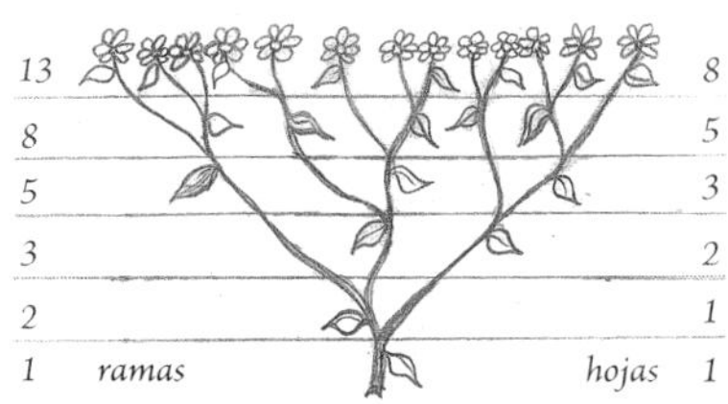

LOS NÚMEROS DEL CRECIMIENTO
La sucesión de Fibonacci aparece en numerosos organismos vivos. Aquí la vemos en el número de hojas y ramas de una simple margarita silvestre.

Tiempo y espacio

Cosmología y número manifiesto

Si miramos a nuestro alrededor, hay números que se manifiestan en los cielos que rodean la Tierra. Los trataremos en el Libro VI, pero vamos a presentar algunos. Por ejemplo, hay doce plenilunios en un año solar, pero el duodécimo cae once días antes de que finalice el año, lo que significa que el año de doce lunas va retrocediendo poco a poco con respecto al año solar, hasta que vuelve a empezar tras 33 años, tres veces once.

Otros números que relacionan al Sol con la Luna son el 18 y el 19: los eclipses se repiten cada 18 años, y las fechas de los plenilunios, cada 19. Stonehenge lo expresa con sus 19 piedras en la ordenación interior en forma de herradura. Cada 59 días hay dos plenilunios, y Stonehenge lo registra en su círculo exterior de 30 piedras, una de las cuales tiene solo la mitad de anchura, lo que sugiere 29,5 días por luna llena.

Venus traza un patrón de base cinco cada ocho años alrededor de la Tierra, lo que nos permite dibujar un diagrama fantástico *(pág. sig., centro)*. En estos ocho años se dan casi exactamente 99 plenilunios, nueve veces once, el número de nombres o reflexiones de Alá según el Islam. Júpiter traza un atractivo patrón de base 11 alrededor de la Tierra. *(pág. sig., arriba)*.

Los números correspondientes a ciclos mucho más largos, como el Gran Año platónico o precesión de los equinoccios, también poseen numerosas cualidades secretas. Cada gran mes, como la era de Piscis o de Acuario, tiene una duración de 2160 años, que es también el diámetro de la Luna expresado en millas. La suma de los doce grandes meses da el antiguo valor occidental de 25 920 años para el ciclo completo.

Los antiguos mayas eran excelentes astrónomos. Su calendario estaba sincronizado no solo con el Sol y la Luna, sino también con Venus y Marte. Calcularon que 81 (o 3 x 3 x 3 x 3) plenilunios ocurren exactamente cada 2392 (u 8 x 13 x 23) días, un engranaje asombrosamente exacto.

33
19
11
34
5
8
21
34
55
13
59
20
18
56

BABILONIA, SUMERIA Y EGIPTO

Los primeros sistemas numéricos

Alrededor del año 3000 a. C. los sumerios desarrollaron la escritura más antigua que conocemos, y con ella un sistema numérico de base 60 *(véase pág. 356)*. El 60 es un número especialmente útil y es divisible por 1, 2, 3, 4, 5 y 6.

Al trabajar con una base 60 se obtienen patrones numéricos diferentes a nuestro actual sistema decimal; en la página siguiente, una tablilla de arcilla sumeria grabada con un estilete cuneiforme –en forma de cuña– muestra la tabla del 36. Su sistema de base 60 pervive en la actualidad en nuestro cálculo de ciclos y círculos: un minuto tiene 60 segundos, una hora tiene 60 minutos y 6 x 60 = los 360 grados de un círculo.

Los antiguos números egipcios estaban formados por caracteres que representaban el 1, el 10, el 100, y así sucesivamente. Un ejemplo de aritmética egipcia es su método de multiplicar, que para llegar a la respuesta emplea una duplicación repetida seguida por una adición selectiva.

La visión que la Antigüedad tenía del número era musical, donde cada número se invierte en el espejo de la Unidad: el dos se transforma en medio, el tres en un tercio, etc. En la base 60 esta reciprocidad resulta especialmente bella, ya que todos los múltiplos de 2, 3, 4, 5 y 6 se convierten en simples fracciones. Por ejemplo, el 15 se convierte en un cuarto. Los babilonios heredaron y usaron este sistema para invocar a sus dioses.

Los egipcios expresaban los números quebrados con el jeroglífico para boca *(abajo)*, mientras que las fracciones de volumen se representaban mediante el Ojo de Horus.

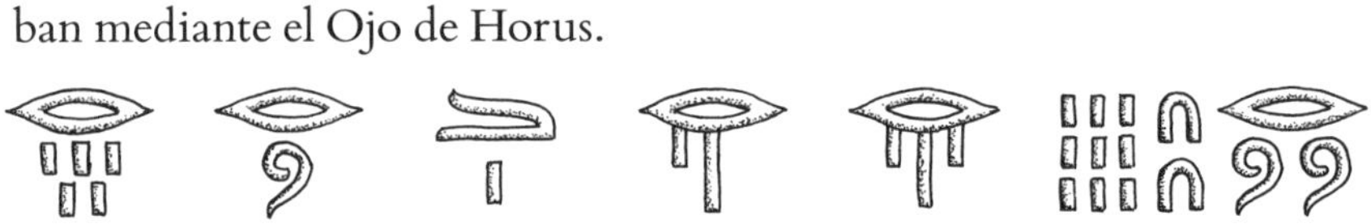

1/5 1/100 1/2 2/3 3/4 1/229

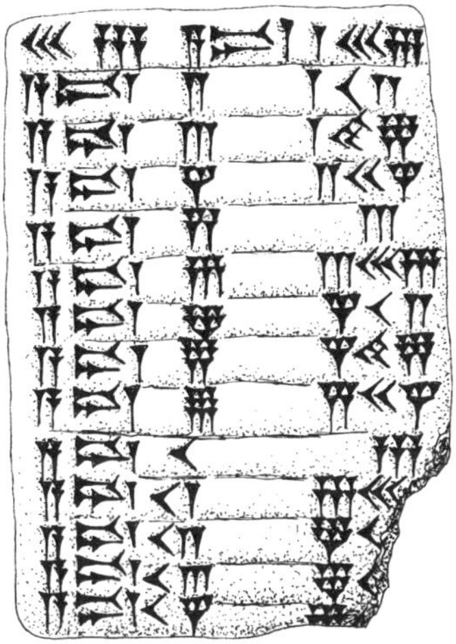

36 por 1	36
por 2	72
por 3	108
por 4	144
por 5	180
por 6	216
por 7	252
por 8	288
por 9	324
por 10	360
por 11	396
por 12	432
por 13	468
por 14	504

La tabla del 36

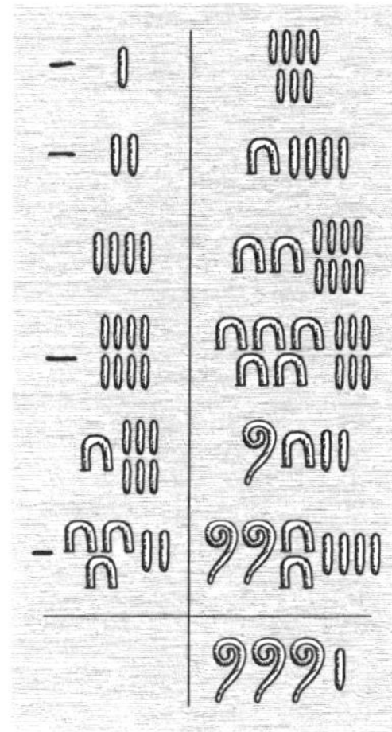

> 1	7
> 2	14
4	28
> 8	56
16	112
> 32	224
(43 x 7)	301

Multiplicación egipcia

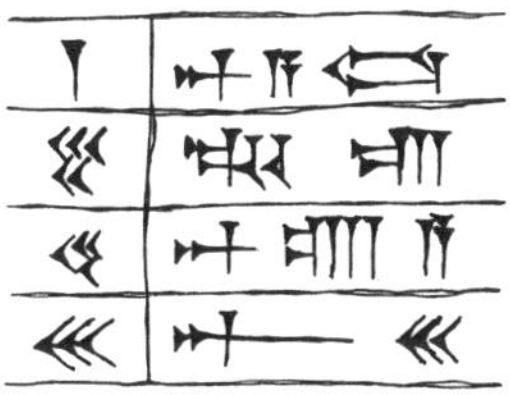

60 – Anu (cielo)
50 – Enlil (tierra)
40 – Ea (agua)
30 – Sin (Luna)

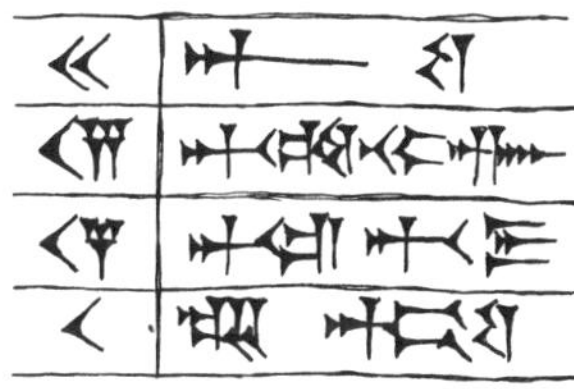

20 – Shamash (Sol)
15 – Ishtar (amor)
14 – Nergal (guerra)
10 – Marduk (fertilidad)

Los números de los dioses

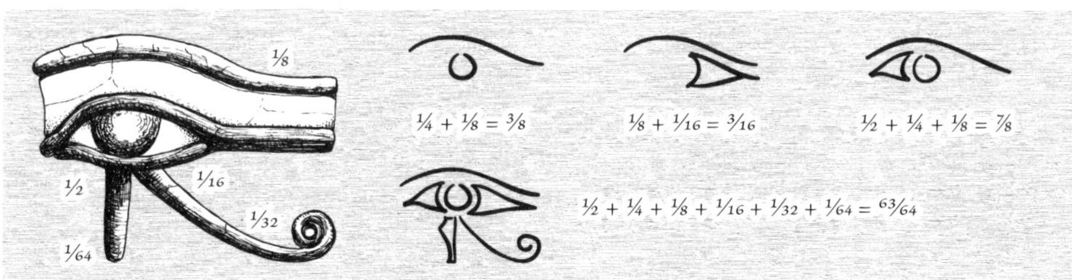

El Ojo de Horus: fracciones de volumen

ASIA ANTIGUA

Operar con el diez

En China se viene utilizando un sistema decimal escrito de 13 caracteres básicos desde hace más de 3000 años *(véase pág. 356)*. Otro sistema especialmente atractivo de escribir los números es la notación *suan zí* o *sangi*, que se completa con un cero pequeño, usado en China, Japón y Corea con pequeñas variantes desde como mínimo el año 200 a. C. *(abajo)*. Posteriormente el famoso ábaco chino sustituyó a los tableros con varillas de contar. Es legendaria la velocidad con la que algunas personas manipulan el ábaco, que sigue muy presente en la actualidad.

India tiene una antigua tradición numérica. El número es importante en muchas de sus escrituras, y la cosmología india emplea números descomunales que solamente igualan los utilizados en física cuántica. Los dígitos indios tienen su origen en el sistema de numeración brahmán, con 45 caracteres para los números del 1 al 90 000. Con el tiempo las especulaciones de los matemáticos indios precisaron un nuevo sistema, que combinaba el nombre de los nueve primeros dígitos con potencias de diez. Las rápidas y elegantes técnicas de cálculo y la descripción de los números de gran magnitud dieron como resultado unos cálculos prodigiosos.

También apareció el cero, que denotaba sin posibilidad de confusión una potencia decimal vacía. De hecho, nuestro actual sistema de valor decimal llegó hasta nosotros desde la India, a través de los árabes.

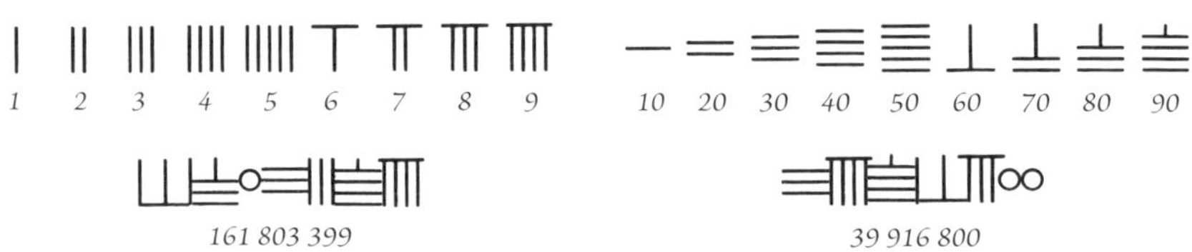

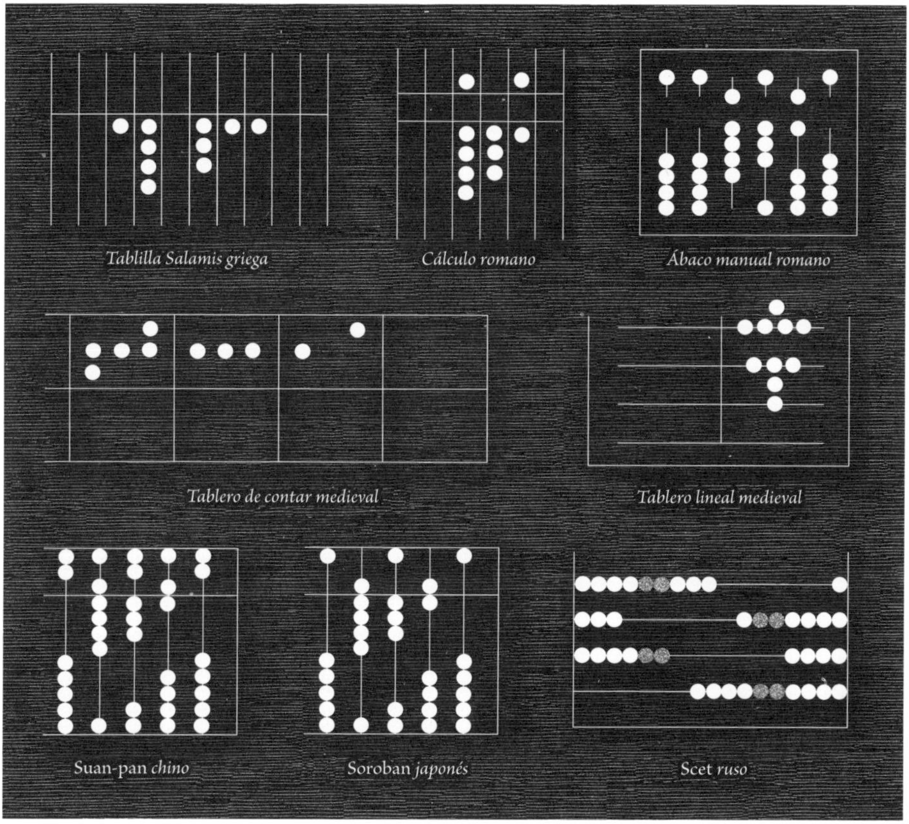

El número 9 360 en distintos tableros de contar

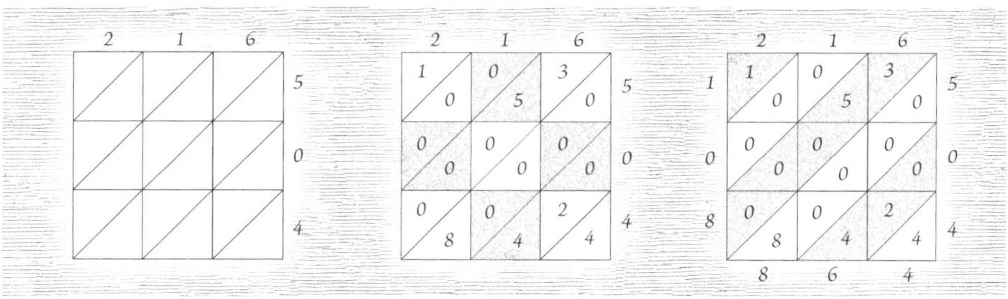

Uso árabe de dígitos indios: 216 multiplicado por 504 igual a 108 864.

GEMATRÍA

Números que hablan y códigos secretos

Los fenicios usaban un práctico alfabeto de veintidós consonantes para codificar los sonidos de su lengua. Con el tiempo la mayoría de los pueblos mediterráneos adoptaron esta escritura y a través de su variante latina se convirtió en nuestro actual alfabeto.

La gematría usa letras como símbolos numéricos, así que el lenguaje se transforma en matemáticas. Los textos antiguos definen con muchos términos clave los números importantes canónicos, geométricos, musicales, metrológicos y cosmológicos. La gematría apareció por primera vez de forma extensa en la antigua Grecia, y subsiguientemente se adaptó al hebreo y también al árabe, donde se conoce como *abjad*. También existe un sistema simplificado en las tres lenguas, que utiliza los mismos valores numéricos excepto el cero.

El ejemplo que damos a continuación muestra dos frases relacionadas conectadas mediante una suma idéntica. Nos da una idea de la resonancia mágica y simultánea entre palabras y números que cualquier lector que posea cierta habilidad y experiencia en el tema habrá observado, puesto que durante más de mil años la gematría fue no solo una especialidad oculta, sino la forma estándar de representar los números.

Actualmente místicos y hechiceros siguen empleando esta ciencia secreta, y usan las conexiones entre palabras, frases y número por su significado místico y su poder como talismán.

El Espíritu Santo				Fuente de Sabiduría	
ΤΟ	ΑΓΙΟΝ	ΠΝΕΥΜΑ	= 1080 =	ΠΗΓΗ	ΣΟΦΙΑΣ
300.70	1.3.10.70.50	80.50.5.400.40.1		80.8.3.8	200.70.500.10.1.200
370	134	576		99	981

FENICIO ARCAICO		GRIEGO			HEBREO		ÁRABE	ORIENTE| OCCIDENTE	VALOR
'aleph	𐤀	alpha	Α	α	aleph	א	'alif	ا	1
bet	𐤁	beta	Β	β	bet	ב	ba	ب	2
gimmel	𐤂	gamma	Γ	γ	gimmel	ג	jim	ج	3
dalet	𐤃	delta	Δ	δ	dalet	ד	dal	د	4
he	𐤄	epsilon	Ε	ε	he	ה	ha	ه	5
waw	𐤅	digamma	F	ϛ	vov	ו	waw	و	6
zayin	𐤆	zeta	Ζ	ζ	zayin	ז	za	ز	7
ḥet	𐤇	eta	Η	η	het	ח	ḥa	ح	8
ṭet	𐤈	theta	Θ	θ	tet	ט	ṭa	ط	9
yod	𐤉	iota	Ι	ι	yod	י	ya	ي	10
kaf	𐤊	kappa	Κ	κ	kof	כ	kaf	ك	20
lamed	𐤋	lambda	Λ	λ	lamed	ל	lam	ل	30
mem	𐤌	mu	Μ	μ	mem	מ	mim	م	40
nun	𐤍	nu	Ν	ν	nun	נ	nun	ن	50
samekh	𐤎	ksi	Ξ	ξ	samekh	ס	sin/ṣad	س ص	60
'ayin	𐤏	omicron	Ο	ο	ayin	ע	'ayn	ع	70
pe	𐤐	pi	Π	π	pé	פ	fa	ف	80
ṣade	𐤑	qoppa	Ϙ	ϙ	tsade	צ	ṣad/ḍad	ص ض	90
qof	𐤒	rho	Ρ	ρ	quf	ק	qaf	ق	100
resh	𐤓	sigma	Σ	σ	resh	ר	ra	ر	200
shin	𐤔	tau	Τ	τ	shin	ש	shin/sin	ش س	300
taw	𐤕	upsilon	Υ	υ	tav	ת	ta	ت	400
		phi	Φ	φ	kof	ך	tha	ث	500
		chi	Χ	χ	mem	ם	kha	خ	600
		psi	Ψ	ψ	nun	ן	dhal	ذ	700
		omega	Ω	ω	pé	ף	ḍad/ḍha	ض ظ	800
		san	Ϡ	ϡ	tsade	ץ	ḍha/ghayn	ظ غ	900
							ghayn/shin	غ ش	1 000

El sistema griego incluye en su orden original las letras *digamma* y *qoppa*, así como la letra san al final, todas ellas actualmente en desuso. Asimismo el sistema hebreo emplea cinco formas de letra especiales para «final de palabra» para alcanzar el número 900. En el sistema arábigo las letras para 60, 90, 300, 800, 900 y 1000 difieren según se trate de la región oriental u occidental del mundo islámico.

CUADRADOS MÁGICOS

Cuando todo cuadra

Los cuadrados mágicos son un modo fascinante de disponer los números, y existen libros enteros dedicados a sus usos secretos. La suma mágica de cualquier cuadrado es siempre la misma, sea cual sea la línea sumada.

Existen siete cuadrados mágicos asociados tradicionalmente con los planetas *(pág. sig.)*. El cuadrado de tres por tres es el de Saturno, y los cuadrados aumentan un orden a medida que descienden por cada esfera planetaria hasta alcanzar el cuadrado lunar de nueve por nueve. Estos cuadrados contienen elegantes patrones de números pares e impares *(oscurecidos en los diagramas)*. Cada planeta posee también un sello mágico basado en la estructura de su cuadrado, un código muy útil para los magos.

El cuadrado mágico es un ejemplo de permutación, de ordenar los elementos de un conjunto de forma determinada. Existen ocho formas de sumar hasta quince utilizando tres números del uno al nueve, y todas ellas están representadas en el cuadrado mágico de tres por tres.

Merece la pena observar de nuevo otros totales que se encuentran en los cuadrados mágicos. A los mayas seguramente les habría encantado saber que el cuadrado del ocho por ocho contiene la suma mágica de 13 x 20, mientras que el total de una línea solar de 111 resulta en la suma del cuadrado de 666, un número de mal agüero.

Con la gematría como clave mágica adicional, las palabras y los cuadrados mágicos se entrelazan de forma natural en el mundo secreto de los conjuros y de otras artes talismánicas *(véase el ejemplo inferior)*.

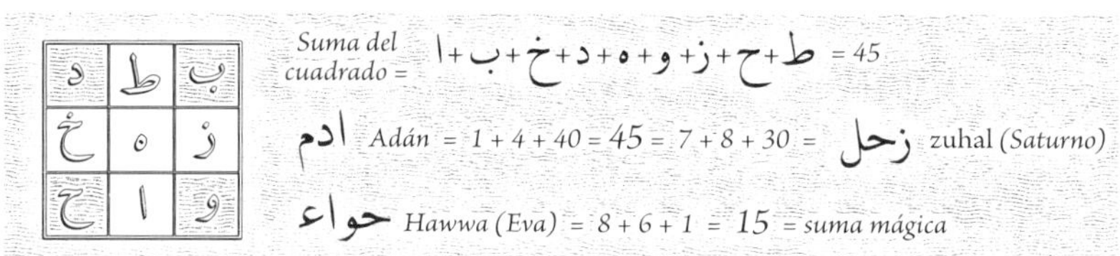

♄

Suma mágica 15

Suma del cuadrado 45

4	9	2
3	5	7
8	1	6

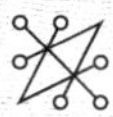

☽

Suma mágica 369

Suma del cuadrado 3 321

37	78	29	70	21	62	13	54	5
6	38	79	30	71	22	63	14	46
47	7	39	80	31	72	23	55	15
16	48	8	40	81	32	64	24	56
57	17	49	9	41	73	33	65	25
26	58	18	50	1	42	74	34	66
67	27	59	10	51	2	43	75	35
36	68	19	60	11	52	3	44	76
77	28	69	20	61	12	53	4	45

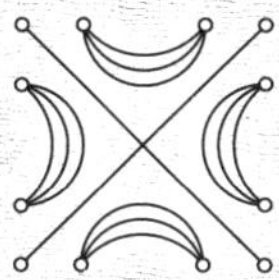

♃

Suma mágica 34

Suma del cuadrado 136

4	14	15	1
9	7	6	12
5	11	10	8
16	2	3	13

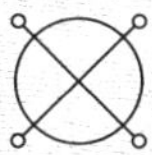

♂

Suma mágica 65

Suma del cuadrado 325

11	24	7	20	3
4	12	25	8	16
17	5	13	21	9
10	18	1	14	22
23	6	19	2	15

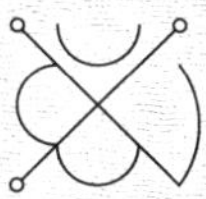

☿

Suma mágica 260

Suma del cuadrado 2 080

8	58	59	5	4	62	63	1
49	15	14	52	53	11	10	56
41	23	22	44	45	19	18	48
32	34	35	29	28	38	39	25
40	26	27	37	36	30	31	33
17	47	46	20	21	43	42	24
9	55	54	12	13	51	50	16
64	2	3	61	60	6	7	57

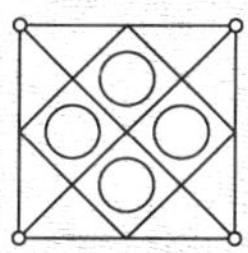

☉

Suma mágica 111

Suma del cuadrado 666

6	32	3	34	35	1
7	11	27	28	8	30
19	14	16	15	23	24
18	20	22	21	17	13
25	29	10	9	26	12
36	5	33	4	2	31

♀

Suma mágica 175

Suma del cuadrado 1 225

22	47	16	41	10	35	4
5	23	48	17	42	11	29
30	6	24	49	18	36	12
13	31	7	25	43	19	37
38	14	32	1	26	44	20
21	39	8	33	2	27	45
46	15	40	9	34	3	28

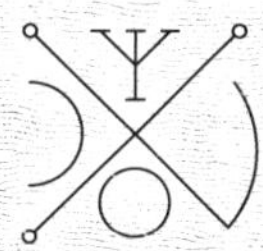

Mitos, juegos y rimas infantiles

Los números con los que crecimos

Algunas de nuestras más tempranas experiencias con números fueron a través de juegos, canciones infantiles, cuentos y mitos culturales, muchos de los cuales son como un tesoro de relaciones numéricas ocultas.

Las antiguas formas de lenguaje por lo general tenían una base numérica; así en poesía nos encontramos con tercetos (tres versos), cuartetos (cuatro versos), pentámetro (verso de cinco pies), hexámetro (verso de seis pies) y haiku (un poema de tres líneas de diecisiete sílabas: cinco, siete y cinco; *compárese con la escala de 17 notas de la pág. 196).*

Los juegos, al igual que los mitos y los cuentos, pueden contener información. La suma de una baraja de cartas, contando la jota, el rey y la reina como 11, 12 y 13, da 364, y si le sumamos el comodín obtenemos 365, el número de días del año. Los dieciocho y los diecinueve del juego chino del *go* reflejan los ciclos solares y lunares *(véase pág. 42).* Estos antiguos juegos manifiestan principios eternos y evocan juegos cósmicos de mayor envergadura, con el número como núcleo central.

Muchos juegos dependen del número para su estructura y sus reglas. ¡Imagínese cómo sería una partida de póker si los jugadores solo supieran contar hasta tres! A continuación damos dos ejemplos del recorrido de un caballo del ajedrez; ambos forman cuadrados mágicos si se enumeran de forma secuencial.

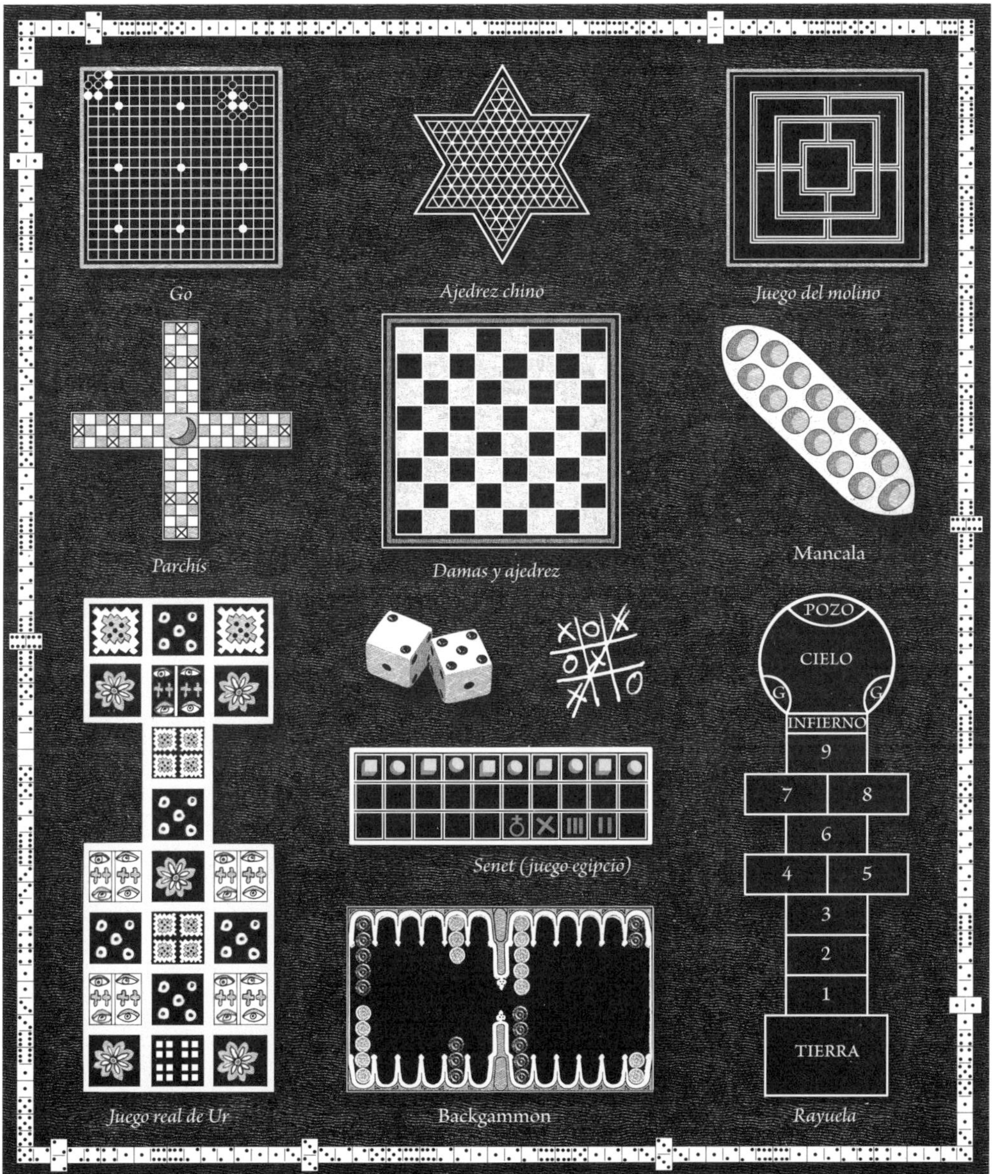
Go
Ajedrez chino
Juego del molino
Parchís
Damas y ajedrez
Mancala
POZO
CIELO
G
G
INFIERNO
9
7
8
6
4
5
3
2
1
TIERRA
Senet (juego egipcio)
Juego real de Ur
Backgammon
Rayuela

Números modernos

El alba de la complejidad

Se dice que cuando los antiguos griegos demostraron que las diagonales de los cuadrados no se podían expresar como fracciones, surgió una crisis entre sus filas, algo parecido al terror que muchas personas siguen experimentando hoy día cuando se enfrentan con el símbolo de la raíz cuadrada, √.

Los últimos 400 años del pensamiento humano han transformado nuestra idea del número. Después de la adopción de los dígitos indios y del cero, el siguiente truco de magia fue la invención de los números *negativos*, formando una línea numérica que desaparecía en dos direcciones. Los números negativos resultaron útiles pero crearon un enigma: un número negativo al cuadrado se convierte en positivo, así que ¿qué son las raíces cuadradas de los números negativos? Los matemáticos se dieron cuenta de que había otra línea completa de números, la de las raíces cuadradas de los números negativos, que denominaron números *imaginarios*, señalados con una i (así, i es la raíz cuadrada de menos uno). Hoy día los números habitan en un plano numérico, con una parte real y otra compleja. De modo interesante, es el juego entre números reales e imaginarios el que produce sin esfuerzo alguno la bellísima complejidad de los fractales y de la teoría del caos, modelos de las formas y procesos recurrentes que encontramos en toda la naturaleza.

Con el sistema decimal que utilizamos hoy día podemos describir con gran exactitud números como π o pi, la relación entre la circunferencia de un círculo y su diámetro. No obstante, algunos de los objetos más atractivos de la matemática moderna simplemente emplean fracciones repetidas que a los antiguos les parecerían familiares. Estas expresan la compleja esencia de las raíces cuadradas, de la sección áurea ϕ o Φ, pi π, y la función de crecimiento exponencial, e.

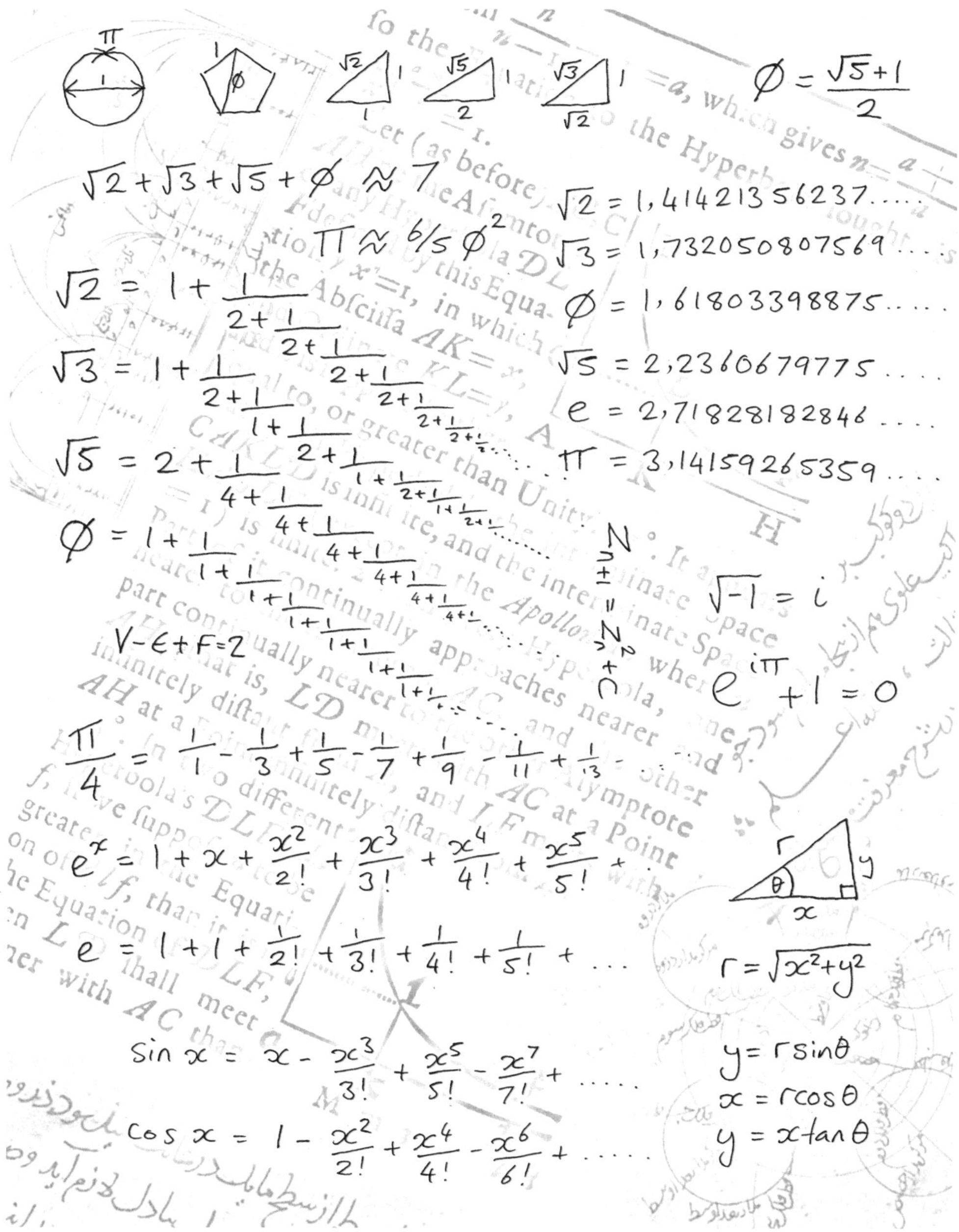
π
1
1
ϕ
√2 1 1
√5 1 2
√3 1 √2
ϕ = (√5+1)/2
√2 + √3 + √5 + ϕ ≈ 7
π ≈ 6/5 ϕ²
√2 = 1,41421356237.....
√3 = 1,732050807569.....
ϕ = 1,61803398875.....
√5 = 2,2360679775.....
e = 2,71828182846.....
π = 3,14159265359.....
√2 = 1 + 1/(2 + 1/(2 + 1/(2 + 1/(2 + 1/(2 + 1/2...)))))
√3 = 1 + 1/(2 + 1/(1 + 1/(2 + 1/(1 + 1/(2 + 1/(1 + 1/(2 + ...)))))))
√5 = 2 + 1/(4 + 1/(4 + 1/(4 + 1/(4 + 1/(4 + 1/4...)))))
ϕ = 1 + 1/(1 + 1/(1 + 1/(1 + 1/(1 + 1/(1 + 1/(1 + 1/(1 + 1/1...)))))))
N ⊆ Z ⊆ Q ⊆ R ⊆ C
√-1 = i
V - E + F = 2
e^(iπ) + 1 = 0
π/4 = 1/1 - 1/3 + 1/5 - 1/7 + 1/9 - 1/11 + 1/13 - ...
e^x = 1 + x + x²/2! + x³/3! + x⁴/4! + x⁵/5! + ...
r y θ x
e = 1 + 1 + 1/2! + 1/3! + 1/4! + 1/5! + ...
r = √(x² + y²)
sin x = x - x³/3! + x⁵/5! - x⁷/7! + ...
y = r sin θ
x = r cos θ
cos x = 1 - x²/2! + x⁴/4! - x⁶/6! + ...
y = x tan θ

El cero

Ya está todo dicho

Hemos dejado el cero hasta el final, porque en cierto sentido no se trata de un número, sino de un signo que marca la ausencia de número. Es tal vez por este motivo, y por el gran miedo que muchos teólogos le tenían, que la nada tardó tanto tiempo en convertirse en algo, y más de una cultura sensata nunca llegó a hacerlo.

Se ha inventado un símbolo para el cero como mínimo en tres ocasiones distintas. En el año 400 a. C. los babilonios empezaron a utilizar la forma de dos cuñas grabadas en arcilla como señal de «lugar vacío» en su sistema sexagesimal: «no hay número en esta columna». En la otra punta del mundo y casi mil años después, los mayas adoptaron para la misma función el símbolo de una caracola.

La forma circular que la «nada» adquirió en la India reflejaba la concavidad que queda en la arena cuando se elimina una piedra que se ha usado para contar. Así nuestro cero actual, heredado de los indios, empezó como el rastro visible de algo que ya no está allí.

Al igual que el uno, el cero tantea la línea divisoria entre la ausencia y la presencia. En los tratados matemáticos indios más antiguos se denomina *sunya*, que significa «vacío», evocando el abismo, lo inescrutable, el suelo fértil de todo el ser.

Tal vez resulte apropiado que nuestro cero tenga forma de círculo, a su vez símbolo del uno, y que nuestro uno adquiera la forma de una rayita entre dos puntos. Tal como reconoce la gematría, cada número contiene la semilla de su sucesor, y los símbolos del cero y del uno curiosamente se combinan para crear el símbolo ϕ, de la sección áurea, un perfecto broche final para este capítulo.

LIBRO II

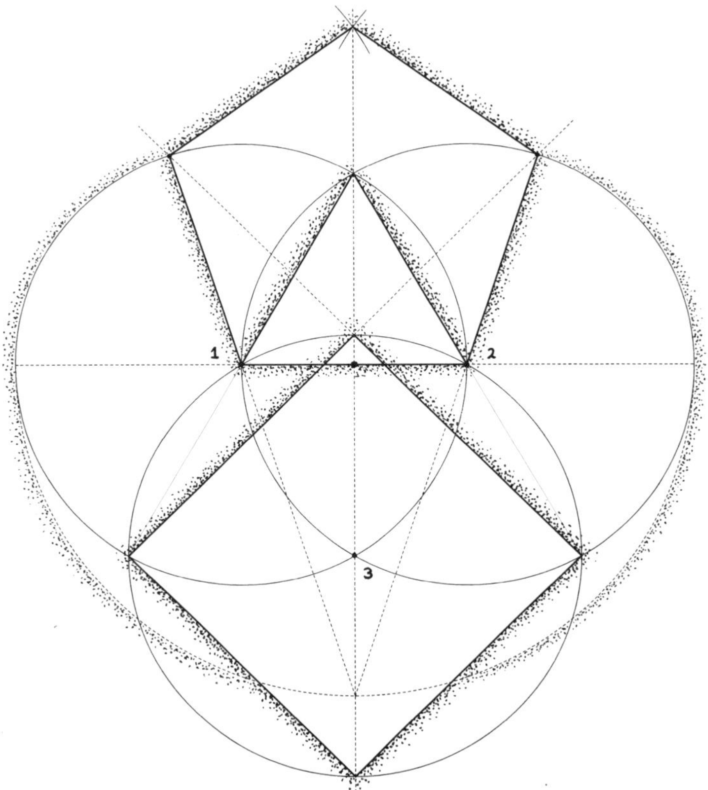
1
2
3

GEOMETRÍA SAGRADA

Miranda Lundy

Asientos de la capilla familiar de los Norwood,
en la iglesia de Milton, Inglaterra.

INTRODUCCIÓN

La geometría sagrada registra gráficamente el desarrollo del número en el espacio. Difiere de la geometría mundana puramente en el sentido de que se considera que sus movimientos, conceptos y productos tienen un valor y un significado simbólicos. Por ello, igual que la buena música, el estudio y la práctica de la geometría pueden facilitar la evolución del alma. Como iremos viendo, el recorrido básico parte del punto, avanza hacia la línea, hacia el plano, pasa por la tercera dimensión y va más allá, regresando por último de nuevo al punto, observando todo lo que pasa por el camino.

Estas páginas, el LIBRO II de *Quadrivium*, se ocupan de los elementos de la geometría bidimensional: el despliegue del número en una superficie plana. La historia de la geometría tridimensional la contamos en el LIBRO III. Este material se viene utilizando desde hace largo tiempo como una introducción a la metafísica. Al igual que los elementos de su materia hermana, la música, se trata de un aspecto de revelación, una luminosa e indiscutible sombra de la Realidad y un mito de creación por sí misma.

El número, la música, la geometría y el estudio de los patrones del Cielo son las cuatro artes liberales mayores del mundo antiguo que tratan de los quanta o números enteros. Estos sencillos lenguajes universales tienen tanta relevancia en la actualidad como siempre la han tenido, y se pueden encontrar en todas las ciencias y culturas conocidas sin ningún desacuerdo. Ciertamente se podría esperar que cualquier ser tridimensional de inteligencia razonable, en cualquier lugar del universo, los conociera de la misma forma en que los presentamos aquí.

En el frontispicio de la entrada a la Academia platónica se podía leer: «Aquí no entra nadie que no sepa geometría». Investiguemos pues.

PUNTO, LÍNEA Y PLANO

Ninguna, una y dos dimensiones

Empecemos con una hoja de papel. El punto es lo primero que podemos hacer. Carece de dimensión y no está en el espacio. Sin un dentro y un afuera, el punto es el origen de todo lo que seguirá a continuación. El punto se representa *(abajo)* con un puntito circular.

La primera dimensión, la línea, se manifiesta cuando el Uno emerge con dos principios, activo y pasivo *(abajo, dcha.)*. El punto elige un lugar fuera de sí mismo, una dirección. Se ha dado una separación y se ha creado una línea. La línea no tiene grosor, y a veces se dice que tampoco tiene fin. Existen ahora tres «caminos» que se hacen evidentes *(pág. sig.)*:

1. Con un extremo de la línea estacionario, o pasivo, el otro es libre de girar y describir un círculo, que representa el Cielo.
2. El punto activo se puede mover hacia una tercera posición equidistante de las otras dos, describiendo así un triángulo equilátero.
3. La línea puede generar otra que se aleje hasta que las distancias sean iguales para formar un cuadrado, que representa la Tierra.

Se han manifestado tres formas: círculo, triángulo y cuadrado. Las tres son ricas en significado. Nuestro viaje acaba de empezar.

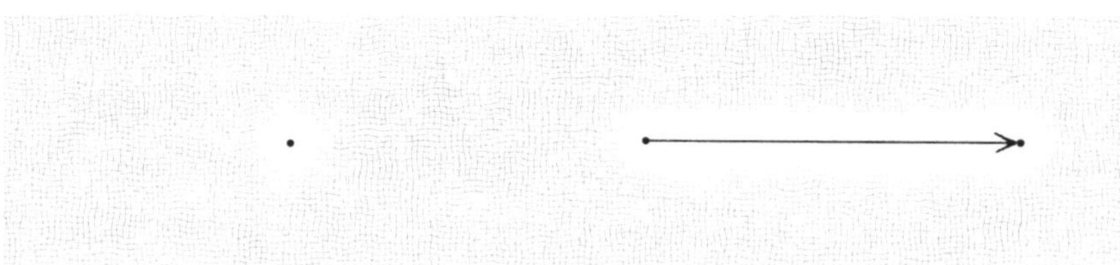

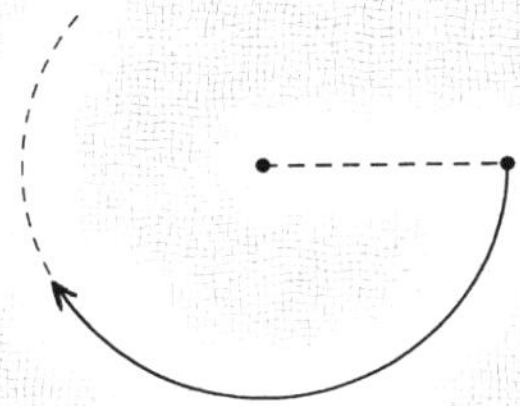

Rotar una línea

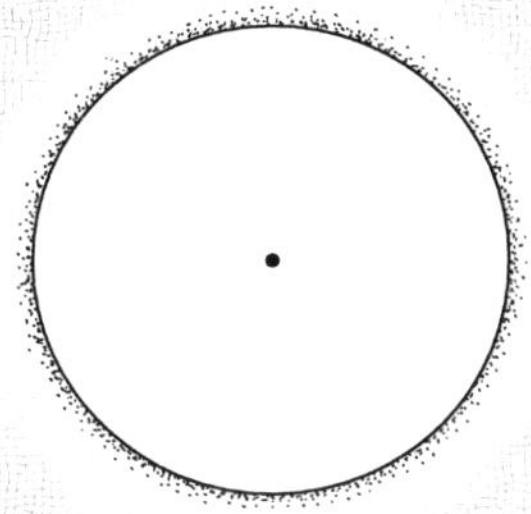

Crear un círculo

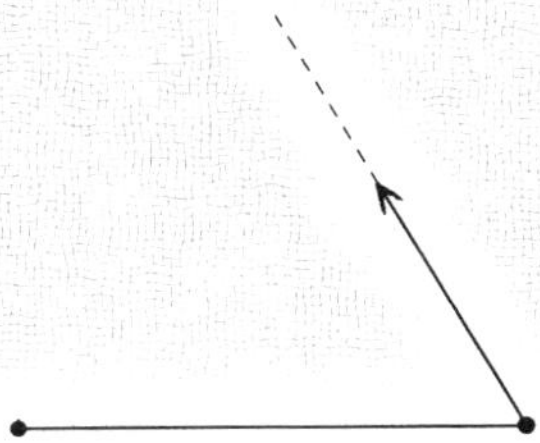

Mover un vértice

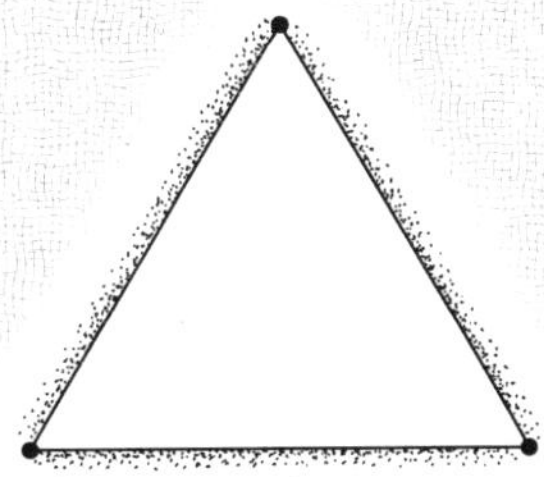

Hacer un triángulo

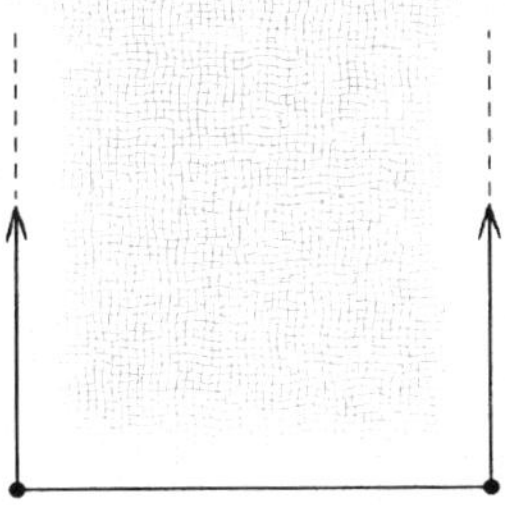

Trasladar una línea

Formar un cuadrado

Esfera, tetraedro y cubo

De dos a tres dimensiones

Aunque el presente libro se ocupa principalmente del plano, vamos a dar un paso adelante en los tres «caminos» de rotación, movimiento de un vértice y traslación de un objeto, y pasar a la tercera dimensión *(pág. sig.)*:

1. El círculo gira para convertirse en esfera. Algo circular sigue siendo esencialmente circular *(hilera superior)*.
2. El triángulo produce un cuarto punto a una distancia igual a las otras tres para formar un tetraedro. Un triángulo equilátero ha generado tres más *(hilera central)*.
3. El cuadrado se alza para dejar otro cuadrado igual, y surgen otros cuatro cuadrados que forman un cubo *(hilera inferior)*.

Observe cómo se conserva la división esencial de círculo, triángulo y cuadrado de la página anterior.

La esfera es símbolo del cosmos y de la totalidad de la creación manifestada. En la naturaleza, las cosas muy grandes o muy pequeñas suelen ser esféricas. Einstein descubrió que un punto en cuatro dimensiones (por ejemplo, usted aquí y ahora) es una esfera que se expande a la velocidad de la luz, y todo lo que podemos ver del universo está contenido en una esfera en el horizonte de sucesos. El cubo representa la Tierra.

La superficie de la esfera tiene el área más pequeña por volumen de cualquier posible sólido tridimensional, mientras que, de entre todos los sólidos regulares, el tetraedro es lo opuesto.

El tetraedro de hecho está escondido dentro de un cubo: si traza una línea diagonal en cada cara de un cubo, para que converjan en las esquinas, habrá definido los lados de un tetraedro. ¡Inténtelo!

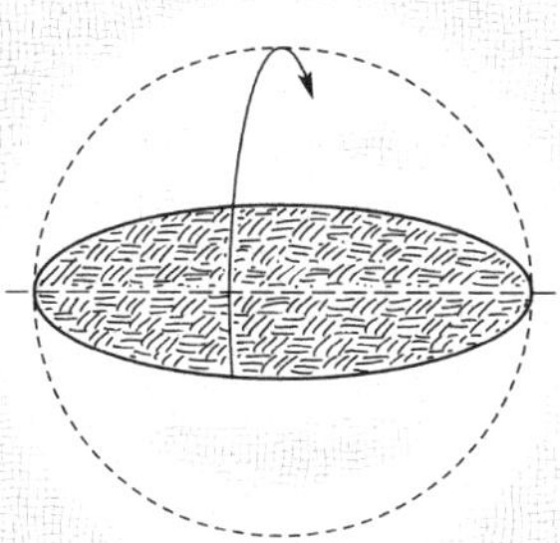

Rotar un círculo

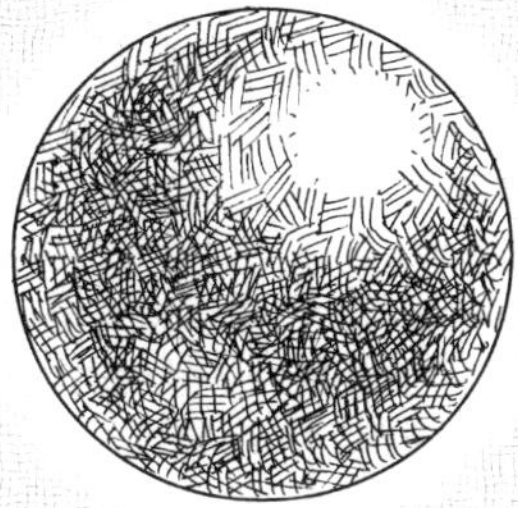

Crear una esfera

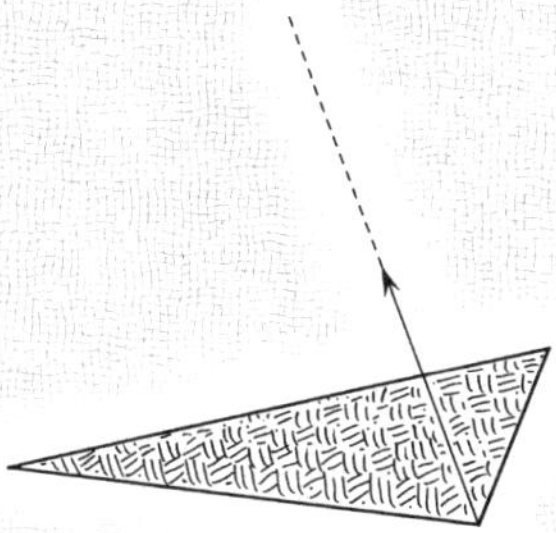

Mover un vértice

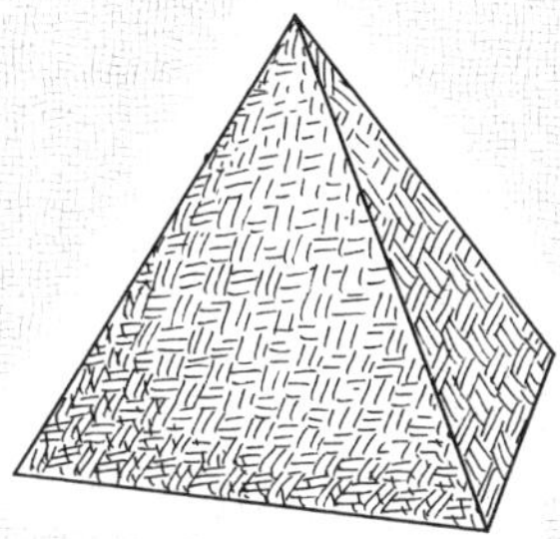

Hacer un tetraedro

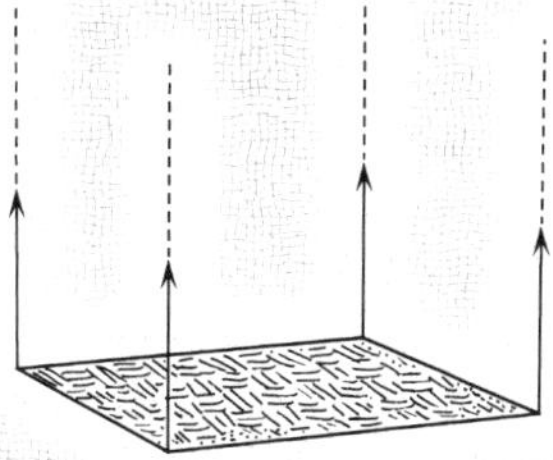

Trasladar un cuadrado

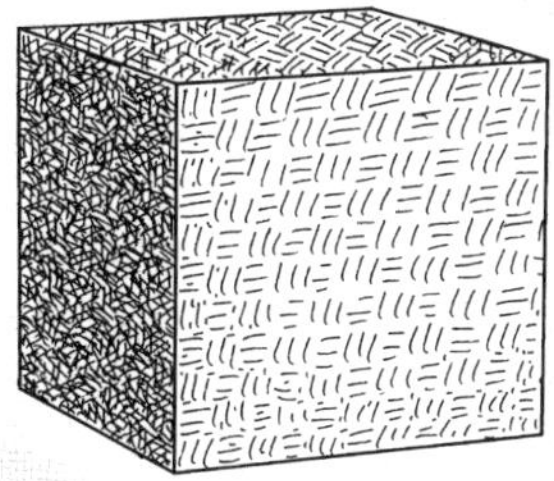

Formar un cubo

UNO, DOS Y TRES

Jugar con círculos

Coja una regla, un compás, algo con que dibujar y algo sobre lo que dibujar. Trace una línea horizontal que cruce la página. Abra el compás y ponga la punta sobre la línea. Dibuje un círculo *(arriba)*.

Ponga la punta del compás donde el círculo ha cortado la línea y dibuje otro círculo, dejando el compás en el mismo punto que antes. Cuando se dibuja un círculo así sobre otro, para que uno pase por el centro del otro, se obtiene una importante forma almendrada, la *vesica piscis*, literalmente «vejiga de pez». Es una de las primeras cosas que pueden hacer los círculos. A menudo se representa a Cristo en el interior de una *vesica*. Hemos definido dos triángulos equiláteros *(pág. sig., centro)*.

Podemos añadir un nuevo círculo a la línea como hemos hecho antes, normalmente en el otro lado del círculo del que partimos; este simple acto define los seis puntos de un hexágono perfecto *(pág. sig., abajo)*. También se puede añadir un tercer círculo, como muestra la ilustración inferior, para obtener una elegante forma triangular.

Así pues los círculos producen, sin esfuerzo alguno, triángulos y hexágonos perfectos.

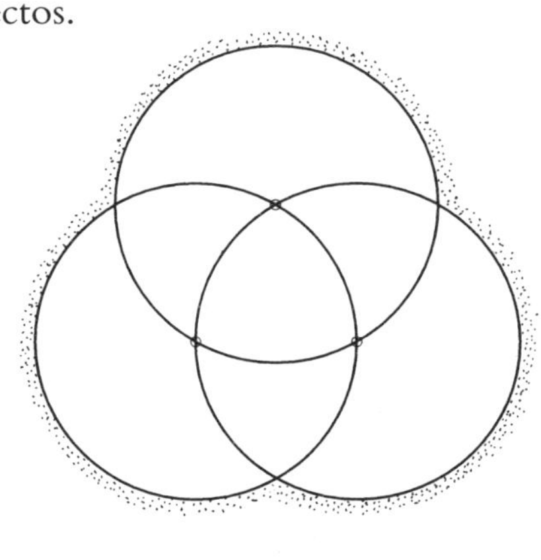

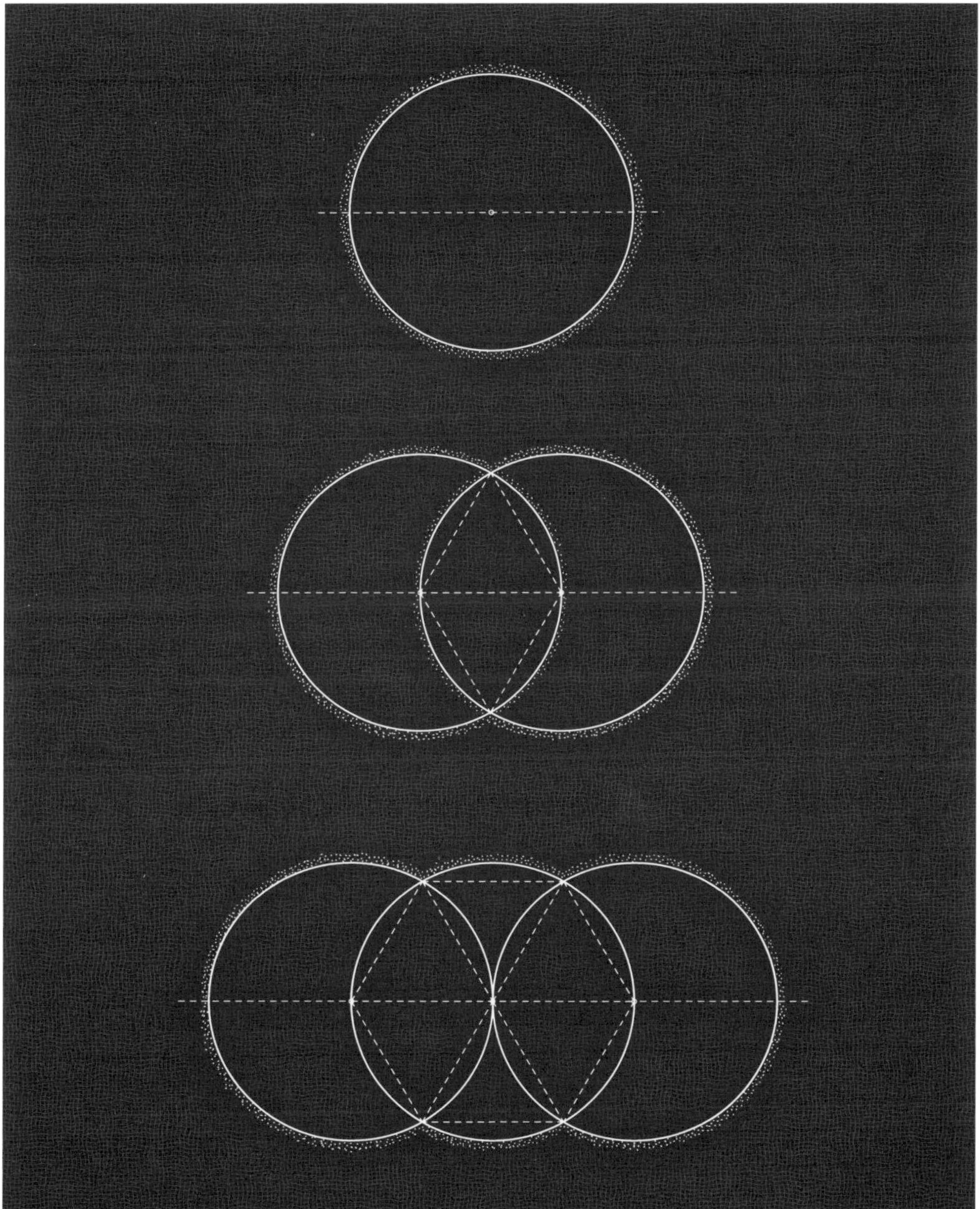

Seis alrededor de uno

o doce o incluso dieciocho

Los seis puntos del hexágono generan el diseño en forma de flor que se muestra abajo. Otro modo de dibujarlo es hacer «caminar» un círculo alrededor de sí mismo, algo que casi todos los niños han hecho en la escuela, ya sea porque lo mandó el profesor o simplemente jugando con el compás.

Ahora queremos obtener el diagrama inferior de la página siguiente, y necesitamos los centros de los seis círculos exteriores. Una forma de conseguirlo es ampliar la flor, dibujando finamente los seis círculos indicados con líneas discontinuas en el diagrama superior, para obtener los seis centros. La otra es trazar líneas rectas como muestra el diagrama inferior. Ambas formas son viables.

Ahora podemos observar como hay seis círculos encajados alrededor de uno central. Podemos juntar vasos, monedas o pelotas de tenis para comprobarlo, pero sigue siendo algo realmente extraordinario. «Seis alrededor de uno» es un tema que abre el Antiguo Testamento de la Biblia, con los seis días de la Creación y el séptimo de descanso. Ciertamente los círculos resultan muy sugerentes.

Doce alrededor de uno

Cómo dibujar un dodecágono

Igual que el uno genera el seis, el seis genera el doce. En este caso las seis puntas de una estrella salen de la flor hasta cruzar el borde exterior de los seis círculos. De manera elegante, esto forma una perfecta división general del espacio en doce partes *(pág. sig.)*. El polígono de doce caras se llama dodecágono, que literalmente significa «doce lados».

El dodecágono también se obtiene a partir de seis cuadrados y seis triángulos equiláteros colocados alrededor de un hexágono. Se pueden observar en el dibujo de la página siguiente. Además, la forma se divide en sus factores: tres, cuatro y seis, como cuatro triángulos, tres cuadrados y dos hexágonos *(pág. sig., abajo)*.

La ilustración de esta página muestra la versión tridimensional de la misma historia. Una pelota puede agrupar de forma natural a otras doce a su alrededor, de modo que cada una de ellas toca el centro y cuatro esferas próximas. Puede observar esta formación en los montones de manzanas y naranjas de cualquier puesto de un mercado. La forma obtenida se denomina cuboctaedro, que está emparentada con el tetraedro y el cubo que vimos en la página 67. La mayoría de los cristales siguen esta formación.

El doce es el número que encaja alrededor de uno en un espacio tridimensional, al igual que el seis encaja alrededor de uno en un plano bidimensional. El Nuevo Testamento es la historia de un maestro rodeado por doce discípulos.

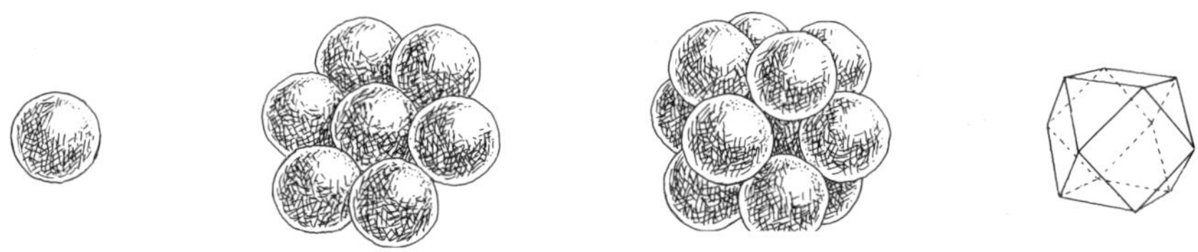

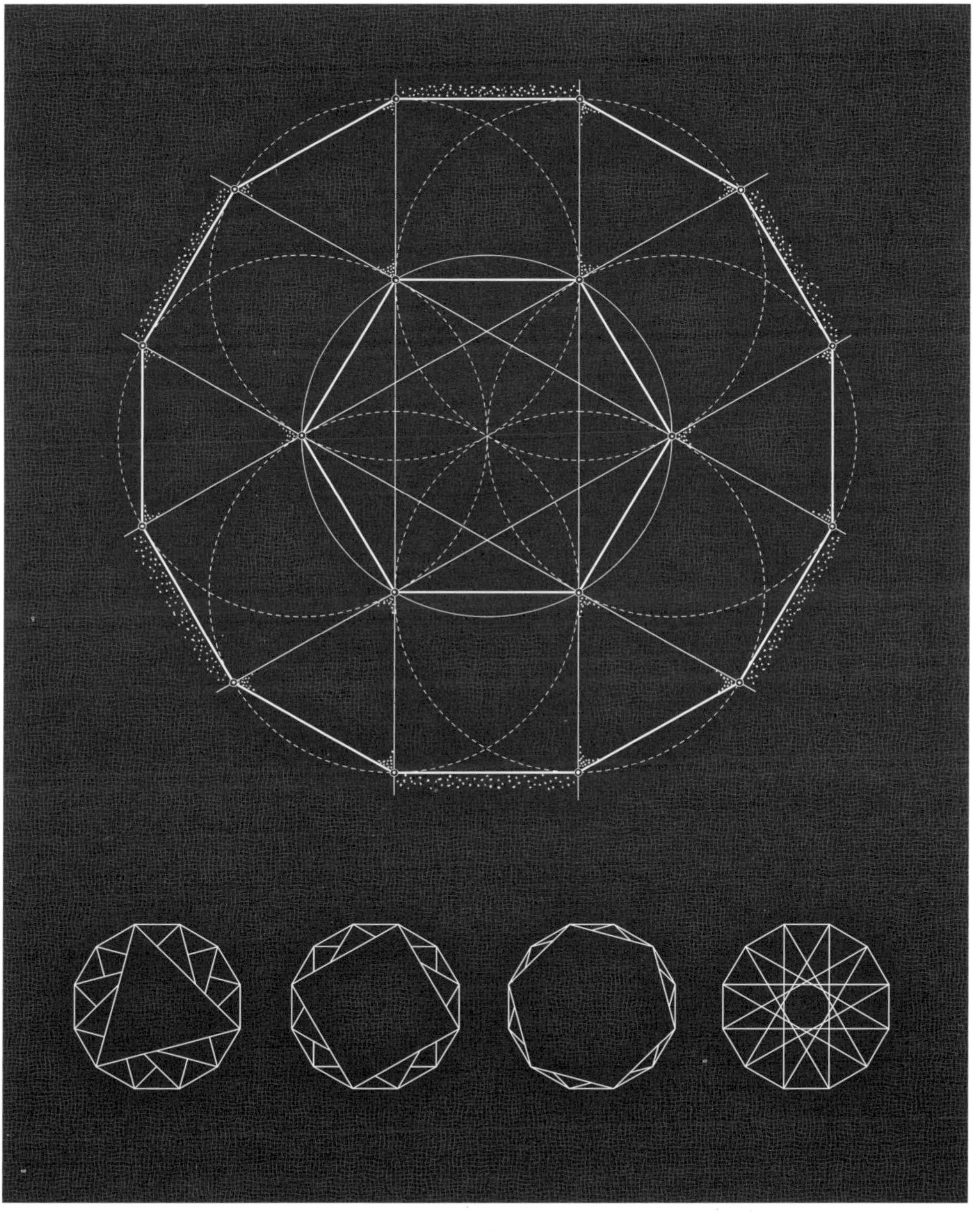

Los cinco elementos

Una breve incursión a la tercera dimensión

Aunque se trata en profundidad en el Libro III de este volumen, merece la pena mencionar aquí que solo existen cinco sólidos tridimensionales regulares. Cada uno de ellos tiene los lados iguales, cada cara es el mismo polígono perfecto y cada punto se encuentra a la misma distancia del centro. Denominados los cinco sólidos platónicos, ya se conocían en las islas Británicas dos mil años antes de Platón: se han encontrado conjuntos de piedras talladas en los círculos de piedras de Aberdeenshire, Escocia, con una antigüedad de 4000 años *(abajo, ilustración de K. Critchlow).*

El primer sólido es el tetraedro, con cuatro vértices y cuatro caras de triángulos equiláteros, que tradicionalmente representa el elemento Fuego. El segundo sólido es el octaedro, compuesto de seis puntos y ocho triángulos equiláteros, y que representa el Aire. El cubo es el tercer sólido, ocho vértices y seis caras cuadradas, y representa la Tierra. El cuarto es el icosaedro, con doce puntos y veinte caras de triángulos equiláteros, el elemento del Agua. El último y quinto elemento es el dodecaedro, que tiene veinte vértices y que representa el misterioso elemento del Éter.

Observe lo hermoso que es el dodecaedro y cómo está compuesto por doce pentágonos, una forma perfecta de cinco lados.

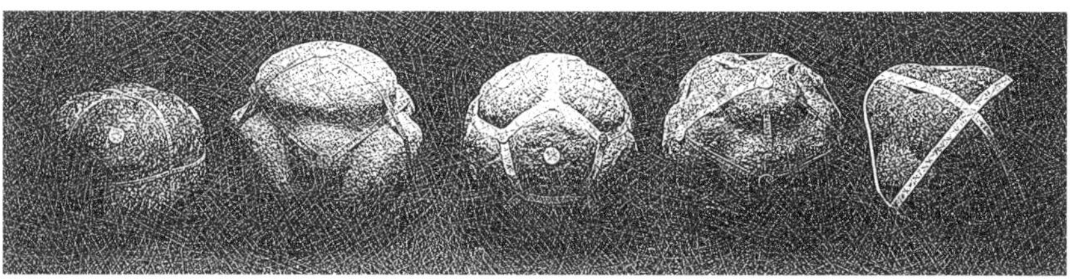

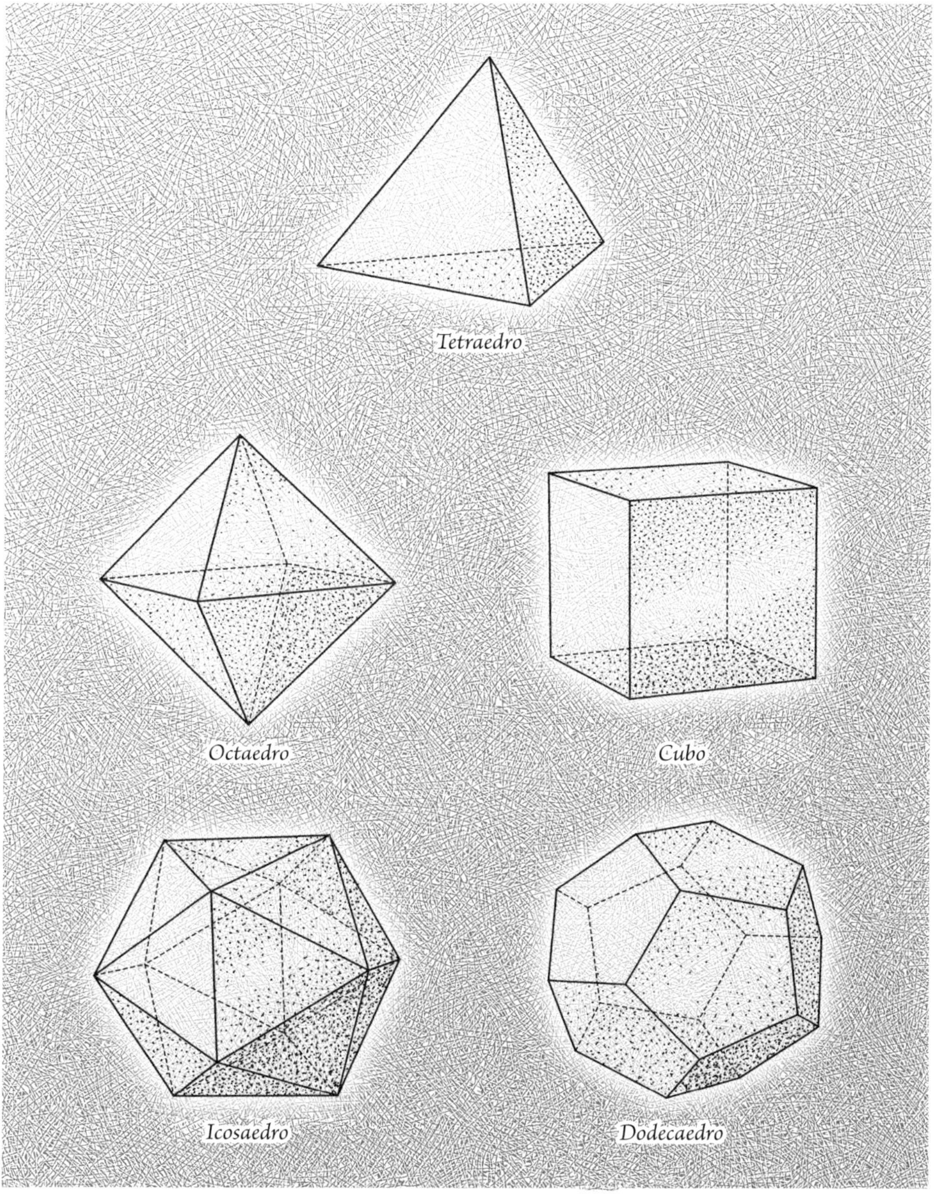
Tetraedro
Octaedro
Cubo
Icosaedro
Dodecaedro

Circundar el cuadrado

La unión de Cielo y Tierra

El círculo es la forma que de manera tradicional se asigna al Cielo, y el cuadrado a la Tierra. Cuando estas dos formas se unen igualándolas en área o perímetro, hablamos de «cuadrar el círculo», lo que significa que el Cielo y la Tierra, o el Espíritu y la Materia, se combinan o unen simbólicamente. El ser humano, de base cinco, existe entre el Cielo (base 6) y la Tierra (base 4), y la imagen de Leonardo da Vinci *(pág. sig.)* también muestra cómo la medida de los brazos extendidos de un hombre equivale a su altura, y que esta medida es igual a siete de sus pies y otras proporciones importantes.

Como vimos anteriormente *(pág. 33)*, la Tierra y la Luna cuadran el círculo, porque si la Luna (diámetro 3) se lleva hacia la Tierra (diámetro 11), entonces el círculo celestial que atraviesa la Luna *(abajo, centro, en línea de puntos)* tiene un radio de 7 y una circunferencia de 44, lo mismo que el perímetro del cuadrado que engloba la Tierra. Esto funciona porque π, que relaciona la circunferencia del círculo con su diámetro, es prácticamente $^{22}/_{7}$. En la imagen de Leonardo la Luna encajaría sobre la cabeza del hombre.

También mostramos *(abajo, dcha. e izq.)* una sencilla construcción para un cuadrado utilizando regla y compás. Después vendrán los octógonos.

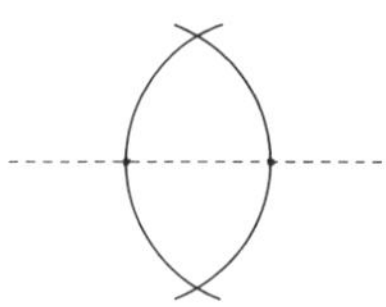

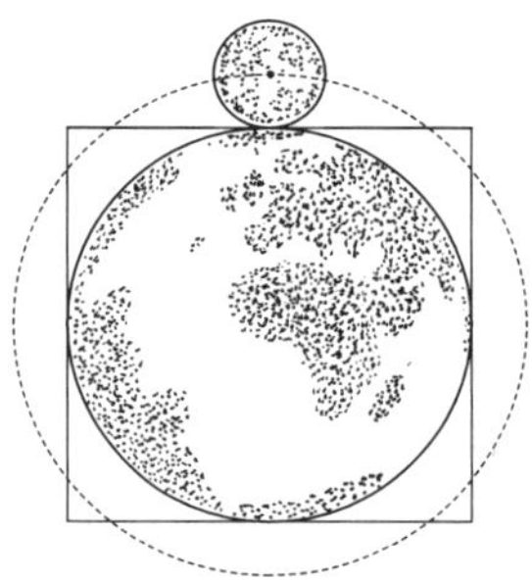

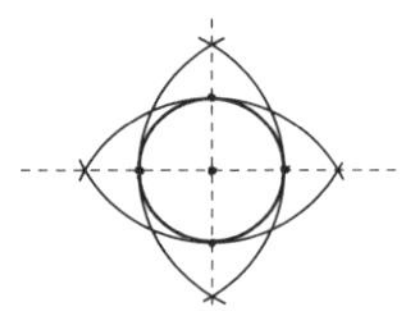

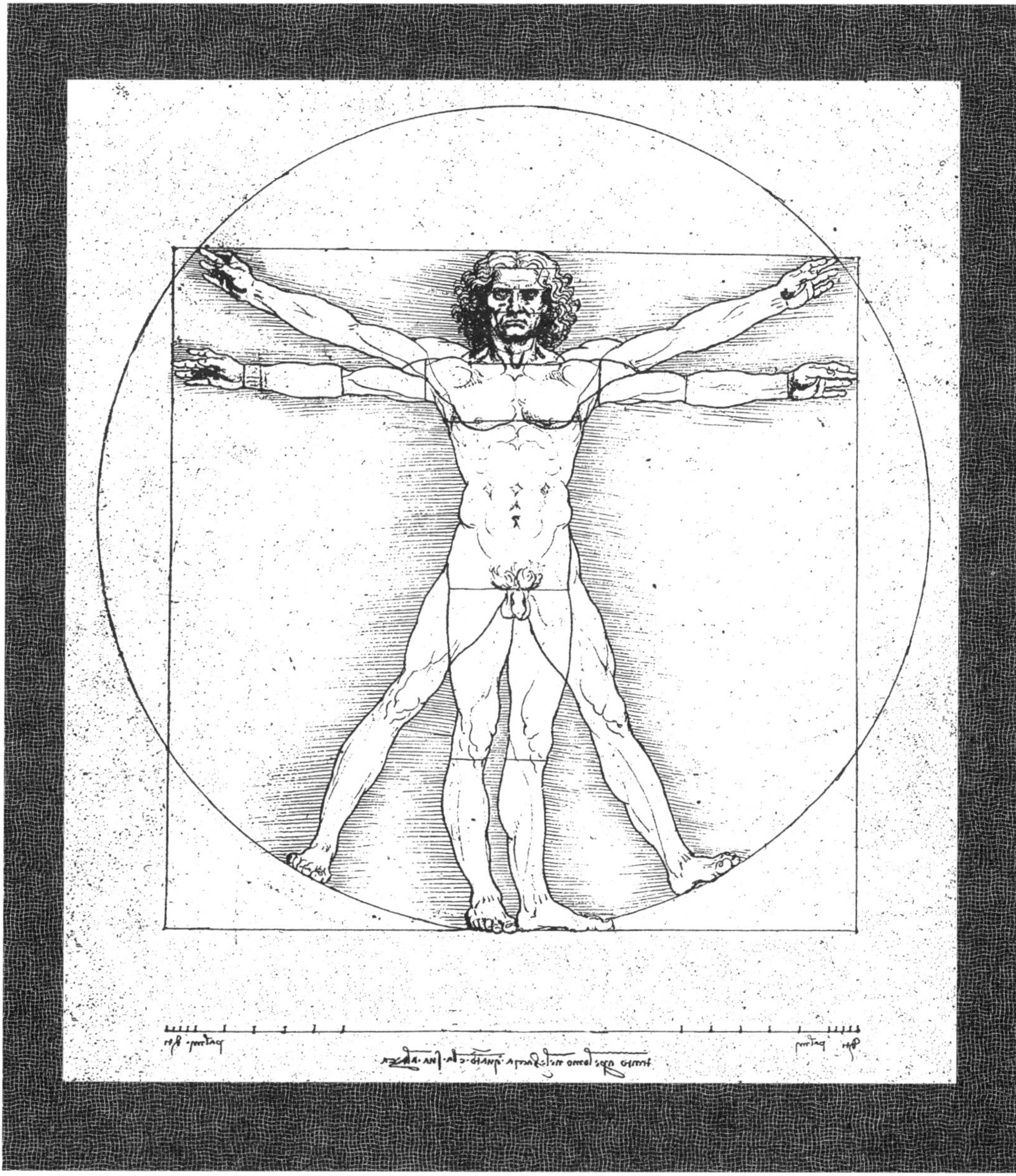

El canon

3, 7 y 11

La cuadratura del círculo como 3:11 está codificada en una puerta de la iglesia de Gerum, en Suecia *(pág. sig.)*. En la mitología irlandesa y nórdica abundan los relatos de 33 guerreros (3 x 11). El Sol tarda 33 años hasta repetir el mismo momento exacto en que sale por el horizonte. Jesús muere y resucita a los 33 años. El Ramadán se da cada 12 lunas y tarda 33 años en dar la vuelta al calendario. A mitad de camino entre el 3 y el 11 encontramos el 7, y es un secreto antiguo el que la inclinación del eje terrestre, a menudo oculto en el arte sacro como la inclinación de una cabeza divina (la Virgen María o Buda), es la diagonal de un rectángulo de 3 de anchura por 7 de altura. De forma importante, $^{11}/_{7}$ es el antiguo valor egipcio para la mitad de π, así que un radio del círculo r tiene un arco cuadrante de $^{11}/_{7}\,r$. El diagrama de Sandreckoner *(pág. sig.)* es una forma única de dividir el lado de un cuadrado en fracciones canónicas *(según Malcolm Stewart)*.

Un círculo y un cuadrado también se pueden unir si tienen la misma área, y un arcoíris doble, con arcos de 41,5 y 52,5°, traza esta figura *(abajo)*.

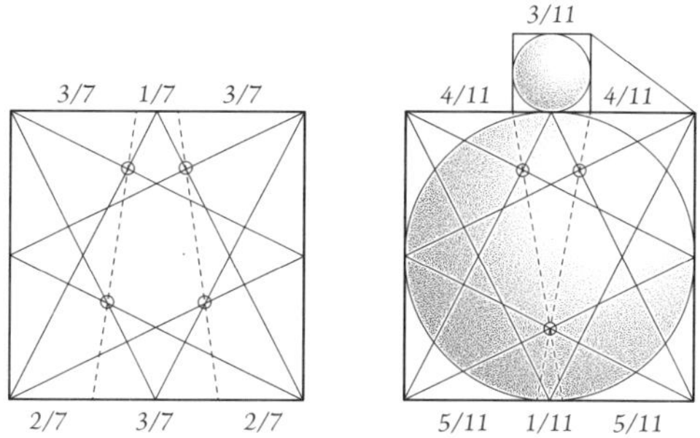

Arriba y abajo: el diagrama de Sandreckoner. Simplemente uniendo las esquinas con el centro de los lados, el borde de un cuadrado se puede dividir exactamente en 3, 4, 5, y arriba, en 7 y 11 partes iguales, lo que lo convierte en un recurso extremadamente útil. Las líneas iniciales también generan una profusión de longitudes de números enteros, áreas y formas, incluyendo una serie de triángulos pitagóricos 3-4-5 de varias escalas.

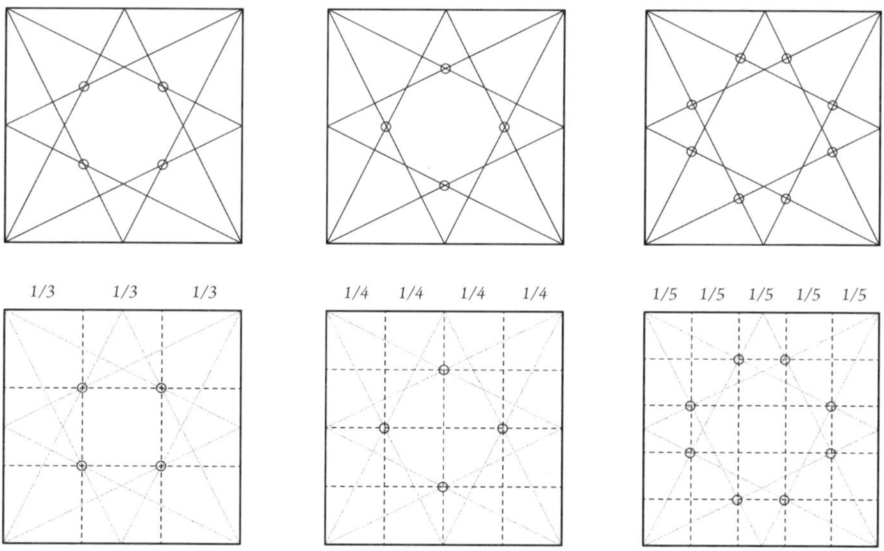

El pi de la pirámide

La unión de todo

Tal vez no exista en el mundo un objeto geométrico tan famoso como la Gran Pirámide de Giza, en Egipto, con sus extraños pasadizos y enigmáticas cámaras. Los cinco diagramas de la página siguiente muestran:

1. El cuadrado de la altura es igual al área de cada cara.
2. La sección áurea de la pirámide, Φ = 1,618 *(véase pág. 86)*.
3. *Pi* en la pirámide. Pi, o π, define la proporción entre la circunferencia de un círculo y su diámetro (3,14159...).
4. La pirámide cuadrando el círculo *(véase pág. 76)*.
5. Un pentagrama que define la «red» para la pirámide: ¡cortar y doblar!

Geometría significa «medición de la Tierra». La pirámide funciona como un reloj solar absurdamente preciso, como herramienta topográfica y como repositorio de patrones de pesos y medidas. Inscritos en el diseño hay cálculos muy exactos de la Tierra, detallados datos astronómicos y estas sencillas lecciones de geometría.

Un triángulo 3-4-5 encaja con la forma de la Cámara del Rey *(abajo)* y también marca el ángulo de inclinación de la segunda pirámide de Giza. El punto medio entre los dos planos inclinados es 51,4°, la séptima parte de un círculo.

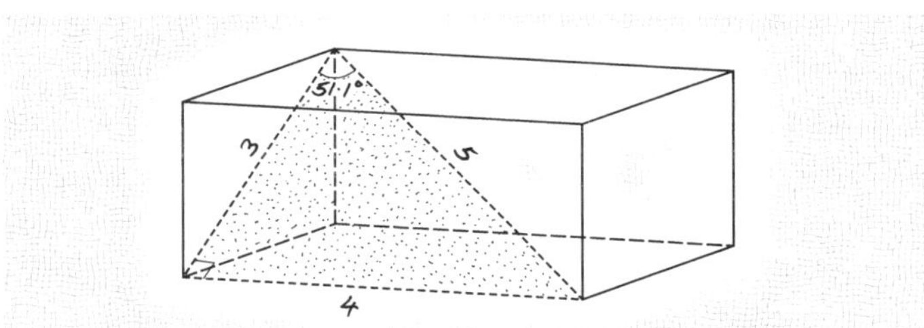

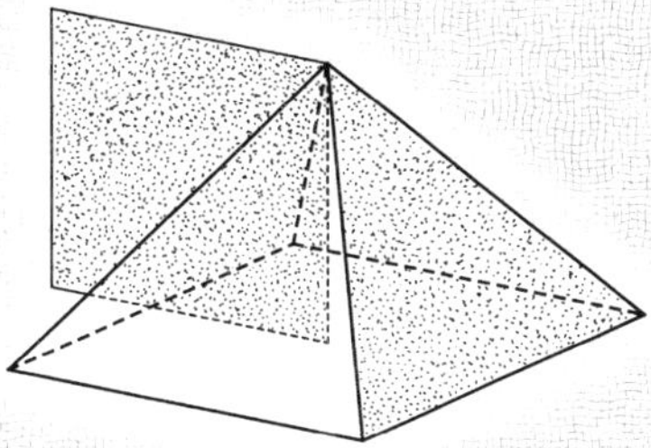

Un mapa de la Tierra
Cuadrado de la altura = área de la cara

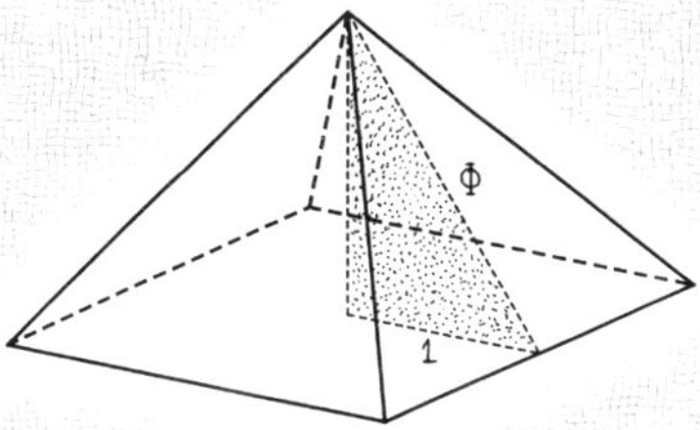

La sección áurea de la pirámide
El coseno de la inclinación = 0,618

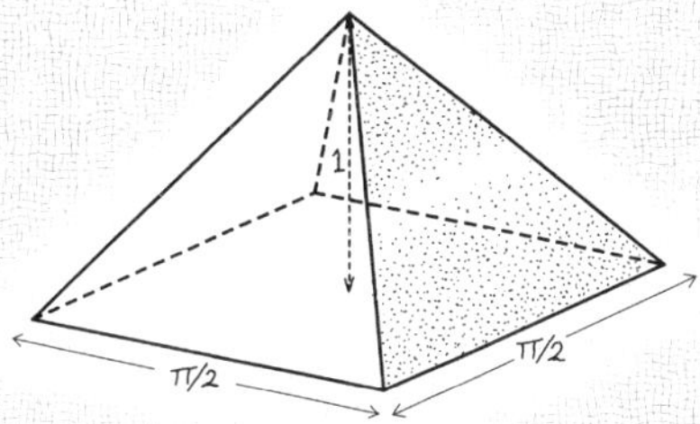

El pi de la pirámide
Perímetro = 2 π altura

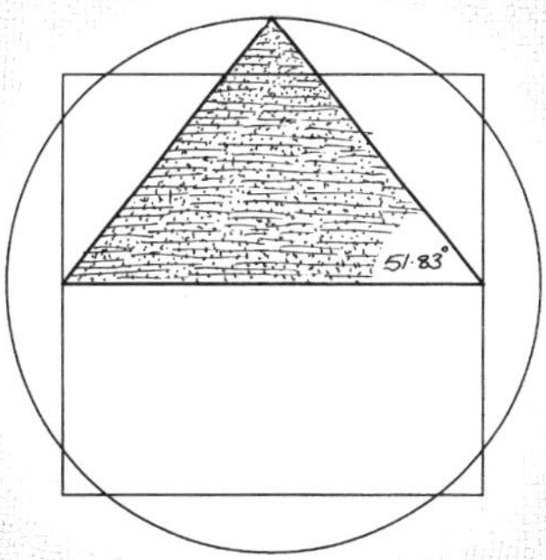

Circunferencia del círculo en altura =
perímetro de la base de la pirámide

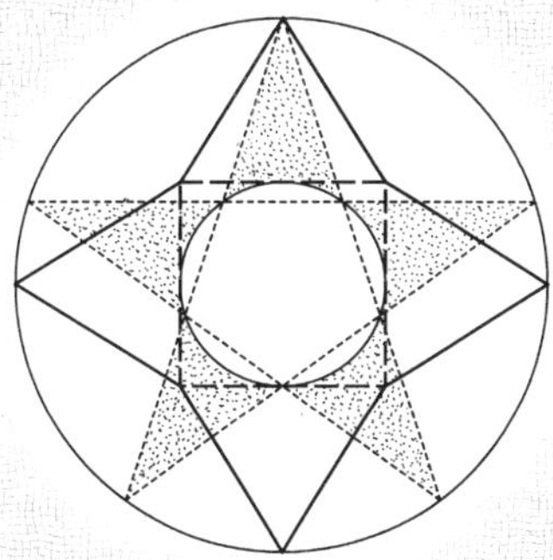

Construcción de la pirámide a partir de
un pentagrama inscrito en un círculo

MITADES Y TERCIOS

Definidos por triángulos y cuadrados

Un triángulo equilátero *(pág. sig., arriba, izq.)*, o dos cuadrados alojados uno dentro del otro *(pág. sig., arriba, dcha.)*, dan el mismo resultado: el tamaño del círculo del interior de cada una de estas figuras es exactamente la mitad del círculo que las rodea. Esta es la imagen geométrica de la octava musical, donde una frecuencia o longitud de cuerda se divide en dos o se dobla.

De forma apropiada, el equivalente tridimensional del triángulo, el tetraedro, define la siguiente proporción fraccionada, el tercio, como la proporción del radio de la esfera más interior con la esfera contenedora *(pág. sig., abajo, izq.)*. Dos cubos u octaedros uno dentro del otro, o un octaedro dentro de un cubo *(pág. sig., abajo, dcha.)*, producen también un tercio. El tercio geométrico equivale en música a una octava más una quinta en la notación armónica. Así dos dimensiones rápidamente definen una *mitad*, y *tres* dimensiones, un *tercio*.

Una unión ajustada pero no del todo perfecta es la que existe entre el cinco y el ocho *(abajo)*, cuyas geometrías juegan una con la otra. En ambos diagramas el círculo interior podría ser el tamaño o la órbita del planeta Mercurio si consideramos que el círculo exterior es el tamaño o la órbita de la Tierra.

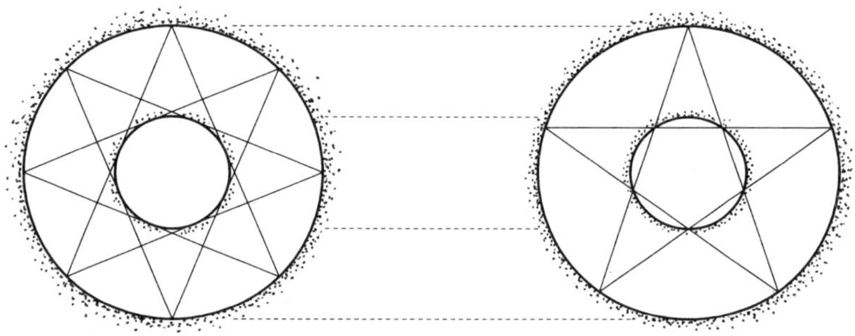

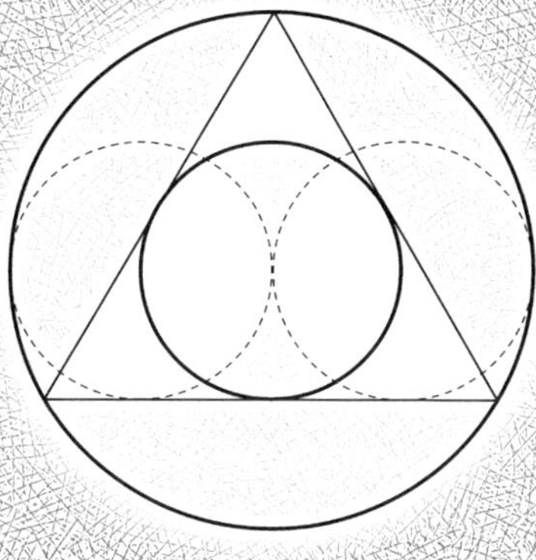

Ad triangulum
Un triángulo equilátero define dos círculos, el tamaño de uno la mitad del otro

Ad quadratum
Dos cuadrados, uno en el interior del otro, definen dos círculos, de nuevo el tamaño de uno la mitad del otro

Ad tetratum
La esfera del interior de un tetraedro es un tercio del tamaño de la esfera exterior

Ad cuboctum
Un cubo y un octaedro de nuevo definen una esfera interior que es un tercio de la exterior

La forma de los sonidos

y tres cuartos

La geometría es «el número en el espacio», la música es «el número en el tiempo». Como veremos en el Libro iv, los intervalos musicales básicos son simplemente proporciones elementales, 1:1 (unísono), 2:1 (la octava), 3:2 (la quinta), 4:3 (la cuarta), etc. La diferencia entre la cuarta y la quinta, 9:8, es el valor de un tono. Los *intervalos* musicales, igual que las proporciones geométricas, siempre implican la relación entre dos elementos, dos longitudes de cuerda, dos períodos (longitud de tiempo) o dos frecuencias (tiempos por longitud). Las proporciones simples tienen un bello aspecto y sonido.

Podemos ver cómo los intervalos musicales adquieren forma haciendo oscilar un lápiz en un círculo con una frecuencia, y una mesa en un círculo opuesto a otra frecuencia; el artilugio se denomina *armonógrafo*. En la página siguiente se muestran dos diseños de intervalos casi perfectos. La octava *(arriba)* se dibuja como forma triangular, mientras que la quinta *(abajo)* tiene forma pentagonal.

Siguiendo con la idea de la página anterior, dos octavas, o una negra, se pueden definir exactamente por dos triángulos, cuatro cuadrados, o, de manera enigmática, por un pentágono inscrito en un pentagrama *(abajo)*.

La sección áurea

y otras raíces importantes

La página siguiente muestra un pentagrama en el interior de un pentágono. Un simple nudo, atado a una cinta o una tira de papel, bien estirado y aplanado forma un pentágono perfecto. ¡Compruébelo alguna vez!

En el diagrama de la página siguiente se puede ver que algunos pares de líneas tienen una discontinuidad diferente. La longitud de esos pares de líneas contiene la proporción áurea, 1: Φ, donde Φ (pronunciado «fi») puede ser 0,618 o 1,618 (más exactamente 0,61803399...). Los libros de este volumen utilizan la ϕ minúscula para 0,618 y la Φ mayúscula para 1,618.

De forma importante, ϕ divide una línea de modo que la proporción de la parte menor con la parte mayor es la misma que la proporción de la parte mayor con el todo. Ninguna otra proporción se comporta de forma tan elegante con la unidad. Por ejemplo, 1 ÷ 1,618 es 0,618, y 1,618 x 1,618 = 2,618. Así que uno dividido por Φ es igual a ϕ (o Φ menos uno), y Φ multiplicado por Φ es igual a Φ más uno.

La sección áurea es una de las tres proporciones simples que se encuentran en los primeros polígonos *(pág. sig., abajo)*. Con un lado de longitud 1, un cuadrado produce una diagonal interior de √2 (la raíz cuadrada de dos), un pentagrama Φ y un hexágono √3 (la raíz cuadrada de tres). Muchos objetos familiares, desde cintas de casete hasta tarjetas de crédito o una puerta de una casa estilo georgiano, son rectángulos Φ. Las √2 y √3 se encuentran con frecuencia en cristales, mientras que Φ predomina en la vida orgánica, posiblemente debido a la naturaleza de los icosaedros flexibles del agua y de otros líquidos. Las tres proporciones geométricas se usan en el buen diseño, junto con las proporciones armónicas.

Los dígitos de la serie de Fibonacci: 1, 1, 2, 3, 5, 8, 13, 21, 34, 55... (los dos últimos números se suman para obtener el siguiente) se aproximan a ϕ cada vez con mayor exactitud. Para los expertos: $\phi = \frac{1}{2}(\sqrt{5}-1)$ y $\Phi = \frac{1}{2}(\sqrt{5}+1)$.

√2
1
1.618
√5-1
2
√3
1
1

Algunas espirales especiales

y cómo dibujarlas

Las espirales son formas maravillosas de las que la naturaleza se sirve en todas las escalas. Hemos seleccionado tres para este libro, y todas ellas dan la impresión de una espiral a partir de múltiples arcos de circunferencia.

La primera es la voluta griega del orden jónico que se muestra arriba a la izquierda. Es bastante difícil de dibujar, y el secreto reside en una pequeña «clave» que se muestra en la parte superior. Las líneas de puntos del dibujo principal muestran los radios de los arcos y dan pistas sobre los centros. ¡No es tan difícil como parece!

Las espirales estándar como la que se muestra arriba a la derecha también precisan una «clave». Esta puede consistir en dos puntos (la más fácil), un triángulo, un cuadrado, un pentágono o un hexágono (es el caso que presentamos). Cuantos más puntos tenga más perfecta será la espiral. Así es como se hace con solo dos puntos: dibuje dos puntos bastante cerca el uno del otro y trace un semicírculo empezando desde un punto y haciendo del otro su centro. Ahora, manteniendo el lápiz en el mismo lugar, abra un poco más el compás, moviendo la punta hacia el otro punto, y continúe en la misma dirección, dibujando otro semicírculo. Repítalo unas cuantas veces y obtendrá una espiral. Suena más difícil de lo que es: si lo intenta pronto captará la idea. Cuanto más grande sea la clave, más anchos serán los arcos. Vuelva a observar la voluta griega del orden jónico: ¿entiende cómo funciona?

La ilustración inferior muestra una espiral áurea, una de la familia de espirales exponenciales que abundan en el mundo de la naturaleza. El rectángulo áureo posee la propiedad especial de que si le extraemos un cuadrado generamos otro rectángulo áureo, y la espiral áurea se forma eliminando cuadrados sucesivos y rellenándolos con un cuarto de arco.

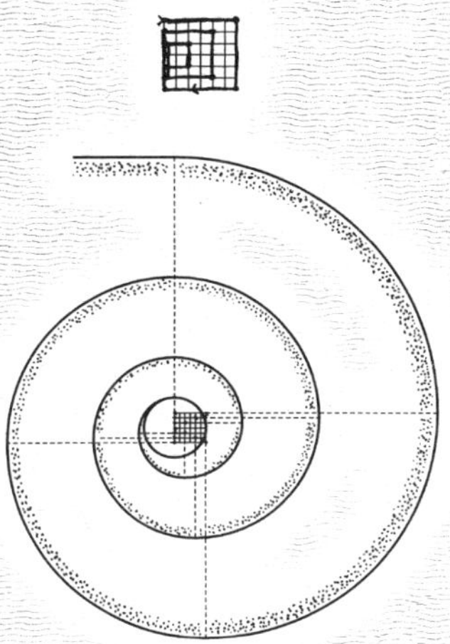

Voluta griega del orden jónico
Arriba: clave secreta para posicionar el compás

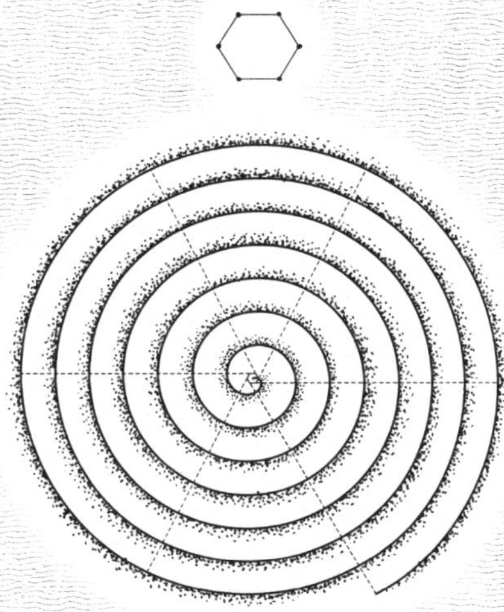

Espiral estándar
Basada en una posición hexagonal del compás

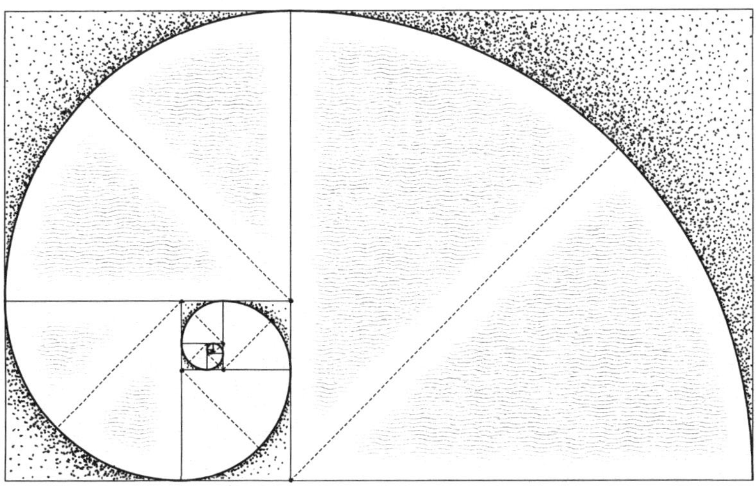

Espiral áurea inscrita en un rectángulo áureo

Cómo dibujar un pentágono

y un rectángulo áureo

El sistema para construir un pentágono que se muestra en la página siguiente es perfecto y está sacado del *Almagesto* de Ptolomeo († hacia 168 d. C.).

Trace una línea horizontal y un círculo encima. Manteniendo la abertura del compás, coloque la punta en 1 y dibuje la *vesica* en el centro del círculo. Ahora abra el compás y dibuje arcos desde 1 y 2 que crucen por encima y por debajo del círculo. Utilice un borde recto para dibujar una vertical que pase por el centro del círculo. A continuación trace la vertical por el centro de la *vesica* para obtener 3. Con la punta del compás sobre 3 trace un arco hacia abajo desde 4 en la parte superior del círculo para obtener 5. Con la punta sobre 4 trace un arco atravesando 5 para obtener dos vértices del pentágono. Con la punta del compás en estos nuevos puntos, muévalo desde arriba para encontrar los dos últimos vértices del pentágono.

El rectángulo áureo, muy utilizado en pintura y arquitectura, se construye a partir del punto medio del lado de un cuadrado *(abajo)*.

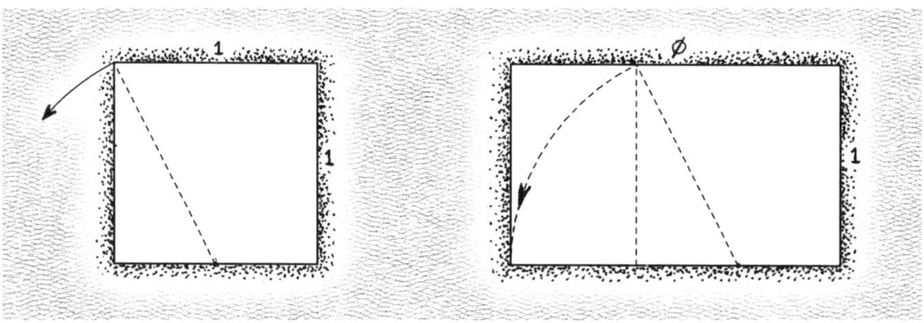

Un antiguo método para construir un PENTÁGONO *perfecto: los puntos numerados representan posiciones del compás*

Se puede obtener fácilmente un decágono (diez lados) a partir de un pentágono; diez pentágonos encajan perfectamente alrededor de un decágono

El pentágono y su gemelo en forma de estrella –el pentagrama– son símbolos del agua, ya que cada una de las moléculas de la misma corresponde a la esquina de un pentágono; también simboliza la propia fuerza vital

El número cinco representa la sagrada unión del dos (femenino) y el tres (masculino) y por ello simboliza la reproducción y las artes mágicas de sanación

El heptágono

El siete que resulta del tres

Divida un círculo en seis partes y dibuje el triángulo equilátero primario. Encuentre los puntos medios 1 y 2 de los dos brazos superiores del triángulo y trace dos líneas hacia abajo para obtener los puntos 3 y 4 en la base del triángulo y dos en la parte inferior del círculo. Por último, desde arriba, mueva el compás por los cuatro puntos del triángulo para obtener los últimos cuatro puntos de los siete del círculo.

Aunque es imposible dibujar un heptágono exacto con solo regla y compás, puede hacerlo perfectamente empleando siete varillas o cerillas de la misma longitud *(abajo, izq.)*. Esta cuña es exactamente una catorceava parte de un círculo, así que necesitará dos para una división por siete. Otras soluciones antiguas, menos refinadas, usaban una cuerda con seis nudos o un bucle con trece *(abajo, centro y dcha.)*.

Los antiguos constructores eran unos topógrafos asombrosos. Los círculos de piedra de Avebury, en Inglaterra, están situados exactamente en la latitud 51,4°, una séptima parte del círculo medido desde el Ecuador. Luxor, en Egipto, está situado en una latitud exactamente a medio camino entre Avebury y el ecuador. La ciudad de la Meca está en la latitud de la sección áurea entre los dos polos terrestres.

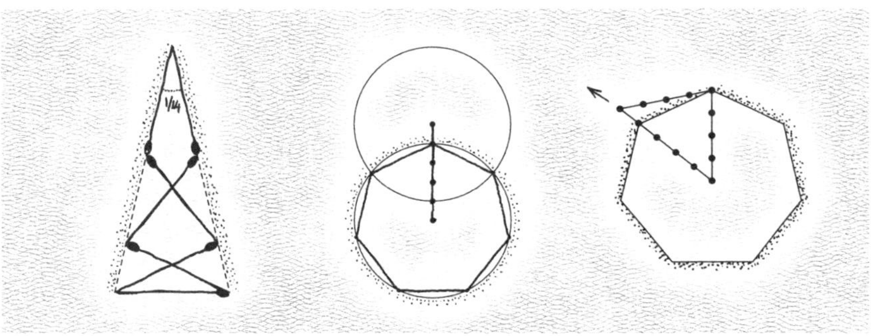

Un método secreto para construir un HEPTÁGONO *casi perfecto, empezando con un triángulo equilátero en el interior de un círculo*

No provoca ningún error compuesto ya que cada vértice se define de forma independiente; no es posible construir un heptágono perfecto solo con regla y compás

El siete simboliza a la virgen, que tiene poca relación con los otros números simples y permanece sola y completa en sí misma; muchas tradiciones consideran que el siete es un número especialmente sagrado

Las siete notas de la escala, los siete días de la semana, los siete cuerpos celestiales de la Antigüedad y los siete chakras del cuerpo: todos indican la antigua sacralidad del siete

El eneágono

El nueve y los rombos mágicos

La construcción de la página siguiente divide un círculo en un nueve casi perfecto a partir de una estrella de seis puntas inicial, utilizando tres centros.

Los dígitos de muchos números especiales suman nueve: por ejemplo 2160 o 7920, los diámetros de la Luna y de la Tierra en millas; o 360 y 666, y los ángulos pentagonales como 36, 72 y 108. De hecho, todos los múltiplos de nueve suman nueve. El nueve es tres veces tres, o tres al cuadrado. Muchas culturas tribales hablan de nueve mundos o nueve dimensiones.

El lingote de oro de forma romboidal encontrado en el túmulo de Bush Barrow, cerca de Stonehenge *(abajo, izq.)* tiene unos ángulos interiores de 80 y 100°, lo que sugiere una geometría de base 9. Las salidas y puestas de Sol en la latitud de Stonehenge varían 80°, y las salidas y puestas de la Luna 100°, así que este era un objeto útil.

No es para principiantes el oscuro dato de que un eneágono compuesto por tangentes de esfera (o nueve monedas colocadas en una perfecta figura de nueve lados) puede contener dos esferas más que se tocan *(abajo, dcha.)*.

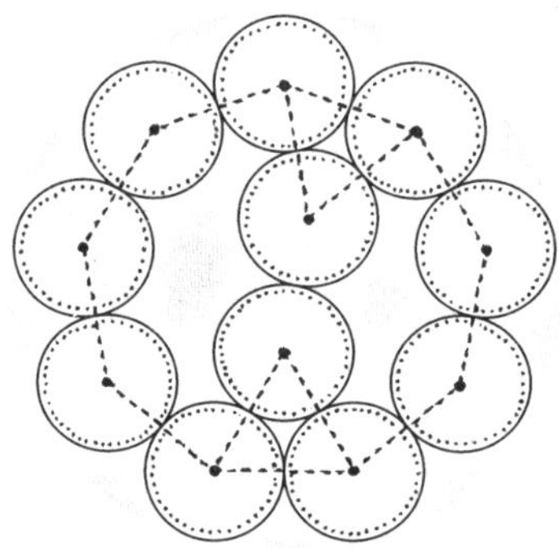

El método de John Michell para construir un ENEÁGONO *casi perfecto, empezando con un hexagrama dentro de un círculo*

Un método sencillo y fácil de recordar, lo suficientemente ajustado para la mayoría de los usos prácticos

El simbolismo del nueve está cubierto por velos iniciáticos e historias sobre los nueve mundos o reinos en muchas tradiciones chamánicas

El nueve es el cuadrado de tres y junto con el ocho, el cubo de dos, tiene una gran importancia en las cosmologías orientales

Proyección
y la regla de los tercios

Los pintores tienen montones de trucos, de los que se sirven para producir el cuadro perfecto. Los estudiantes de composición aprenden «la regla de los tercios», donde un lienzo se divide en tres partes en horizontal y vertical, obteniendo nueve pequeñas versiones del rectángulo original *(abajo, izq.)*. Las cuatro intersecciones resultantes son lugares excelentes para convertirlos en puntos centrales del diseño, y muchos artistas los utilizan. Por el contrario, los elementos colocados sobre las líneas centrales producen un aspecto de artificiosidad y resultan demasiado evidentes.

Otro truco es dibujar un cuadrado en el interior del rectángulo y usar las líneas resultantes como ejes centrales *(abajo, centro)*; esto se llama *rabatment* (proyección). En los rectángulos áureos, el espacio sobrante después de extraer un cuadrado es otro rectángulo áureo, y así sucesivamente.

Los centros ocultos *(abajo, dcha.)* se encuentran en las diagonales de un rectángulo y los triángulos de ángulos rectos formados desde las esquinas.

La división de una línea en 2 o 3 partes emplea los primeros pasos de la sucesión de Fibonacci, 1, 2, 3, 5, 8, 13, 21, etc., donde los términos adyacentes convergen en la sección áurea 0,618. Algunos artistas emplean divisiones de $3/5$ o incluso la propia sección áurea. En la página siguiente vemos dos ejemplos de la utilización del *rabatment*. Botticelli escoge un rectángulo áureo reducido por etapas mediante *rabatment* para componer su cuadro, mientras que Grimshaw usa un rectángulo entre Φ y $\sqrt{2}$, con mitades y líneas áureas como guía.

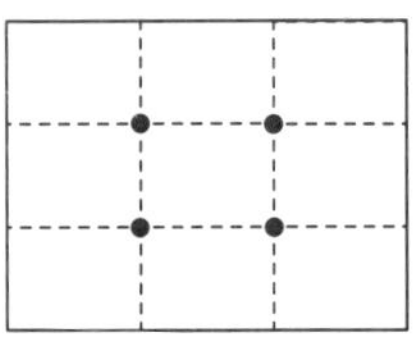

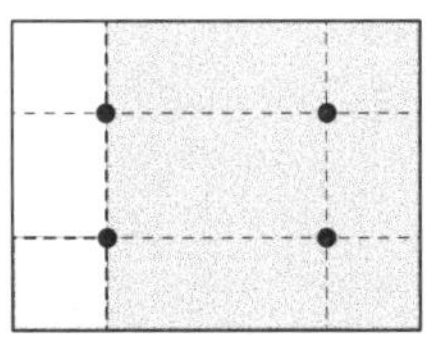

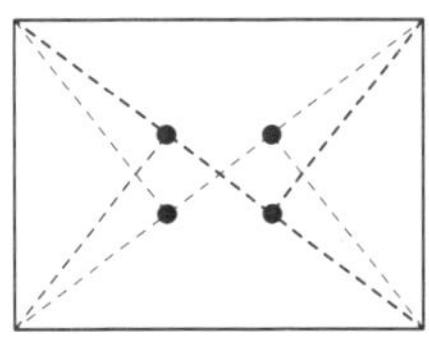

Arriba: El nacimiento de Venus, *de Botticelli. Un rectángulo áureo con cuadrados interiores define el horizonte, la columna vertebral y el ombligo de Venus, así como otros elementos. Abajo: la colocación del hada Iris de John Atkinson Grimshaw se sirve de las líneas centrales y de las divisiones áureas. El hada habita en una mitad del cuadro.*

EMBALDOSADOS SIMPLES

Patrones que se repiten sobre una superficie infinita

El embaldosado (o *teselado*) regular del plano se da cuando se emplea el mismo polígono regular para rellenarlo sin dejar espacios. Solo existen tres posibilidades *(mostradas abajo)*. Un embaldosado uniforme o semirregular permite más de un tipo de polígono, pero insiste en que todos los vértices sean iguales. Por ejemplo, en el dibujo del centro de la página siguiente cada vértice es el punto donde convergen dos hexágonos y dos triángulos. Pueden existir ocho embaldosados uniformes y todos ellos se muestran en la página siguiente (aunque las retículas superiores a derecha e izquierda son la misma en versión de mano derecha e izquierda y solo cuentan como una).

Algunos diseños se pueden rellenar más. Como se muestra en la página 73, los dodecágonos están compuestos por hexágonos, triángulos y cuadrados, y los hexágonos son simplemente una colección de triángulos. Los triángulos y los cuadrados pueden combinarse para producir cosas asombrosas. ¿Qué pasa con el resto de polígonos regulares? Los octógonos solo pueden formar un embaldosado combinados con cuadrados *(pág. sig., arriba, centro)*. A los pentágonos no les gusta estar juntos en el plano, prefieren la tercera dimensión *(véanse págs. 74-75)*.

Los heptágonos y los eneágonos se mantienen apartados.

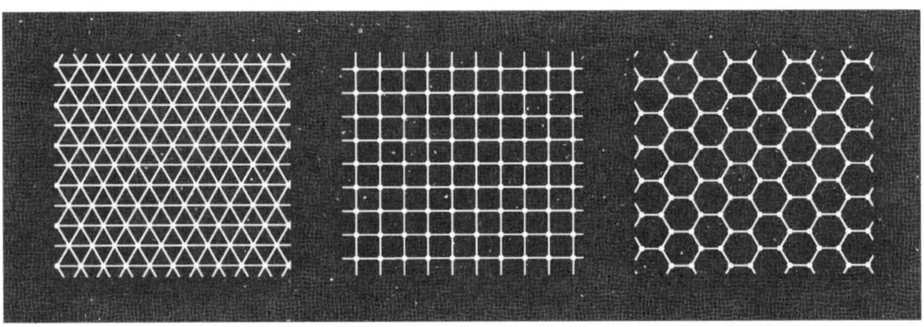

Otros embaldosados

Más diversión en el cuarto de baño

Existen veinte embaldosados no uniformes (donde se permiten dos tipos distintos de vértices) y la mayoría de ellos, así como otras maneras interesantes de rellenar el plano, se muestran en estas dos páginas.

Estos teselados componen la base para la formación de patrones en muchas tradiciones de arte sacro y decorativo de todo el mundo. Se pueden observar como fondo de los patrones celtas e islámicos y en el mundo de la naturaleza aparecen como estructuras de cristales y células. William Morris los empleó con frecuencia para sus diseños de papel pintado y tejidos. ¡Solo su imaginación puede poner límite a sus usos!

En la página siguiente vemos una de estas rejillas puesta en práctica.

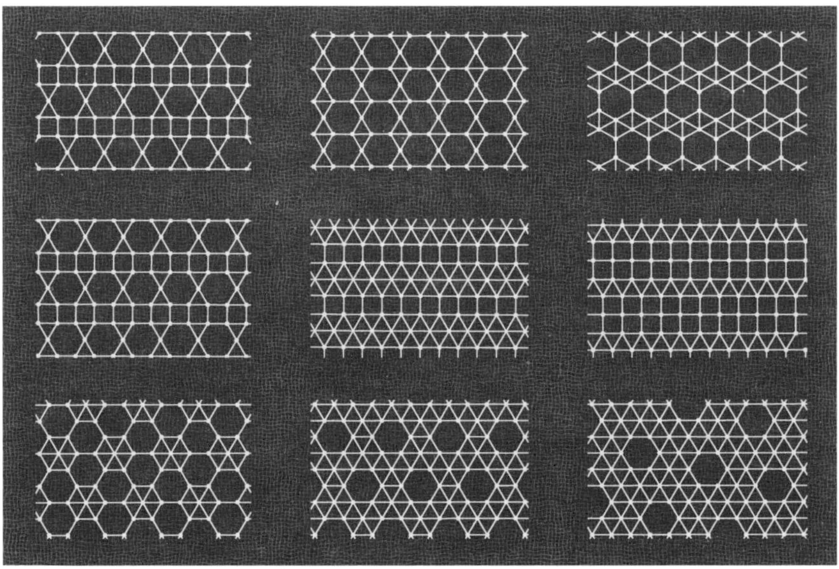

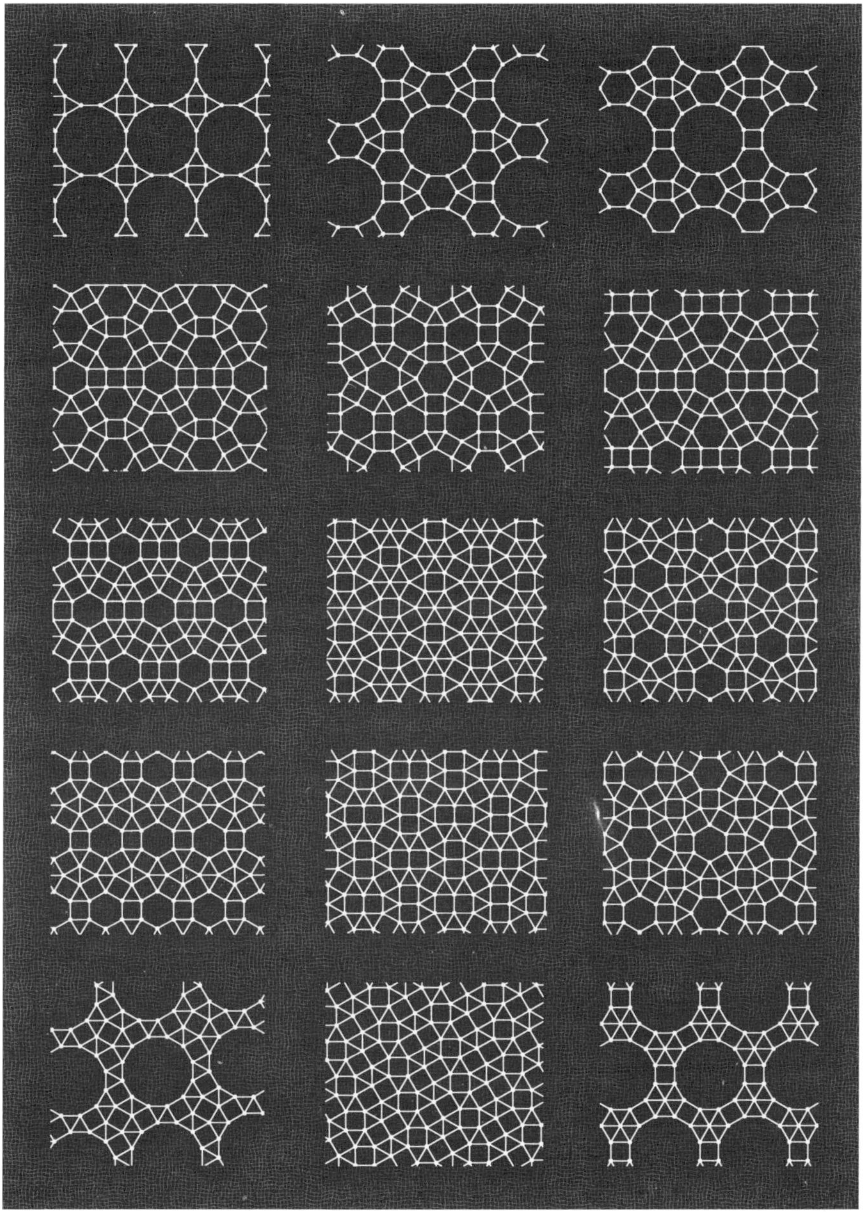

La parte más pequeña

Plantillas reversibles y bloques rotativos

Muchas de las retículas uniformes y no uniformes se pueden reducir a una simple unidad cuadrada o triangular, que se puede reflejar o girar para recrear el patrón completo. Con frecuencia estos triángulos o cuadrados repetidos son sorprendentemente pequeños. De todos modos merece la pena recordar que en las aplicaciones prácticas suele ser más fácil rotar que reflejar un bloque de impresión o una plantilla, y en esos casos hay que doblar la plantilla o tallar un bloque de mayor tamaño.

El diseño que se muestra en la página siguiente está basado en una de las retículas de la página anterior (intente descubrir cuál de ellas). Se consigue por rotación y reflexión de la unidad primaria *(abajo, dcha.)*. Una vez identificada esta unidad básica, todo lo que tiene que hacer es dibujar este pequeño patrón *(pág. sig., arriba)* para crear el diseño completo.

Tanto los cuadrados como los triángulos equiláteros se pueden dividir por la mitad para obtener unidades triangulares más pequeñas *(abajo, izq.)*. Pero una vez más, tenga cuidado y piense en lo que está haciendo; por ejemplo, no puede hacerlo con el ejemplo de la página siguiente: ¿es capaz de ver por qué?

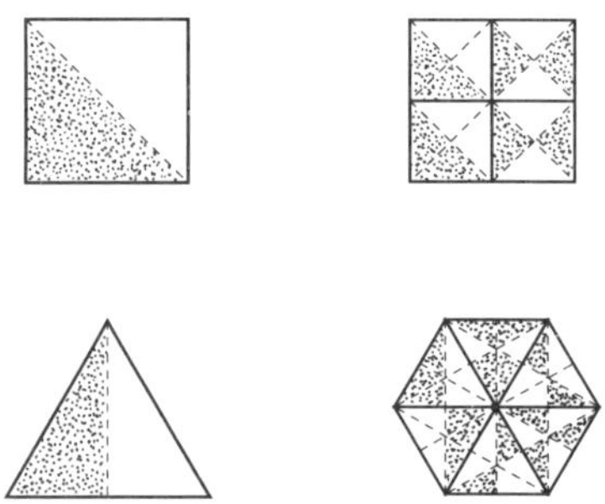

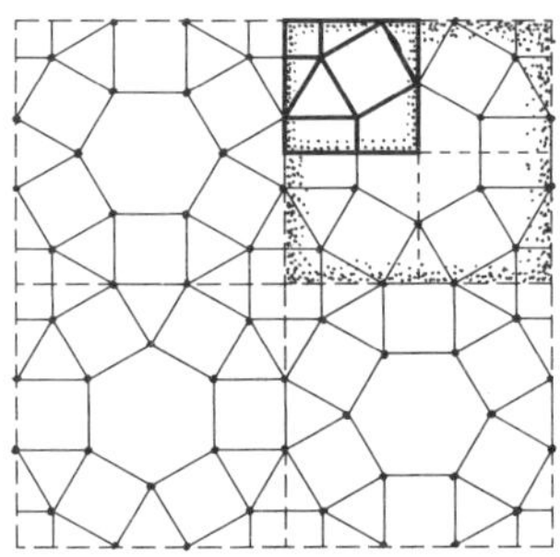

La unidad más pequeña del dibujo inferior, representada a la misma escala y mostrando las líneas de la rejilla que forman el diseño.

Observe cómo las hojas y los pétalos se han colocado siguiendo los bordes de la tesela, y los centros de las flores en los puntos del centro de rotación.

SIMETRÍA

Regular y hermosa

Simetría significa «medir juntos», y las cosas se definen como simétricas cuando poseen proporciones armoniosas, a menudo entre elementos repetidos. Los elementos se pueden repetir de diversas formas: desplazados, reflejados, girados, en espiral, a escala, estirados, doblados o múltiples combinaciones de todo ello.

La simetría puede ser manifiesta (clara) u oculta (escondida). Por ejemplo, los pesos en equilibrio de la ilustración inferior *(centro)* apuntan a las ecuaciones matemáticas y físicas que son el modelo de las simetrías ocultas que subyacen en el mundo físico. Esta serie tiene un libro completo dedicado a la simetría y las imágenes inferiores son opuestas y sugerentes, más que completas. Aparte de las simetrías ya mencionadas, también las hay topológicas o cartográficas *(abajo, dcha.),* simetrías ramificadas, simetría fractal (donde las partes son una imagen del todo), la simetría de los cristales, de las órbitas de los electrones, las aperiódicas *(véanse simetrías Li en la pág. 120)*, radiales, de permutación, en serie *(por ejemplo, la filotaxis, pág. 324)* y especies de asimetrías.

Es importante observar que la geometría y la armonía son a su vez simples formas de simetría, especialmente en la forma en que sus productos se consideran placenteros a la vista. La trama de una película o de una novela también puede ser simétrica, igual que los conceptos de destino o justicia.

«Medir juntos» realmente puede significar una diversidad de cosas.

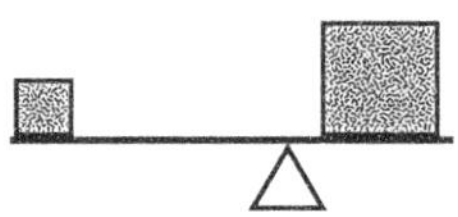

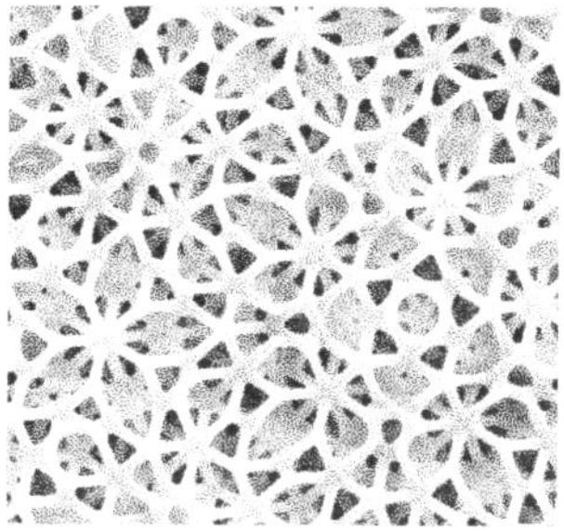

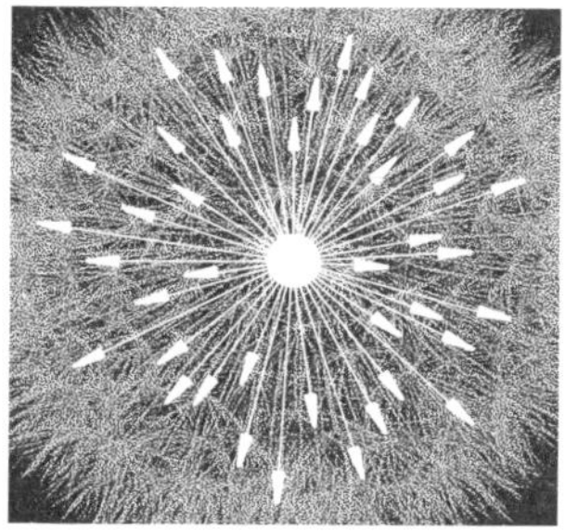
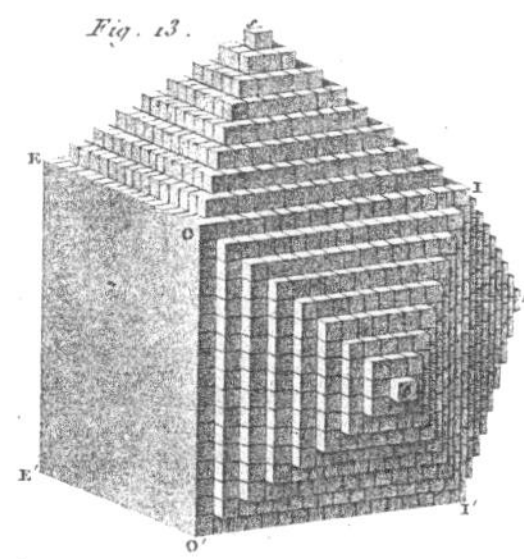
Fig. 13.
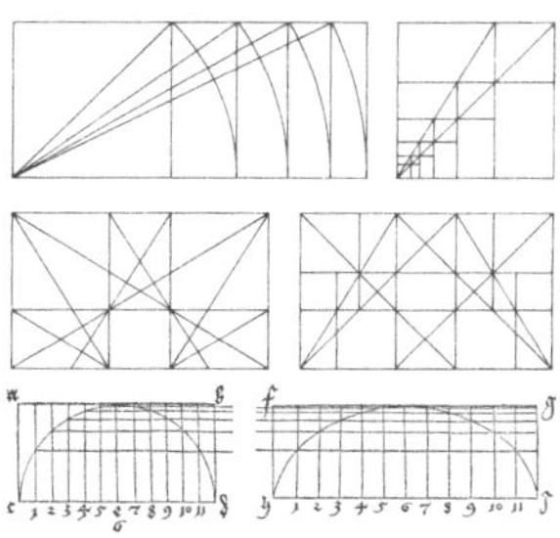

PATRONES ISLÁMICOS

Las estrellas nacen de las retículas

Los patrones islámicos hablan del infinito y del centro omnipresente.

Para hacer el patrón de la página siguiente, empiece por seis círculos alrededor de uno, desarrollando una retícula de dodecágonos que se solapan a partir de triángulos, cuadrados y hexágonos *(véanse págs. 73 y 99)*. Los puntos clave están ahora en el punto central del lado de cada polígono. Estos se unen de una forma especial y se amplían como se muestra en la parte superior del diagrama. En cada retícula se esconde una multitud de bellos diseños a la espera de ser descubiertos.

Las propias retículas raramente se pueden observar en el arte tradicional. Se consideran parte de la estructura subyacente de la realidad, con el cosmos superpuesto, entendiendo «cosmos» en el sentido de «adorno».

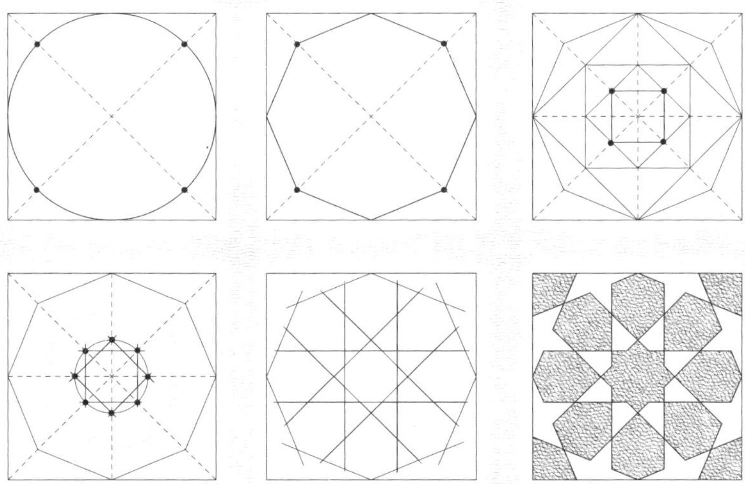

La ventana de una iglesia

No lejos de la isla de Man

La página siguiente muestra una parte de la mampostería de la ventana de una iglesia. El diseño representa la trinidad implícita en la unidad. Es un patrón muy hermoso y dibujarlo resulta muy satisfactorio. Intente hacerlo a partir del diagrama inferior, que empieza con el círculo exterior. Fíjese en cómo la geometría define cada detalle.

Dibuje un círculo grande y divídalo en seis. Dibuje un triángulo dentro del círculo e inscriba un círculo dentro del triángulo. Esto da los centros de tres círculos que se tocan (las líneas centrales de la tracería). Observe cómo estos círculos no tocan ni el círculo exterior ni el centro de la ventana. Un pequeño círculo *(en la parte inferior de la imagen)* ayuda a dar la anchura de la propia tracería de piedra, permitiendo definir los bordes interior, medio y exterior de la tracería.

A ver si es capaz ahora de dibujar la tracería de la página siguiente.

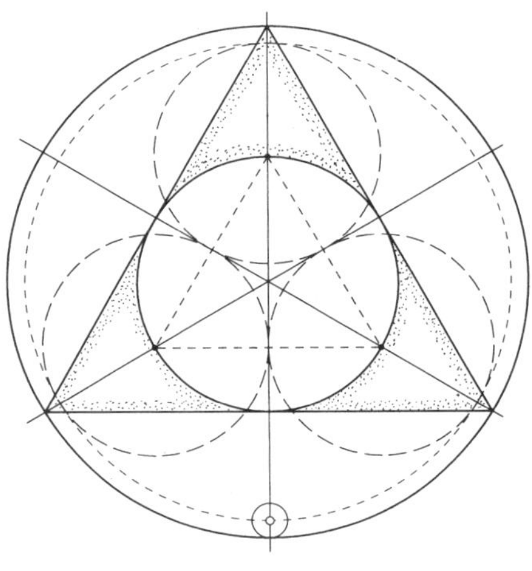

Trifolios y cuadrifolios

La geometría escondida en la tracería

Todo está hecho de luz, toda la materia es, y sin materia no existiría el sonido. Los átomos y los planetas están dispuestos en patrones geométricos. Qué profunda resulta entonces una ventana, que permite el paso de la luz hacia un espacio oscuro.

Los diseños de ventanas y rosetones de las iglesias siguen muchas reglas, formas y tradiciones, y en estas páginas damos algunas pistas. Los más fáciles de dibujar son el trifolio y el cuadrifolio *(hilera inferior de esta página)*.

La página siguiente muestra el rosetón sur de la catedral de Lincoln, con su impresionante *vesica* doble, y debajo tres famosos y muy antiguos rosetones occidentales de las catedrales de Chartres, Evreux y Rheims. Observe el equilibrio entre línea recta y curva.

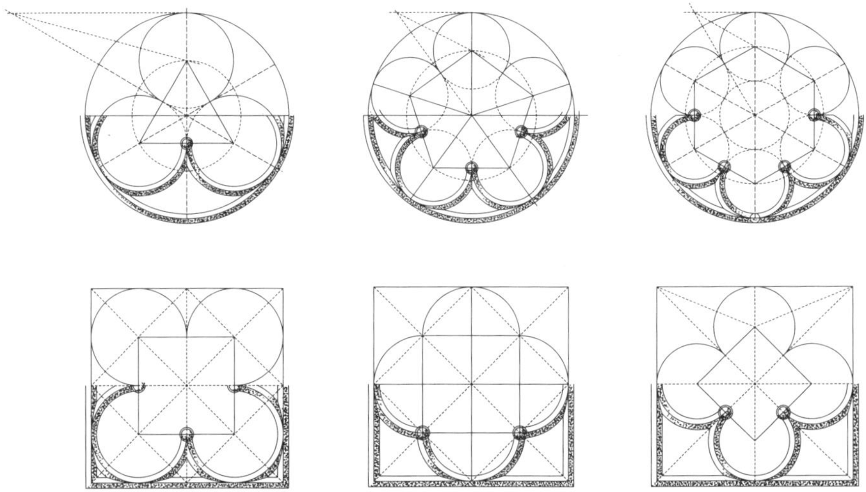

Lincoln

Chartres

Evreux

Rheims

Círculos de piedra e iglesias

Vesicas durante más de 4000 años

La página siguiente muestra cuatro círculos de piedra planos, con una coherente geometría descubierta por el profesor Thom. A la izquierda los ejemplos de la forma llamada tipo A, a la derecha los de tipo B. También se muestran construcciones basadas en el diseño de la *vesica* *(véase pág. 68)*.

La ilustración de esta página corresponde a la planta de la catedral de Winchester. La interacción de sencillos sistemas triangulares y cuadrangulares, basados en la *vesica*, subyace en las plantas de muchos edificios sacros *(véase hilera superior de pág. 83)*.

El diseño de un edificio sagrado, ya sea una iglesia, un círculo de piedras o un templo, requiere que su artífice articule el simbolismo universal de los movimientos geométricos que está trazando con el lenguaje religioso específico. Los factores locales también son ingredientes que forman parte de la receta, por ejemplo el punto y la hora de la salida del Sol, de la Luna y de las estrellas, o si hay algún lugar sagrado en los alrededores, como una colina, un manantial o una línea telúrica de poder. Observe cómo el eje de la catedral de Winchester apunta a 72° norte, formando un pentagrama mágico magnético.

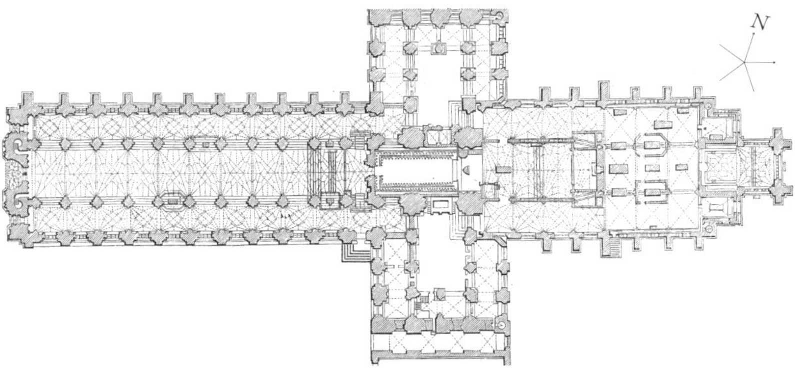

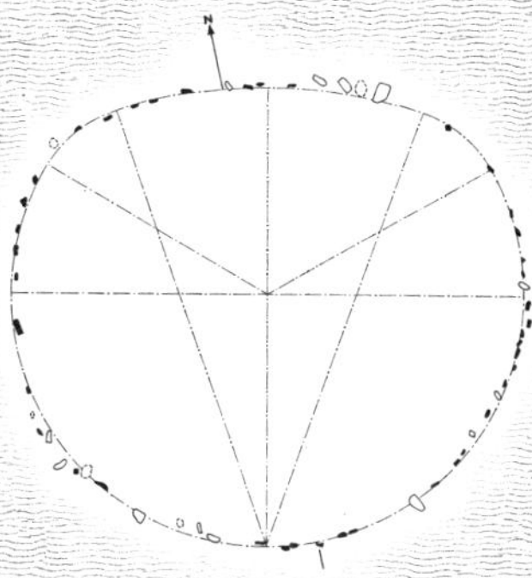

Dinnever Hill

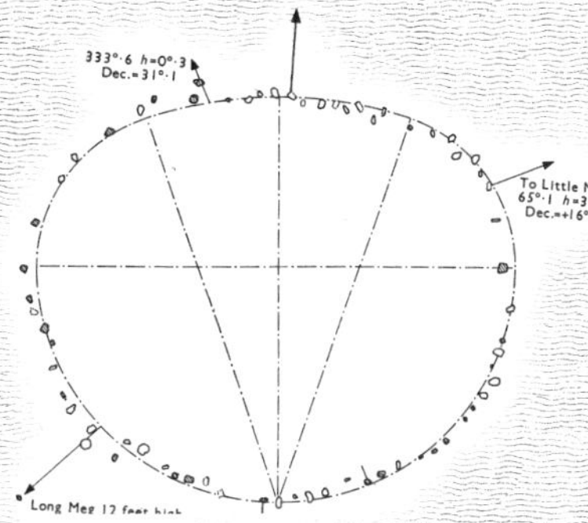

Long Meg

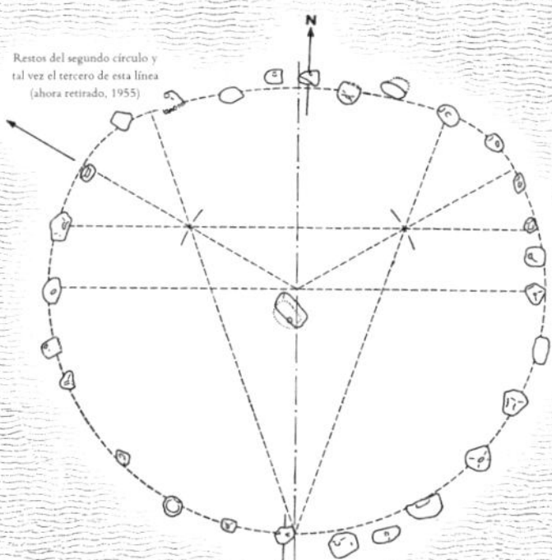

Cambret Moor

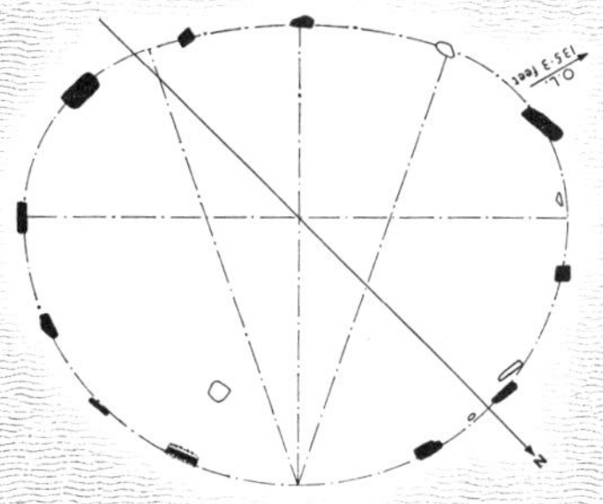

Barbrook

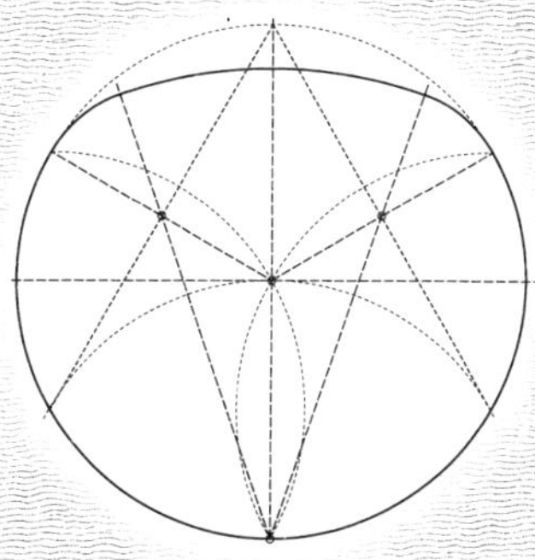

Círculo de piedras plano del tipo A

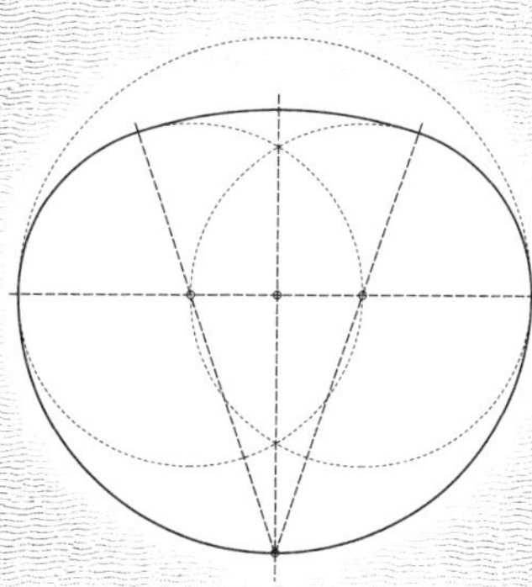

Círculo de piedras plano del tipo B

Arcos encantadores

Cómo dibujar algunos entre los muchos

Los arcos asumen formas muy similares en todo el mundo, y aquí le mostramos algunos. Con frecuencia los árboles son los mejores arcos.

La hilera superior de la página siguiente muestra cinco arcos de doble centro. Su anchura se ha dividido entre 2, 3, 4, 5 y de nuevo 5. Las líneas rectas discontinuas muestran los radios de sus arcos. La altura de los arcos puede variar, pero en el caso de estos cinco su altura se define por un rectángulo que les da un intervalo musical, así 2:3, 3:4, etc. *(pág. 84)*.

La segunda hilera de arcos tiene cuatro centros. La curva del arco cambia en los puntos generados por la línea continua. También damos ideas para definir las alturas.

Los dos arcos inferiores de la página siguiente son uno de herradura, que también puede ser apuntado, y otro apuntado u ojival. El arco apuntado da la impresión de ascender –el «retorno–, pero las líneas son totalmente rectas.

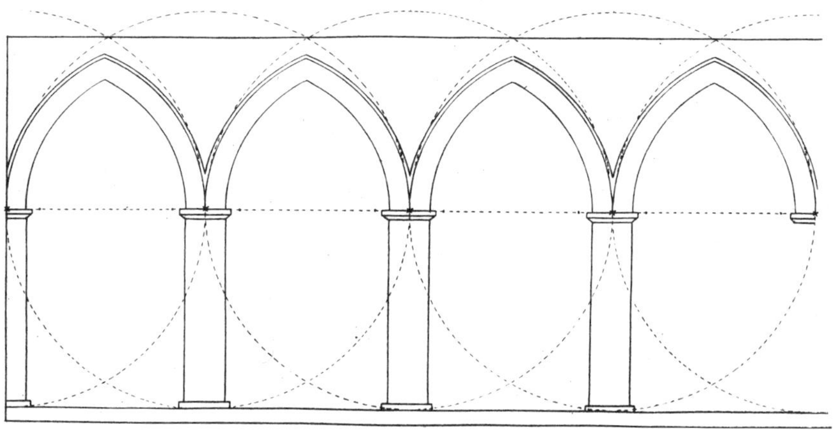

Una espiral celta

Geometría euclidiana en la antigua Irlanda

El patrón que se muestra en la página siguiente procede de un disco de bronce de diez centímetros encontrado en la isla de Loughan, en Irlanda del Norte, y que data de 2000 años atrás. Es un ejemplo extraordinariamente bello del estilo celta temprano. Como ya hemos visto en el caso de círculos de piedras y de arcos, la conjunción ininterrumpida de múltiples arcos puede resultar muy estética, y esta alcanzó la perfección en el período celta temprano.

Muchas piezas de este período prueban el uso del compás, y el diseño final para este disco precisó no menos de 42 posiciones distintas donde centrar el compás. Se piensa que los maestros artistas que crearon estos diseños empezaban con una plantilla de geometría básica, por ejemplo un dibujo de círculos que se tocan, y después esbozaban sus formas antes de regresar a la geometría para ajustarlo todo y que todas las curvas se convirtieran en arcos, en secciones de círculos. Esto le da una firmeza a las curvas. Así es como la intuición y el intelecto trabajan juntos.

La secuencia de imágenes inferior muestra cómo trazar arcos mediante puntos. El primer diagrama presenta un arco con su centro en *c*. Queremos que el arco cambie sin ningún esfuerzo en *a* y después pase por *b*. ¿Qué hacemos? Encontramos la bisectriz perpendicular entre los puntos *a* y *b* y abriendo el compás, describimos dos arcos iguales desde *a* y *b* y dibujamos la línea que pasa por sus intersecciones *(pág. sig., abajo centro)*. Esto corta la línea *a–c* en un nuevo punto *o*, que entonces se convierte en el centro que buscábamos *(abajo, dcha.)*.

Todas las atractivas curvas del disco de la isla de Loughan están dibujadas y tensadas de esta sencilla y elegante manera.

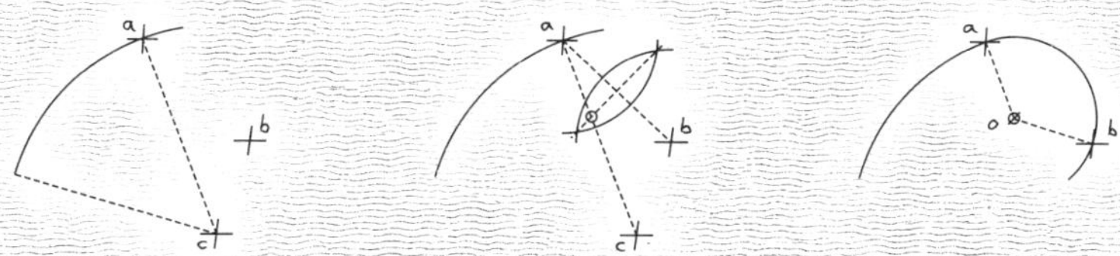

La idea de que los círculos o arcos de circunferencia son las únicas curvas auténticamente celestiales encuentra su manifestación en muchas filosofías del arte sacro. La técnica que mostramos se puede usar en cualquier aplicación para refinar un esbozo con curvas o diseñarlo y darle esa indefinible cualidad mágica.

Posibilidades pentagonales

Esos fantásticos y efervescentes cinco

Aunque el pentágono regular no permite embaldosar el plano, hace otras cosas que ningún libro sobre geometría sagrada debería olvidar mencionar. Le presentamos *(pág. sig., arriba)* una de ellas, extraída de los estudios realizados por Johannes Kepler (1571-1630), en la que un patrón «semilla» puede crecer *a partir del centro.* Los pentágonos grises dejan espacios vacíos que son trozos de pentagrama, y viceversa. El patrón está repleto de ejemplos de la sección áurea. También se muestran otras «semillas».

El matemático Roger Penrose descubrió hace poco el teselado que se muestra en la parte inferior de la página siguiente. Dos formas se combinan para llenar el plano con elementos aperiódicos «no repetidos» en todas las escalas. Recientemente se han encontrado estos patrones subyacentes en la naturaleza de la mayoría de los líquidos. Un ejemplo son las secciones transversales del agua.

Abajo mostramos los catorce tipos de pentágono convexo irregular que pueden formar un teselado.

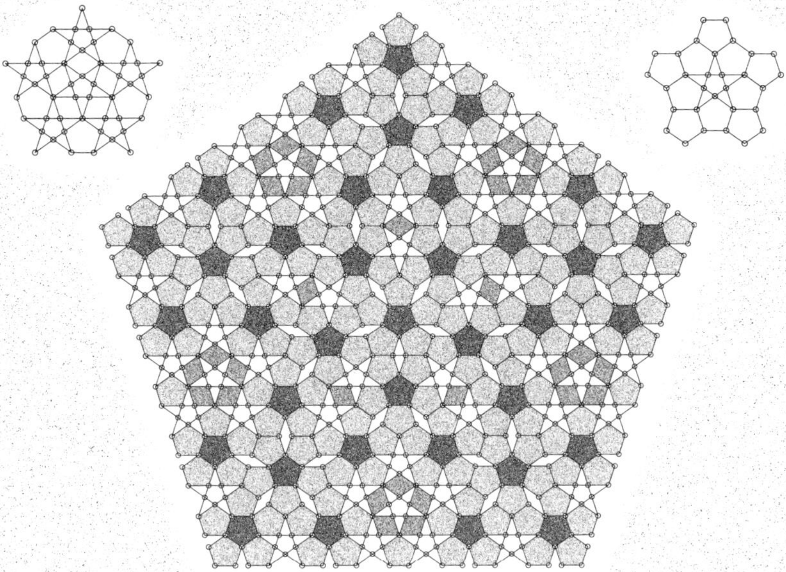

Sistema pentagonal infinito de Kepler, principios del siglo XVII, y abajo, pareja de teselas que llenan un plano, Penrose, siglo XX

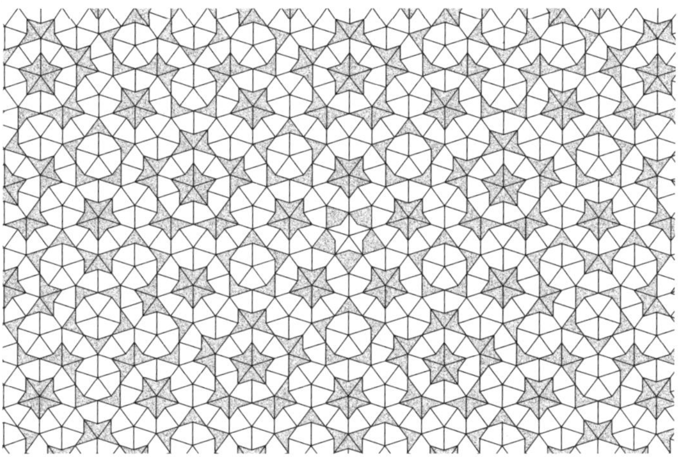

SIMETRÍAS LI

Formadas con el tiempo

Las simetrías Li nos resultan tan familiares que casi no las percibimos. Están a nuestro alrededor y por todo el mundo natural, pero fue solo en la década de 1950 cuando se empezó a comprender estas enigmáticas formas de simetría como sistemas autoorganizados, gracias a la labor pionera de Alan Turing. Los chinos las han estudiado desde hace miles de años, de ahí el nombre de simetría *li*.

Se pueden distinguir de las simetrías estáticas porque son generadas fundamentalmente por la interacción entre procesos y materiales. Por ejemplo, la repetida acción del viento sobre la arena forma la conocida ondulación de las dunas, una simetría que puede darse en diversas escalas. Del mismo modo, la acción del calor sobre la arcilla mojada forma patrones de grietas que se parecen mucho al plano de muchas ciudades, incluso hasta en los pequeños detalles como la anchura de las calles *(véase la ilustración de David Wade en la pág. sig.)*.

Las simetrías Li comprenden las marcas en la piel de algunos animales, la corteza de un árbol que se expande, los patrones que forman las nubes y muchas otras áreas de la naturaleza.

La próxima vez que salga a pasear, ¡pruebe a ver cuántas es capaz de identificar!

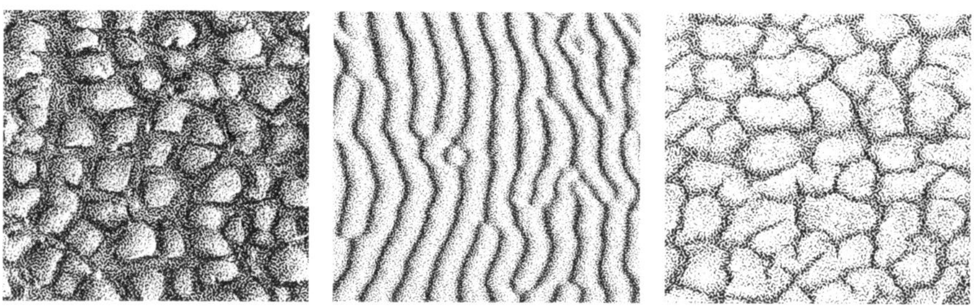

Las diecisiete simetrías

a partir de deslizamiento, rotación y reflexión

El alquimista árabe Jabir ibn Hayyan, conocido en Occidente como Geber, consideraba el 17 como la base numérica del mundo físico.

Usando un patrón de muestra muy sencillo, las tres páginas siguientes exploran las tres operaciones básicas de rotación, reflexión y deslizamiento. Estas, combinadas con los tres teselados regulares, generan diecisiete grupos de simetría en el plano que se muestran abajo, en la página siguiente y en la posterior *(según K. Critchlow)*. La última página muestra los siete tipos de friso simétrico derivados de la misma forma.

Esta clave visual puede resultar muy útil a la hora de crear repeticiones de diseños para tejidos o cerámica *(véanse también págs. 102-103)*. Por cierto, la palabra «patrón» viene del latín *pater*, que significa «padre», de la misma forma que «matriz» viene de *mater*, que significa «madre».

Recuerde: no todas las plantillas se pueden girar (reflejar) sin crear el caos, así que escoja con cuidado sus unidades de repetición.

Con este consejo práctico llegamos al final de este pequeño pero denso capítulo sobre uno de los temas más antiguos de la Tierra. Espero que haya entresacado ideas suficientes para crear algo bueno, verdadero y hermoso la próxima vez que decida hacer un diseño.

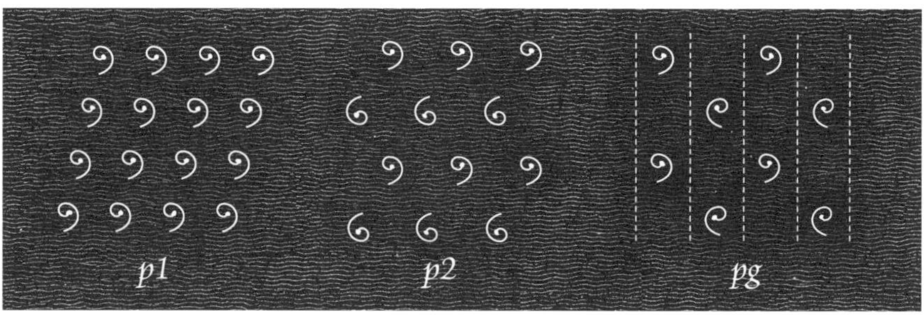

cm

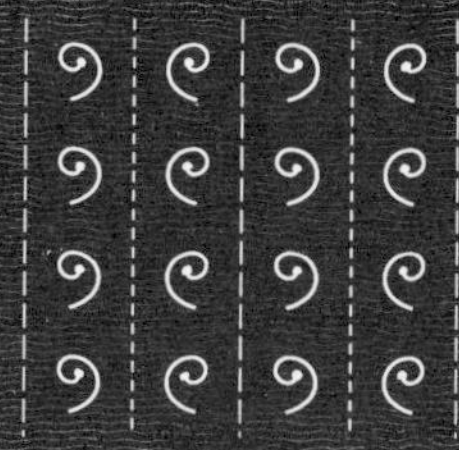

pm

pgg

p4

pmg

pmm

cmm

p4g

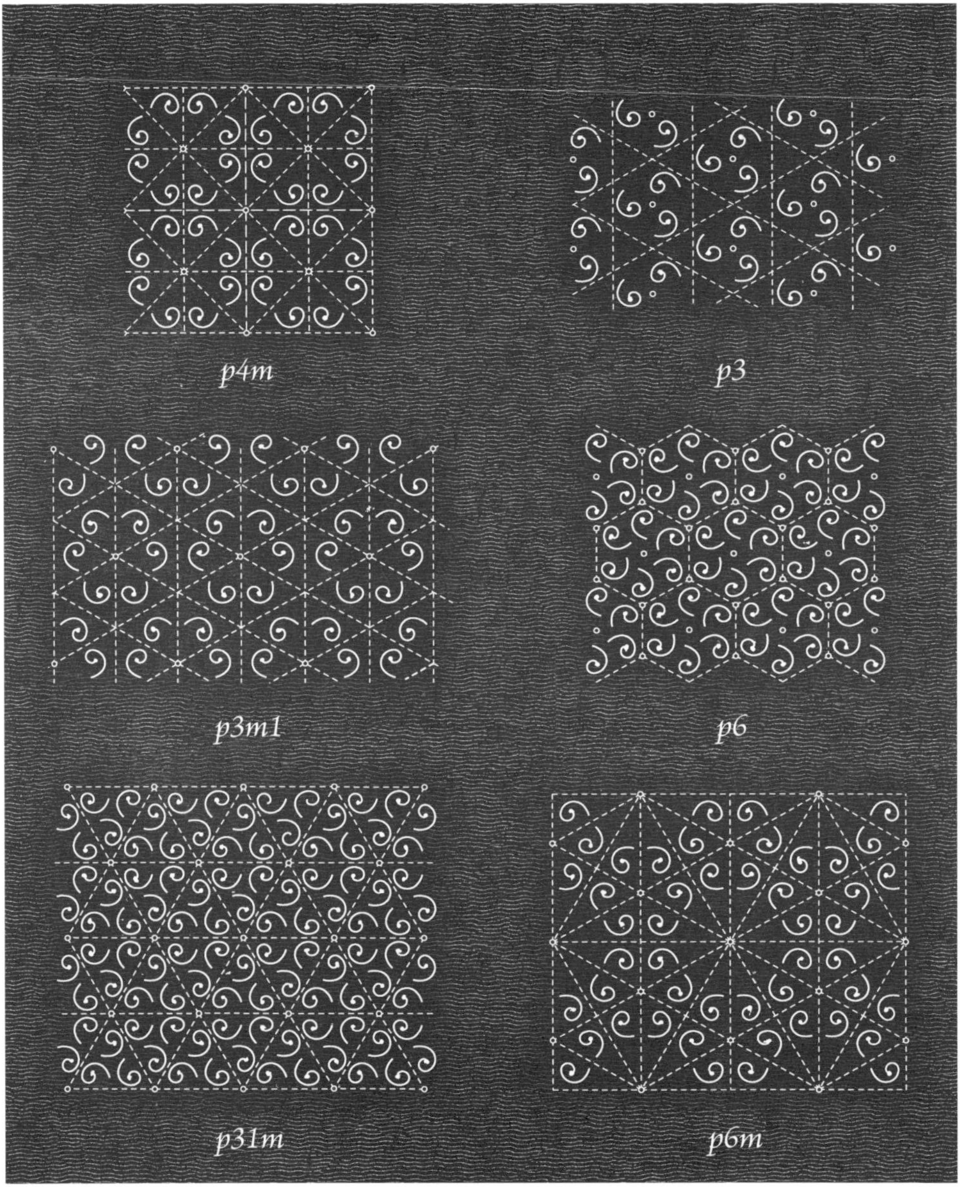
p4m
p3
p3m1
p6
p31m
p6m

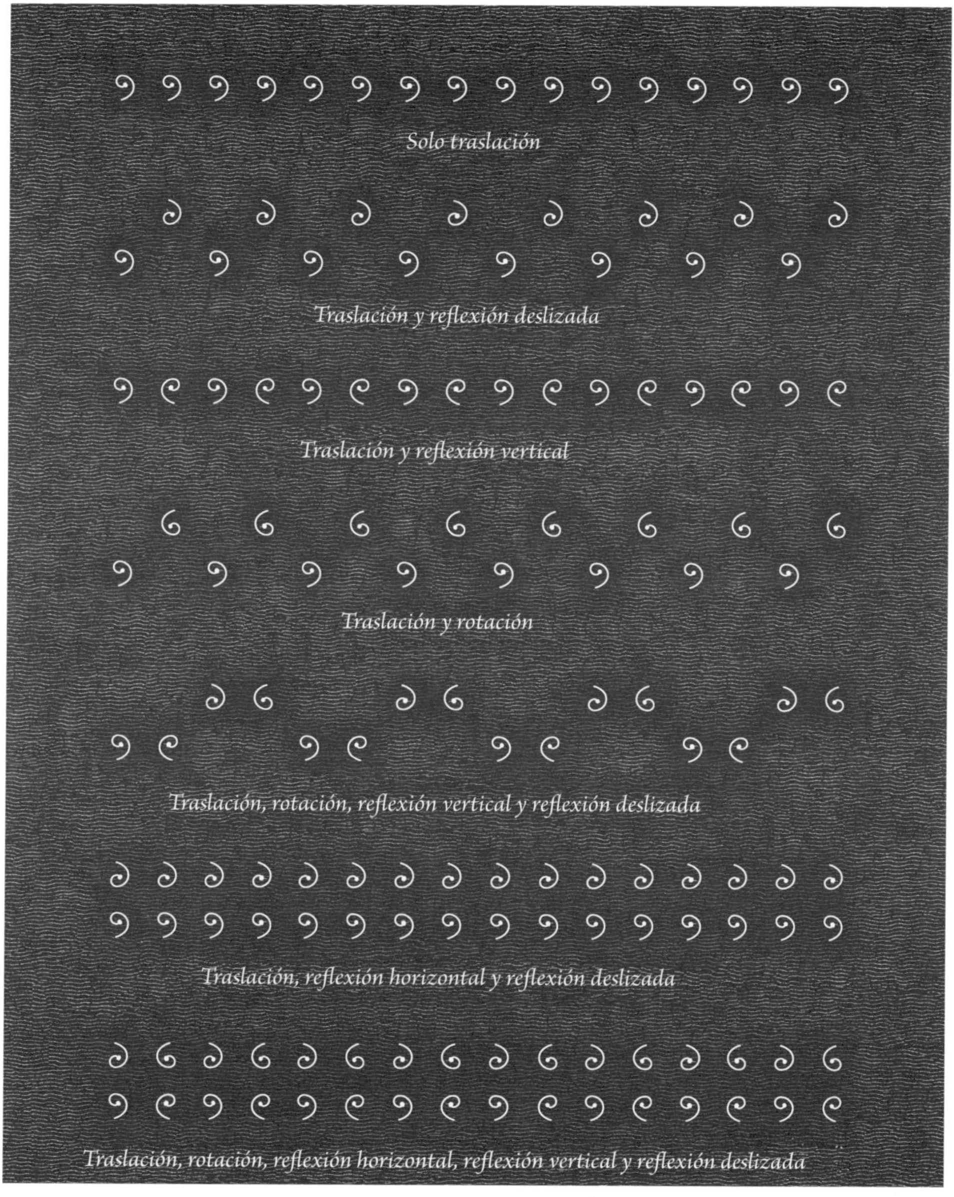
Solo traslación
Traslación y reflexión deslizada
Traslación y reflexión vertical
Traslación y rotación
Traslación, rotación, reflexión vertical y reflexión deslizada
Traslación, reflexión horizontal y reflexión deslizada
Traslación, rotación, reflexión horizontal, reflexión vertical y reflexión deslizada

LIBRO III

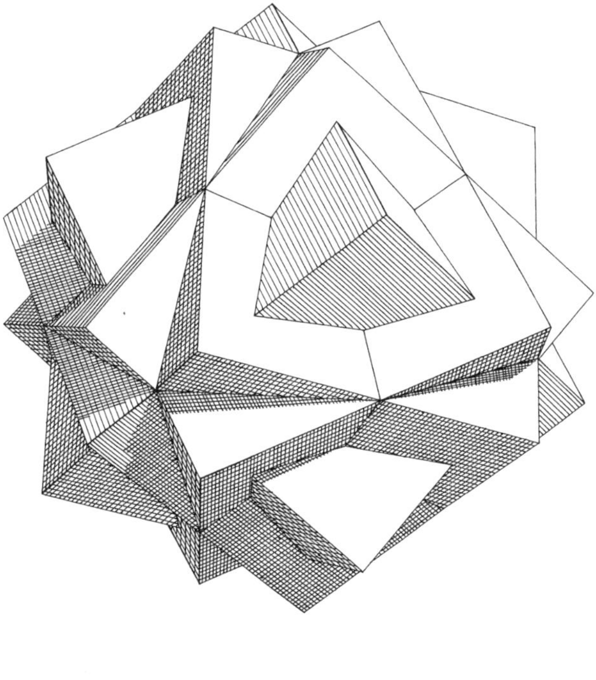

SÓLIDOS PLATÓNICOS
Y ARQUIMEDIANOS

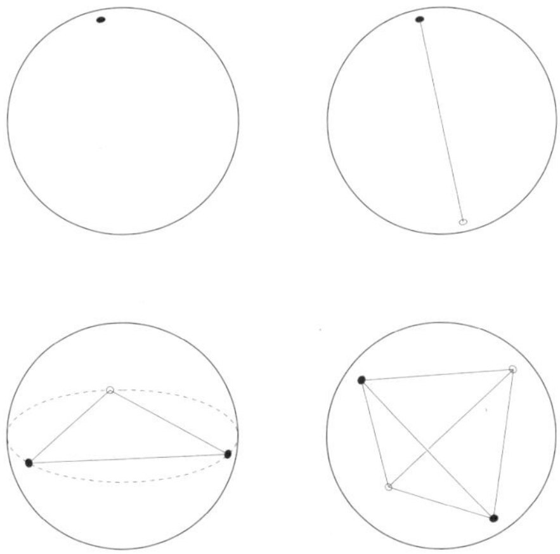

Daud Sutton

Introducción

Imagínese una esfera. Es el símbolo perfecto de la Unidad. Todos los puntos de su superficie son idénticos, equidistantes del único punto central.

El establecer un punto único en la esfera permite definir a otros por su relación con él. La relación más sencilla y evidente es con el punto exactamente opuesto, que se encuentra extendiendo una línea que atraviese el centro de la esfera hasta el otro lado. Añada un tercer punto y aléjelos entre sí todo lo que pueda para definir un triángulo equilátero. Los tres puntos están en un círculo cuyo radio es igual al de la esfera, y comparten centro; es un ejemplo de los círculos más grandes que se pueden formar en una esfera, y se conocen como *grandes círculos*. El punto, la línea y el triángulo ocupan, respectivamente, cero, una y dos dimensiones. Se precisa un mínimo de cuatro puntos para definir una forma tridimensional que no sea curva.

Este capítulo de *Quadrivium* registra gráficamente el desarrollo del número en el espacio tridimensional mediante las formas más básicas derivadas de la esfera. Piedra angular de la investigación matemática y artística desde la Antigüedad, tras innumerables generaciones estas hermosas formas nos siguen intrigando e inspirando.

Los sólidos platónicos

De la unidad salen bellas formas

Imagínese que está en una isla desierta; hay palos, piedras y láminas de corteza de árbol. Si empieza a experimentar con estructuras tridimensionales es probable que descubra cinco formas «perfectas». En todos los casos tienen el mismo aspecto vistas desde cualquier vértice (punto de la esquina), sus caras tienen la misma forma regular, y todos los lados son idénticos. Sus vértices son la distribución más simétrica de cuatro, seis, ocho, doce y veinte puntos de una esfera *(abajo)*.

Estas formas son ejemplos de *poliedro*, literalmente «muchos asientos», y, como la descripción más temprana que sobrevive de los mismos como grupo es la del *Timeo* de Platón, se suelen llamar «los sólidos platónicos». Platón vivió del 427 al 347 a. C., pero existen evidencias de que fueron descubiertos mucho tiempo antes.

Tres de los sólidos tienen caras de triángulos equiláteros, con tres, cuatro o cinco convergiendo en cada vértice, y sus nombres se derivan del número de caras; el *tetraedro* está compuesto por cuatro, el *octaedro* por ocho, y el *icosaedro* por veinte. El tema 3-4-5 continúa con el *cubo* común, de cuatro caras cuadradas, y el *dodecaedro* con sus doce caras de pentágonos regulares. En las páginas siguientes iremos conociendo mejor estas impresionantes formas tridimensionales.

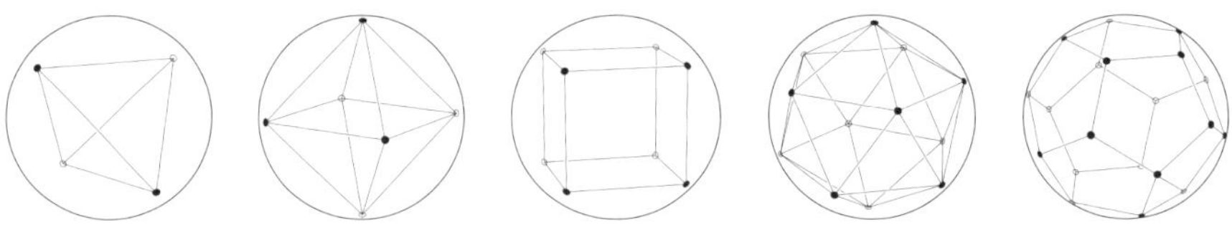

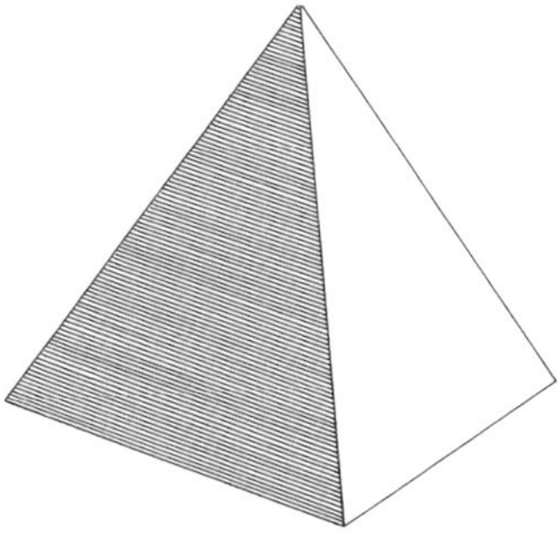

Tetraedro

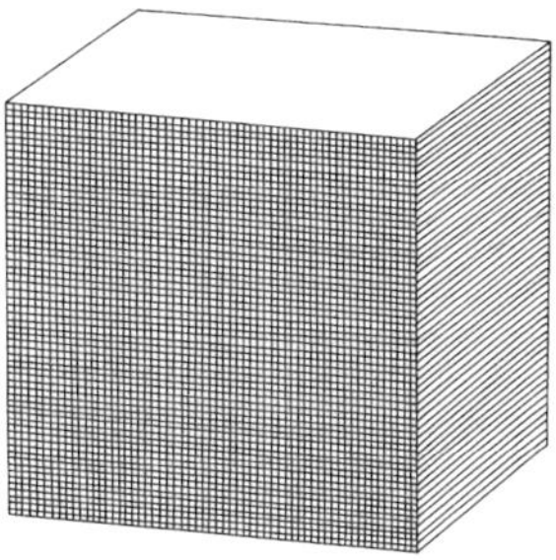

Cubo

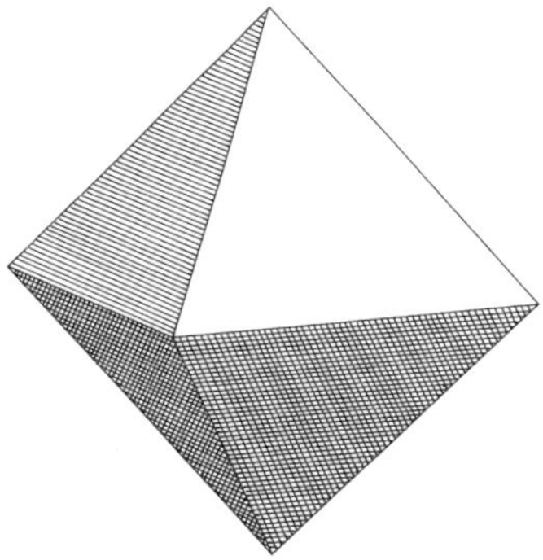

Octaedro

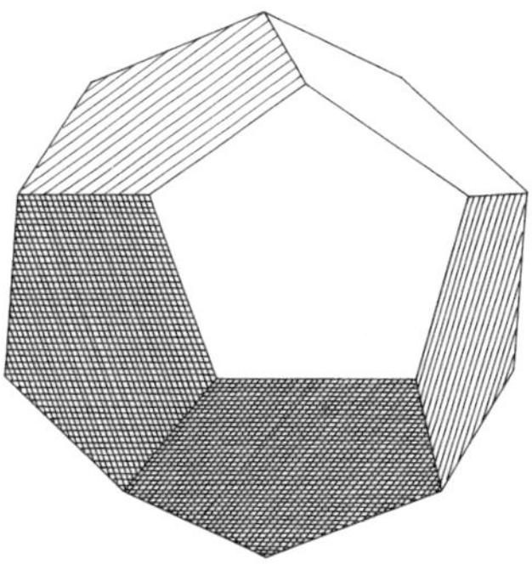

Dodecaedro

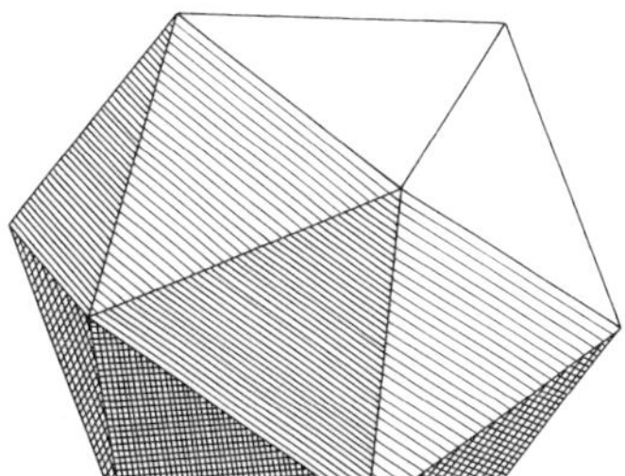

Icosaedro

El tetraedro

4 caras, 6 lados, 4 vértices

El tetraedro está compuesto de cuatro triángulos equiláteros, con tres de ellos convergiendo en cada vértice. Sus vértices también se pueden definir por los centros de cuatro esferas que se tocan *(pág. sig., abajo)*. Platón asociaba su forma con el elemento Fuego debido a la penetrante agudeza de sus lados y vértices, y porque es el más sencillo y el más fundamental de los sólidos regulares. Los griegos también conocían el tetraedro con el nombre de *puramis*, de ahí el término *pirámide*. Curiosamente, la palabra en griego antiguo para fuego es *pur*.

El tetraedro tiene tres ejes dobles que pasan por los puntos medios de sus lados, y cuatro ejes triples que pasan por un vértice y por el centro de la cara opuesta *(abajo)*. Cualquier poliedro con estos ejes de rotación posee *simetría tetraédrica*.

Todo sólido platónico está contenido por su *esfera circunscrita o exterior,* que toca todos los vértices. Los sólidos también definen dos esferas más: su *esfera media*, que pasa por el punto medio de cada lado, y su *esfera inscrita* o *interior,* que está contenida en el sólido, tocando perfectamente el centro de cada cara. En el caso del tetraedro, el *radio inscrito* es un tercio del *radio circunscrito (pág. sig., abajo, izq.)*.

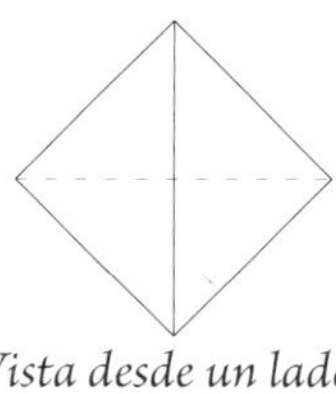

Vista desde un lado: doble

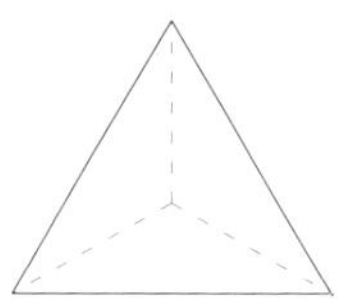

Vista desde una cara: triple

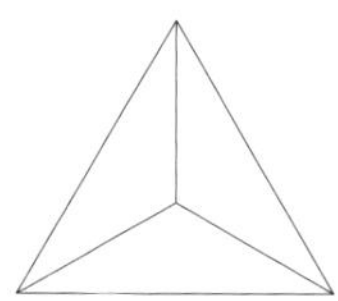

Vista desde el vértice: triple

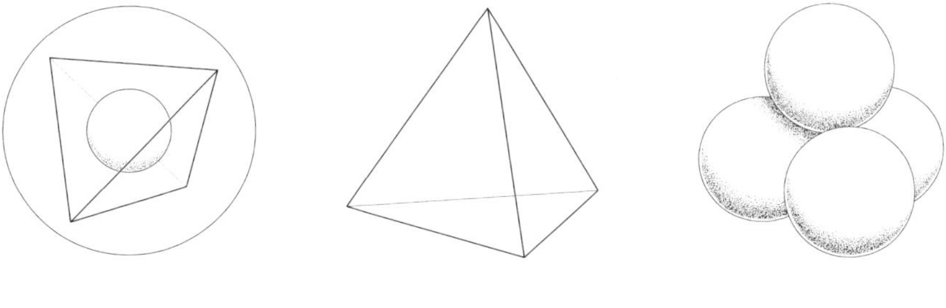

El octaedro

8 caras, 12 lados, 6 vértices

El octaedro está compuesto de ocho triángulos equiláteros, con cuatro de ellos convergiendo en cada vértice. Platón consideraba el octaedro como intermediario entre el tetraedro, o Fuego, y el icosaedro o Agua, y por tanto le adjudicó el elemento Aire. El octaedro tiene seis ejes dobles que pasan por los lados opuestos, cuatro ejes triples que pasan por los centros de sus caras y tres ejes cuádruples pasando por los vértices opuestos *(abajo)*. Los sólidos que combinan estos ejes de rotación poseen una *simetría octaédrica*.

Los escritos griegos atribuyen el descubrimiento del octaedro y del icosaedro a Teeteto de Atenas (417-396 a. C.). El Libro xiii de los *Elementos* de Euclides *(véase pág. 144)* se cree que está basado en el trabajo realizado por Teeteto sobre los sólidos regulares.

El radio circunscrito del octaedro es mayor que el radio inscrito por un factor de $\sqrt{3}$ *(véase pág. 377)*. La misma relación se da entre el radio circunscrito y el inscrito del cubo, y entre el radio circunscrito y el medio (y el radio medio y el inscrito) del tetraedro.

El tetraedro, el octaedro y el cubo se encuentran en el mundo mineral. Los diamantes y los cristales comunes de fluorita suelen formar octaedros.

Vista desde un lado: doble

Vista desde una cara: triple

Vista desde el vértice: cuádruple

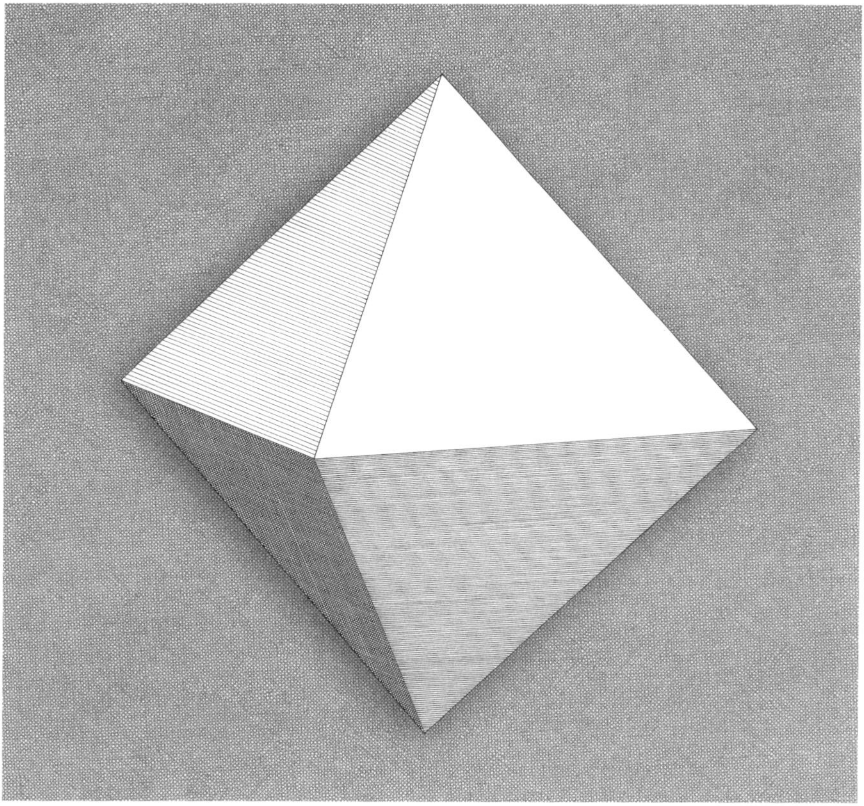

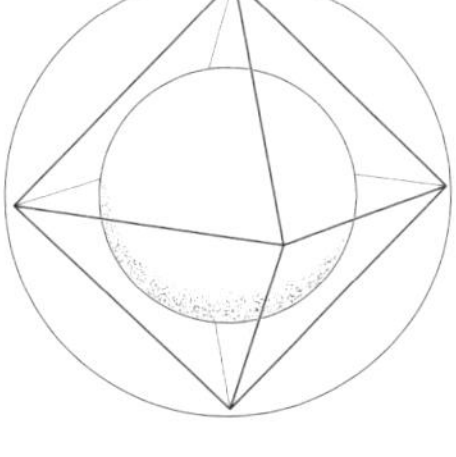

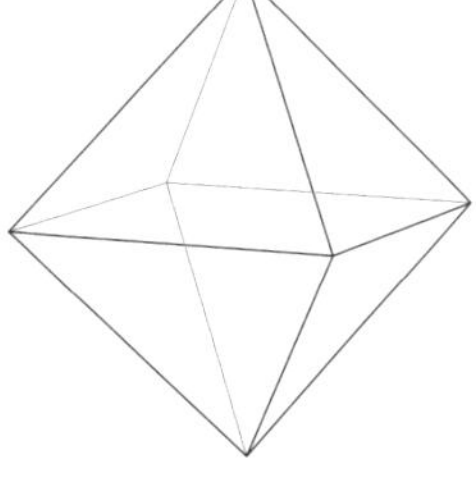

El icosaedro

20 caras, 30 lados, 12 vértices

El icosaedro está compuesto de veinte triángulos equiláteros, con cinco de ellos convergiendo en cada vértice. Tiene quince ejes dobles, diez ejes triples y seis ejes quíntuples *(abajo),* lo que se conoce como *simetría icosaédrica.* Cuando el tetraedro, el octaedro y el icosaedro están compuestos por triángulos idénticos, el icosaedro es el sólido de mayor tamaño. Esto llevó a Platón a asociar el icosaedro con el Agua, el más denso y el menos penetrable de los tres elementos fluidos: Fuego, Aire y Agua.

El ángulo donde se encuentran dos caras de un poliedro en un lado se denomina *ángulo diedro.* El icosaedro es el sólido platónico con los ángulos diedros más grandes.

Si une los dos extremos del lado de un icosaedro con el centro del sólido obtendrá un triángulo isósceles, el mismo que los triángulos que componen las caras de la Gran Pirámide de Giza. Los lados opuestos de un icosaedro forman rectángulos áureos *(véase pág. 152).*

El colocar doce esferas iguales para definir un icosaedro deja un espacio central para otra esfera, justo por encima de nueve décimas partes de anchura de las demás *(pág. sig., abajo).*

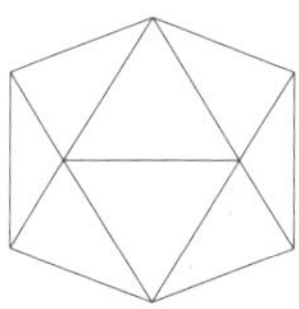

Vista desde un lado: doble

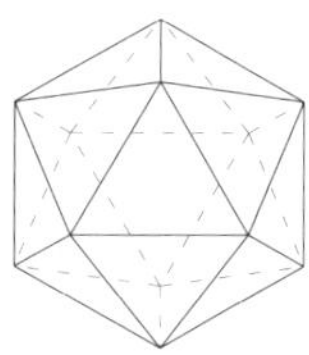

Vista desde una cara: triple

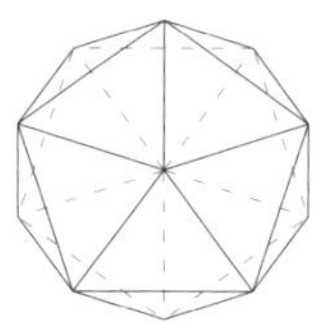

Vista desde el vértice: quíntuple

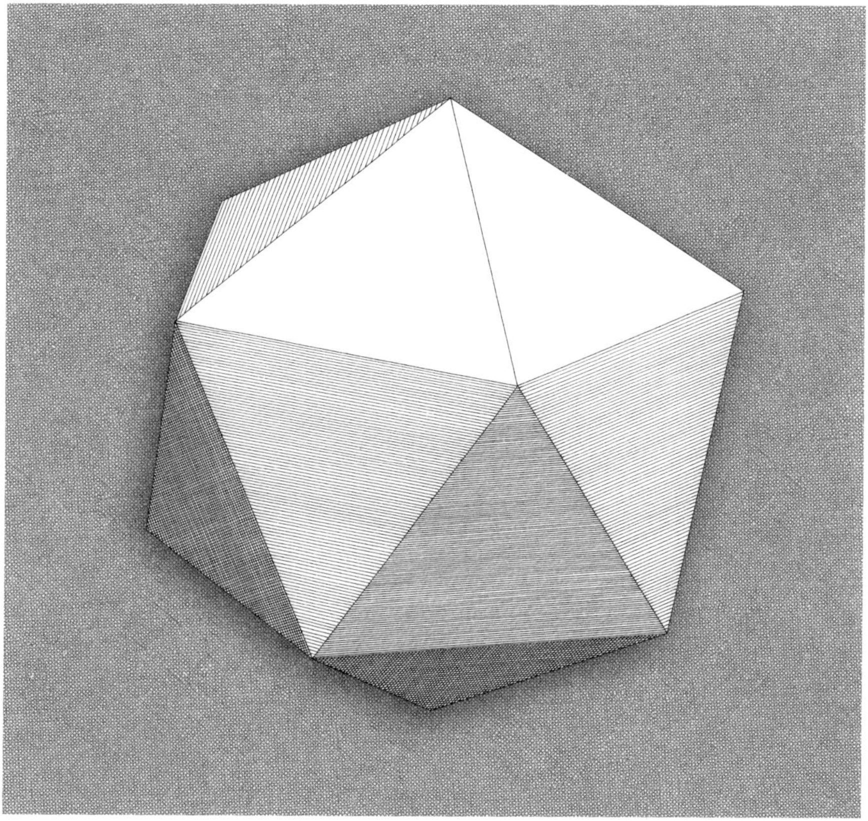

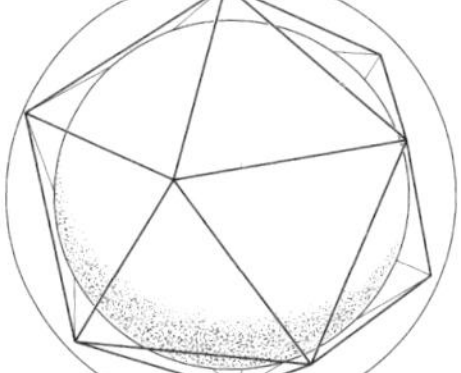

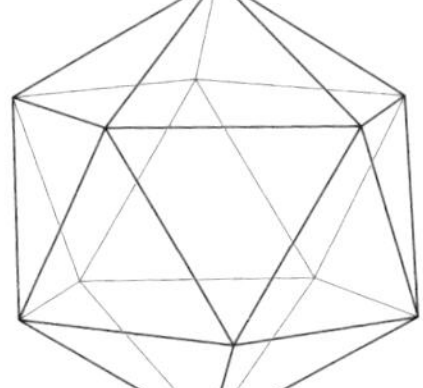

El cubo

6 caras, 12 lados, 8 vértices

El cubo tiene simetría octaédrica *(abajo)*. Platón lo asignó al elemento Tierra debido a la estabilidad de sus bases cuadradas. Alineado con nuestra percepción del espacio, mira hacia delante, atrás, derecha, izquierda, arriba y abajo, lo que corresponde a los cuatro puntos cardinales: norte, sur, este y oeste, más el cenit y el nadir. Como vimos en el Libro 1 de este volumen, el seis es el primer número perfecto, con factores que suman su propio valor (1 + 2 + 3 = 6).

Sume los doce lados del cubo, las doce caras diagonales y las cuatro diagonales interiores para obtener un total de veintiocho caminos rectos que unen los ocho vértices del cubo entre sí. Veintiocho es el segundo número perfecto (1 + 2 + 4 + 7 + 14 = 28).

La peregrinación islámica anual se dirige a la Kaaba, literalmente «cubo», en la ciudad de La Meca. El santuario del Templo de Salomón era un cubo, igual que la Nueva Jerusalén cristalina de la revelación de san Juan. En 430 a. C. el oráculo de Delfos dio instrucciones a los atenienses de doblar el volumen del altar cúbico de Apolo, manteniendo su forma. «Doblar el cubo», como se denominó el problema, al final se demostró que era imposible si solo se empleaba la geometría euclidiana.

Vista desde un lado: doble

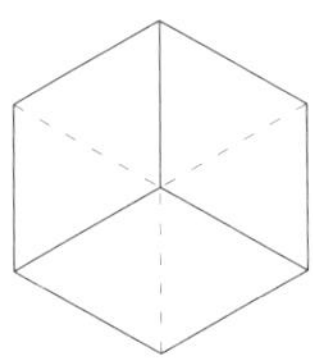

Vista desde una cara: triple

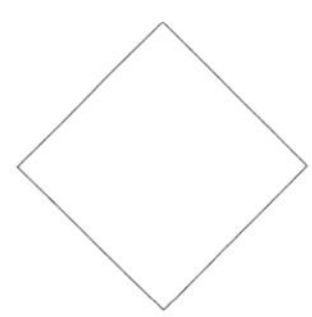

Vista desde el vértice: cuádruple

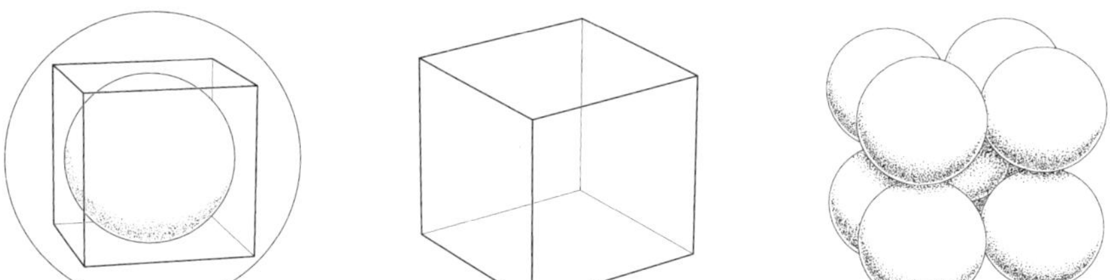

El dodecaedro

12 caras, 30 lados, 20 vértices

El atractivo dodecaedro tiene doce caras pentagonales regulares, tres de las cuales convergen en cada vértice. Su simetría es icosaédrica *(abajo)*. Los primeros pitagóricos conocían el dodecaedro, al igual que el cubo y el tetraedro o pirámide, y solían referirse a él como *la esfera de doce pentágonos*. Tras describir con detalle los otros cuatro sólidos y haberles asignado un elemento, el *Timeo* de Platón continúa de forma enigmática: «Quedaba una quinta construcción que Dios utilizó para bordar las constelaciones en los cielos».

Un dodecaedro posado en una superficie horizontal tiene vértices que descansan sobre cuatro planos horizontales y que cortan el dodecaedro en tres partes. De modo sorprendente, la parte central tiene el mismo volumen que las otras, así que cada parte es un tercio del total. Asimismo, cuando se coloca en la misma esfera, las áreas de la superficie del icosaedro y del dodecaedro tienen la misma proporción que sus volúmenes, y sus esferas interiores son idénticas.

La *pirita de hierro*, a veces llamada «oro de los tontos», forma cristales muy parecidos al dodecaedro, pero no se deje engañar, sus caras pentagonales no son regulares y su simetría es tetraédrica.

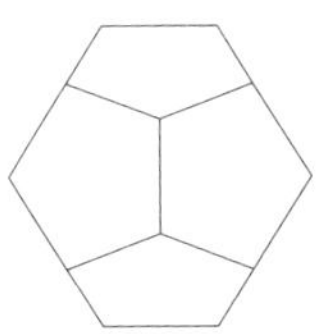

Vista desde un lado: doble

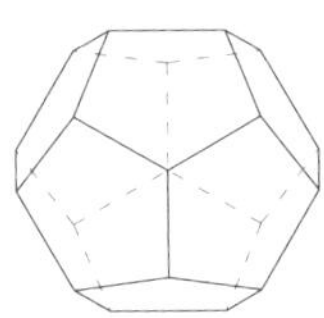

Vista desde una cara: triple

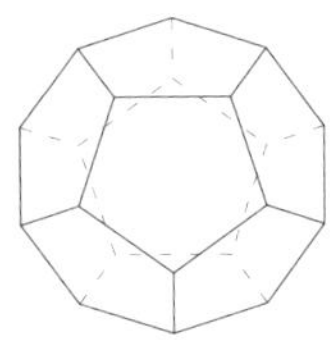

Vista desde el vértice: quíntuple

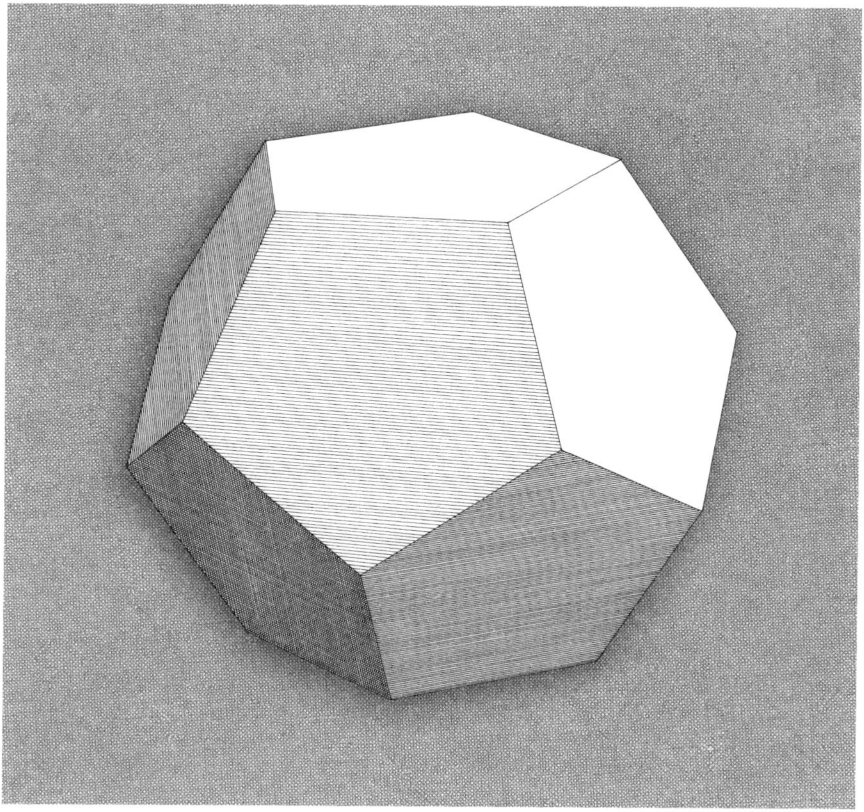

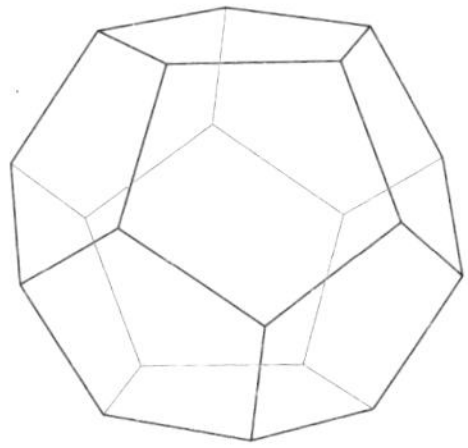

Una breve demostración

¿Existen realmente solo cinco?

Un *polígono regular* tiene lados y ángulos iguales. Un *poliedro regular* tiene caras poligonales regulares y vértices idénticos. Los sólidos platónicos son los únicos *poliedros regulares convexos* posibles. En el Libro XIII de sus *Elementos*, Euclides de Alejandría (hacia 325-265 a. C.) demuestra que cada uno de estos poliedros regulares convexos se puede construir, y termina demostrando que no existen otras posibilidades.

Como mínimo se necesitan tres polígonos para formar un *ángulo sólido*. Usando triángulos equiláteros esto es posible con tres «*a*», cuatro «*b*» y cinco «*c*» alrededor de un punto. Con seis el resultado es plano, «*d*». Tres cuadrados dan un ángulo sólido «*e*», pero con cuatro «*f*» se alcanza un límite similar a seis triángulos. Tres pentágonos regulares forman un ángulo sólido «*g*», pero no hay espacio, incluso poniéndolos planos, para cuatro o más. Tres hexágonos regulares que convergen en un punto quedan planos «*h*», y los polígonos de más lados no pueden converger con tres alrededor de un punto, así que se ha alcanzado un límite final. Puesto que solo son posibles cinco ángulos sólidos compuestos por polígonos regulares idénticos, hay como máximo cinco poliedros regulares convexos posibles.

El ángulo que queda hueco cuando el vértice de un poliedro se dobla y aplana es su *deficiencia angular*. René Descartes (1596-1650) descubrió que la suma de las deficiencias angulares de un poliedro convexo siempre es igual a 720°, o dos vueltas completas. Más adelante, en el siglo XVIII, Leonhard Euler (1707-1783) observó otro hecho peculiar: en cada poliedro convexo el número de caras menos el número de lados más el número de vértices es igual a dos.

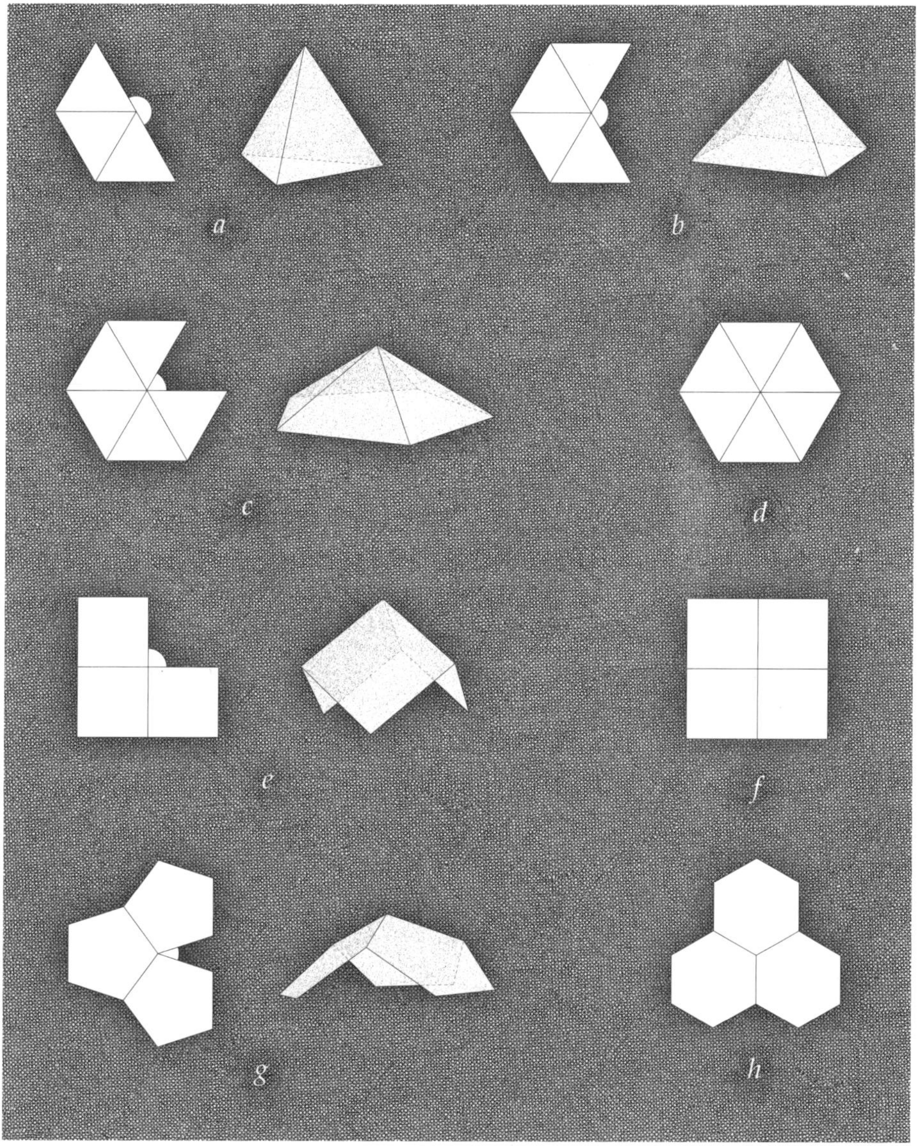
a
b
c
d
e
f
g
h

TODO POR PAREJAS

Los sólidos platónicos de dos en dos

¿Qué ocurre si juntamos los centros de las caras de los sólidos platónicos? Empezando por el tetraedro, descubrimos otro tetraedro invertido. Los centros de las caras de un cubo generan un octaedro, y el octaedro crea un cubo. El icosaedro y el dodecaedro igualmente se generan el uno al otro. Los poliedros cuyas caras y vértices se corresponden perfectamente se conocen como *duales* o conjugados, el uno con respecto al otro. El tetraedro es *dual de sí mismo*. Los poliedros duales tienen el mismo número de lados y las mismas simetrías.

Las ilustraciones de la página siguiente son parejas de estereogramas. Sostenga el libro con el brazo extendido y ponga un dedo vertical sobre la mitad de la página. Concéntrese en el dedo e intente enfocar la imagen borrosa central. ¡La imagen debería saltar a las tres dimensiones!

Las parejas duales de sólidos platónicos se pueden unir con los lados tocándose en sus puntos medios para obtener los poliedros compuestos que mostramos abajo. En la Creación todo tiene su contraparte u opuesto, y las relaciones duales de los sólidos platónicos son un hermoso ejemplo de este principio.

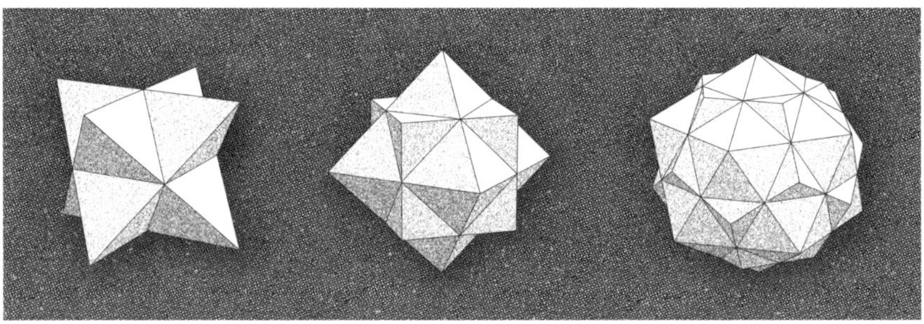

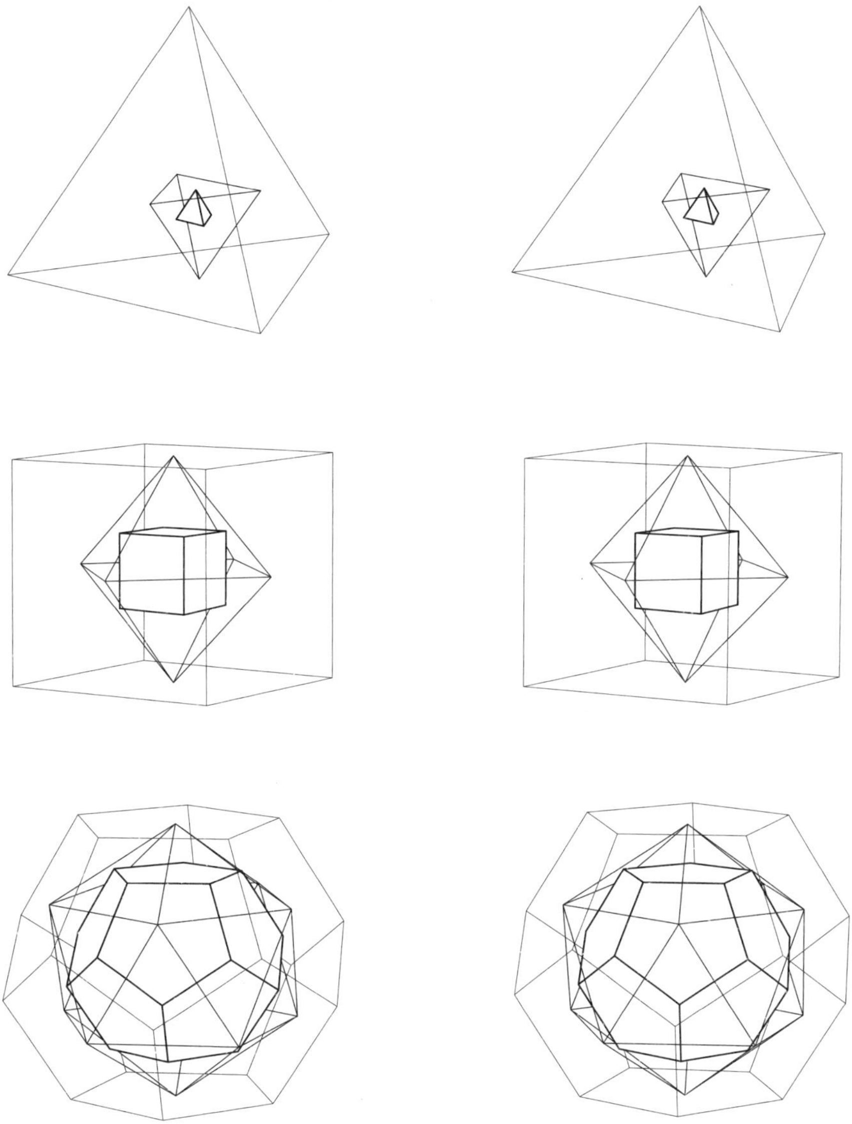

ALREDEDOR DEL GLOBO

de forma elegante

La cosmología platónica construye los sólidos elementales a partir de dos tipos de átomo triangular recto. El primer átomo es la mitad de un triángulo equilátero, seis de los cuales se unen entonces para producir triángulos equiláteros más grandes; continúan así hasta formar el tetraedro, el octaedro y el icosaedro. El segundo átomo triangular es un cuadrado partido en diagonal, que da un grupo de cuatro, formando cuadrados que a su vez forman cubos.

Los sólidos platónicos tienen planos de simetría que los dividen en mitades reflejadas; el tetraedro tiene seis planos reflejados, el octaedro y el cubo nueve, y el icosaedro y el dodecaedro quince. Cuando se construyen el tetraedro, el octaedro y el icosaedro a partir de los átomos triangulares platónicos, se definen los caminos que hacen que sus planos reflejados sean explícitos. En cambio el cubo necesita el doble de divisiones triangulares de las que le otorgó Platón *(hilera superior)* para delinear todos sus planos reflejos *(hilera central)*.

Si proyectamos los sólidos platónicos subdivididos sobre sus esferas circunscritas, se producen tres sistemas de simetría esférica. Cada sistema esférico se define por un característico triángulo esférico con un ángulo recto y un ángulo de un tercio de media vuelta. El tercer ángulo es respectivamente un tercio de media vuelta *(hilera superior)*, un cuarto de media vuelta *(hilera central)* y un quinto de media vuelta *(hilera inferior)*. Esta secuencia de ⅓, ¼ y ⅕ invierte de manera elegante los tres números enteros pitagóricos de 3, 4, 5.

VUELTAS Y MÁS VUELTAS

Círculos menores

Cualquier navegante le dirá que la distancia más corta entre dos puntos en una superficie esférica es siempre el arco de un *gran círculo*. Cuando los lados de un poliedro se proyectan sobre su circunferencia circunscrita, el resultado es un conjunto de arcos del gran círculo conocido como *proyección radial*. En la página siguiente, la columna de la izquierda muestra las proyecciones radiales de los sólidos platónicos con sus grandes círculos en líneas discontinuas.

El círculo esférico menor que el gran círculo se llama *círculo menor*. Trazando un círculo alrededor de todas las caras de los sólidos platónicos inscritos en su esfera circunscrita se genera el patrón de círculos menores que se presentan en la columna central. El LIBRO XIV de los *Elementos* de Euclides (apócrifo) demuestra que cuando se colocan en la misma esfera, los círculos menores alrededor de las caras del dodecaedro *(cuarta hilera)* son iguales que los círculos menores alrededor de las caras del icosaedro *(quinta hilera)*. Lo mismo es cierto del cubo *(segunda hilera)* y del octaedro *(tercera hilera)* como pareja.

Encoja los círculos menores de la columna central hasta que justo se toquen, para definir las cinco curiosidades esféricas de la columna de la derecha. En Escocia se han encontrado numerosas esferas de piedra tallada de la época neolítica con los mismos patrones que los cuatro primeros de este conjunto *(véase pág. 74)*. Las tallas dodecaédricas de doce círculos en una esfera, de unos 4000 años de antigüedad, son los ejemplos más tempranos que se conocen de diseños hechos por el hombre con simetría icosaédrica.

Se pueden hacer modelos de círculos menores de mayor tamaño con círculos de mimbre, o *hula-hoops* baratos, sujetos con alambre, cordel o cinta adhesiva.

LA SECCIÓN ÁUREA

y algunas yuxtaposiciones enigmáticas

Dividir una línea para que la proporción del trozo más corto con respecto al largo sea la misma que la que el trozo más largo mantiene con la línea completa, es lo que define la sección áurea *(abajo)*. La proporción de la sección áurea es un número irracional, que no se puede expresar como simple fracción *(véanse págs. 54 y 377)*. Su valor es uno más la raíz cuadrada de cinco, dividido por dos: aproximadamente 1,618. Se representa con la letra griega Φ *(fi)* o a veces con la τ *(tau)*. Φ tiene conexiones muy cercanas con la unidad; Φ por sí misma (Φ^2) es igual a Φ más uno (2,618...), y uno dividido por Φ es igual a menos uno (0,618...). Está relacionado de forma inherente con la simetría de base 5; las líneas gruesas del pentagrama inferior forman una serie continua de relaciones de la sección áurea.

Extraiga un cuadrado de un lado de un rectángulo áureo y los lados del rectángulo que queda poseerán la sección áurea. Este proceso puede seguir indefinidamente y generar la espiral áurea *(abajo, dcha.)*. Es notable que los doce vértices de un icosaedro se definan por tres rectángulos áureos perpendiculares *(pág. sig., arriba)*. El dodecaedro es más sofisticado aún. Doce de sus veinte vértices se definen por tres rectángulos perpendiculares Φ^2 y los ocho vértices restantes se encuentran añadiendo el cubo de la longitud del lado Φ *(pág. sig., abajo)*.

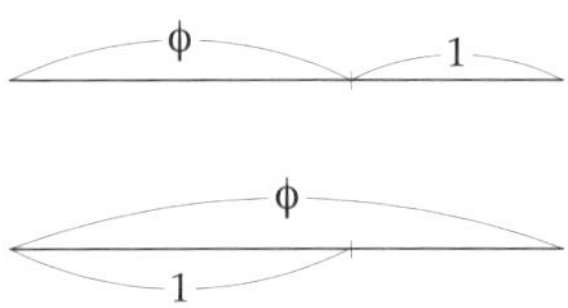

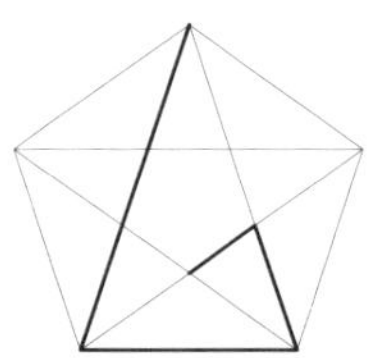

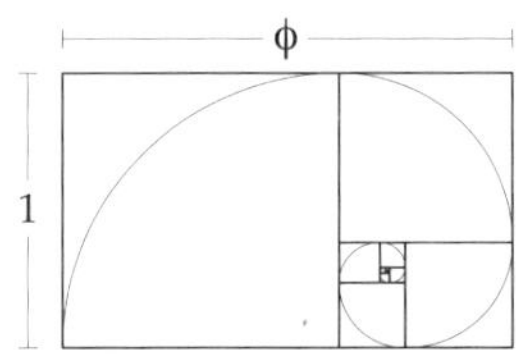

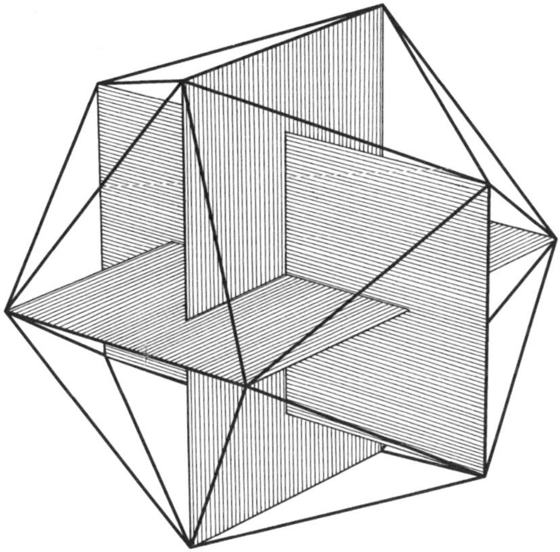

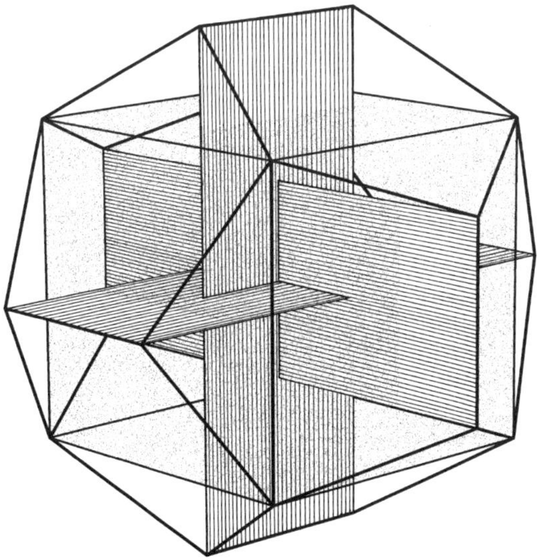

POLIEDROS DENTRO DE POLIEDROS

y así hasta el infinito

Los sólidos platónicos encajan entre sí de maneras notables y fascinantes; el apéndice de la página 376 muestra muchas de estas relaciones. La pareja de estereogramas de la página siguiente muestra un dodecaedro con un lado de longitud uno. Alojado en su interior hay un cubo, su lado de longitud Φ, y un tetraedro, su lado de longitud $\sqrt{2}$ veces la del cubo *(véase pág. 377)*. El tetraedro ocupa un tercio del volumen del cubo.

En los dos estereogramas inferiores de la página siguiente, los seis puntos medios de los lados del tetraedro definen los seis vértices de un octaedro. Además de dividir por la mitad los lados del tetraedro, este octaedro tiene la mitad del área de su superficie y la mitad de su volumen, encarnando perfectamente la proporción de la octava musical 1:2. De modo similar, los doce lados del octaedro corresponden a los doce vértices del icosaedro inscrito. Los vértices del icosaedro cortan perfectamente los lados del octaedro en sección áurea *(véase pág. 146 para instrucciones sobre cómo hacer que estos estereogramas pasen a 3D)*.

Imagine que estos dos conjuntos dobles se combinan para generar cinco sólidos platónicos en una elegante disposición. Puesto que el dodecaedro exterior define un icosaedro más grande por su relación dual, y el icosaedro inscrito igualmente define un dodecaedro más pequeño, los acoplamientos pueden continuar hacia dentro y hacia fuera hasta el infinito.

El tetraedro, el octaedro y el icosaedro, compuestos en su totalidad por triángulos equiláteros, son *deltaedros convexos*. Solo existen otros cinco posibles deltaedros convexos y todos ellos se muestran en la hilera inferior de la página siguiente.

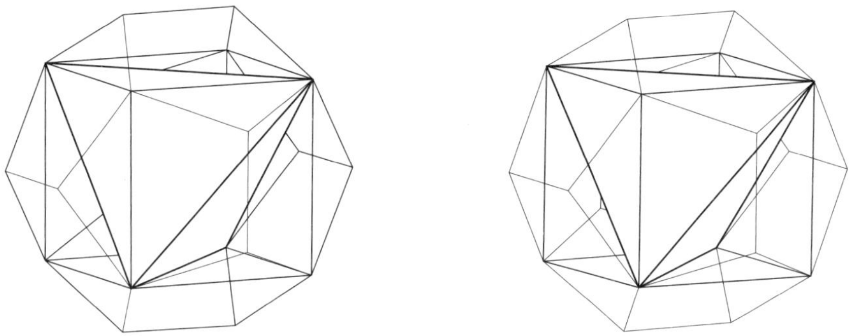

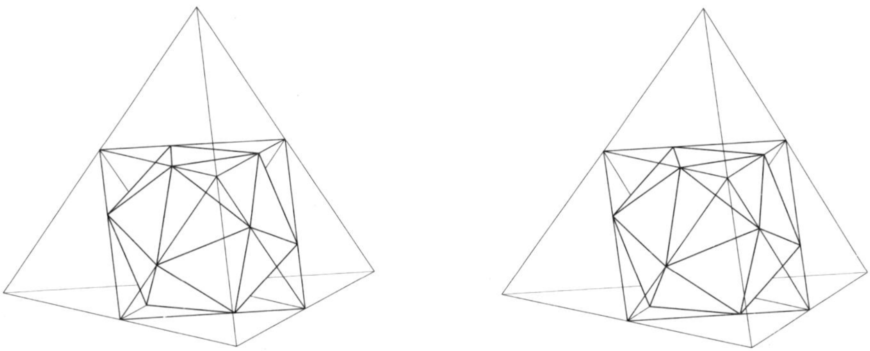

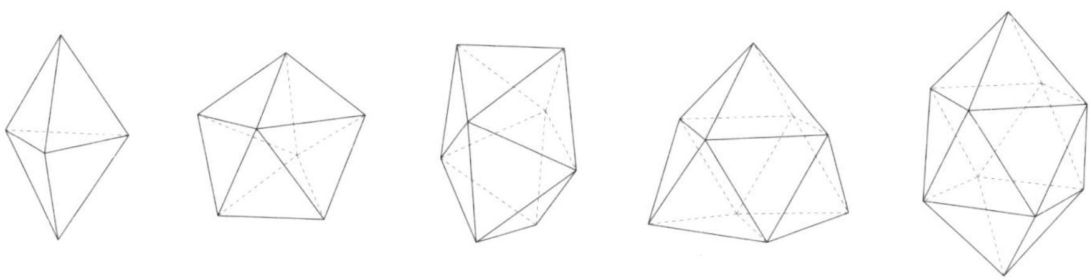

Poliedros compuestos

Dejar volar la imaginación

Las interrelaciones mencionadas en la página 154 generan poliedros especialmente atractivos. Fije la posición de un icosaedro y podrá colocar octaedros a su alrededor de cinco maneras distintas, obteniendo el compuesto de cinco octaedros *(arriba, izq.)*. De modo similar, el cubo inscrito en el dodecaedro, colocado en cinco formas diferentes, genera el compuesto de cinco cubos *(arriba, dcha.)*. El tetraedro se puede colocar en el cubo de dos formas distintas para obtener el compuesto de dos tetraedros que se muestra en la página 146. Sustituya los cinco cubos del dodecaedro por dos tetraedros y obtendrá el compuesto de diez tetraedros *(centro, izq.)*. Retire cinco de los tetraedros del compuesto de diez para dejar el compuesto de cinco tetraedros *(centro, dcha.)*. Esto se da en dos versiones: la *dextro* o mano derecha y la *laevo* o mano izquierda; no se pueden superponer las dos versiones y una es el *enantiómero* de la otra. Los poliedros o compuestos con esta propiedad de «manos distintas» se definen como *quirales*.

Volviendo al cubo y al dodecaedro, y esta vez dejando fijo el cubo, hay dos formas de colocar el dodecaedro a su alrededor. El resultado de ambas formas usado simultáneamente es el compuesto de dos dodecaedros *(abajo, izq.)*. Del mismo modo, la pareja de octaedro e icosaedro da el compuesto de dos icosaedros *(abajo, dcha.)*. Existen muchos otros poliedros compuestos extraordinarios, por ejemplo el compuesto de Bakos de cuatro cubos que se muestra en la página 128.

Los poliedros de Kepler

El dodecaedro estrellado y el gran estrellado

Los lados de algunos polígonos se pueden alargar hasta que se encuentran de nuevo, por ejemplo el pentágono regular se extiende hasta formar una estrella de cinco puntas o pentagrama *(abajo)*. Este proceso se conoce como *estrellamiento*. Kepler sentía gran fascinación por los poliedros *(véase por ejemplo pág. 306)* y propuso que se les aplicara el estrellamiento, observando las dos posibilidades del mismo alargando los lados y también prolongando los planos de las caras. Aplicando el primero de estos al dodecaedro y al icosaedro *(abajo)* descubrió los dos poliedros ilustrados en la página siguiente y los denominó el erizo icosaédrico grande y el erizo icosaédrico pequeño.

Sus nombres actuales, el gran dodecaedro estrellado *(pág. sig., arriba)* y el pequeño dodecaedro estrellado *(pág. sig., abajo)*, revelan que estos poliedros son también dos de los estrellamientos de las caras del dodecaedro. Cada uno está formado por doce caras de pentagramas, uno con cinco y el otro con tres en cada vértice. Poseen simetría icosaédrica.

Aunque sus cinco lados se intersecan, el pentagrama tiene lados iguales y ángulos iguales en sus vértices, así que se puede considerar un *polígono regular no convexo*. Del mismo modo, estos poliedros se pueden considerar *poliedros regulares no convexos*.

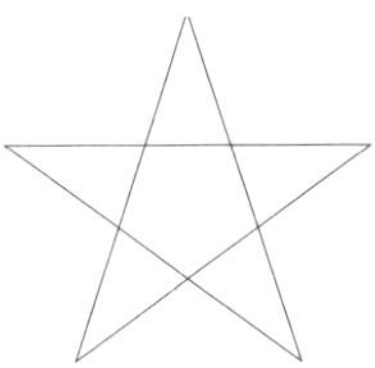
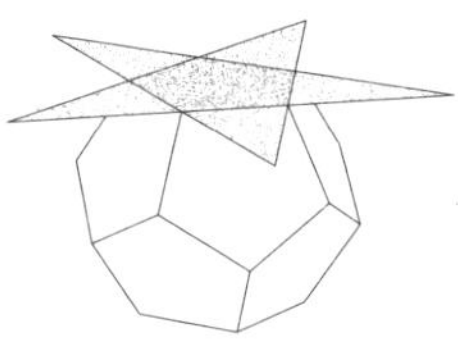
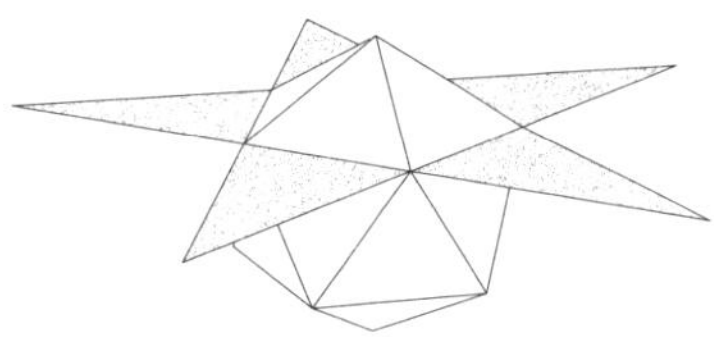

Los poliedros de Poinsot

El gran dodecaedro y el gran icosaedro

Louis Poinsot (1777-1859) investigó los poliedros por su cuenta, independientemente de Kepler, y redescubrió los dos erizos icosaédricos keplerianos y también los dos poliedros que presentamos aquí, el gran dodecaedro *(arriba)* y el gran icosaedro *(abajo)*. Ambos poliedros tienen cinco caras en un vértice, que se intersecan para dar *figuras de vértice* basadas en el pentagrama. El gran dodecaedro tiene doce caras pentagonales y es el tercer estrellamiento del dodecaedro. El gran icosaedro tiene veinte caras triangulares y es una de las increíbles cincuenta y ocho posibilidades de estrellamiento del icosaedro (con frecuencia enumeradas como cincuenta y nueve si se incluye el propio icosaedro). Estos estrellamientos también comprenden los compuestos de cinco octaedros, cinco tetraedros y diez tetraedros.

Un poliedro regular no convexo debe tener los vértices dispuestos como uno de los sólidos platónicos. Unir los vértices de un poliedro para formar nuevos tipos de polígono en su interior se conoce como *facetado*. Las posibilidades de facetar los sólidos platónicos producen los compuestos de dos y diez tetraedros, el compuesto de cinco cubos, los dos poliedros de Poinsot *(abajo, izq.)* y los dos poliedros estrellados de Kepler *(abajo, dcha.)*. Los cuatro poliedros de Kepler-Poinsot son por tanto los únicos poliedros regulares no convexos.

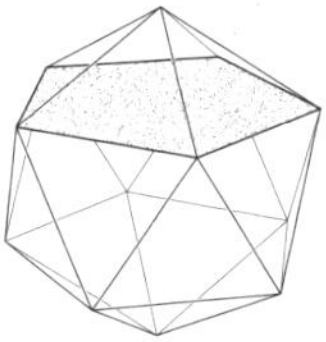
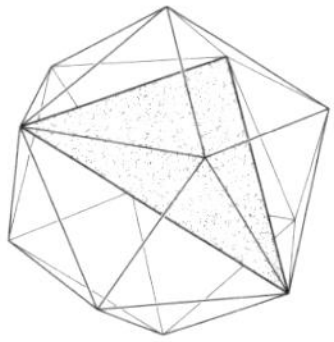
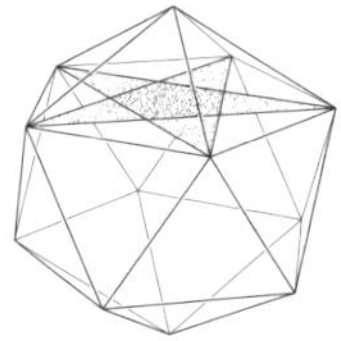
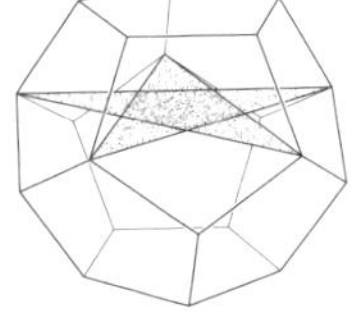

LOS SÓLIDOS ARQUIMEDIANOS

Trece poliedros semirregulares

Los trece sólidos arquimedianos *(pág. sig.)* son el tema que ocupa gran parte del final del presente libro. También conocidos como *poliedros semirregulares,* tienen caras regulares de más de un tipo y vértices idénticos. Todos ellos encajan perfectamente en el interior de una esfera y poseen simetría tetraédrica, octaédrica o icosaédrica. Aunque la atribución más antigua es la de Arquímedes, parece que Kepler fue el primero desde la Antigüedad en describir el conjunto de los trece en su *Harmonices Mundi*. Además observó los dos conjuntos infinitos de prismas y antiprismas regulares *(ejemplos inferiores)* que también tienen vértices idénticos y caras regulares.

Gire un octavo de vuelta un tope octagonal del rombicuboctaedro para obtener el seudorrombicuboctaedro *(abajo)*. Sus vértices, aunque están rodeados por los mismos polígonos regulares, son de *dos* tipos relativos al poliedro como unidad completa.

Existen cincuenta y tres poliedros no convexos semirregulares, y un ejemplo de ellos es el dodecadodecaedro *(abajo)*. El conjunto de sólidos platónicos y arquimedianos y los poliedros de Kepler-Poinsot forma la serie de setenta y cinco *poliedros uniformes*.

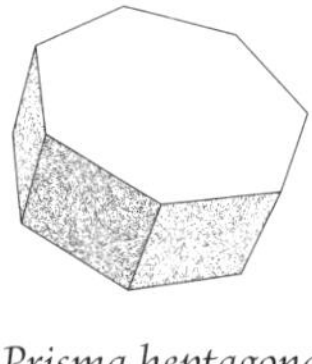

Prisma heptagonal

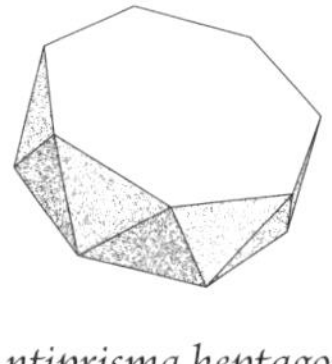

Antiprisma heptagonal

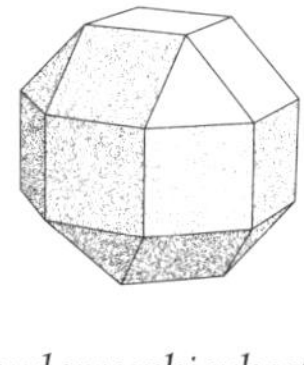

Seudorrombicuboctaedro

Dodecadodecaedro

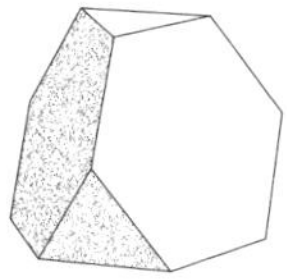

Tetraedro truncado

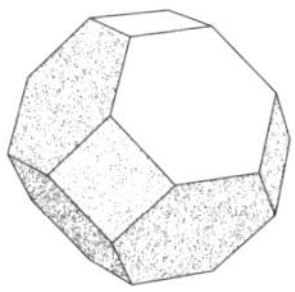

Octaedro truncado

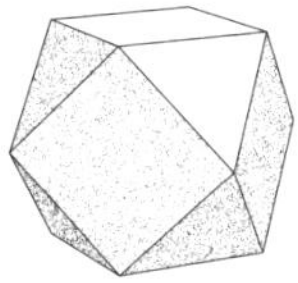

Cuboctaedro

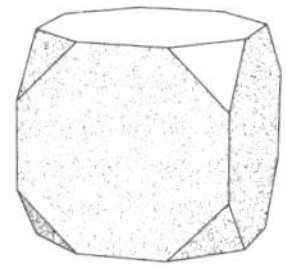

Cubo truncado

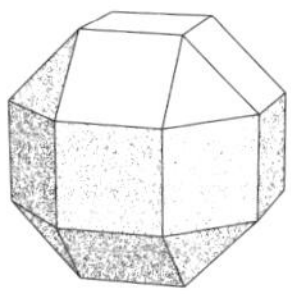

Rombicuboctaedro

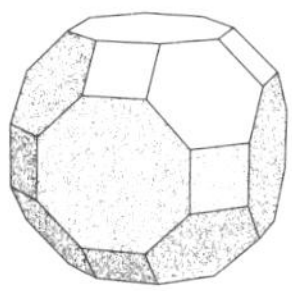

Gran rombicuboctaedro

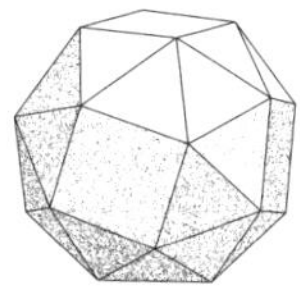

Cubo chato

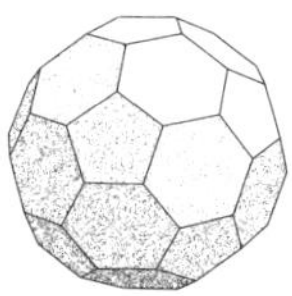

Icosaedro truncado

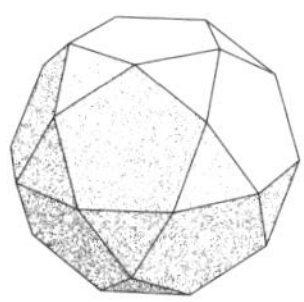

Icosidodecaedro

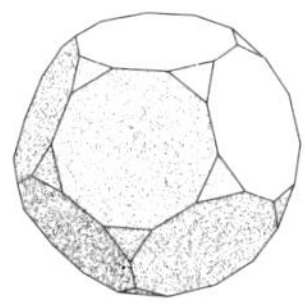

Dodecaedro truncado

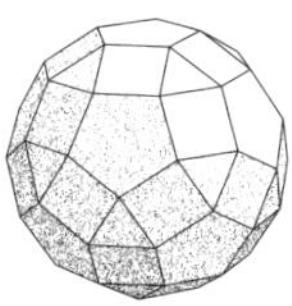

Rombicosidodecaedro

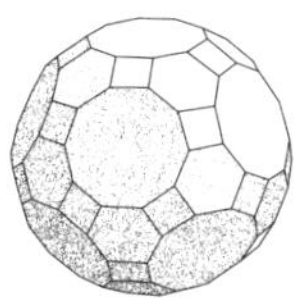

Gran rombicosidodecaedro

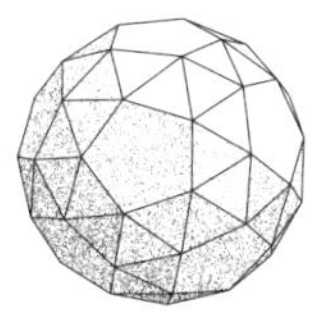

Dodecaedro chato

Cinco truncamientos

¡Abajo las esquinas!

Podemos truncar los sólidos platónicos para obtener los cinco poliedros arquimedianos de lados iguales que aquí presentamos. Estos sólidos truncados son la demostración perfecta de las figuras de vértice de los sólidos platónicos: triangular para el tetraedro, cubo y dodecaedro, cuadrangular para el octaedro y pentagonal para el icosaedro. Cada sólido arquimediano tiene una esfera circunscrita y otra media. Tienen una esfera inscrita para cada tipo de cara; las esferas inscritas de las caras más grandes tocan sus centros. Por lo tanto, todo sólido truncado define cuatro esferas concéntricas.

Los cinco sólidos truncados pueden alojarse perfectamente en el interior de su sólido platónico original y de su dual. Por ejemplo, el cubo truncado puede descansar sus caras octagonales dentro de un cubo o sus caras triangulares dentro de un octaedro.

El octaedro truncado es el único sólido arquimediano que puede llenar el espacio con copias idénticas de sí mismo sin dejar ningún hueco. También esconde un secreto no tan evidente: uniendo los extremos de uno de sus lados con su centro se produce un ángulo central que es el mismo que el ángulo agudo del famoso triángulo de Pitágoras 3:4:5, el favorito de los constructores egipcios a la hora de definir un ángulo recto.

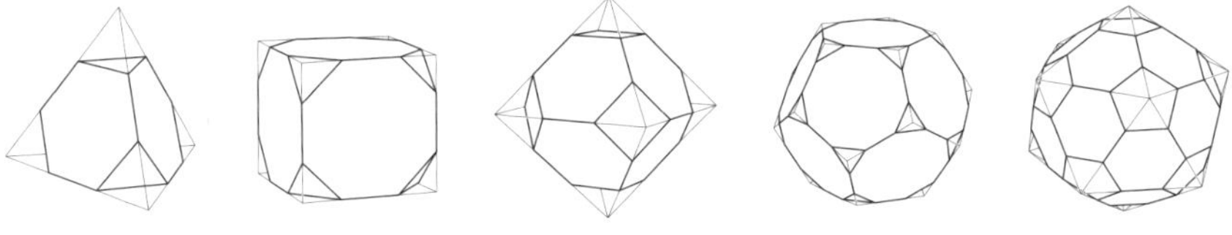

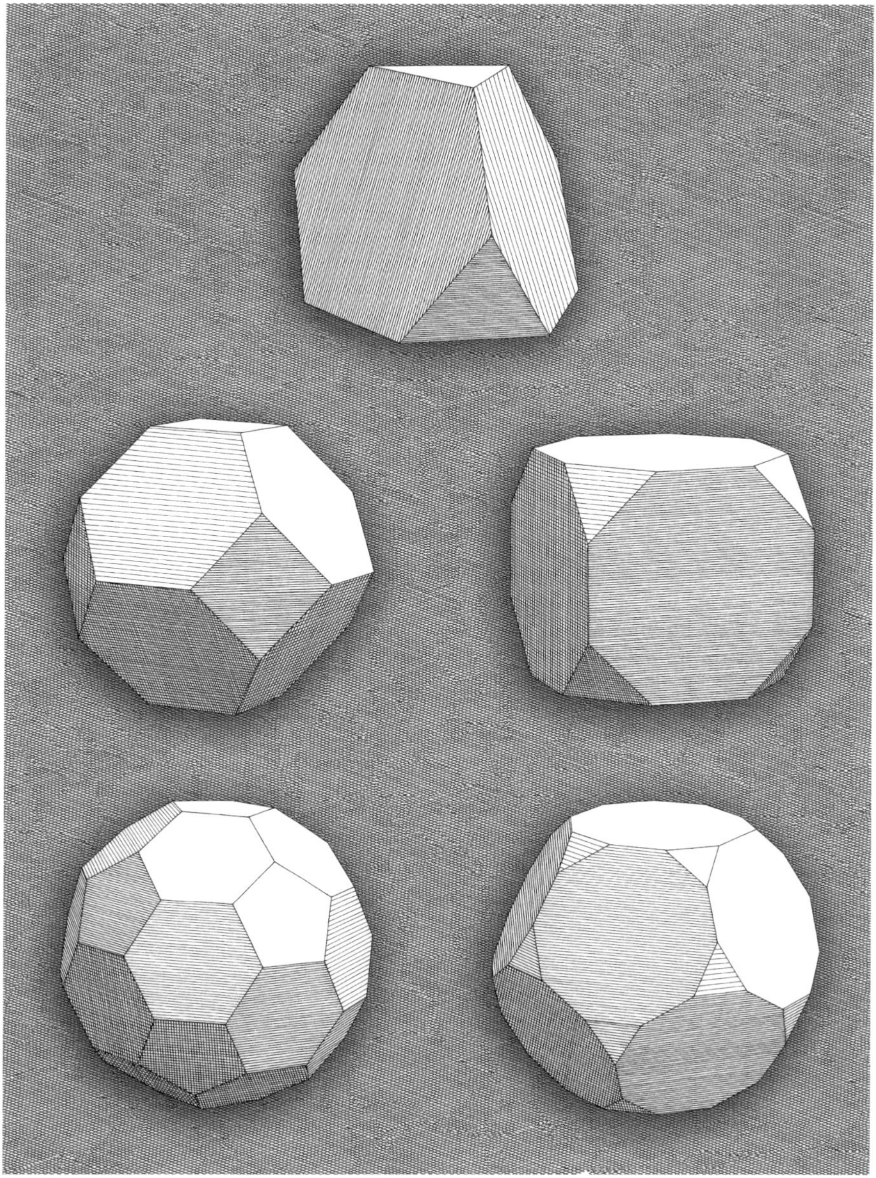

El cuboctaedro

14 caras, 24 lados, 12 vértices

El cuboctaedro combina las seis caras cuadradas del cubo con las ocho caras triangulares del octaedro. Posee simetría octaédrica. Uniendo los puntos medios de los lados del cubo o del octaedro trazamos un cuboctaedro (presentado abajo como una pareja de estereogramas). Según Herón de Alejandría (10-75 a. C.), Arquímedes atribuyó el cuboctaedro a Platón.

Los poliedros *semirregulares* como el cuboctaedro están compuestos por dos tipos de polígono regular, cada uno de ellos rodeado por polígonos del otro tipo. Los lados idénticos, además de definir las propias caras, también definen polígonos ecuatoriales. Por ejemplo, los lados del cuboctaedro definen cuatro hexágonos regulares *(pág. sig., abajo, centro)*. Las proyecciones radiales de los poliedros semirregulares consisten totalmente en grandes círculos completos *(pág. sig., abajo, izq.)*.

Una esfera rodeada por doce esferas idénticas a sí misma forma un cuboctaedro *(pág. sig., abajo, dcha.)*. En las verdulerías utilizan este sistema para apilar naranjas en capas hexagonales compensadas. Conocido en química como empaquetamiento hexagonal compacto, cada esfera está rodeada por otras doce y sus centros definen una sólida retícula de tetraedros y octaedros.

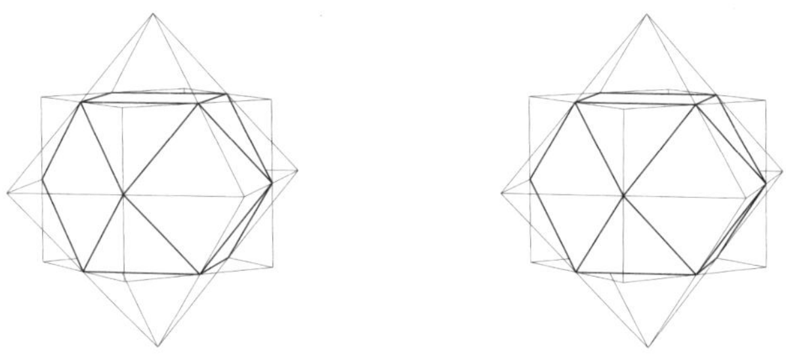

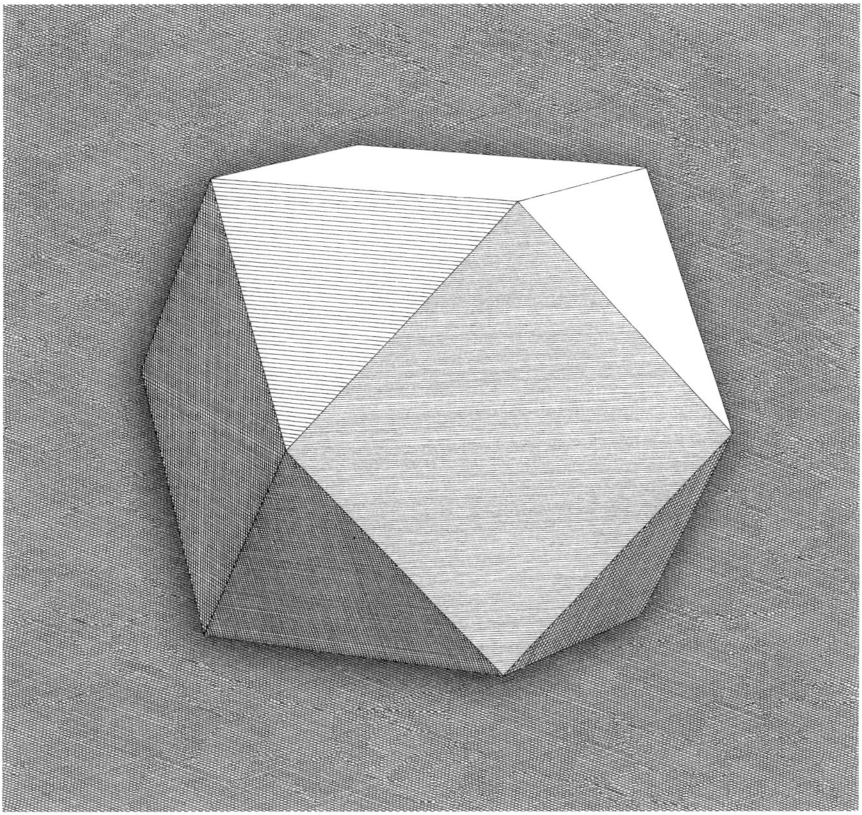

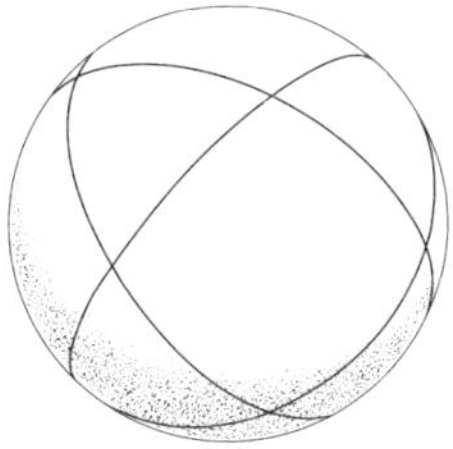

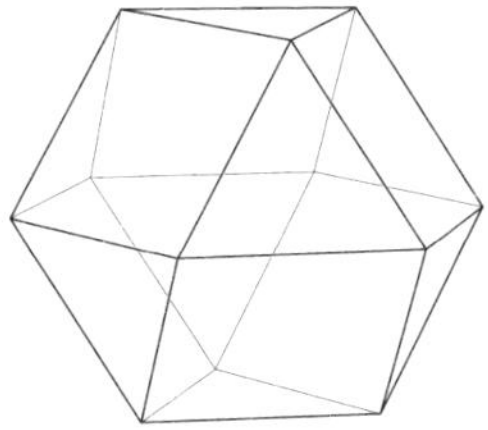

Un giro astuto

y una maravilla estructural

Imagínese un cuboctaedro hecho con puntales rígidos unidos a unos vértices flexibles. Esta es la estructura que R. Buckminster Fuller (1895-1983) denominó *jitterbug*, y que mostramos en la página siguiente con las caras triangulares oscurecidas para mayor claridad. El *jitterbug* se puede desplomar poco a poco sobre sí mismo de dos formas distintas, para que los «agujeros» cuadrados se distorsionen. Cuando la distancia entre las esquinas de cierre es igual a la longitud del lado de los triángulos, se genera un icosaedro. Siga colapsando la estructura y obtendrá un octaedro. Si se le da un giro al triángulo superior, la estructura se aplana para formar cuatro triángulos que se cierran para dar el tetraedro.

Las cúpulas geodésicas son otro de los descubrimientos estructurales de Buckminster Fuller. Estas son partes de esferas geodésicas, que se forman subdividiendo las caras de un poliedro triangular, por norma general el icosaedro, en triángulos más pequeños y después proyectando los nuevos vértices hacia fuera a la misma distancia del centro que los originales *(abajo)*. Un pariente lejano de la esfera geodésica es el popular poliedro renacentista de setenta y dos lados conocido como la esfera de Campanus *(abajo, dcha.)*.

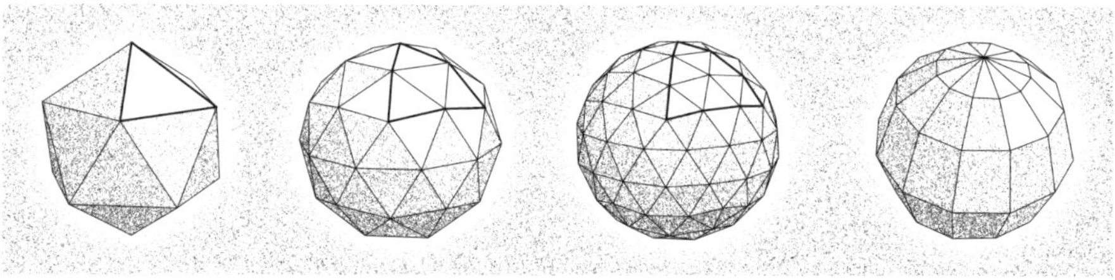

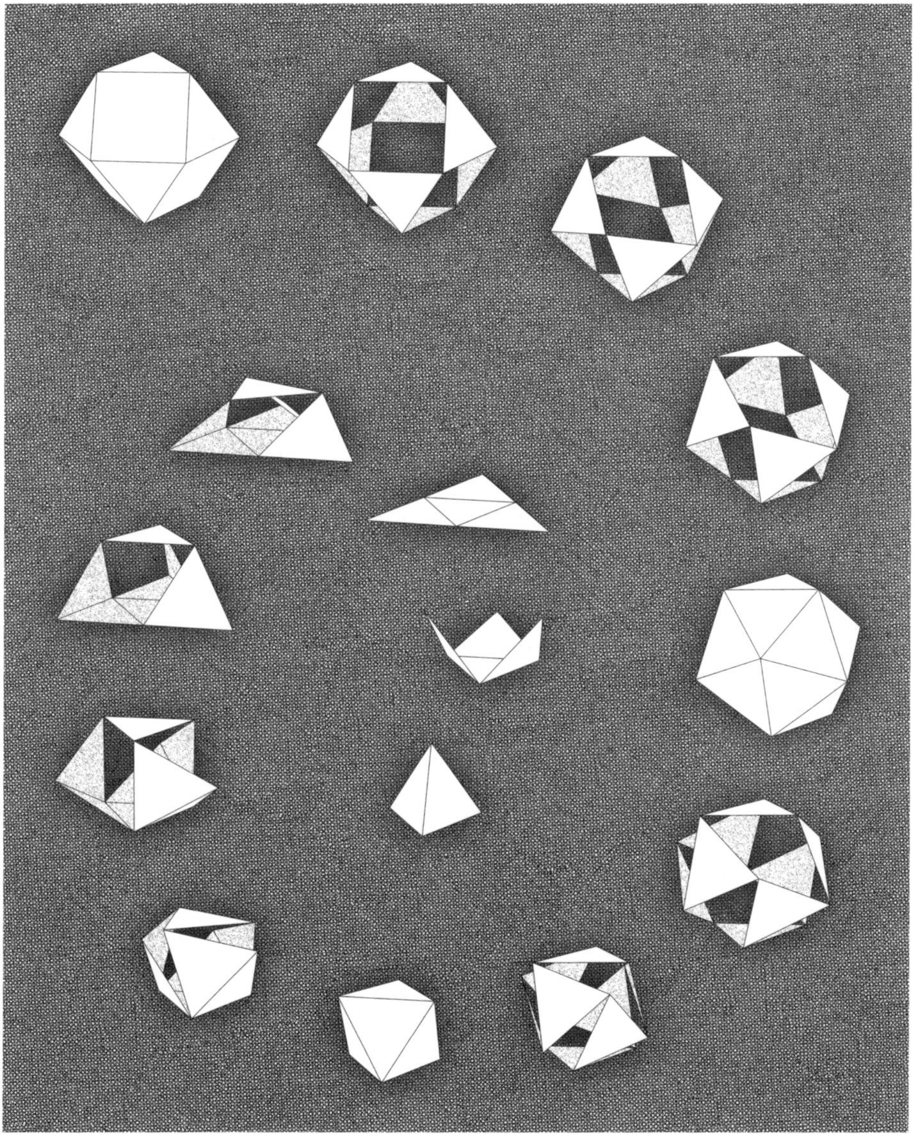

El icosidodecaedro

32 caras, 60 lados, 30 vértices

El icosidodecaedro combina las doce caras pentagonales del dodecaedro con las veinte caras triangulares del icosaedro. Uniendo los puntos medios de los lados del dodecaedro o del icosaedro, trazamos el icosidodecaedro quasirregular *(ambos se muestran abajo como estereogramas)*. Sus lados forman seis decágonos ecuatoriales, dando una proyección radial de seis grandes círculos *(pág. sig., abajo, izq.)*.

La representación más temprana que se conoce de un icosidodecaedro es de Leonardo da Vinci (1452-1519) y aparece en *De Divina Proportione* de Fra Luca Pacioli (1445-1517). De manera apropiada, el tema principal de esta obra es la sección áurea, que expresa perfectamente la proporción del lado del icosidodecaedro con su radio circunscrito.

El definir el icosidodecaedro con treinta esferas iguales deja espacio para una gran esfera central que es $\sqrt{5}$ *(véase pág. 377)* veces más grande que las demás *(pág. sig., abajo, dcha.)*.

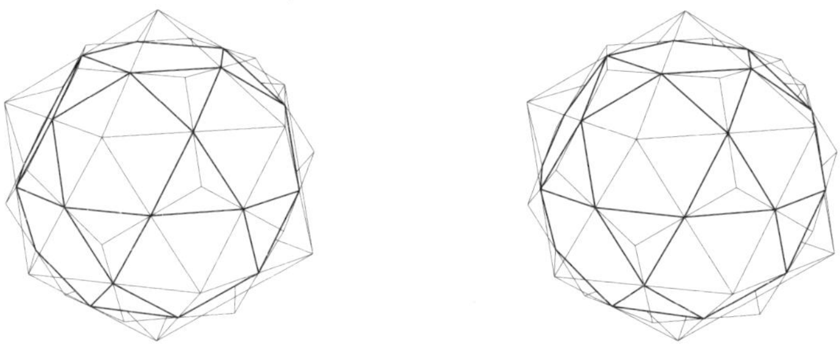

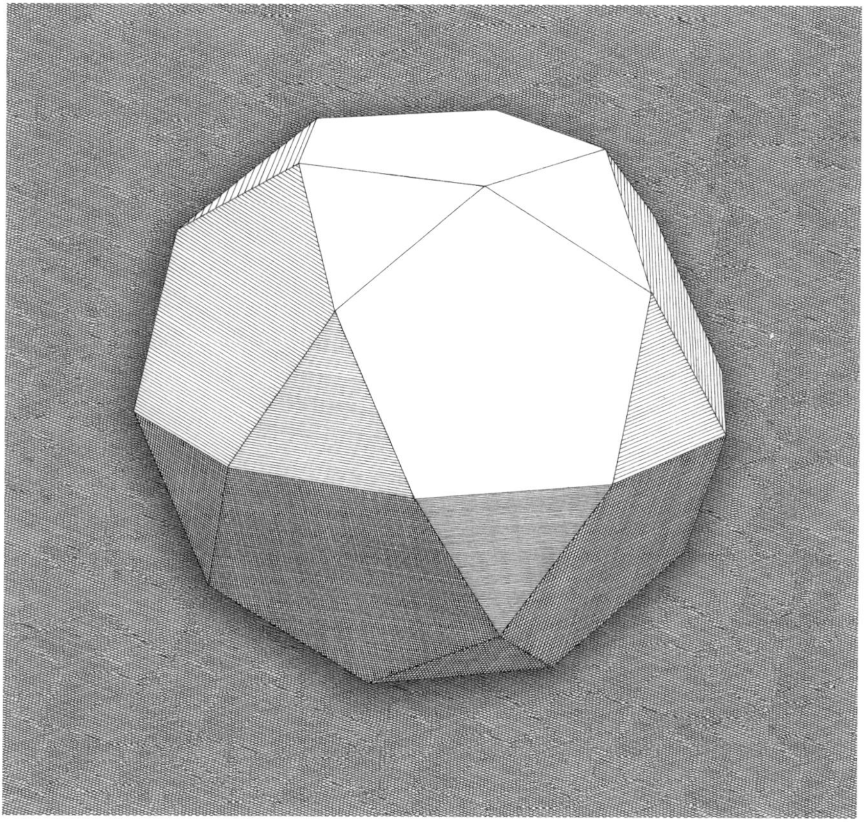

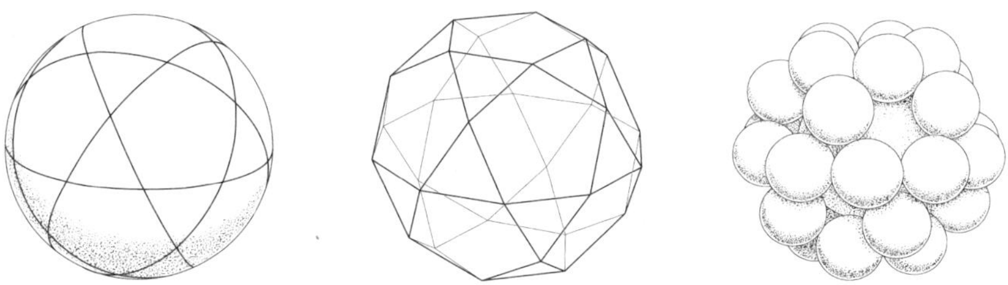

Cuatro explosiones

Expansión a partir del centro

Si hacemos estallar las caras del cubo o del octaedro hacia fuera hasta que estén separadas por la longitud de un lado *(abajo)* obtenemos un rombicuboctaedro *(pág. sig., arriba, izq.)*. El mismo proceso aplicado al dodecaedro o al icosaedro da el rombicosidodecaedro *(pág. sig., arriba, dcha.)*. Las caras octagonales del cubo truncado, o las caras hexagonales del octaedro truncado, estallan para dar el gran rombicuboctaedro *(pág. sig., abajo, izq.)*. Las caras decagonales del dodecaedro truncado, o las caras hexagonales del icosaedro truncado, estallan para dar el gran rombicosidodecaedro *(pág. sig., abajo, dcha.)*.

Kepler llamó al gran rombicuboctaedro un cuboctaedro truncado, y al gran rombicosidodecaedro un icosidodecaedro truncado. De todos modos, los dos truncamientos a los que se refiere no producen caras cuadradas, sino rectángulos $\sqrt{2}$ y Φ respectivamente.

Estos cuatro poliedros tienen caras planas al igual que el cubo, el octaedro y el dodecaedro romboidal *(véase pág. 179)*, o el icosaedro, dodecaedro y el triacontaedro romboidal *(véase pág. 179)*, de ahí el prefijo rombi- de sus nombres.

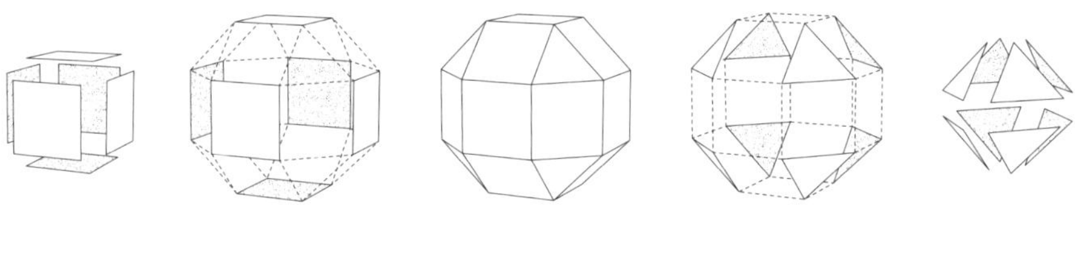

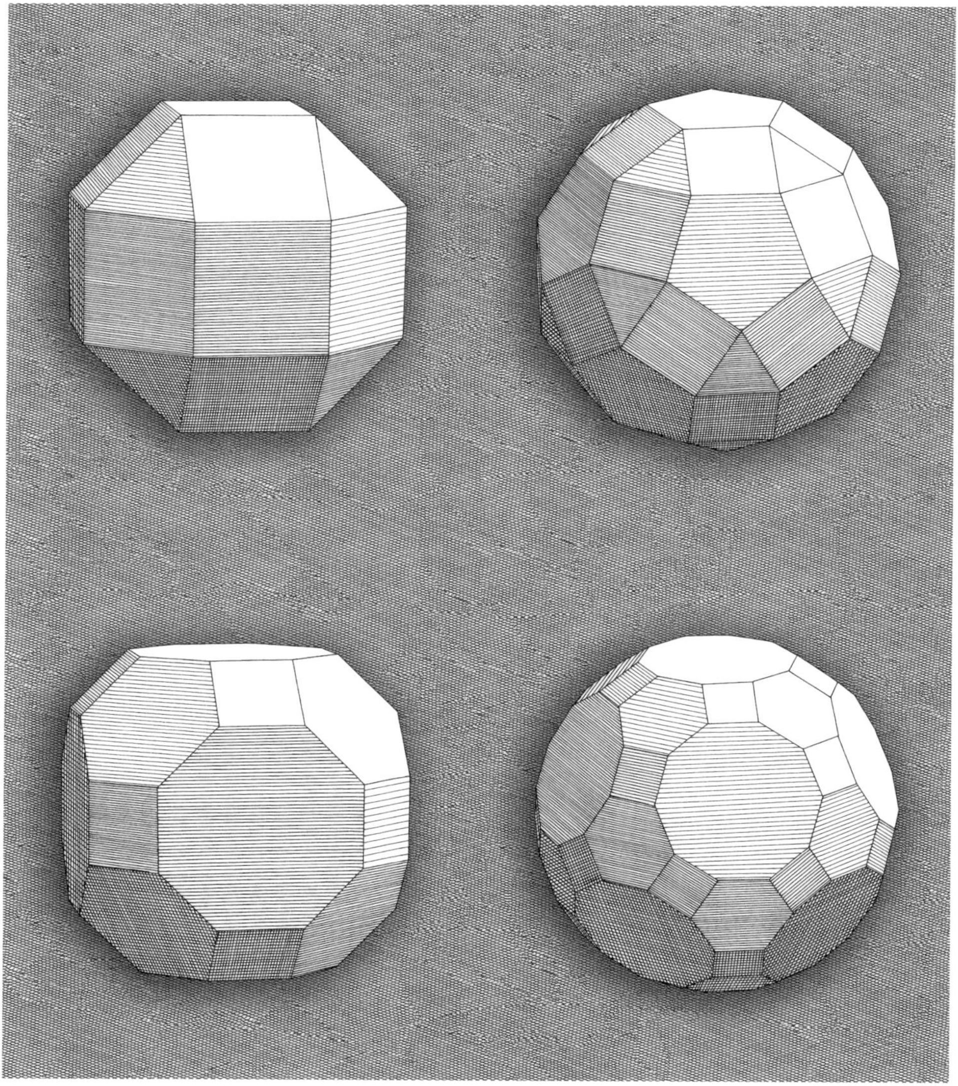

Giros

El cubo chato y el dodecaedro chato

El nombre de «cubo chato» es una traducción aproximada del nombre que le dio Kepler, *cubus simus*, literalmente «cubo aplastado». Tanto el cubo chato como el dodecaedro chato son *quirales*, puesto que se dan en una versión *dextro* y otra *laevo*. Ambas se ilustran en la página siguiente, con las versiones *dextro* a la derecha. El cubo chato posee simetría octaédrica, y el dodecaedro chato simetría icosaédrica. Ninguno de los dos tiene planos reflejos. De los sólidos platónicos y arquimedianos, el dodecaedro chato es el que más se aproxima a la esfera.

El rombicuboctaedro *(pág. anterior)* se puede usar para hacer una estructura similar al *jitterbug (véase pág. 169)*. Si aplicamos un giro a esta nueva estructura obtenemos el cubo chato *(abajo)*. Girando hacia un lado tendremos la versión *dextro*, y al otro lado la *laevo*. La relación correspondiente existe entre el rombicosidodecaedro y el dodecaedro chato.

Los cinco sólidos platónicos han sido truncados, combinados, explotados y girados para obtener los trece sólidos arquimedianos. El espacio tridimensional está revelando su orden, su complejidad y su sutileza. ¿Qué otras maravillas nos esperan?

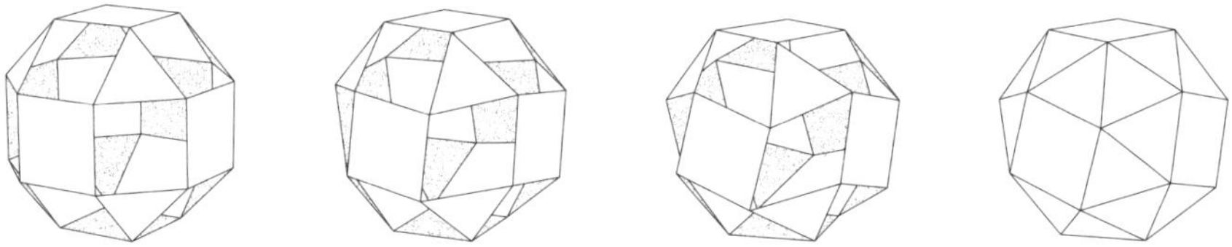

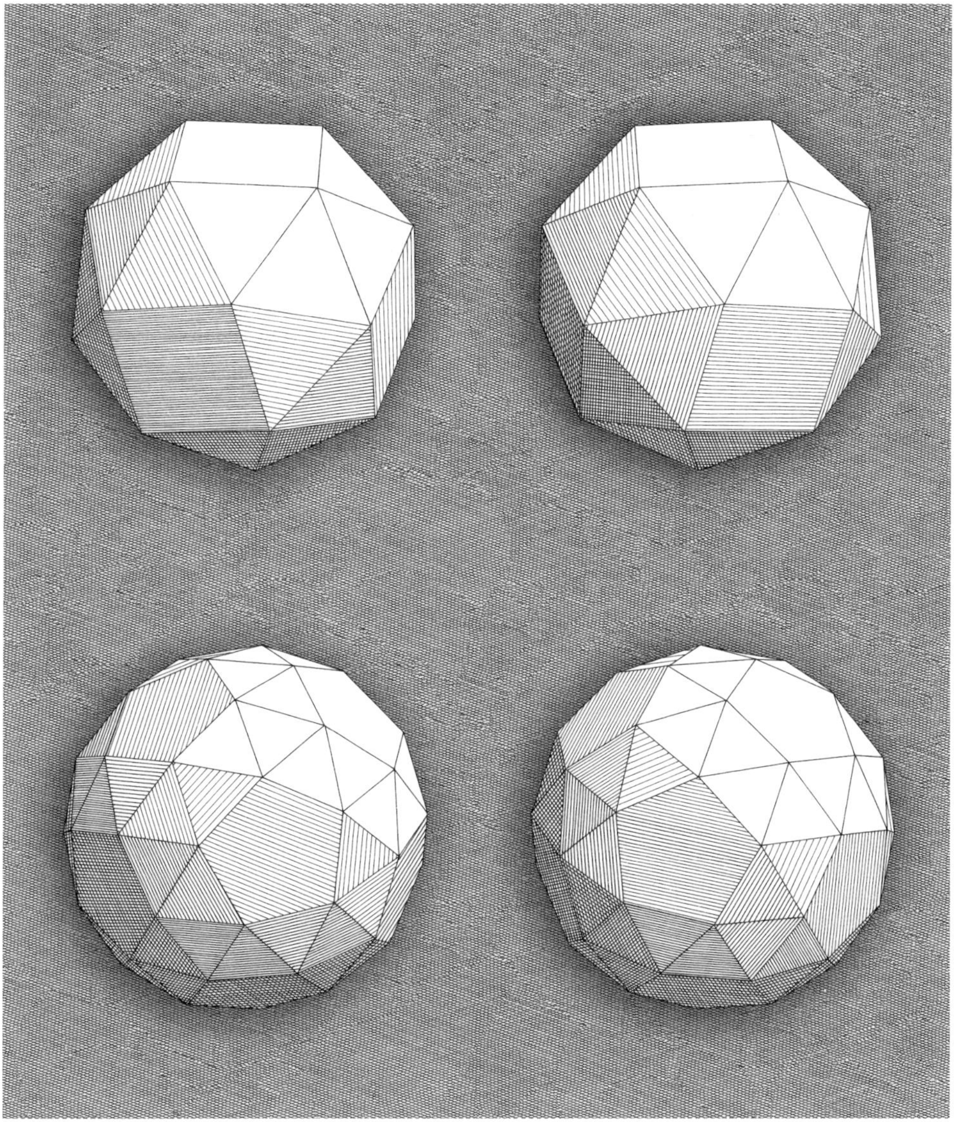

Las dualidades arquimedianas

Todo tiene su opuesto

Los duales de los sólidos arquimedianos fueron descritos por primera vez como grupo por Eugène Catalan (1814-1894) y están dispuestos en la página siguiente de modo que correspondan a sus parejas de la página 163. Para formar el dual de un sólido arquimediano, extienda líneas perpendiculares desde el punto medio de sus lados, tangenciales con la esfera media del sólido. Estas líneas son los lados del dual; los puntos donde primero se intersecan entre sí son los vértices. Los sólidos arquimedianos tienen un tipo de vértice y distintos tipos de caras, por tanto sus duales tienen un solo tipo de cara pero distintos tipos de vértices.

Ambos sólidos arquimedianos semirregulares, el cuboctaedro y el icosidodecaedro, tienen duales romboidales que Kepler descubrió. La pareja de compuestos duales platónicos *(págs. 146, 166 y 170)* define las diagonales de las caras de estos poliedros romboidales, que tienen una proporción de √2 para el dodecaedro romboidal y de Φ para el triacontaedro romboidal. Kepler observó que las abejas finalizan las celdillas de sus panales hexagonales con tres de estos rombos √2. También describió las tres parejas duales que tienen que ver con sólidos quasirregulares *(abajo),* donde el cubo se considera un sólido romboidal y el octaedro un sólido quasirregular.

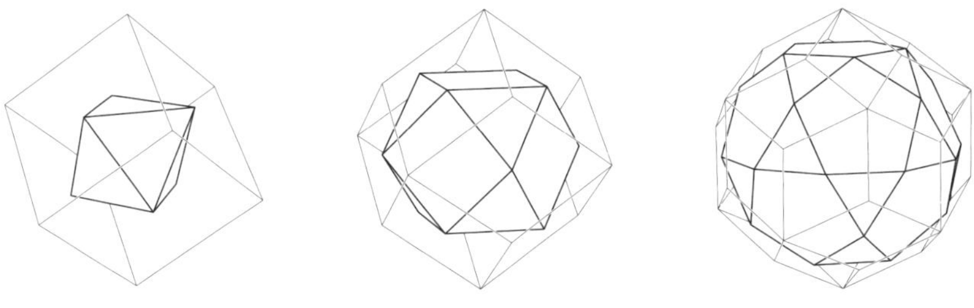

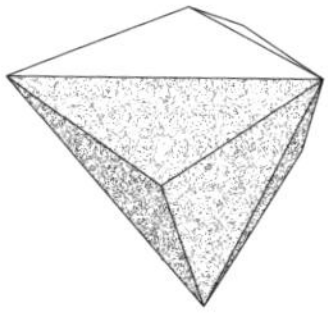

Triakistetraedro

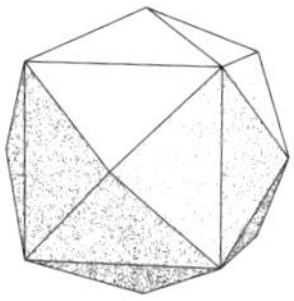

Tetrakishexaedro

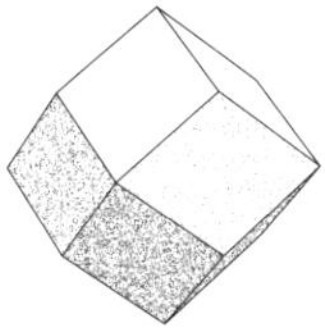

Dodecaedro romboidal

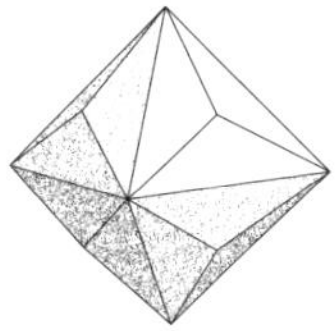

Triakisoctaedro

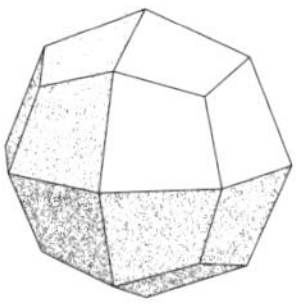

Icositetraedro trapezoidal

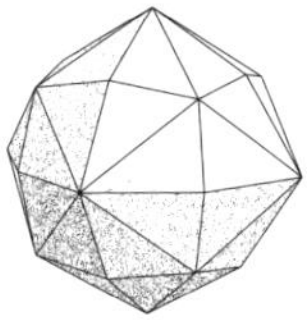

Disdiakisdodecaedro

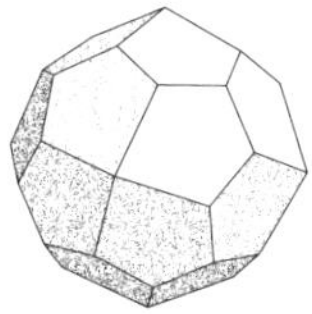

Icositetraedro pentagonal

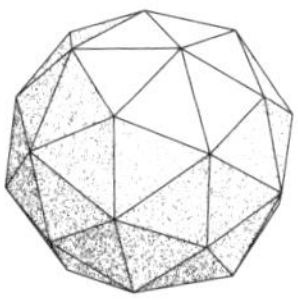

Pentakisdodecaedro

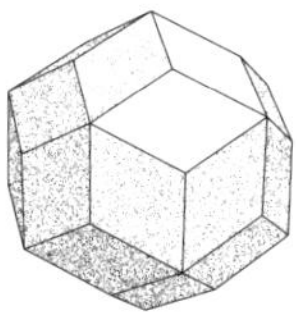

Triacontaedro romboidal

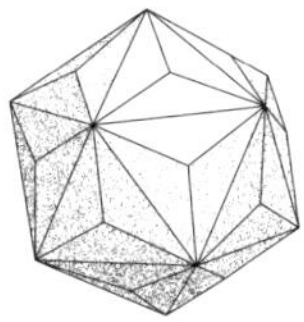

Triakisicosaedro

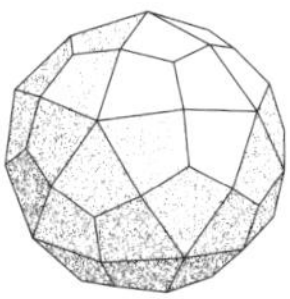

Hexecontaedro trapezoidal

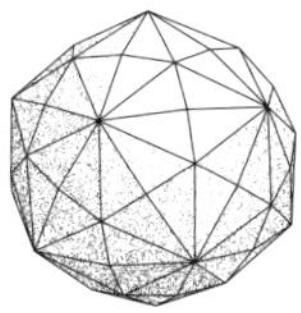

Disdiakistriacontaedro

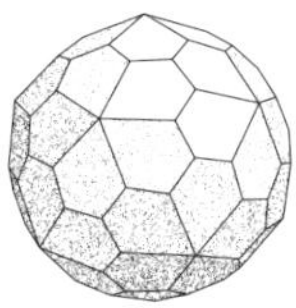

Hexecontaedro pentagonal

MÁS EXPLOSIONES

y dimensiones invisibles

Hacer estallar el dodecaedro romboidal, o su dual el cuboctaedro, da como resultado un poliedro convexo de lados iguales y cincuenta caras *(pág. sig., arriba, dcha.)*. Asimismo, el triacontaedro romboidal explotado, idéntico al icosidodecaedro explotado, tiene ciento veintidós caras *(pág. sig., abajo, dcha.)*.

Ludwig Schläfli (1814-1895) demostró que existen seis *politopos* (generalizaciones de poliedros) regulares de cuatro dimensiones: el de 5 celdas compuesto por tetraedros, el de 8 celdas o *teseracto* compuesto por cubos, el de 16 celdas por tetraedros, el de 24 celdas por octaedros, el de 120 celdas por dodecaedros, y el de 600 celdas por tetraedros.

El dodecaedro romboidal es una sombra tridimensional del teseracto cuatridimensional, análogo al hexágono como sombra bidimensional del cubo. En el cubo dos cuadrados convergen en cada lado. En un teseracto tres cuadrados convergen en cada lado. Los cuadrados que convergen en el mismo lado definen tres cubos *(abajo en línea gruesa, con una proyección de teseracto alternativo)*.

Schläfli también demostró que en cinco o más dimensiones los únicos politopos regulares son los *símplex* o tetraedros generalizados, el *hipercubo* o cubo generalizado y el *ortoplexo* u octaedro generalizado.

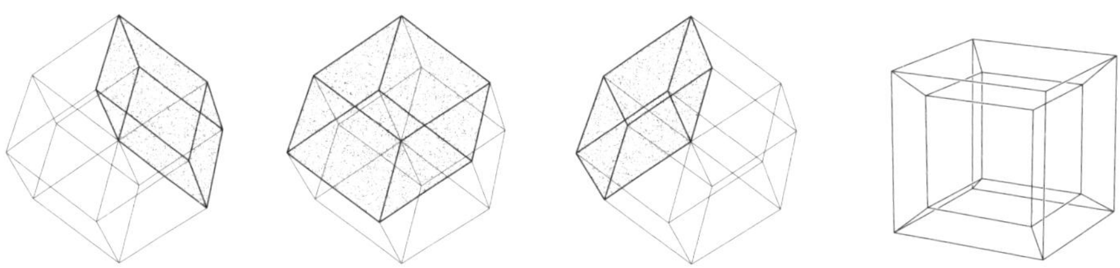

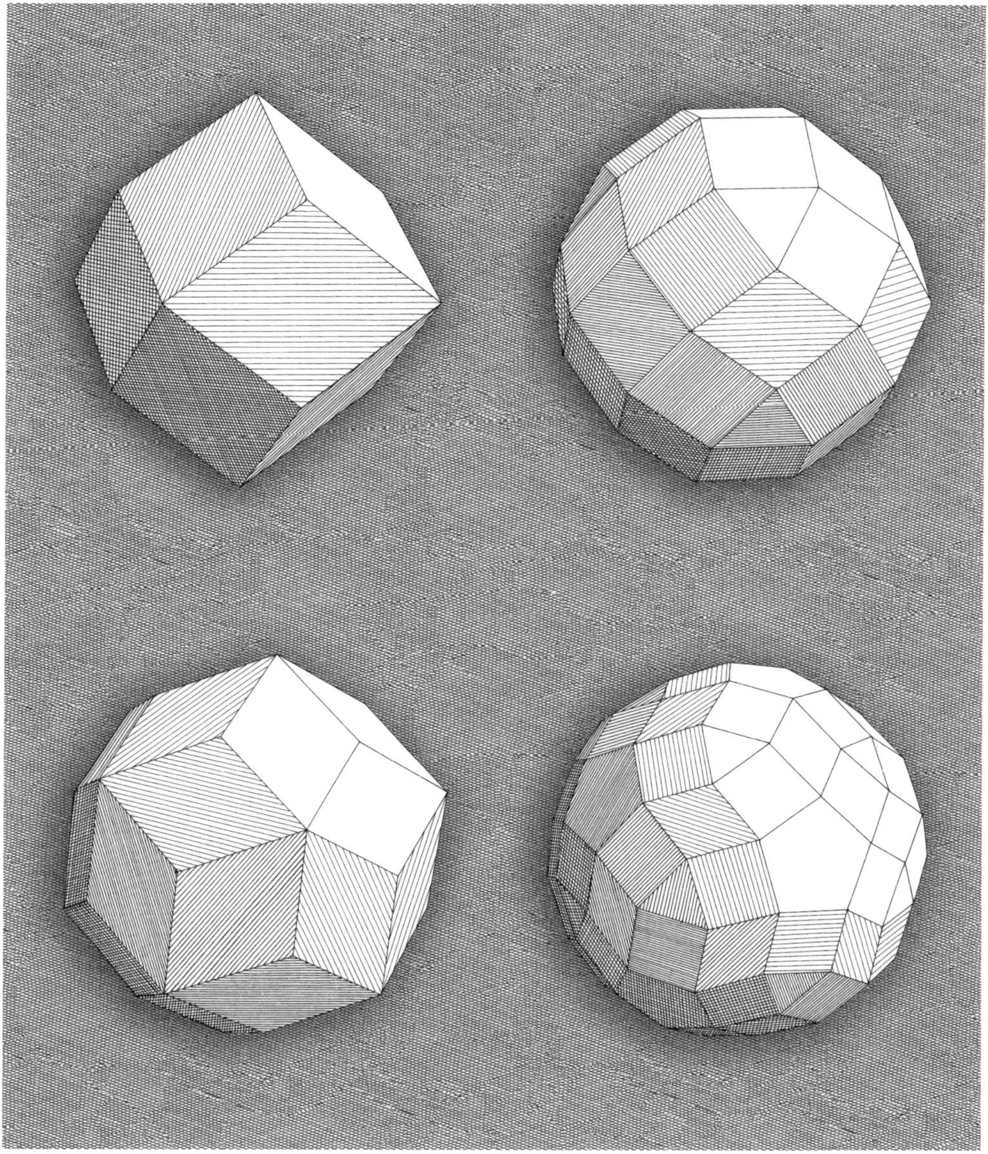

LIBRO IV

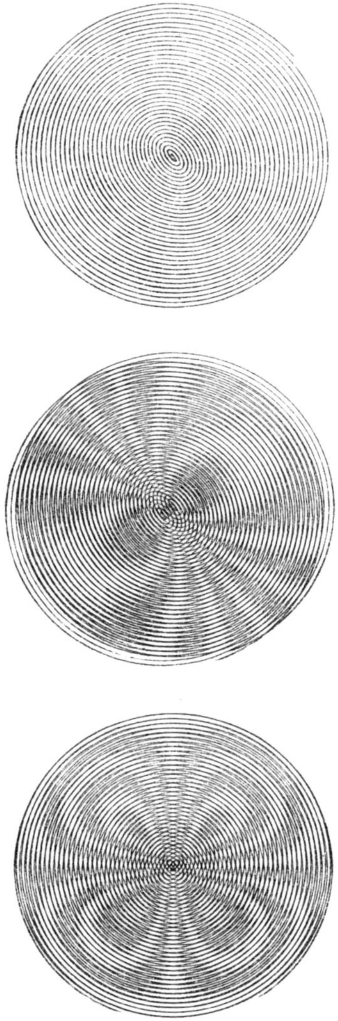

Unísono (1:1): espiral, espiral dibujada en el mismo sentido encima de otra, y espiral dibujada en el sentido contrario encima de otra.

ARMONÓGRAFO

Una guía visual de las matemáticas de la música

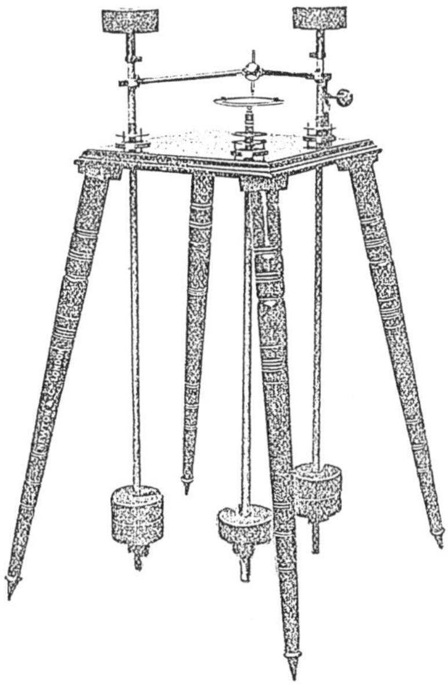

Anthony Ashton

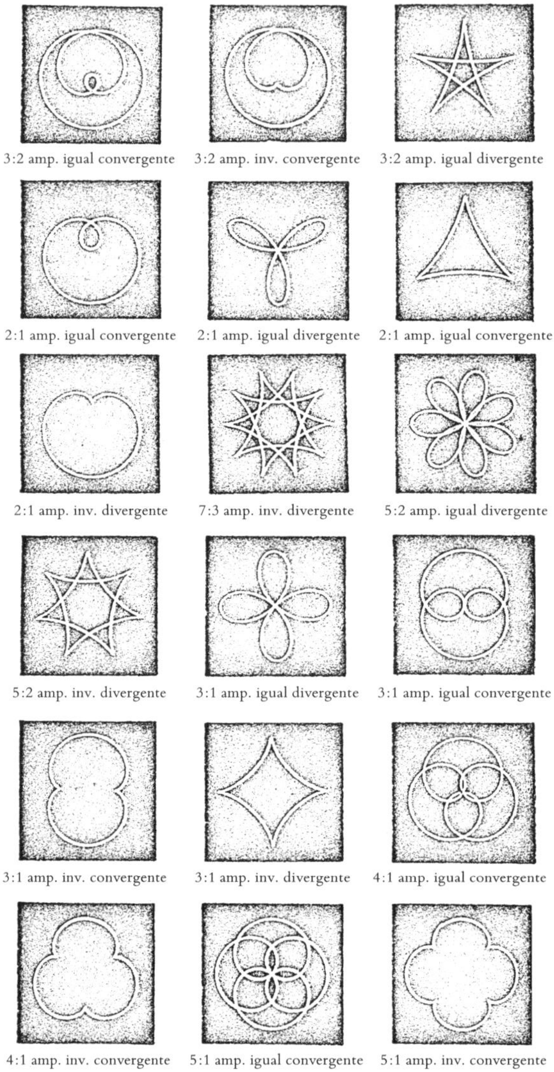

Patrones armónicos del Índex to the Geometric Chuck *(1875) de Sir Thomas Bazley, que muestran fases convergentes y divergentes con amplitudes iguales e invertidas.*

INTRODUCCIÓN

Gran parte de las ilustraciones de este libro se hicieron con un sencillo instrumento científico conocido como armonógrafo, un invento de 1844 atribuido al profesor Blackburn. Parece que hacia finales del siglo XIX estos instrumentos estaban en boga. Damas y caballeros victorianos asistían a *soirées* o *conversazioni*, reunidos alrededor de los aparatos y exclamando asombrados mientras observaban la aparición de los hermosos y misteriosos diseños. Una tienda londinense vendía modelos portátiles que se podían desmontar, meterlos en un estuche y llevarlos a las fiestas. Es más que probable que queden algunos de estos instrumentos escondidos en buhardillas por todo el país.

Desde el momento que vi uno de estos dibujos me sentí atrapado: no solo por su extraña belleza, sino porque parecían tener un significado, un significado que se fue volviendo más claro y más profundo a medida que averigüé cómo construir y hacer funcionar un armonógrafo. El instrumento dibuja imágenes de armonías musicales, relacionando visión con sonido.

De todos modos, antes de seguir adelante, creo conveniente comentar una advertencia: si usted también se siente tentado a seguir este camino, ¡tenga cuidado! Resulta fascinante pero requiere mucho tiempo.

Debería reconocer mi deuda con un libro titulado *Vibraciones armónicas*. Me topé con él en una biblioteca, poco después del final de la Segunda Guerra Mundial, y fue así como me familiaricé con el armonógrafo. Al ver que el libro había sido publicado por una empresa de instrumentos científicos de Wigmore Street, me pasé un día para ver si aún existían. Efectivamente, allí estaban, aunque su actividad se limitaba ahora a fabricar y vender proyectores. Entré en la tienda y le ofrecí mi copia de la biblioteca al anciano que había tras el mostrador.

«¿Les queda algún ejemplar?», le pregunté.

Se me quedó mirando como si estuviera viendo un fantasma, y se marchó arrastrando los pies y sin decir palabra, regresando al cabo de unos minutos con un ejemplar polvoriento y sin encuadernar del libro.

«Esto es fantástico», le dije, «¿cuánto quiere por él?».

«Lléveselo», contestó, «es el último que nos queda, y mañana cerramos el negocio».

Es por esto que siempre sentí que algún día tenía que escribir este libro.

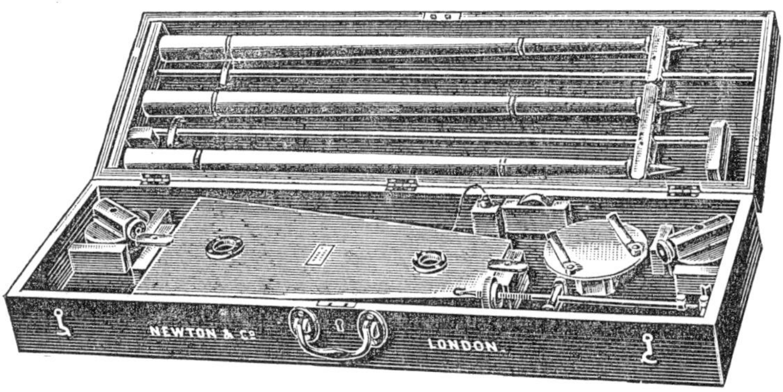

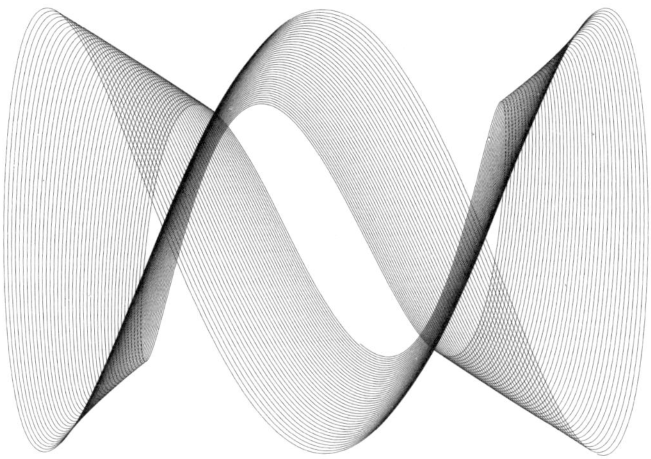

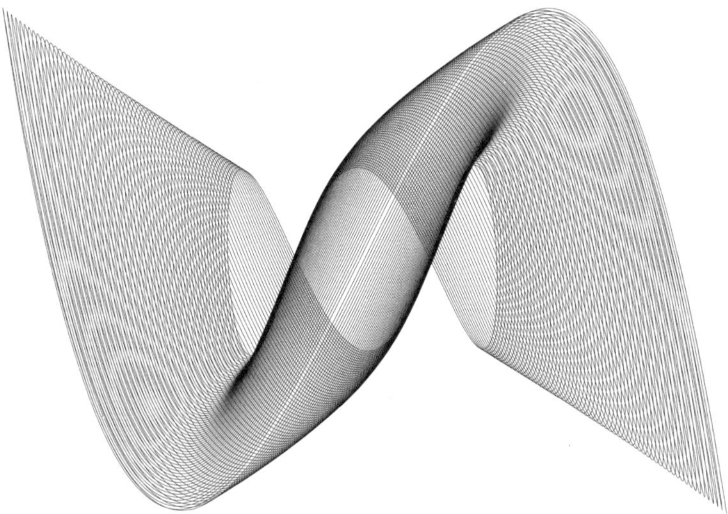

El descubrimiento de la armonía

al pasar por una herrería

Para entender qué hace un armonógrafo, primero tenemos que hablar de los elementos de la teoría musical.

Se dice que fue Pitágoras, hará unos 2500 años, quien descubrió que la agradable experiencia de la armonía musical se da cuando la proporción de las frecuencias consiste en números sencillos. Una historia contada infinidad de veces dice que estaba dando un paseo cuando pasó ante una herrería. Al escuchar armonías familiares en el repiqueteo de los martillos sobre el yunque, entró en el taller y fue capaz de establecer que era el peso de los martillos el que determinaba las notas pertinentes.

Un martillo que pesaba *la mitad* de otro daba una nota *el doble* de alta, una octava (2:1). Un par que pesaba 3:2 sonaba de maravilla, una *quinta parte* de separación. Las proporciones simples forman sonidos atractivos.

Las ilustraciones de la página siguiente muestran los experimentos que el filósofo llevó a cabo (de *Theorica Music*e de Gafurio, 1492), cuando descubrió que todos los instrumentos musicales simples funcionan casi de la misma forma, ya sea golpeando, punteando o soplando.

Profundamente impresionado por esta relación entre música y número, Pitágoras extrajo la conclusión metafísica de que toda la naturaleza consiste en la armonía que surge del número, precursora de la hipótesis de la física moderna que dice que la naturaleza se rige por leyes expresadas de forma matemática. Observando las imágenes veremos que en cada ejemplo, ya se trate de martillos, campanas, vasos, pesos o flautas, aparecen los mismos números: 16, 12, 9, 8, 6 y 4. Estos números se pueden emparejar de bastantes maneras, todas ellas agradables al oído y, como veremos, también a la vista.

IV BAL
PYTACORA
PITAGORAS
PYTACORA
PHYLOLAVS

El monocordio de la creación

Una singular teoría de cuerdas

Existen siete octavas en el teclado de un piano y casi once en el espectro completo de sonido que una persona normal puede oír. La nota más alta de cada octava tiene una frecuencia el doble que la de la primera, así que las frecuencias responden de forma *exponencial*, en una *escala* que empieza por 16 ciclos por segundos (16 Hz) con la nota más baja de un órgano y que termina con aproximadamente 20 000 por segundo. Por debajo de los 16 Hz experimentamos el *ritmo*. Una extensión de diez octavas representa aproximadamente un aumento de mil en la frecuencia ($2^{10} \approx 10^3$).

Hay aquí un indicio de lo que podríamos denominar «el gran monocordio» del universo, también en una escala, que esta vez se extiende desde una fluctuación cuántica por abajo hasta el universo observable por arriba, pasando por las diversas «octavas» del átomo, molécula, cantidades de materia sólida, líquida y gaseosa, criaturas grandes y pequeñas, planetas, estrellas y galaxias. En este caso la escala es exponencial, pero por lo general medida en potencias de diez y cubriendo una extensión de más de 10^{40}.

El grabado de Robert Fludd del siglo XVIII *(pág. sig.)* nos cuenta una historia parecida: la escala musical sigue el mismo principio exponencial que subyace en el diseño del universo.

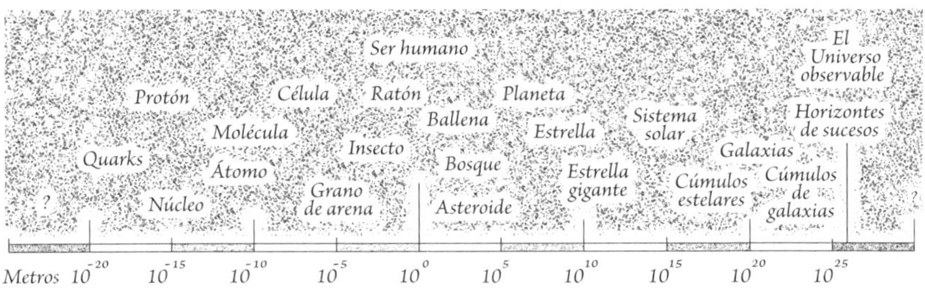

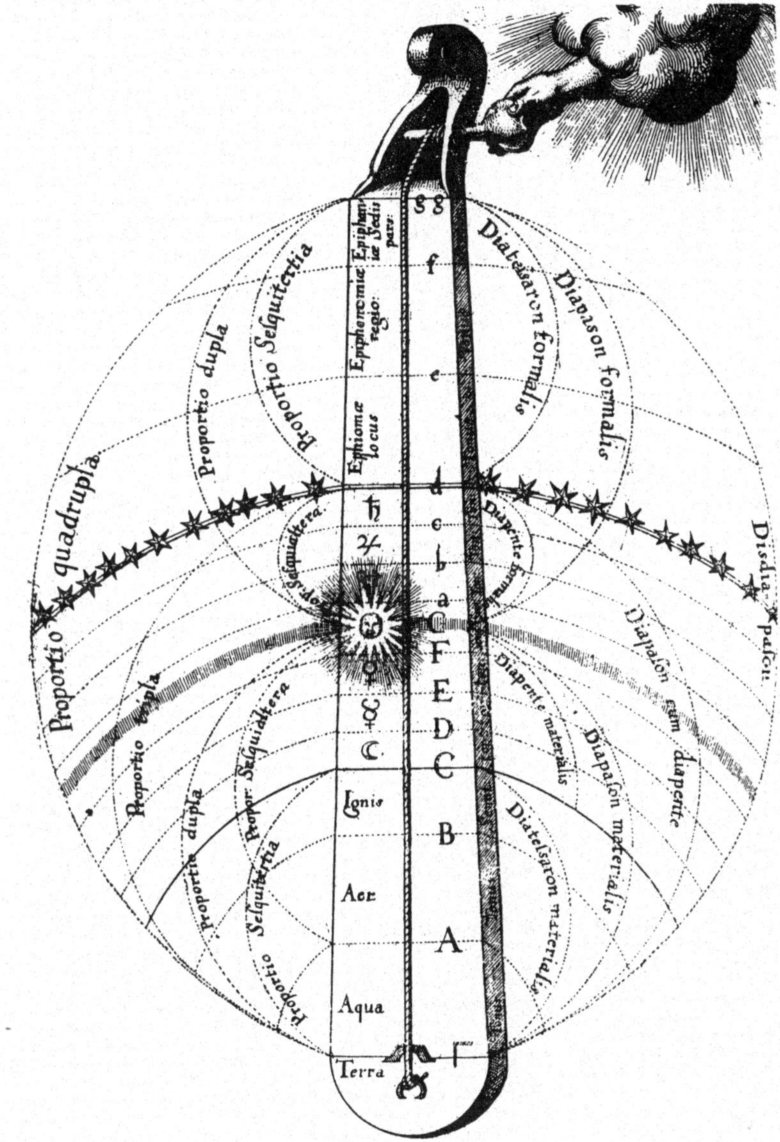
Proportio quadrupla
Proportio dupla
Proportio Sesquitertia
Proportio tripla
Proportio Sesquialtera
Diatessaron formalis
Diapason formalis
Disdiapason
Diapente formalis
Diapente materialis
Diapason materialis
Diapason cum diapente
Diatessaron materialis
Ignis
Aer
Aqua
Terra
g g
f
e
d
c
b
a
G
F
E
D
C
B
A
Γ

Sobretonos e intervalos

Proporciones armónicas dentro y fuera de la octava

¿Cómo se construyen las escalas musicales? Escuche con atención cuando puntee una cuerda y oirá no solo la nota principal o *tónica*, sino también una multitud de otros armónicos, los *sobretonos*.

Es el principio de resonancia armónica, que afecta no solo a las cuerdas y al repiqueteo de un martillo, sino también a columnas de aire y láminas flexibles. El tocar una cuerda con una pluma en el punto medio o de un tercio, como se muestra abajo, estimula puntos estacionarios situados a espacios regulares, llamados *nodos*, y se puede producir un sobretono pasando un arco por el lado más corto. En la página siguiente presentamos los tres primeros sobretonos.

Los músicos necesitan notas con intervalos un poco más cercanos que la serie de sobretonos, que armonicen *dentro* de una octava. El diagrama inferior de la página siguiente muestra la serie de sobretonos a la izquierda y los intervalos que se desarrollan en el interior de la octava a la derecha, en orden de disonancia o complejidad creciente.

«Toda discordancia es armonía incomprendida», escribió Alexander Pope. Parece que el cerebro capta con facilidad las relaciones implícitas en las armonías simples, un logro que causa placer; pero con el aumento de la complejidad titubea y después falla, y el fracaso siempre resulta desagradable. Para la mayoría de las personas el placer se desvanece a medida que aumenta la discordancia, hacia el final de las series de la página siguiente. Y como veremos, también los dibujos de los armonógrafos se van desvaneciendo.

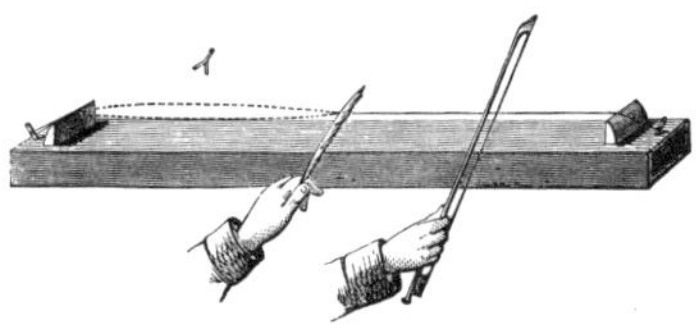

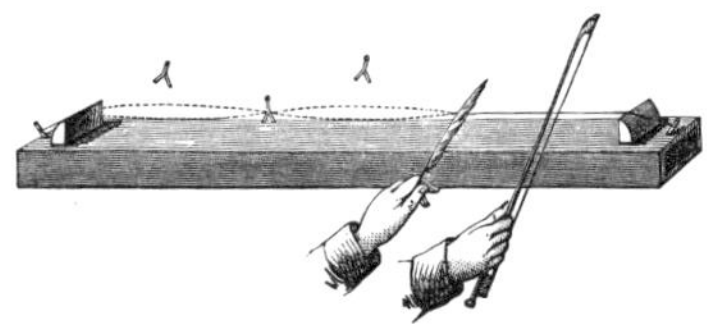

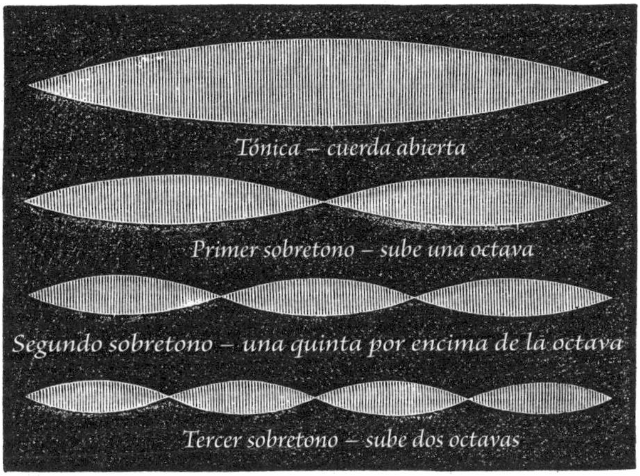
Tónica – cuerda abierta
Primer sobretono – sube una octava
Segundo sobretono – una quinta por encima de la octava
Tercer sobretono – sube dos octavas

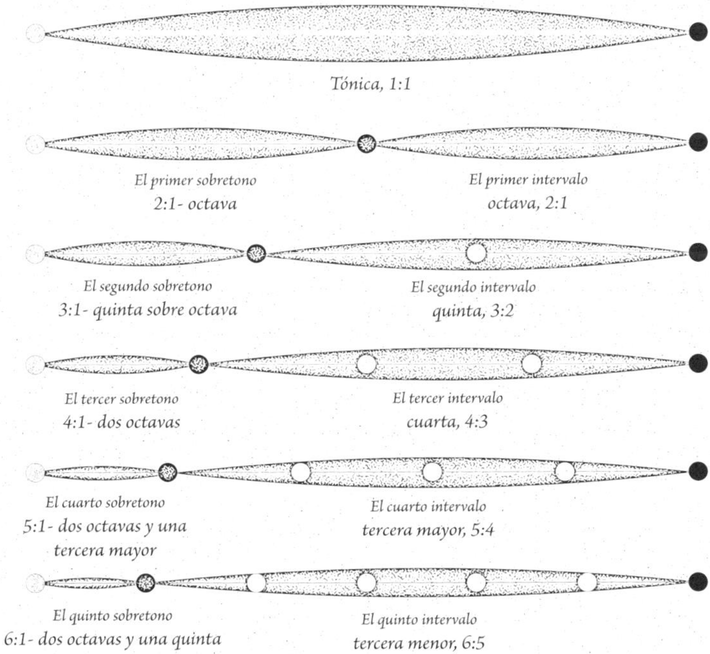
Tónica, 1:1
El primer sobretono
2:1- octava
El primer intervalo
octava, 2:1
El segundo sobretono
3:1- quinta sobre octava
El segundo intervalo
quinta, 3:2
El tercer sobretono
4:1- dos octavas
El tercer intervalo
cuarta, 4:3
El cuarto sobretono
5:1- dos octavas y una tercera mayor
El cuarto intervalo
tercera mayor, 5:4
El quinto sobretono
6:1- dos octavas y una quinta
El quinto intervalo
tercera menor, 6:5

Tonos y semitonos

Se da nombre a la cuarta y a la quinta

Los martillos de Pitágoras esconden una serie de relaciones dominadas por octavas (2:1), quintas (3:2) y cuartas (4:3). La quinta y la cuarta se combinan para dar una octava (3:2 x 4:3 = 2:1), y la diferencia entre ellas (3:2 ÷ 4:3) se denomina *tono*, con valor 9:8. Rápidamente se desarrolla un patrón natural que produce siete discretos *nodos* (o *notas*) a partir del tono inicial (o *tónico*), separados por dos *semitonos* y cinco tonos, como el Sol, la Luna y los cinco planetas del mundo antiguo.

El intervalo de la quinta (3:2), el salto hasta la *dominante*, se divide de modo natural en una tercera mayor y una tercera menor (3:2 = 5:4 x 6:5); la tercera mayor básicamente consiste en dos tonos, y la tercera menor en un tono y un semitono. Las terceras se pueden colocar la mayor antes que la menor *(para obtener la escala mayor que se muestra en la tercera fila de la pág. sig.)*, o de otras formas.

Dependiendo de los movimientos armónicos o *melodía*, aparecen distintas *afinaciones*, por ejemplo dos tonos perfectos (9:8 x 9:8 = 81:64) *no* son de hecho la tercera mayor perfecta 5:4, sino ligeramente sostenidos como 81:80 (la *coma sintónica* o *sinóptica*, la india *shruti* o la *coma de Dídimo*), de las que hablaremos más adelante.

Las proporciones simples, la octava y la quinta, dan paso a una *escala* básica, un patrón de tonos y semitonos y, dependiendo de en qué parte de la secuencia sitúe su base, hay siete *modos* posibles *(véase pág. 382)*.

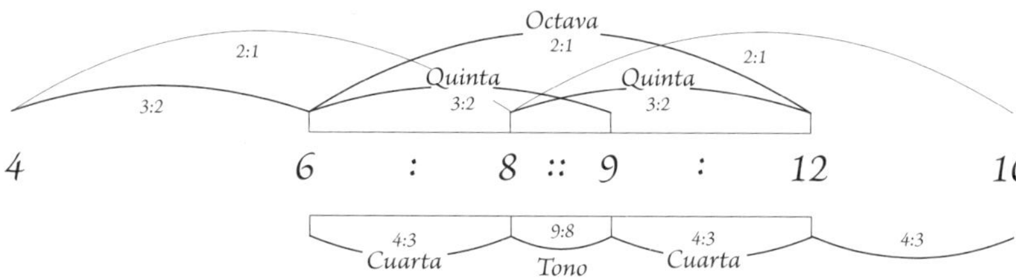

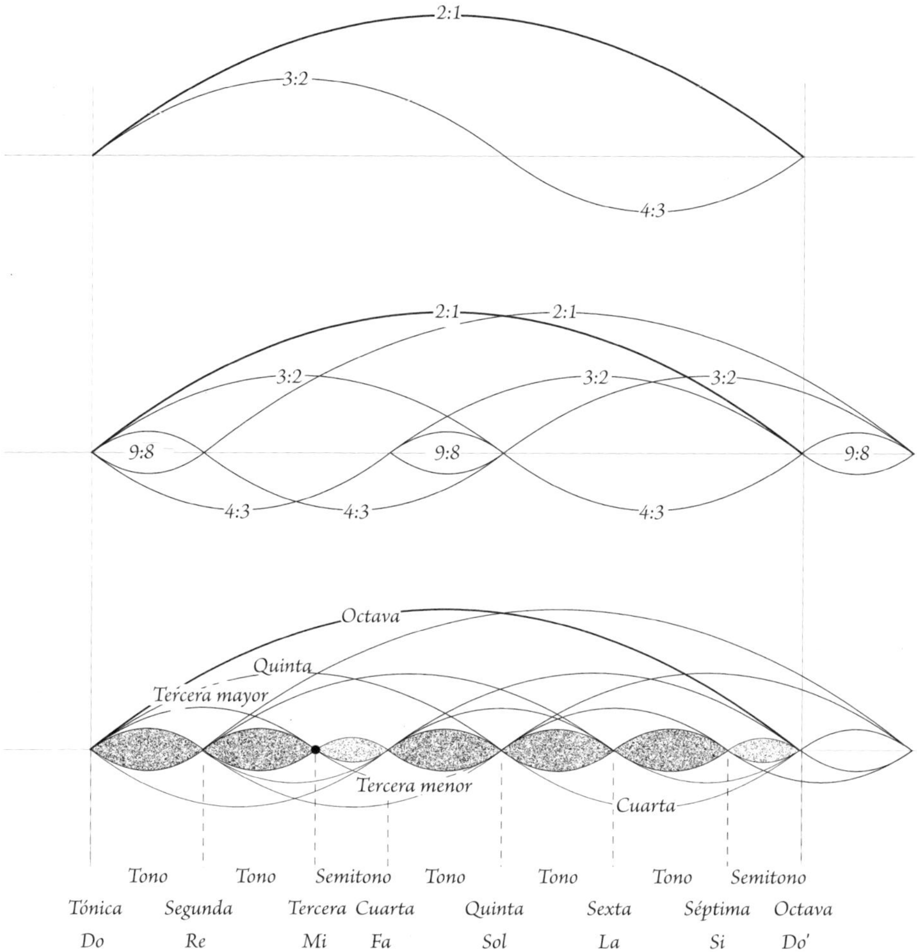

Arriba: la manifestación básica de la escala mayor. En la afinación pitagórica todos los tonos son exactamente 9:8, creando el semitono leimma de 256:243 entre su tercera mayor (81:64) y la cuarta perfecta (4:3). La sexta y la séptima se definen como tonos perfectos sucesivos por encima de la quinta. En la afinación diatónica la tercera mayor se considera perfecta en 5:4, que aprieta el segundo tono en 10:9 (un tono menor), dejando 16:15 como el semitono diatónico hasta la cuarta. La sexta diatónica es 5:3, una tercera mayor por encima de la cuarta, un tono menor por encima de la quinta. La séptima diatónica (15:8) es un tono mayor por encima de eso, una tercera mayor por encima de la quinta y un semitono por debajo de la octava.

Derivar la escala

Monocordio, tetracordo y acorde mayor

Las proporciones puras de la cuarta, la quinta y la octava componen la paradójica trinidad del Tetracordo pitagórico, simple pero curiosamente enigmático, en el sentido de que las dos notas de la octava que se toca se convierten en una. Así una quinta hacia arriba es una cuarta hacia abajo, y viceversa *(véase la ilustración de la pág. 194)*, y cuatro notas, dentro de la unidad de la octava, se convierten en tres. La relación reflexiva de estos tonos puros forma la base de la tonalidad occidental, y de ellos se deriva la escala mayor *(pág. sig., arriba)*.

Cuando la cuarta se baja una octava, la fundamental o tónica se convierte en su quinta. Esto da como resultado el círculo de quintas, en el que cada nuevo tono es el segundo sobretono (es decir, la quinta) de su predecesor *(pág. sig., abajo)*. La fundamental, do, está flanqueada por la subdominante, fa, y la dominante, sol. Cuando la tónica y la cuarta se tocan juntas, la tónica, I, queda debilitada por la subdominante, IV, y casi incorporada a ella. Los tres elementos que constituyen el tetracordo, en su equilibrio, han definido la forma en que oímos y entendemos la música.

Las escalas se pueden derivar de varios principios básicos. La escala armónica consiste en la tercera octava de la serie de sobretonos, do, re, mi, fa#, sol, la, si$_b$, si, do. En la música india, Saraswati, diosa de la música y de la ciencia, tiene una *raga* que contiene siete de estas notas. La afinación india se extiende hasta 22 tonos o *shrutis*, para dejar espacio para la coma sintónica, 81:80 *(véase pág. 194)*. De entre estos tonos se escogen siete notas. La extensión persa de 17 tonos incluye las siete blancas de un piano más las negras, que se dividen por el centro, porque los sostenidos no son bemoles *(abajo)*.

sol♭ re♭ la♭ mi♭ si♭ fa do sol re la mi si fa♯ do♯ sol♯ re♯ la♯

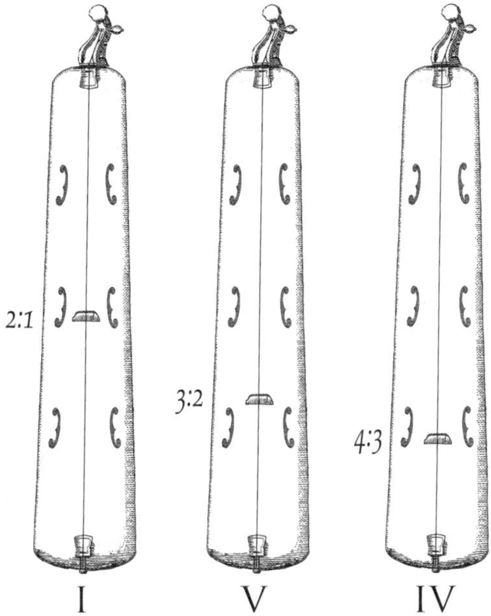

Izquierda: usando un monocordio de puente móvil, Pitágoras demostró la relación entre longitud de cuerda y tonos musicales. Los tonos más simples son la tónica, quinta y cuarta, también conocido como tetracordo. Los primeros sobretonos de cada uno de estos dan los tres acordes mayores o tríadas, I, IV y V (p. ej., los primeros sobretonos de do son do,' sol,' do,'' mi''). Las octavas se mezclan acústicamente. Así, con do como raíz, o fundamental:

Acorde I: do, mi, sol
Acorde IV: fa, la, do
Acorde V: sol, si, re

Combinando estas notas dentro del ancho de una única octava resulta la escala mayor: do, re, mi, fa, sol, la, si, do.

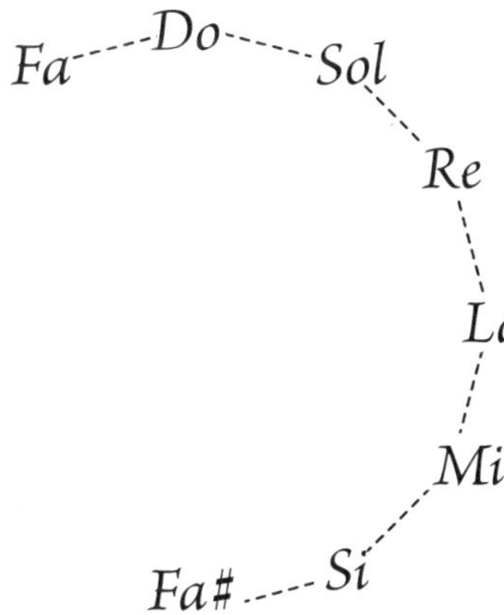

Derecha: derivar la escala mayor de un círculo de quintas requiere empezar desde la subdominante fa. En un círculo de quintas que empiece por do, el llevar las siete primeras notas hacia abajo en una única octava conduce a un modo lidio puro: do, re, mi, fa#, sol, la, si, do, conocido por los antiguos griegos como sintolidio, y conteniendo la cuarta «elevada», fa#. De modo interesante, tanto la escala armónica (pág. sig.) como el modo lidio contienen la «cuarta aumentada» o tritono, de difícil sonido, conocida por los musicólogos medievales como «diabolus in musica».

Arreglar las armonías

La fuerza del silencio

Las simples proporciones de los sobretonos y los subarmónicos primarios se pueden dibujar en una antigua matriz conocida como *lambdoma (pág. sig., arriba)*, por la letra griega *lambda* (λ). Algunos intervalos tienen el mismo valor (p. ej., 8:4 = 6:3 = 4:2 = 2:1) y si se trazan líneas que los atraviesen, rápidamente se observa que las identidades convergen en la silenciosa y misteriosa proporción 0:0, que queda «fuera del diagrama».

Otro dispositivo de contemplación utilizado por los pitagóricos era la Tetraktys, la disposición triangular de diez elementos en cuatro filas (1 + 2 + 3 + 4 = 10). La forma básica se da en la página siguiente, abajo a la izquierda, cuyas tres primeras filas producen los intervalos simples. En otra *lambdoma (pág. sig., abajo, dcha.)* los números se doblan bajando por el lado izquierdo y se triplican bajando por el lado derecho, creando tonos separados horizontalmente de sus vecinos por quintas perfectas. Después de la «trinidad» (1, 2 y 3), observe los números producidos: 4, 6, 8, 9, 12, y después vuelva a mirar la imagen de la página 189.

Abajo vemos una extensión más completa de posiciones de monocordio, con los sobretonos a la derecha y los intervalos a la izquierda *(véanse págs. 193 y 195)*.

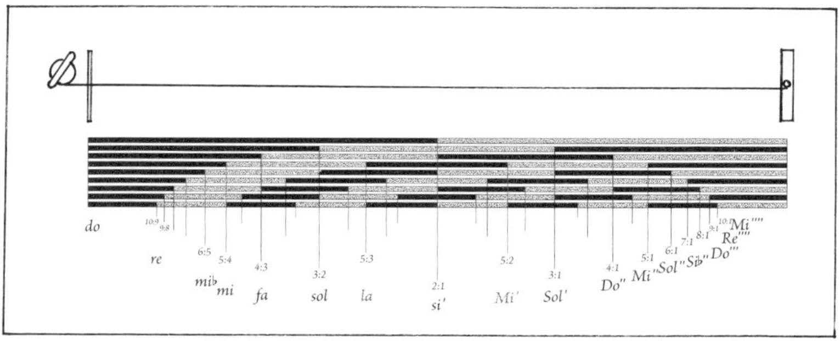

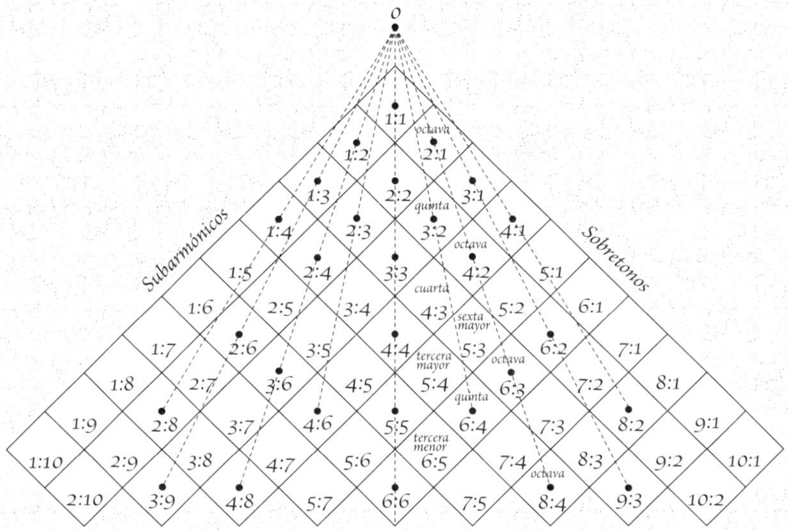

Las afinaciones pitagóricas y medievales, llamadas de límite 3, no reconocían ningún intervalo verdadero excepto los de proporción 1, 2 y 3. La lambdoma *inferior derecha lo expresa de forma numérica, ya que cualquier elemento está relacionado con el elemento contiguo por proporciones exclusivamente de 1, 2 y 3, así que podemos movernos por octavas y quintas. También aparecen los cuadrados (4 = 2^2, 9 = 3^2) y los volúmenes cúbicos (8 = 2^3, 27 = 3^3). Añada más números y pronto aparecerán los números de la escala pitagórica, 1 9:8 64:81 4:3 3:2 27:16 16:9 2:1. Esta tiene cuatro quintas y cinco cuartas pero ninguna tercera ni sexta perfectas. Estas últimas llegaron más tarde, con la escala diatónica, y sus terceras perfectas (6:5:4) como polifonía y acordes poco a poco fueron desplazando al canto llano y a la nota pedal.*

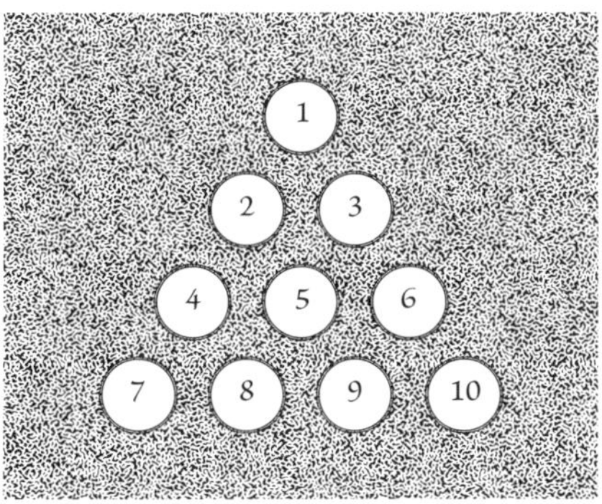

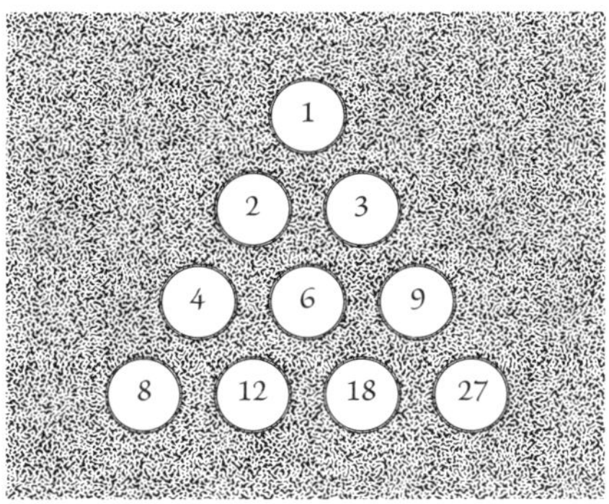

Figuras de Lissajous

El sonido hecho forma

A mediados del siglo XIX Jules Lissajous, matemático francés, concibió un experimento: descubrió que si se colocaba un pequeño espejo en la punta de un diapasón y se le enfocaba un rayo de luz, la vibración podía pasar a una pantalla oscura. Cuando se golpeaba el diapasón, aparecía una pequeña línea vertical y si se desviaba rápidamente hacia un lado con otro espejo, producía una onda senoidal *(abajo)*.

Lissajous se preguntó qué pasaría si en lugar de desviar la onda lateralmente colocaba otro diapasón formando un ángulo recto con el primero que aportara movimiento lateral. Descubrió que los diapasones con frecuencias relativas de proporciones simples producían unas bellas figuras, conocidas actualmente como figuras de Lissajous.

En la pantalla *(pág. sig., arriba)* podemos ver la octava (2:1) como una figura de ocho, y abajo sus distintas *fases* de la tercera mayor y menor. Estas fueron algunas de las primeras y fugaces imágenes de la armonía, con las que sin duda el profesor Blackburn estaba familiarizado cuando inventó el armonógrafo.

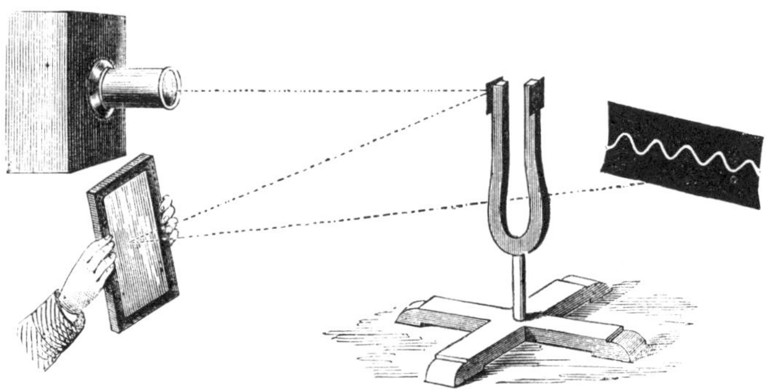

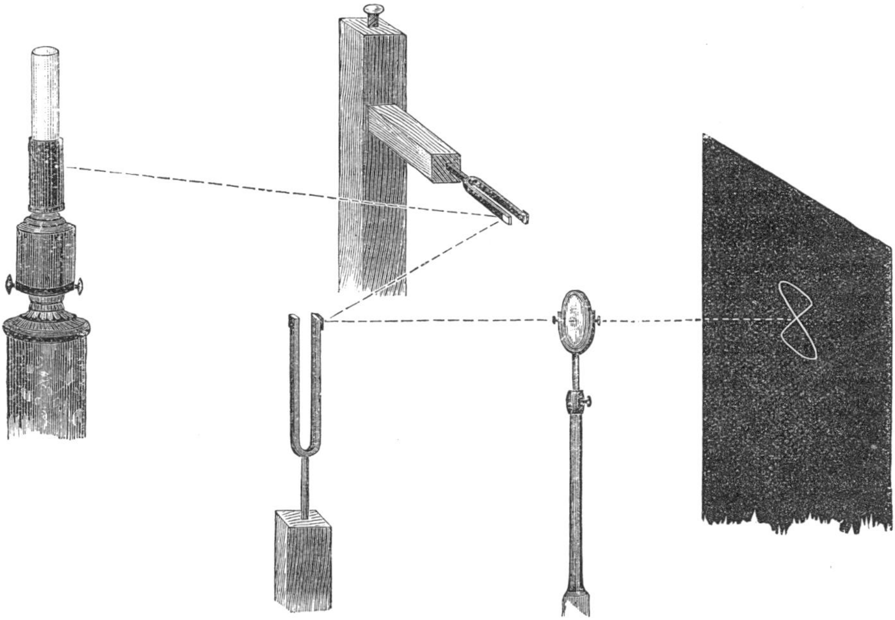

4–5
5–6

EL PÉNDULO

Marcando el tiempo

Una ley fundamental de la física (en una formulación) dice que cualquier sistema cerrado por sí mismo cambiará siempre hacia un estado de equilibrio donde no haya más cambio posible.

El péndulo es un buen ejemplo. Cuando lo movemos para sacarlo de su centro se encuentra en un estado de total desequilibrio. Al soltarlo, su oscilación lo lleva prácticamente al mismo punto por el otro lado. A medida que oscila, va perdiendo energía en forma de calor por la fricción del fulcro y el roce con el aire. Por último el péndulo se detiene y permanece en un estado de equilibrio en el centro de su oscilación.

Yendo 500 años atrás, Galileo, viendo oscilar una lámpara en la catedral de Pisa, se dio cuenta de que la frecuencia del tiempo de un péndulo depende de su longitud: cuanto más largo es el péndulo, más baja es la frecuencia. Así la frecuencia se puede variar a voluntad fijando el peso a distintas alturas y lo que es más importante, cuando el péndulo va disminuyendo la oscilación, la frecuencia sigue siendo la misma.

Aquí tenemos pues la forma perfecta de representar un tono musical, desacelerado por un factor de aproximadamente mil al nivel de la percepción visual humana. Para un simple armonógrafo, se utilizan dos péndulos para representar una armonía, uno con el peso en su punto más bajo posible, y desplazando el peso del otro hasta el punto donde producirá la proporción deseada.

Como veremos, el armonógrafo combina estas dos vibraciones en una sola figura, igual que dos notas musicales tocadas juntas producen un único sonido complejo.

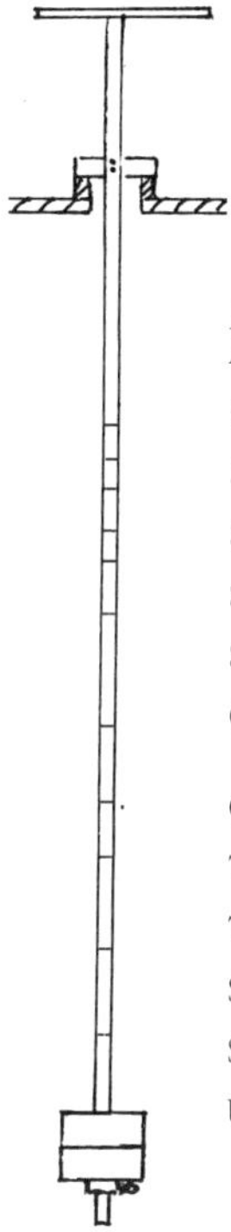

Se puede calcular la longitud teórica del péndulo variable que producirá las armonías, porque la frecuencia de un péndulo varía inversamente a la raíz cuadrada de su longitud. Esto significa que mientras la frecuencia se dobla dentro de la octava, la longitud del péndulo se reduce por un factor de cuatro.

Estas cifras corresponden a un péndulo de 80 cm de longitud, una medida conveniente para un armonógrafo. Estos indicadores teóricos ofrecen útiles «golpes de observación» para la mayoría de las armonías. Tenga en cuenta que la longitud del péndulo se mide desde el fulcro hasta el centro del peso.

Intervalo Nombre	*Nota aprox.*	*Proporción diatónica*	*Longitud (cm)*	*Frecuencia (s^{-1})*
Octava	Do’	2:1	20	66,0
Séptima mayor	Si	15:8	22,8	62,8
Séptima menor	Si♭	9:5	24,7	59,4
Sexta mayor	La	5:3	28,8	55,8
Sexta menor	Sol♯	8:5	31,2	53,6
Quinta	Sol	3:2	35,6	50,3
Cuarta	Fa	4:3	45,0	44,7
Tercera mayor	Mi	5:4	51,2	41,9
Tercera menor	Mi♭	6:5	55,6	40,2
Segunda	Re	9:8	63,2	37,7
Semitono	Do♯	16:15	70,3	35,7
Unísono	Do	1:1	80	33

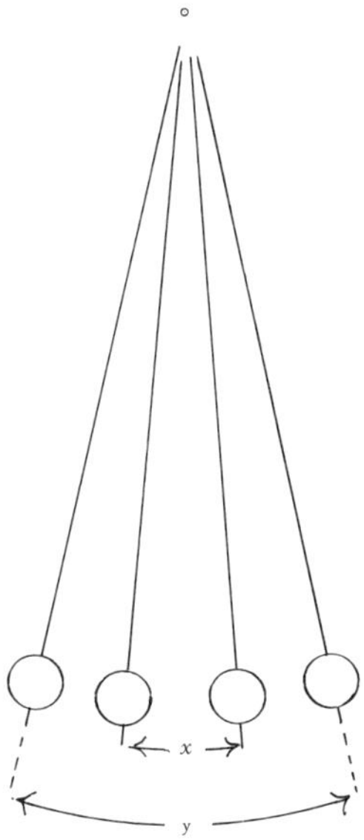

Cuando primero se tira hacia atrás y luego se suelta el péndulo, el peso intenta caer hacia el centro de la Tierra, acelerando al hacerlo. Cuando el péndulo va aminorando, el índice de aceleración, y por tanto la velocidad, se reduce, pero en proporción igual a la distancia del recorrido.

El resultado es que el período (el intervalo de dos tiempos) o el número de períodos de una unidad temporal determinada (la frecuencia) permanece inalterable. En la imagen de la izquierda las frecuencias de tiempos x e y son las mismas. Para la fórmula del péndulo, véase la pág. 383.

Dos Armonógrafos

Lateral y rotativo

En la versión más sencilla del instrumento se suspenden dos péndulos sobre una mesa, a través de unos agujeros, uno oscilando en ángulo recto al otro. Proyectado por encima de la mesa, el eje de un péndulo lleva una pequeña plataforma con un trozo de papel sujeto con un clip, mientras que el eje del otro péndulo lleva un brazo con un bolígrafo.

Cuando los péndulos oscilan el lápiz traza un dibujo que es el resultado de la combinación de sus movimientos *(pág. sig., izq.)*. Ambos péndulos empiezan con la misma longitud, y se pueden obtener nuevos patrones acortando uno de ellos deslizando el peso hacia arriba y sujetándolo con una grapa en varios puntos. A su vez se pueden mostrar las proporciones armónicas.

Si se utilizan tres péndulos, se pueden combinar dos movimientos circulares o *rotativos*, con resultados fascinantes *(pág. sig., dcha.)*. Dos de los péndulos oscilan en ángulo recto como antes, pero en este caso ambos están conectados por brazos al lápiz, que en todos los patrones rotatorios describe un simple círculo.

Situado bajo el lápiz que da vueltas, el tercer péndulo, variable, se monta sobre cardanes, un mecanismo que le resultará familiar a todo aquel que haya utilizado una brújula o un hornillo en alta mar. En este caso funciona como cojinete rotativo, permitiendo que el péndulo que lleva la mesa oscile en un segundo círculo bajo el lápiz. Cuando el lápiz baja, los dos círculos se combinan en el papel.

Aquí también se presenta otra posibilidad de variación, porque los dos movimientos circulares pueden oscilar en la misma dirección (convergente) o en la opuesta (divergente), produciendo asombrosos diseños de características muy distintas *(véanse los apéndices de las págs. 384-385)*.

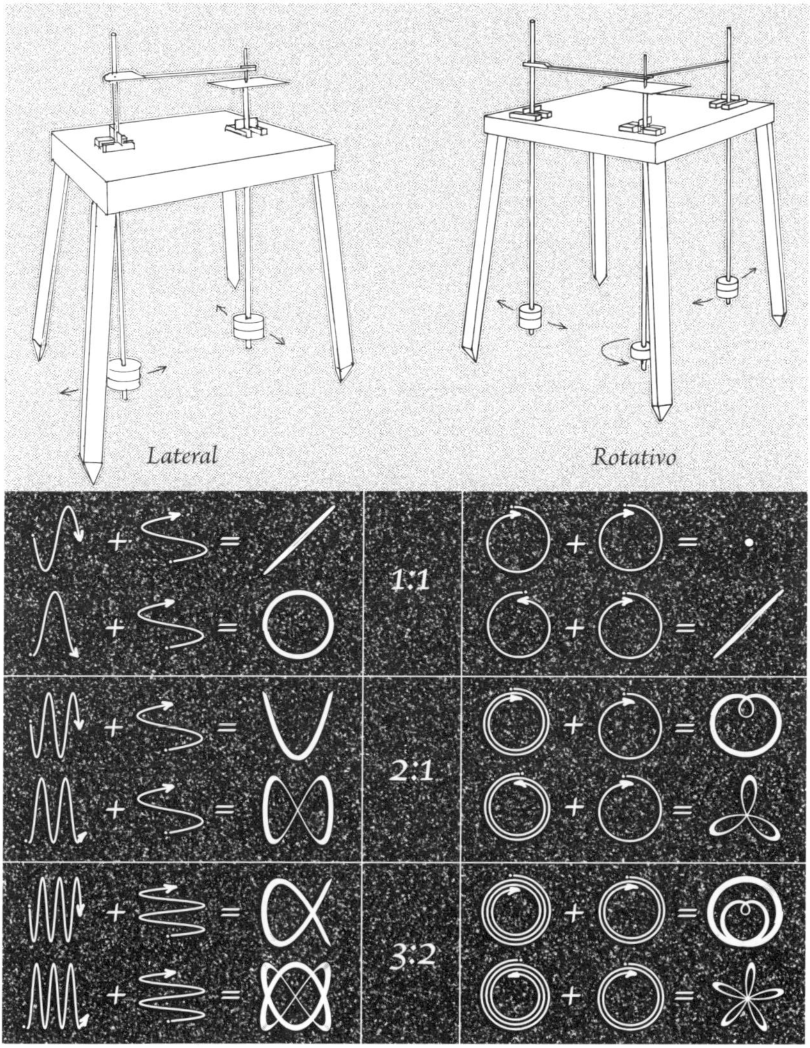

Arriba: dos armonógrafos y algunos de los sencillos patrones que dibujan. A la izquierda la simple versión lateral y sus patrones (fase abierta y cerrada); a la derecha el armonógrafo rotativo de tres péndulos y sus patrones (convergentes y divergentes). Véase también el armonógrafo de doble elipse ilustrado en la esquina inferior derecha de la página 387.

Unísono simple 1:1

y la flecha del tiempo

El patrón más sencillo de un armonógrafo se produce cuando ambos péndulos tienen la misma longitud y la mesa es estacionaria. Con el lápiz sin tocar el papel, ambos péndulos se hacen retroceder a su punto más alto. Se suelta uno, seguido del otro cuando el primero alcanza su punto medio. Entonces se baja el lápiz sobre el papel para producir un círculo que evoluciona hasta convertirse en una espiral simple.

Si se sueltan los dos péndulos a la vez, entonces el resultado será una línea recta que cruzará el papel en diagonal, la *fase* «cerrada» de la armonía, en oposición a la fase circular «abierta». En los puntos intermedios de las fases aparecen formas elípticas *(abajo)*.

La desaceleración de los péndulos de un armonógrafo es un paralelo exacto de cuando se desvanecen las notas musicales producidas por un punteo de cuerdas, y también se puede imaginar como la representación gráfica de «la flecha del tiempo» *(véase pág. sig.)*, con los índices de frecuencia invariables que representan el carácter eterno de una ley natural. Las características de los patrones resultan del encuentro del proceso de desaceleración con las «leyes» representadas por las distintas ratios de frecuencia. Vemos que la música, igual que el mundo, está formada por principios matemáticos invariables que se desarrollan en el tiempo y que crean complejidad, variedad y belleza.

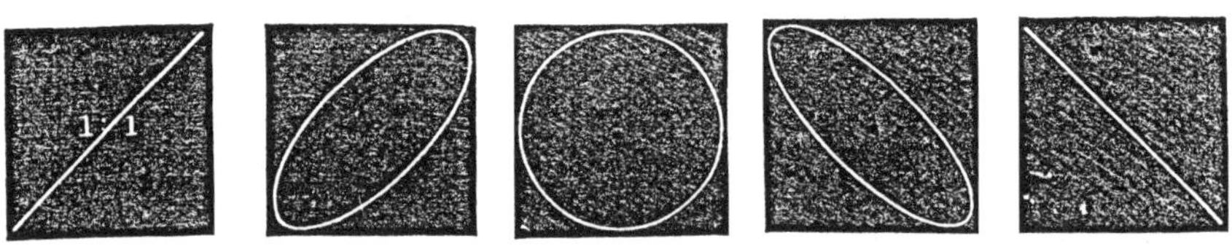

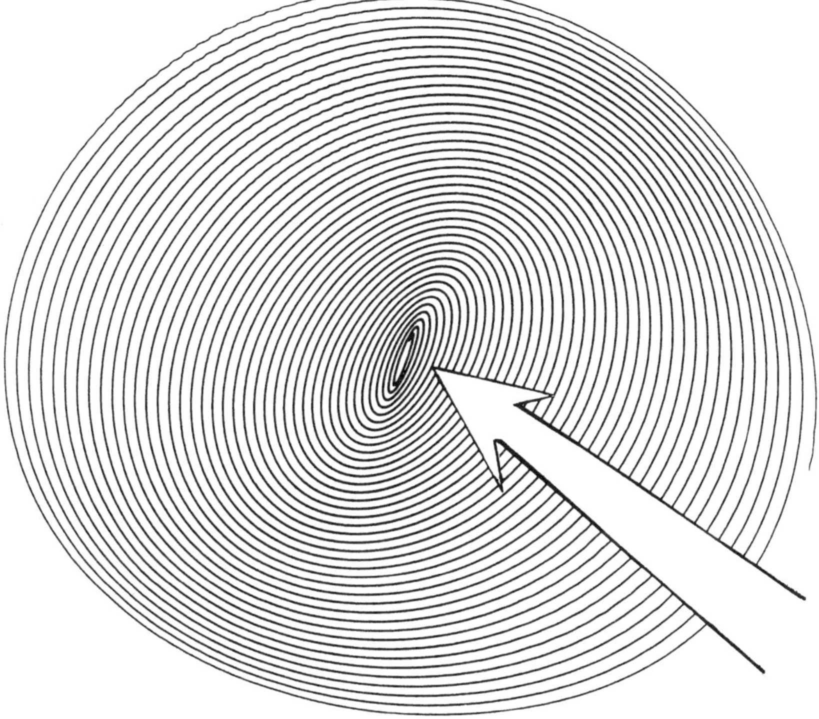

La inexorable dirección de cambio, unida a la asimetría del tiempo (antes-ahora-después), fue descrita de modo muy gráfico por el científico Arthur Eddington (1882-1944) como «la flecha del tiempo». A lo largo del proceso de continuada degradación universal, las menguantes existencias de energía «útil» se encuentran con una jerarquía de leyes físicas fijas que se ajustan a fórmulas matemáticas, y es de la interacción de estas leyes inmutables con la flecha del tiempo que aparece un mundo cambiante de asombrosa complejidad, variedad y belleza. El péndulo desacelera desde un estado de desequilibrio hasta otro de equilibrio, y lo mismo es cierto, nos dicen, del universo, el «sistema cerrado» definitivo. Desde un estado de desequilibrio extremo se zambulle por medio del Big Bang hacia su futuro estado definitivo de equilibrio congelado en una perfecta oscuridad. Entre el principio y el fin existe una transformación continua y acumulativa de energía «útil» –capaz de formar estructuras temporales y de causar sucesos– en energía «inútil» perdida para siempre.

El casi unísono

Fases laterales y frecuencias de tiempos

Una forma de dar una agradable variedad a los diseños del armonógrafo es alejarse un poco de las armonías perfectas. Esto parece implicar un principio generalizado en el mundo natural y en la obra de muchos artistas. El «casi» posee un encanto especial.

Se nos ocurre un ejemplo del mundo de la música: cuando se tocan dos notas en casi unísono, la ligera diferencia de sus frecuencias a menudo suele imprimir profundidad o carácter al sonido. Las dos lengüetas que producen una nota única en un acordeón de teclas tienen frecuencias ligeramente distintas, y el breve alejamiento del unísono produce «tiempos», un sutil sonido de gorjeo o de latido *(véase pág. 383)*.

Disponga los pesos como para el unísono y después acorte ligeramente el péndulo variable. Haga oscilar los péndulos en fase abierta, produciendo un círculo que se irá transformando en una elipse cada vez más estrecha y después en una línea. Si se deja que el lápiz continúe, la línea cambiará hacia una elipse cada vez más ancha, un círculo y de nuevo una línea, que formará ángulo recto con la primera. Y así sucesivamente. El instrumento está avanzando por las fases de unísono que se muestran en la página 206.

Si el péndulo variable se va acortando más por etapas, se producirá una serie de dibujos como los de la página siguiente. El patrón repetitivo representa «tiempos» de cada vez mayor frecuencia, a medida que aumenta la discrepancia entre las notas. Por último la serie se desvanece en un garabato que es una buena representación de la discordancia, aunque incluso aquí hay un indicio de un patrón de números más altos.

Para la mayoría de las personas, esta armonía visual que se debilita ocurre en el mismo punto en que las armonías audibles se desvanecen.

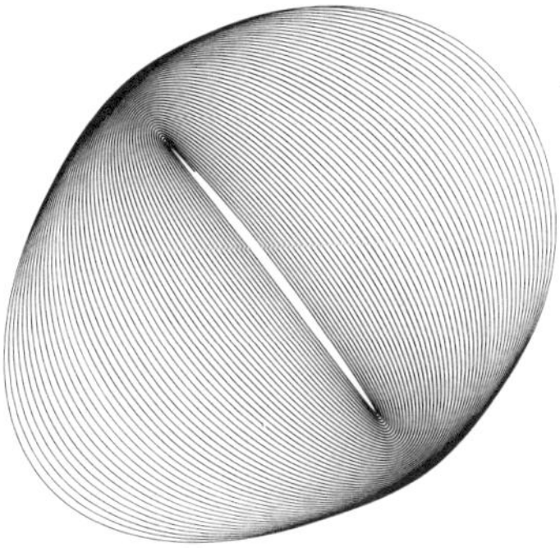

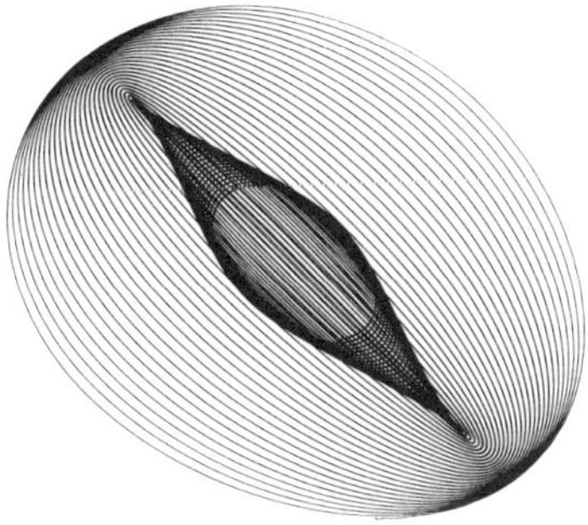

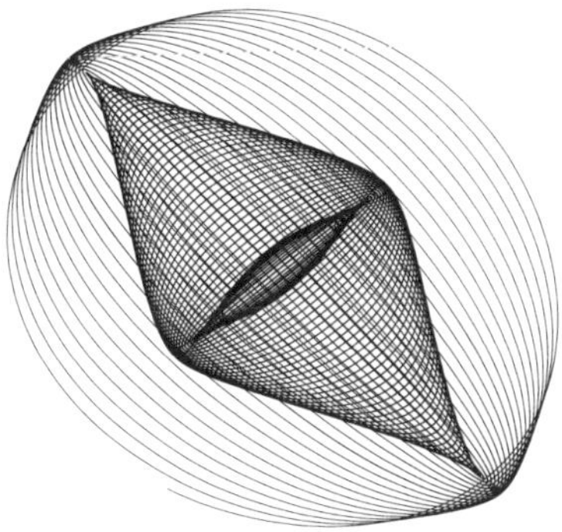

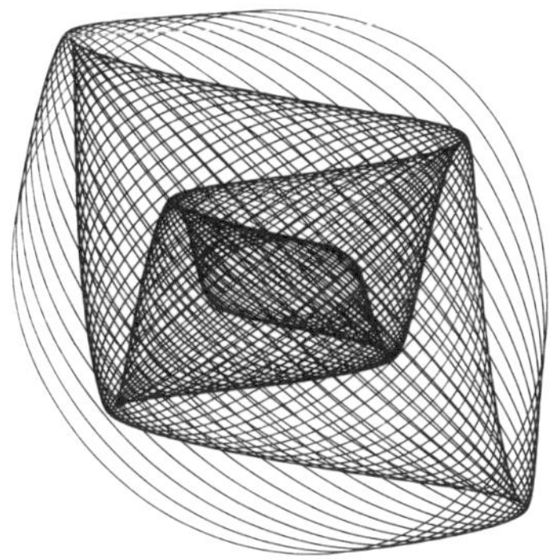

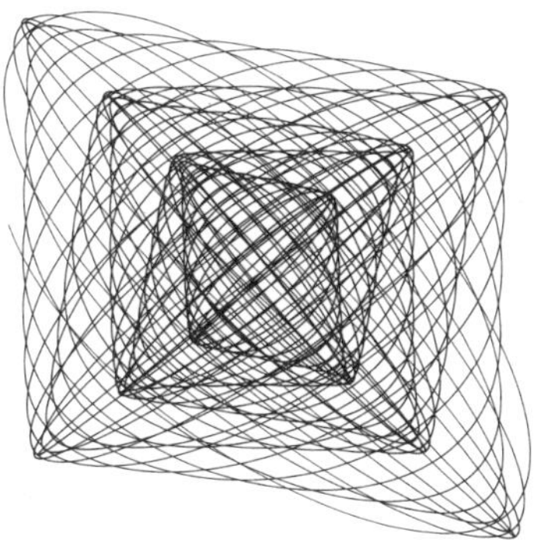

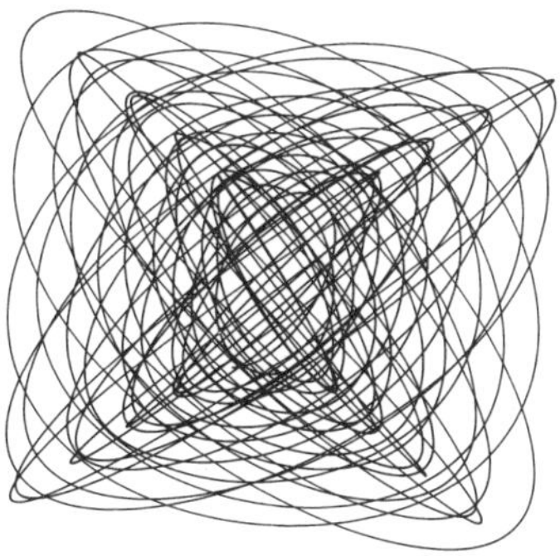

Unísono rotativo 1:1

Huevos y cáscaras

Al principio esto resulta decepcionante: el unísono en movimiento contrario produce una línea recta en el papel, como la fase cerrada del unísono lateral. Del movimiento convergente aparece un simple punto que se convierte en una línea que se esfuerza por llegar al centro, el lápiz y el papel dan vueltas juntos.

No obstante, cambiar al casi unísono comporta grandes recompensas. Con el movimiento contrario aparecen una variedad de hermosas formas, con frecuencia parecidas a conchas, y con atractivas cuadrículas. Para un mejor resultado levante el lápiz del papel bastante antes de que los péndulos alcancen el equilibrio.

De manera sorprendente, de un movimiento casi convergente surgen varias formas esféricas u ovales. Para producir un «huevo» se debería bajar el lápiz cuando está entretenido en el centro. Entonces va formando una espiral mientras se aleja del centro y alcanza un límite antes de volver atrás, a medida que los péndulos se desaceleran. Debido a que las líneas cercanas al perímetro están más juntas, el dibujo cobra un aspecto tridimensional.

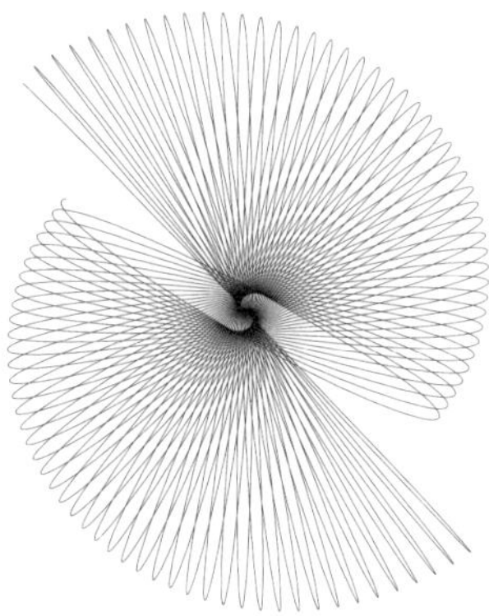

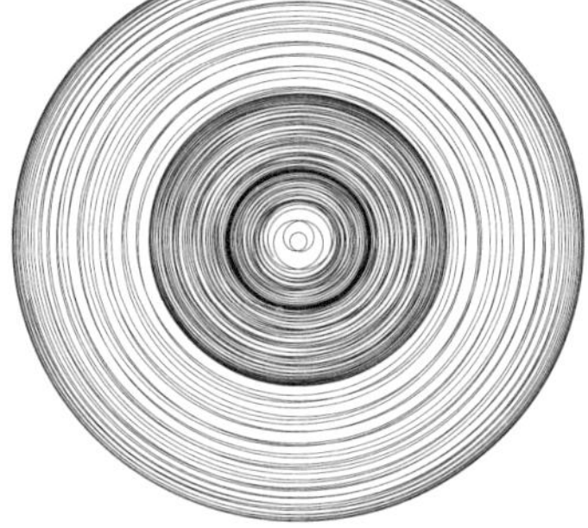

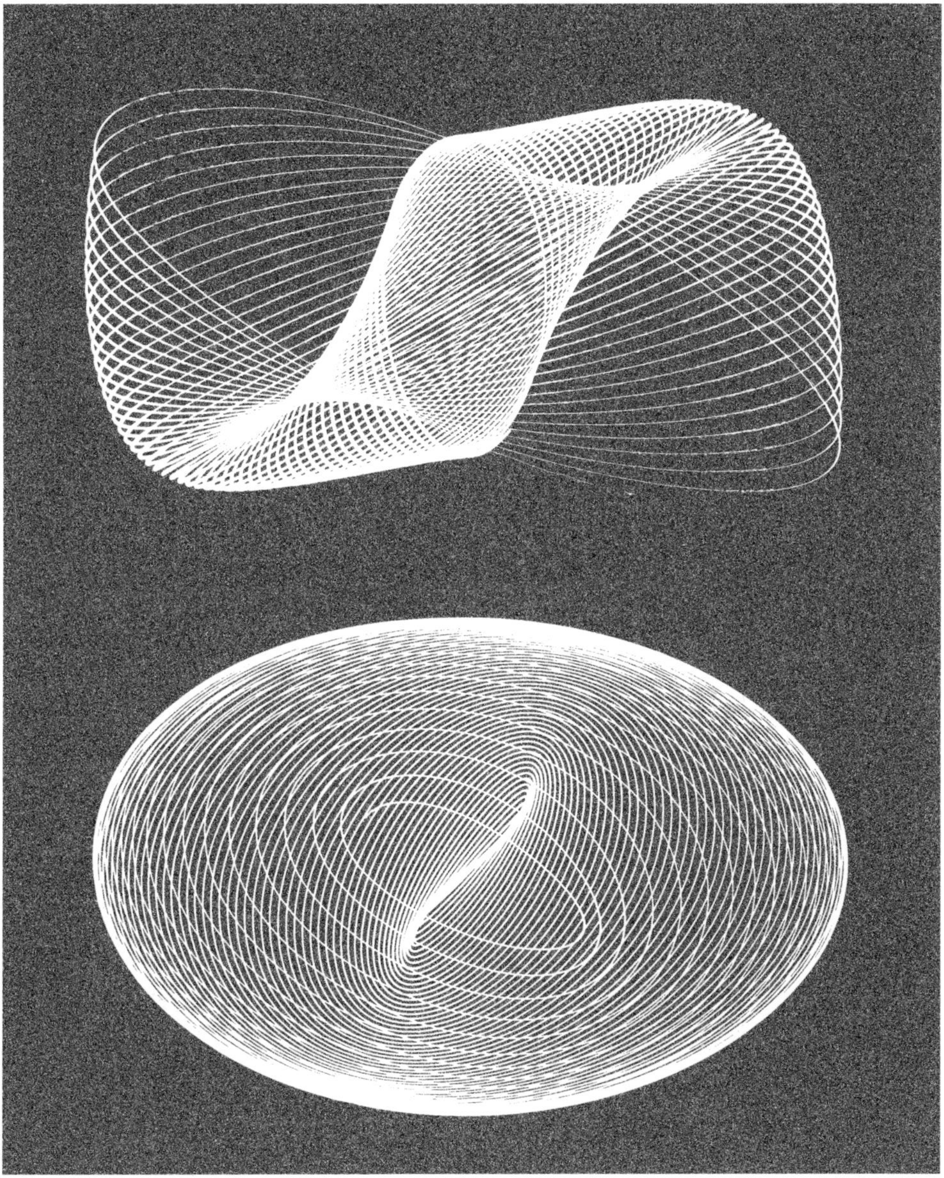

La octava lateral 2:1

Figuras de ocho y alas

Después del unísono, el siguiente armónico que hay que probar es la octava. Existe una dificultad técnica, porque el péndulo variable tiene que ser muy corto, y debido a la mayor fricción oscila poco rato. El truco es añadir un peso a la parte superior del péndulo fijo, que lo hará oscilar más lentamente *(véase pág. 183)*. Entonces el péndulo variable podrá ser más largo.

Desafortunadamente esto significa que para la octava, y otras proporciones donde un péndulo oscila mucho más rápido que el otro, es preciso ignorar los indicadores teóricos y encontrar el punto justo por tanteo.

Con un péndulo oscilando dos veces más rápido y en ángulo recto al otro, la octava en la fase abierta toma la forma de una figura de ocho (una coincidencia), repetida en tamaño menguante a medida que el péndulo se va desacelerando.

Si ambos péndulos se sueltan a la vez para producir la fase cerrada, el resultado es una línea cóncava que se transforma en una bella forma de ala con finas cuadrículas y patrones de interferencia. Pequeños ajustes producen variaciones impresionantes.

La octava es el primer sobretono *(véase pág. 192)*.

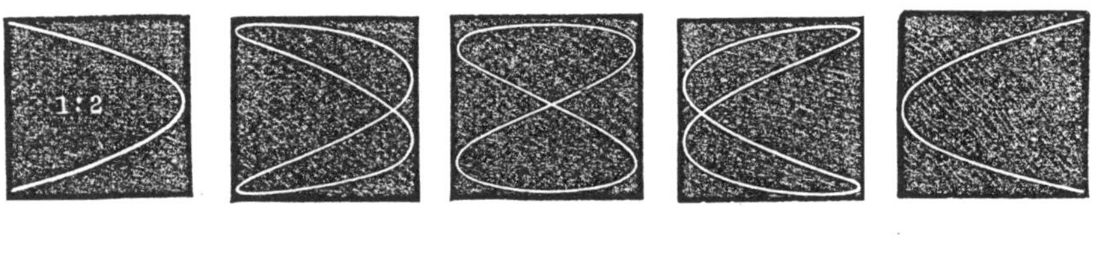

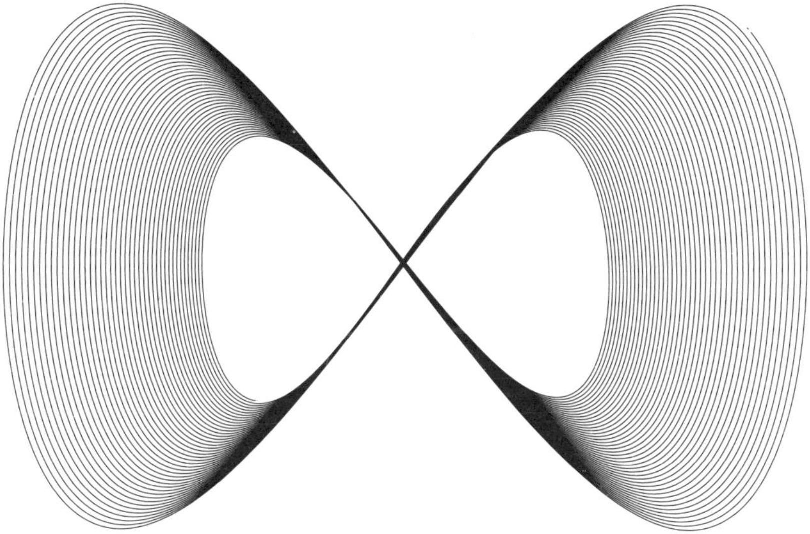

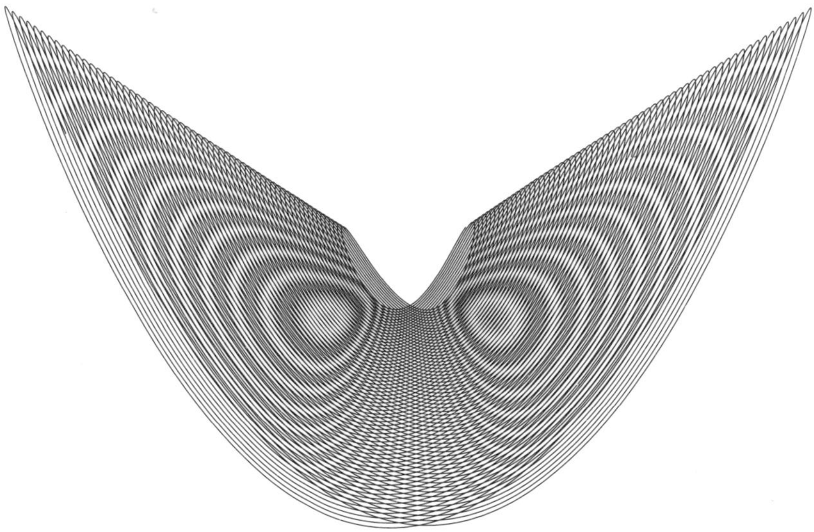

La octava rotativa 2:1

Corazones y triángulos

Del movimiento rotativo de proporción 2:1 surgen algunos de los más bellos patrones del armonógrafo: sencillos, elegantes y sorprendentes. Recuerde: todo lo que está ocurriendo aquí es que se suman dos movimientos circulares, uno casi exactamente el doble de rápido que el otro.

El movimiento divergente produce una forma de trifolio con numerosas finas variaciones *(pág. sig., imágenes de la derecha)*. El empezar con un tamaño o *amplitud* más pequeño en la rotación más rápida produce un triángulo o pirámide.

La octava en movimiento convergente produce una forma de corazón con un bucle interior más sencillo *(abajo, izq. y pág. sig. columna izq.)*. Aquí encontramos una conexión con la antigua tradición de la música de las esferas, porque esta es la forma en que un observador que estuviera en Urano describiría el movimiento de Neptuno, o viceversa. Esto se debe a que los planetas orbitan alrededor del Sol de forma convergente, Urano tarda 84 años y Neptuno 165, formando aproximadamente una octava. El planeta Mercurio produce una octava perfecta él solo, ya que uno de sus días es igual a dos de sus años *(véase Libro vi de este volumen para más información sobre relaciones como estas)*.

Los «casi» en las proporciones de patrones rotativos hacen que los dibujos giren *(pág. sig., hilera inferior)*.

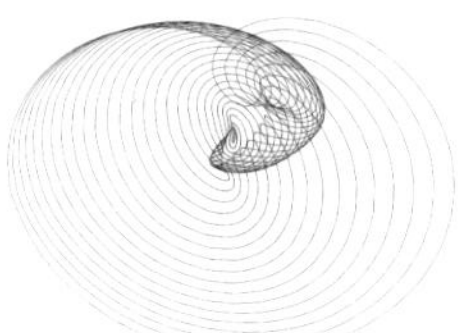

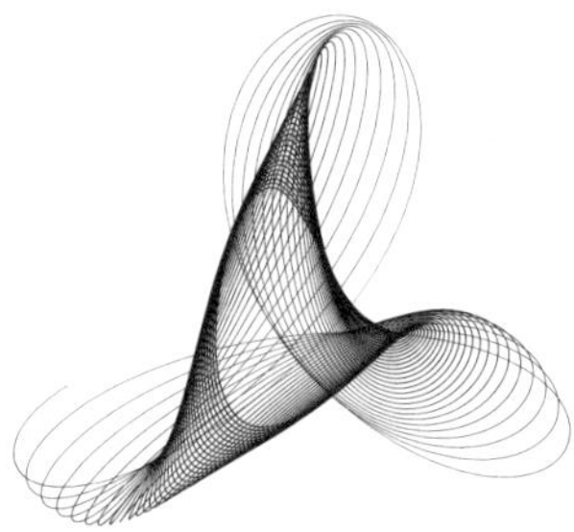

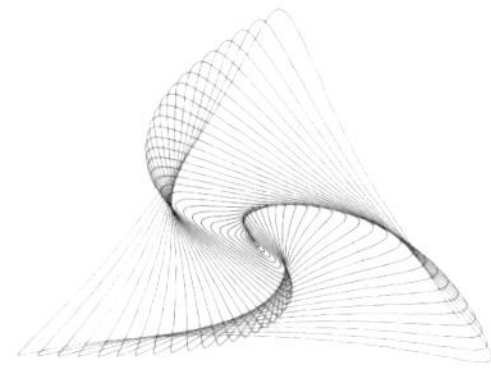

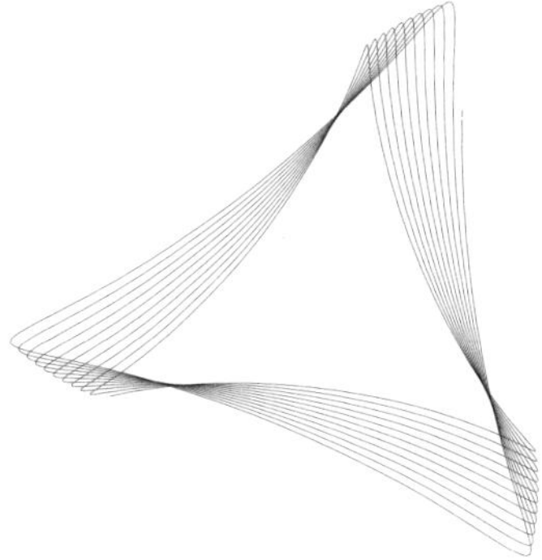

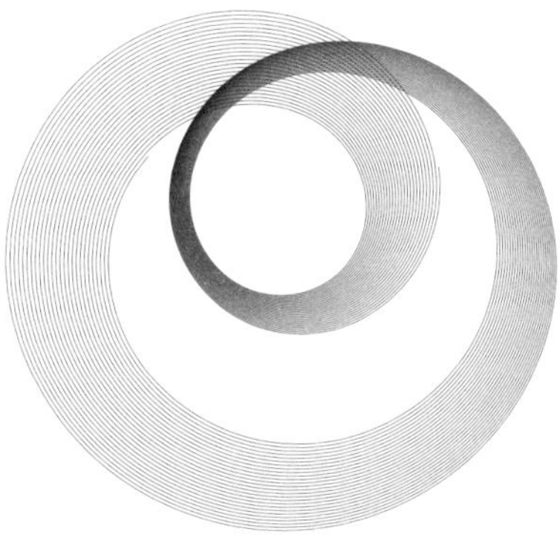

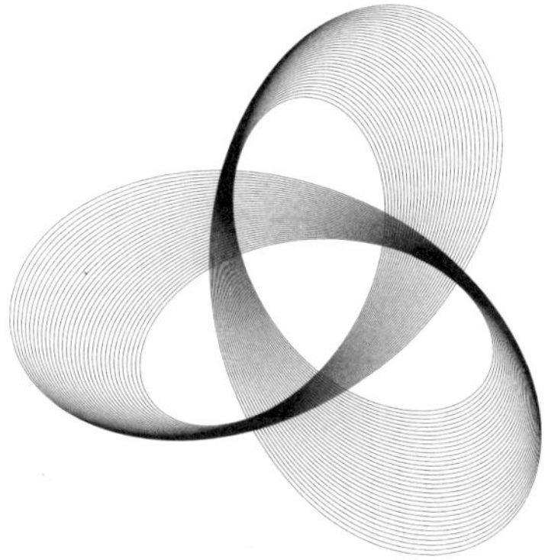

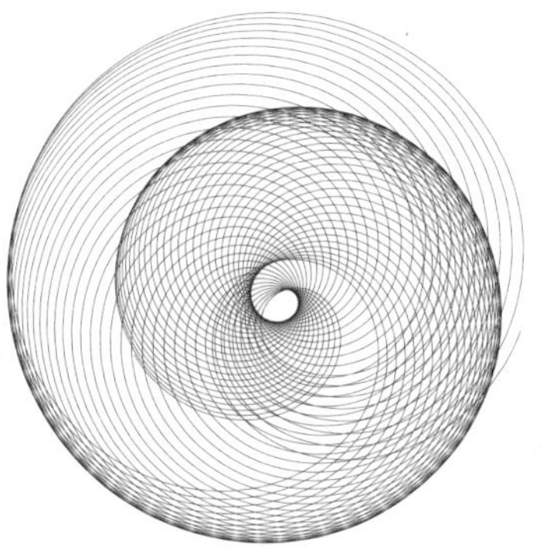

La quinta lateral 3:2

y el segundo sobretono 3:1

A continuación vamos a probar con la armonía de la quinta, a medio camino entre la simplicidad del unísono y de la octava, y de las armonías más complejas que la siguen.

Se observará por el patrón de la fase abierta *(pág. sig.)* que la quinta tiene tres bucles en el lado horizontal y dos en el vertical. El número de bucles de cada lado da la proporción 3:2. Volviendo a observar la octava, esta tiene dos bucles por uno, y en el caso del unísono hay un solo «bucle», no importa desde qué ángulo lo mire. Esta es la regla general para todas las proporciones laterales del armonógrafo, y si de repente aparece una armonía durante un experimento, normalmente se puede identificar contando los bucles de dos lados adyacentes.

La quinta también aparece como 3:1, el segundo sobretono, una quinta por encima de la octava *(véanse los patrones de las fases abierta y cerrada 3:1 de la pág. 187)*. Para dibujar proporciones fuera de la octava puede que precise un armonógrafo de doble elipse *(véase pág. 387)*. Los dos patrones inferiores son estereogramas de distintas fases; si se pone bizco pasarán a ser tridimensionales.

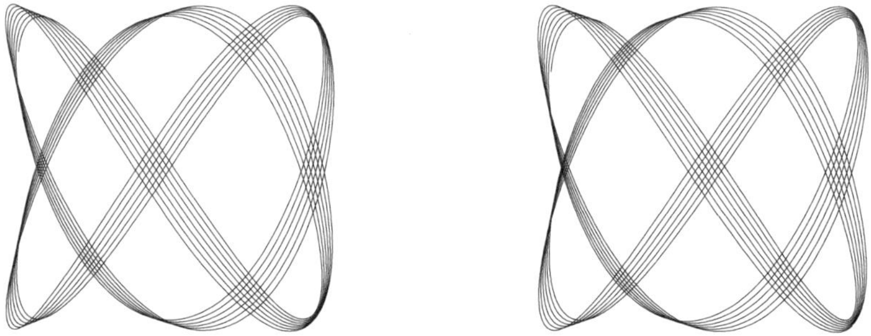

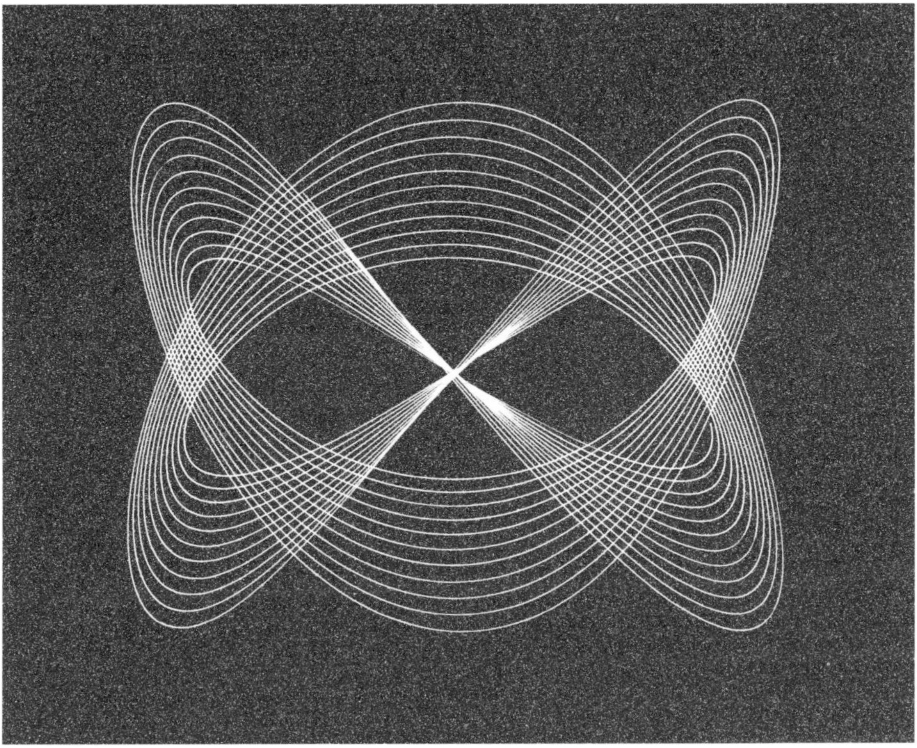

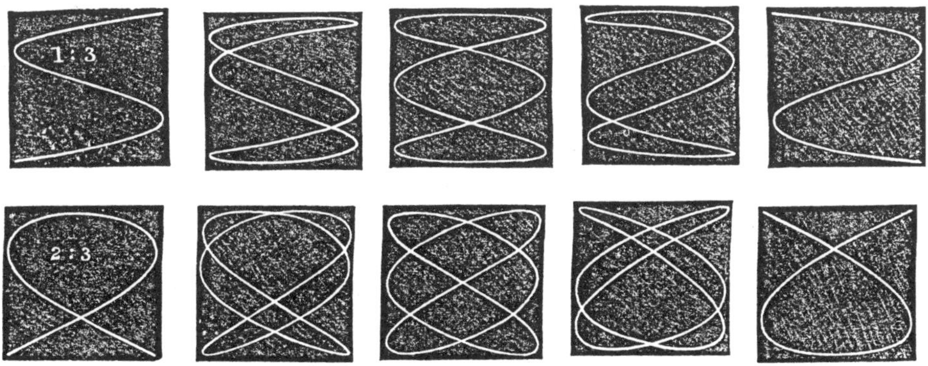
1 : 3
2 : 3

La quinta rotativa 3:2

Corazones circunscritos y figuras de cinco

La «sonoridad» de los tonos musicales se representa en el armonógrafo con la *amplitud*, el tamaño relativo de los dos movimientos circulares. En los patrones rotativos esto es mucho más importante que la fase, que simplemente orienta el dibujo entero sobre la página.

El tercer patrón inferior de esta página muestra una quinta rotativa en movimiento contrario, donde el péndulo con la frecuencia más alta y movimiento más rápido tiene una oscilación más ancha. El dibujo «puntiagudo» de su derecha es el caso opuesto. A igual amplitud, todas las líneas pasan por el centro *(véase tabla de la pág. 385)*.

Los cuatro dibujos superiores de la página siguiente muestran formas rotativas de 3:2, convergentes a la izquierda y divergentes a la derecha. La segunda fila muestra el efecto de un «casi» en la armonía, que hace que los patrones giren.

Las dos imágenes inferiores son del libro *Vibraciones armónicas* publicado en 1908. Muestran el segundo sobretono, 3:1, una quinta por encima de la octava (3:1 = 2:1 x 3:2), convergente a la izquierda, divergente a la derecha.

En el caso de los patrones convergentes, el número de remolinos de la parte central se da por la diferencia entre los dos números de la proporción. Así los patrones convergentes de los intervalos musicales primarios 2:1, 3:2, 4:3, 5:4 y 5:6 tienen un único corazón en su centro.

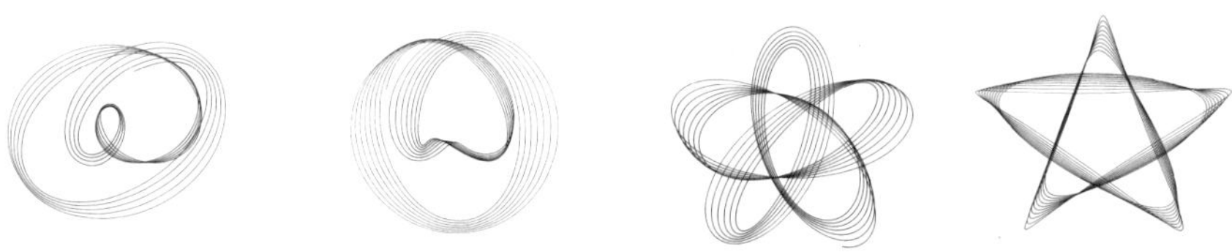

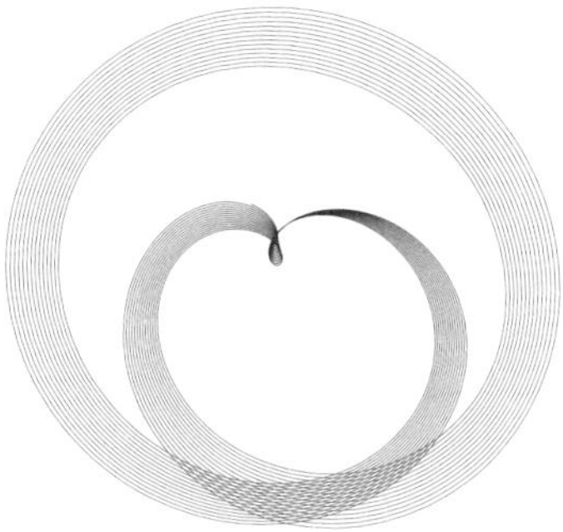

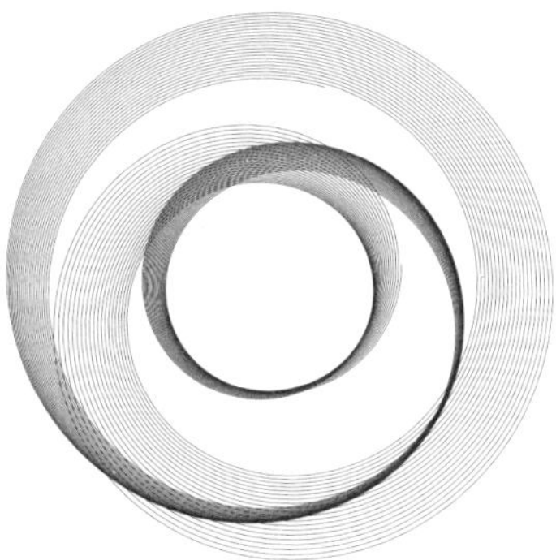

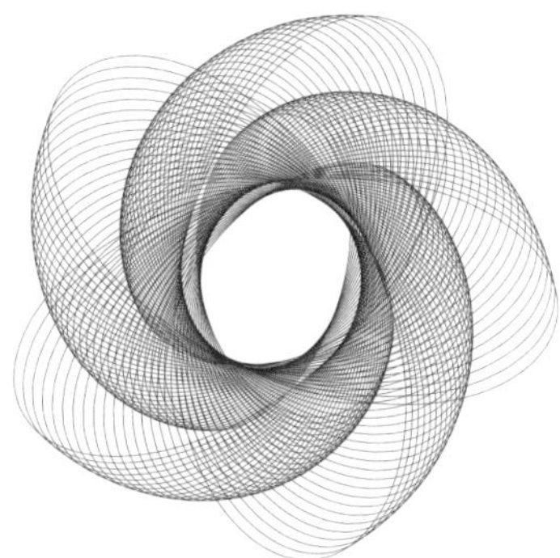

La cuarta 4:3

Con terceras, sextas y séptimas

Puede que ya se haya fijado en que cada armónico despliega un carácter estético propio y distintivo. El unísono es sencillo y firme. La octava introduce una floritura enfática y la quinta, aunque sigue siendo bastante sencilla, tiene una elegancia añadida.

Con la cuarta el patrón se vuelve más complicado, aunque todavía se puede reconocer el diseño sin tener que contar los bucles. El diagrama superior de la página siguiente muestra la cuarta en fase abierta, el inferior en fase cerrada. Se va haciendo aparente una sofisticación cada vez mayor, y algunas de las variantes de fase cerrada y de «casi» poseen una curiosa cualidad exótica.

La introducción de las terceras perfectas de la afinación diatónica aumenta la complejidad. La tercera mayor (5:4) se encuentra debajo de la cuarta; el intervalo entre ellas, un *semitono diatónico*, da 4:3 ÷ 5:4 = 16:15. Una cuarta y una tercera mayor (4:3 x 5:4) producen la *sexta mayor*, 5:3, una tercera menor (6:5) por debajo de la octava y un *tono menor* (10:9) por encima de la quinta. De igual modo, una cuarta y una tercera menor (4:3 x 6:5) crean la *sexta menor* (8:5), una tercera mayor (5:4) por debajo de la octava y un semitono (16:15) por encima de la quinta.

Una quinta y una tercera mayor (3:2 x 5:4) producen la *séptima mayor*, 15:8, mientras que una quinta y una tercera menor (3:2 x 6:5) dan la *séptima menor*, 9:5. Estos son los elementos de la escala diatónica o *justa*.

Otros armónicos

Límite siete y otras proporciones mayores

A medida que los números de las proporciones aumentan se hace más difícil distinguir unas armonías de otras a simple vista: hay que contar los bucles, y las ligeras variaciones no producen gran cosa de valor estético. En la página siguiente, arriba, se muestra un ejemplo típico, 7:5.

El movimiento rotativo produce una serie de patrones cada vez más complejos, influidos por la frecuencia, la amplitud y la dirección relativas. En el movimiento contrario el número total de bucles es igual a la suma de los dos números de la proporción. Con el movimiento convergente los nodos se vuelven hacia dentro, y su número es igual a la diferencia entre los dos números de la proporción.

Los patrones contrarios inferiores muestran una cuarta (4:3), otra cuarta, una sexta mayor (5:3) y una tercera mayor (5:4). Las imágenes inferiores de la página siguiente, dibujadas hace más de cien años, muestran patrones de amplitud desigual de la undécima perfecta 8:3 (una octava y una cuarta) y la proporción 7:3 que se encuentra en la afinación jazzística de límite siete (que no se estudia en este libro).

Dos octavas y una tercera mayor (4:1 x 5:4) son igual a 5:1, el cuarto sobretono, que difiere de cuatro quintas $(3:2)^4$ como nuestra amiga 80:81, la coma sintónica *(véase pág. 194)*. En la afinación por *semitono*, popular durante el Renacimiento, este inadaptado se suavizó y las quintas se aplanaron muy ligeramente, a $5^{1/4}$ o 1,4953, desentonando un poco para complacer a las terceras y a las sextas.

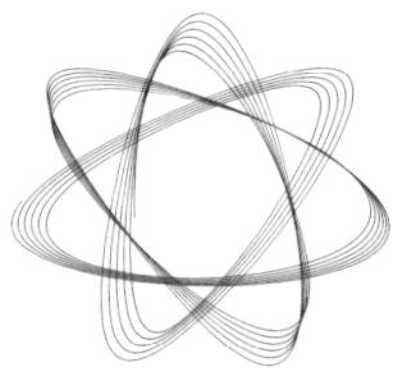
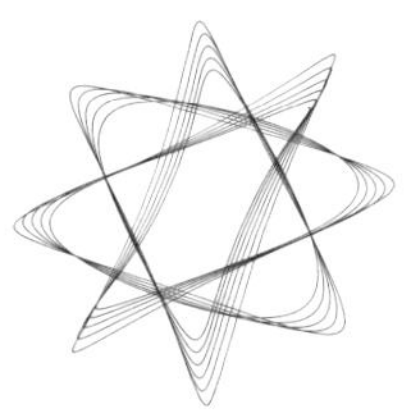

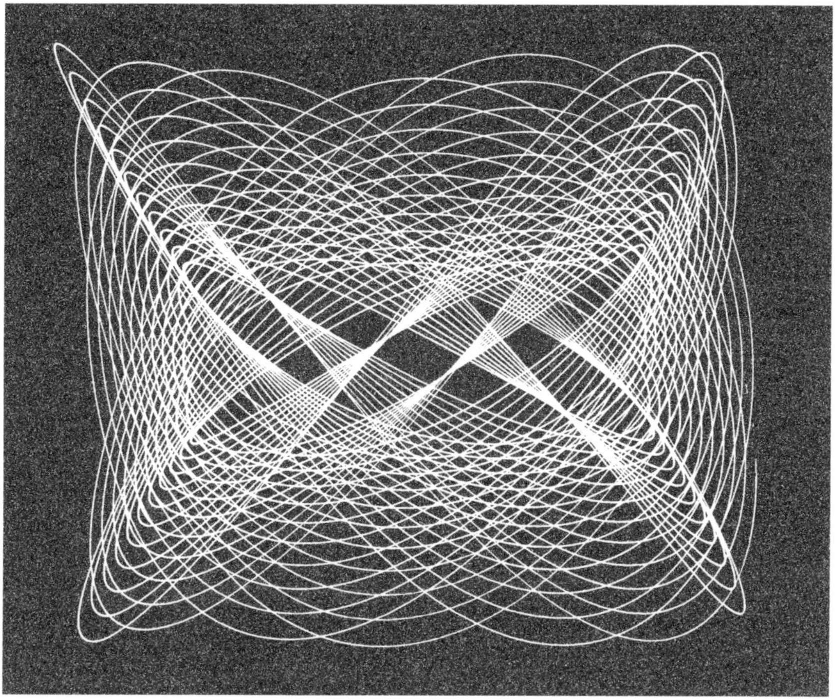

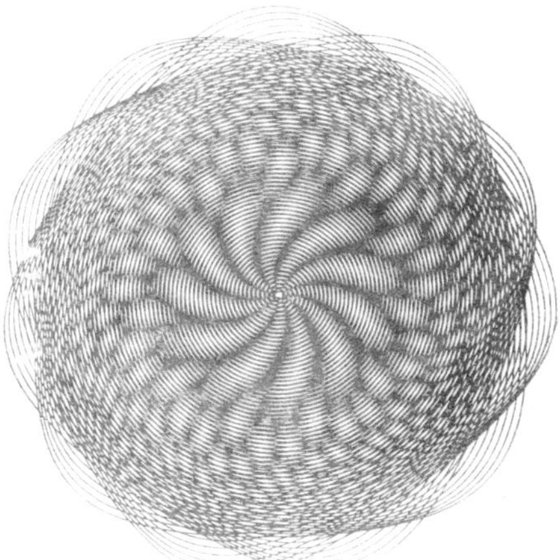

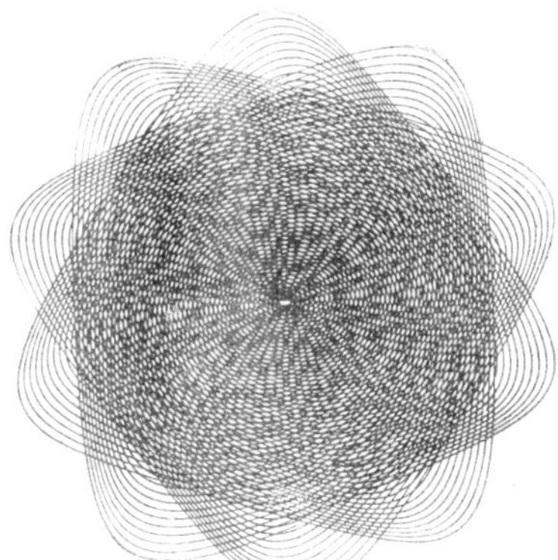

AMPLITUD

Círculos, polígonos, flores y un círculo más

Se puede obtener una gran variación de una proporción rotativa dando tamaños desiguales a los dos movimientos circulares. En la página siguiente vemos dos frecuencias relacionadas por una sexta mayor (5:3). Una nota de frecuencia más baja empieza a estar influida por otra de frecuencia más alta, se combina con ella y acaba siendo más o menos reemplazada. Cuando las dos notas están al mismo volumen todas las líneas pasan por el centro *(véanse págs. 386-387)*. Observe que la secuencia no es simétrica.

Abajo vemos los tres primeros sobretonos. Para las formas más puntiagudas, simplemente invierta las amplitudes. Para los polígonos, cuádrelos primero. Si alguna vez ha probado un espirógrafo, la armonía viene determinada por la proporción de los dientes, y es la amplitud la que se ajusta cuando pone el lápiz en distintos orificios de la rueda.

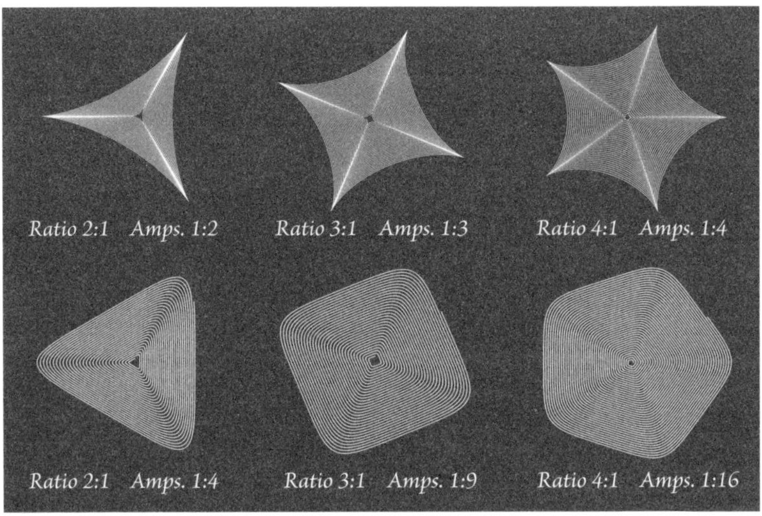

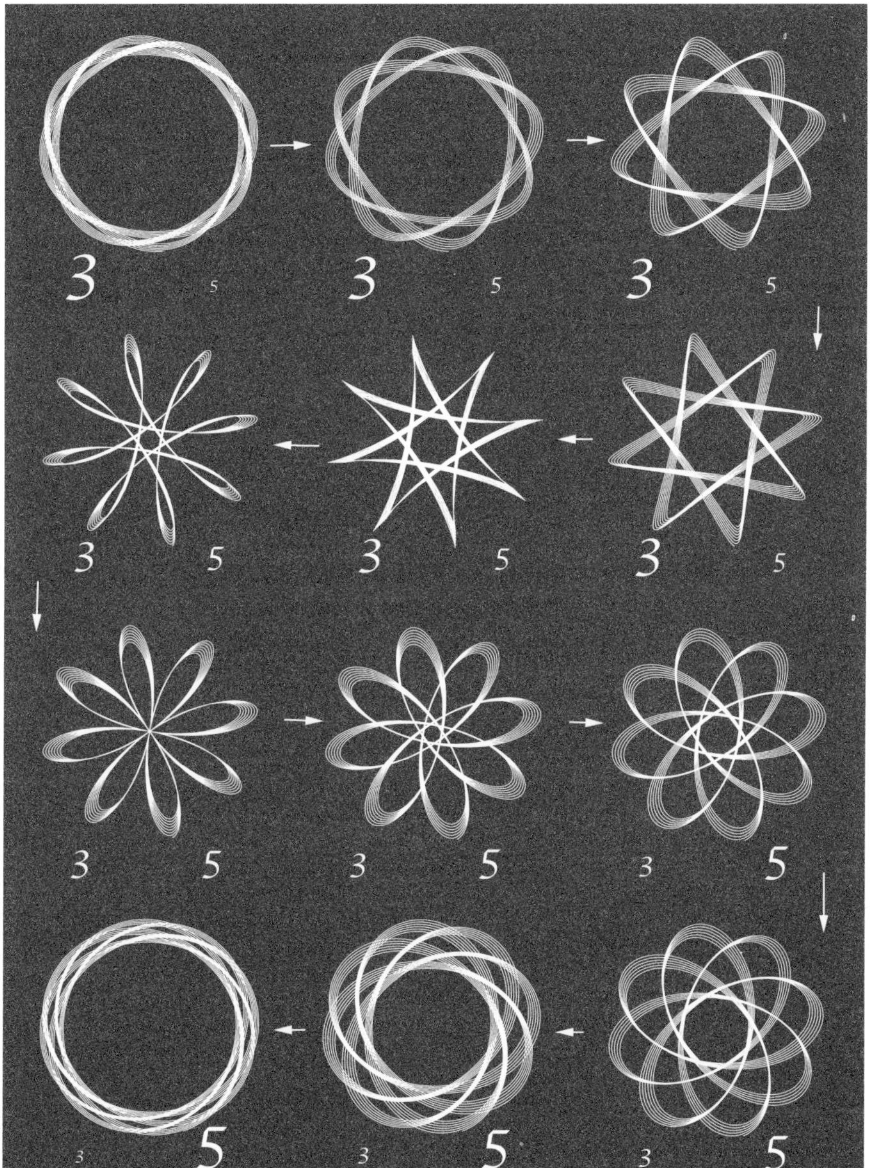
3 5
3 5
3 5
3 5
3 5
3 5
3 5
3 5
3 5
3 5
3 5
3 5

PROBLEMAS DE AFINACIÓN

La coma pitagórica

Dejando los patrones del armonógrafo y volviendo a los principios de la música, puede que haya observado que los intervalos musicales no siempre encajan unos con otros. Un famoso ejemplo de ello es la relación entre la octava y la quinta perfecta (3:2).

En la imagen central de la página siguiente se toca una nota en el centro en 0, que va subiendo por quintas perfectas para dar la secuencia do, sol, re, la, mi, etc. *(numeradas en la pág. sig., cada vuelta de la espiral representa una octava perfecta).* Después de doce quintas hemos ascendido siete octavas, pero la imagen muestra que hemos sobrepasado ligeramente la octava final y pasado a sostenido. Esto se debe a que $(3/2)^{12} \approx 129{,}75$, mientras que $(2)^7 = 128$. La diferencia se conoce como coma pitagórica, proporcionalmente 1,013643, aproximadamente 74:73.

Si sigue el movimiento en espiral al final descubrirá, como hicieron los chinos hace mucho tiempo, que 53 quintas perfectas (o *Lü*) son casi igual a 31 octavas. Las primeras cinco quintas producen el patrón de las notas negras de un piano, la escala oriental *pentatónica* *(véanse págs. 272 y 380)*.

Las imágenes de menor tamaño de la página siguiente muestran progresiones repetidas de la tercera mayor (5:4), la tercera menor (6:5), la cuarta (4:3) y el tono (9:8), todas ellas comparadas con una octava invariante. Es extraño. Con toda esta interacción armónica de números se podría esperar que el sistema entero fuera una unidad precisa y coherente, pero no es así. En este caso se escuchan los ecos de la opinión científica sobre un mundo formado por una simetría quebrada, sujeta a la incertidumbre cuántica y (hasta ahora) desafiando a una precisa y exhaustiva «teoría del todo». ¿Será por esto que el «casi» a veces es mucho más hermoso que la perfección?

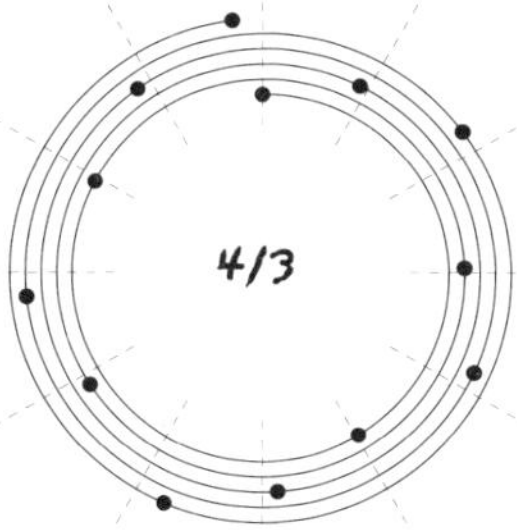

Cuartas perfectas

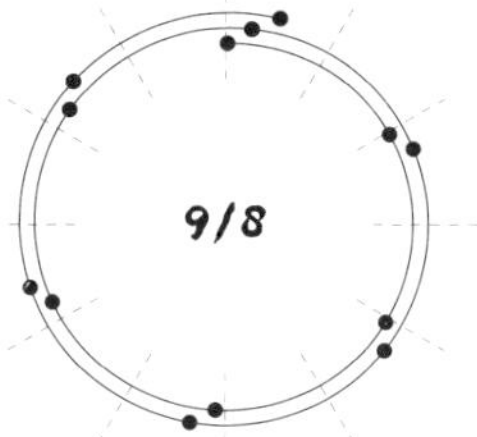

Tonos mayores

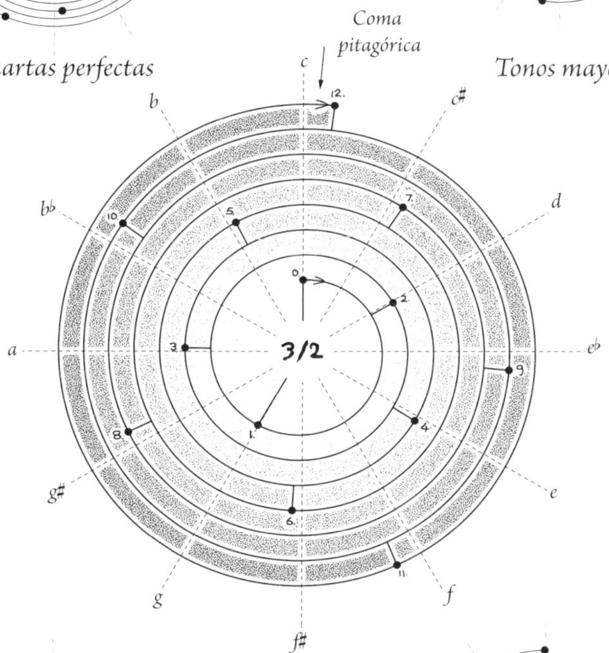

Quintas perfectas

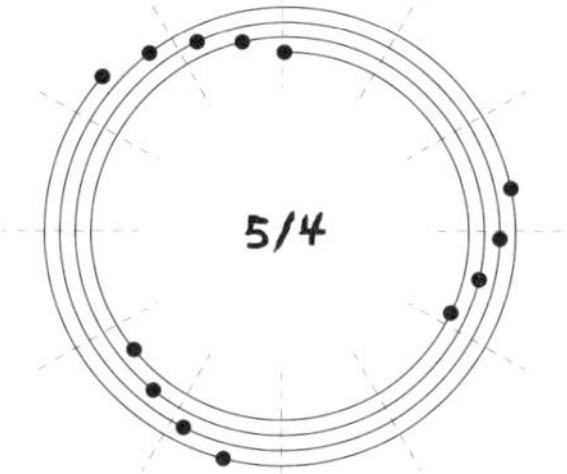

Terceras mayores

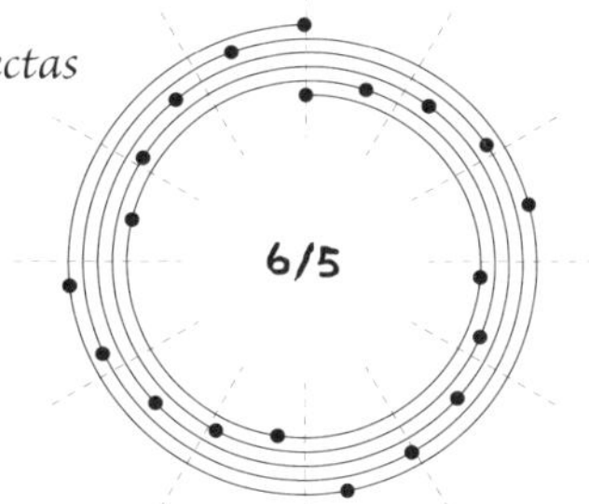

Terceras menores

Temperamento igual

Cómo cambiar fácilmente de clave

Aunque las afinaciones primitivas permitían tocar muchos armónicos puros, era difícil pasar a otras claves; de hecho solo se podía cambiar de *modo (véase pág. 382)*. Los músicos tenían que volver a afinar con frecuencia sus instrumentos, o usar notas extra reservadas para escalas específicas (la afinación india clásica usa 22 notas).

En el siglo XVI se desarrolló una nueva afinación que revolucionó la música occidental y que es la que predomina hoy día. La octava se divide en doce intervalos fijos iguales, donde cada semitono cromático es 1,05946 veces su contiguo ($2^{1/12}$, aproximadamente 18:17).

En las ilustraciones inferiores las doce notas están dispuestas en un círculo. Seis tonos (bemoles) componen ahora una octava, igual que cuatro terceras menores (bemoles) o tres terceras mayores (sostenidas). La coma pitagórica se desvanece, igual que *todos* los demás intervalos perfectos excepto la octava: es un ingenioso truco que nos permite cambiar de clave de manera fácil. Está ligeramente «desafinado» y lo oímos todos los días.

Las tríadas son acordes de tres notas. En la página siguiente, arriba, vemos las tríadas mayores y menores con la nota do, en clave de do. Utilice la matriz básica *(pág. sig., abajo)* para navegar por el mar de temperamento igual, y observe cualquier tríada 3-4-5 (un acorde de tres notas) en tres claves distintas *(según Malcolm Stewart)*.

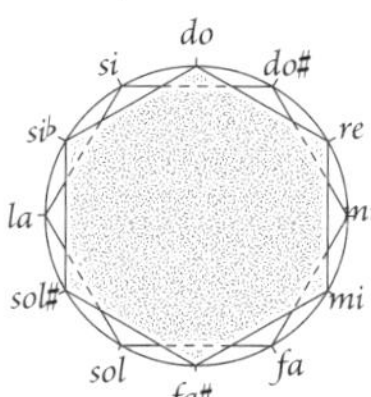

Tonos y séptimas

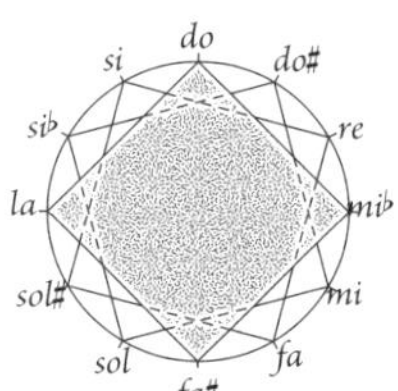

Terceras menores y sextas mayores

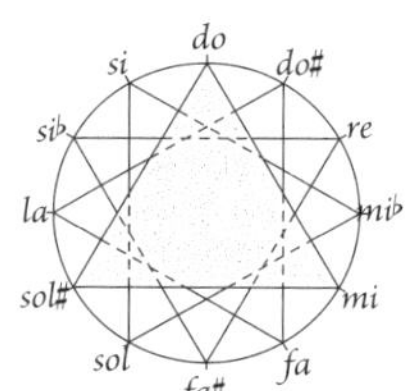

Terceras mayores y sextas menores

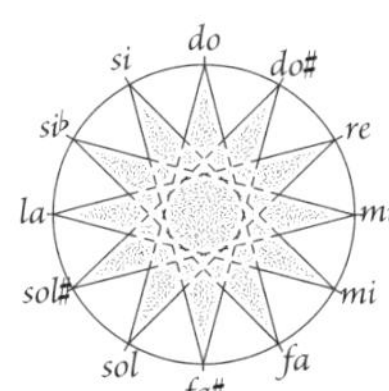

Quintas y cuartas

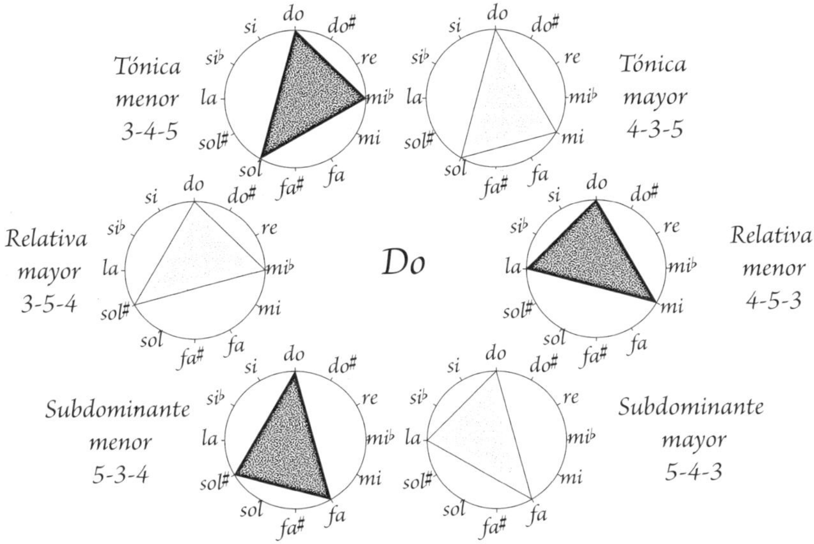
Tónica menor 3-4-5
Tónica mayor 4-3-5
Relativa mayor 3-5-4
Do
Relativa menor 4-5-3
Subdominante menor 5-3-4
Subdominante mayor 5-4-3

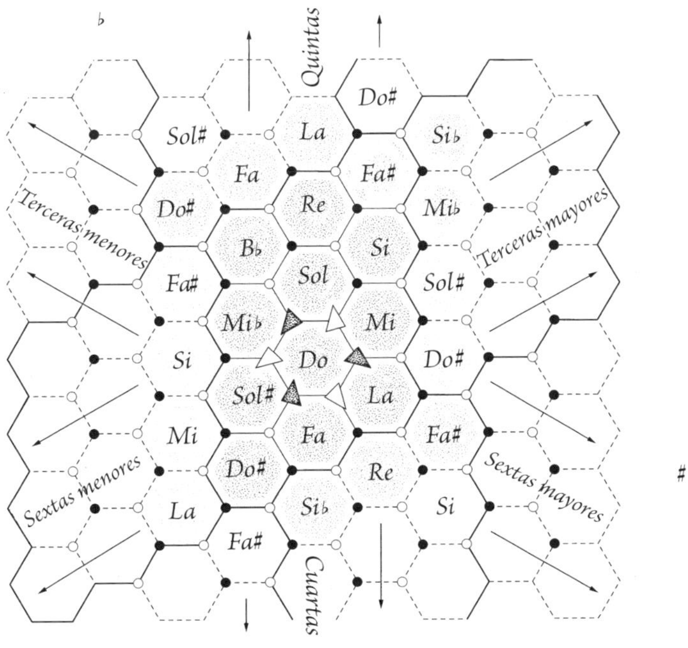
Quintas
Terceras menores
Terceras mayores
Sextas menores
Sextas mayores
Cuartas

El caleidófono

Garabatos de una varilla vibratoria

A pesar de haberse inventado el temperamento igual, los científicos siguieron investigando las proporciones de los armónicos puros. Un interesante precursor del armonógrafo que data del siglo XIX es el *caleidófono*, inventado por Sir Charles Wheatstone en 1827. Al igual que el armonógrafo, producía imágenes de armónicos.

La versión más simple del artilugio consiste en una varilla de acero con un extremo sujeto a una pesada base de latón y el otro fijado a una pequeña bolita de cristal plateada, para que cuando se la ilumina con un foco se proyecte un brillante haz de luz sobre una pantalla colocada enfrente. Dependiendo de cómo se golpea inicialmente el caleidófono, y de cómo se frota después con el arco de un violín, se produce una sorprendente cantidad de dibujos *(en la pág. sig. se muestran algunos)*.

El caleidófono no se comporta como una cuerda, ya que solo tiene un extremo fijo. Igual que los instrumentos de viento, que por regla general están abiertos por un extremo, la matemática de sus armónicos y sobretonos es ligeramente más complicada que la del monocordio o la del armonógrafo, y las posiciones de los nodos son más variables *(las imágenes inferiores de la pág. sig. muestran algunos sobretonos primitivos)*.

Otras versiones del caleidófono llevaban varillas de acero con sección transversal cuadrada u oval, para producir más patrones. Wheatstone solía referirse a su invento como un «juguete filosófico» y ciertamente, cuando observamos sus patrones, es fácil maravillarse ante su simple belleza.

Para construir su propio caleidófono intente fijar una aguja de tejer en un torno de banco y coloque una bolita de plata o de las de decorar pasteles en el extremo. Utilice o construya un foco de luz brillante.

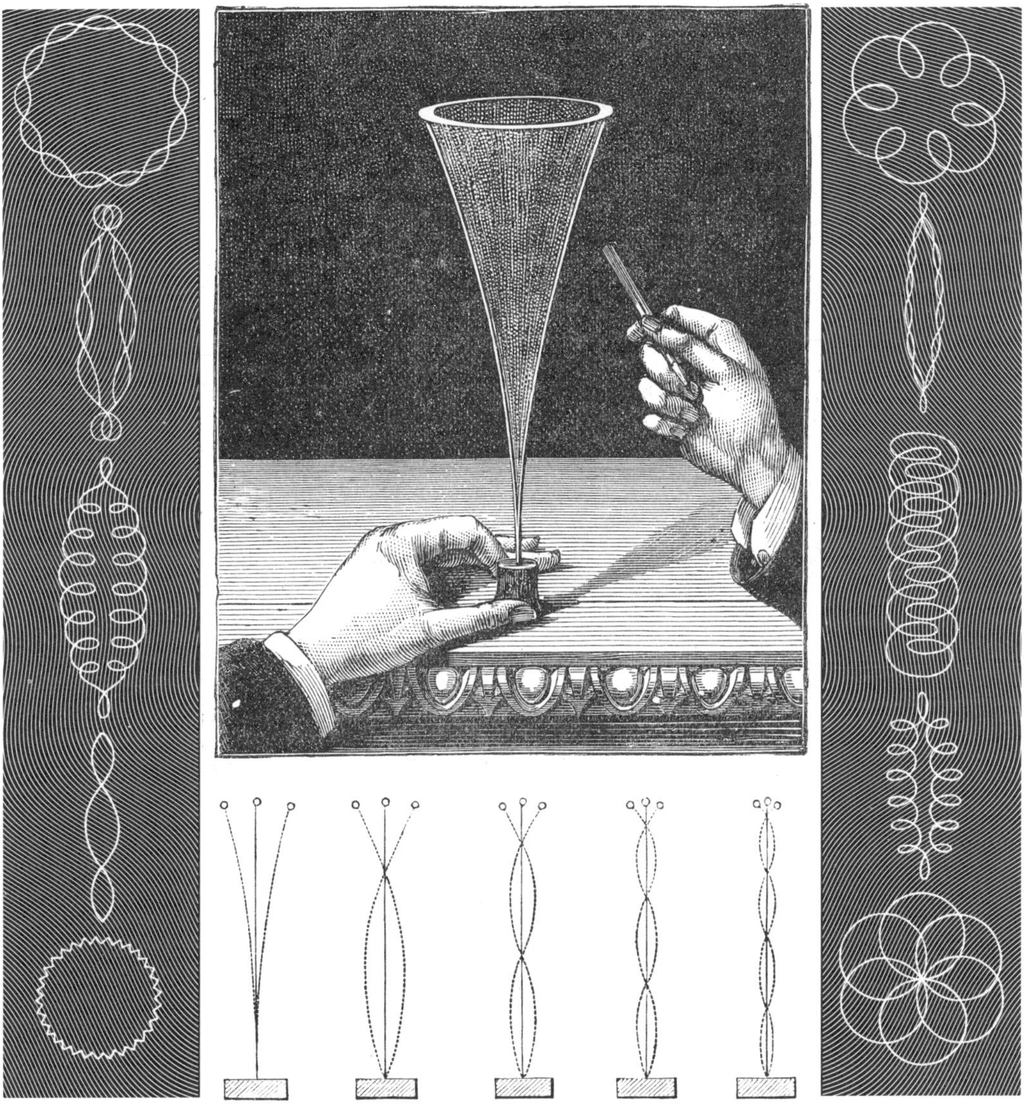

Patrones Chladni

Superficies vibratorias

Hasta ahora solo hemos hablado de cuerdas vibratorias y otros sistemas simples, pero también se puede hacer vibrar una superficie, y esta también puede generar patrones armónicos o resonantes.

En 1787 Ernst Chladni descubrió que si esparcía arena fina sobre una placa cuadrada y la hacía vibrar con un arco de violín o de alguna otra forma, ciertas notas, por lo general armónicos unas de otras, daban lugar a distintos patrones en la arena de la placa. Igual que en el caso del armonógrafo, otros patrones inarmónicos producían un revoltijo caótico. En ocasiones observó que se podían generar más dibujos tocando el lado de la placa en las divisiones armónicas de su longitud *(véase ilustración inferior)*. Esto creaba un nodo estacionario *(igual que la pluma de la pág. 192)*. Trabajos posteriores revelaron que las placas circulares generaban patrones circulares, las placas triangulares patrones triangulares, y así sucesivamente.

Las seis imágenes de la página siguiente son del libro *Cymatics* de Hans Jenny, uno de los textos fundamentales sobre este tema. La imagen de la vibración va apareciendo gradualmente, a medida que la arena va encontrando los puntos estacionarios de la placa y el volumen poco a poco se va incrementando a lo largo de la secuencia.

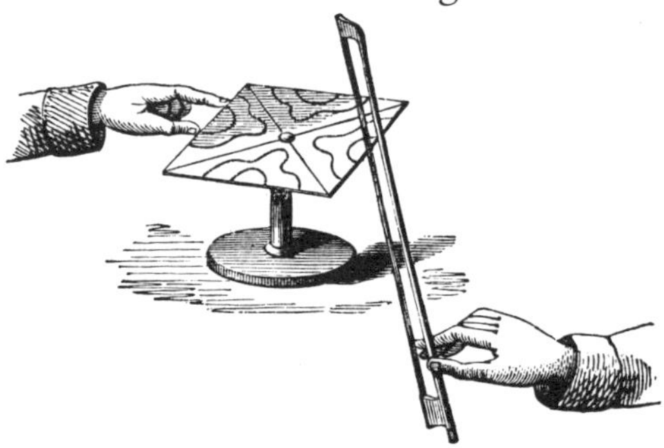

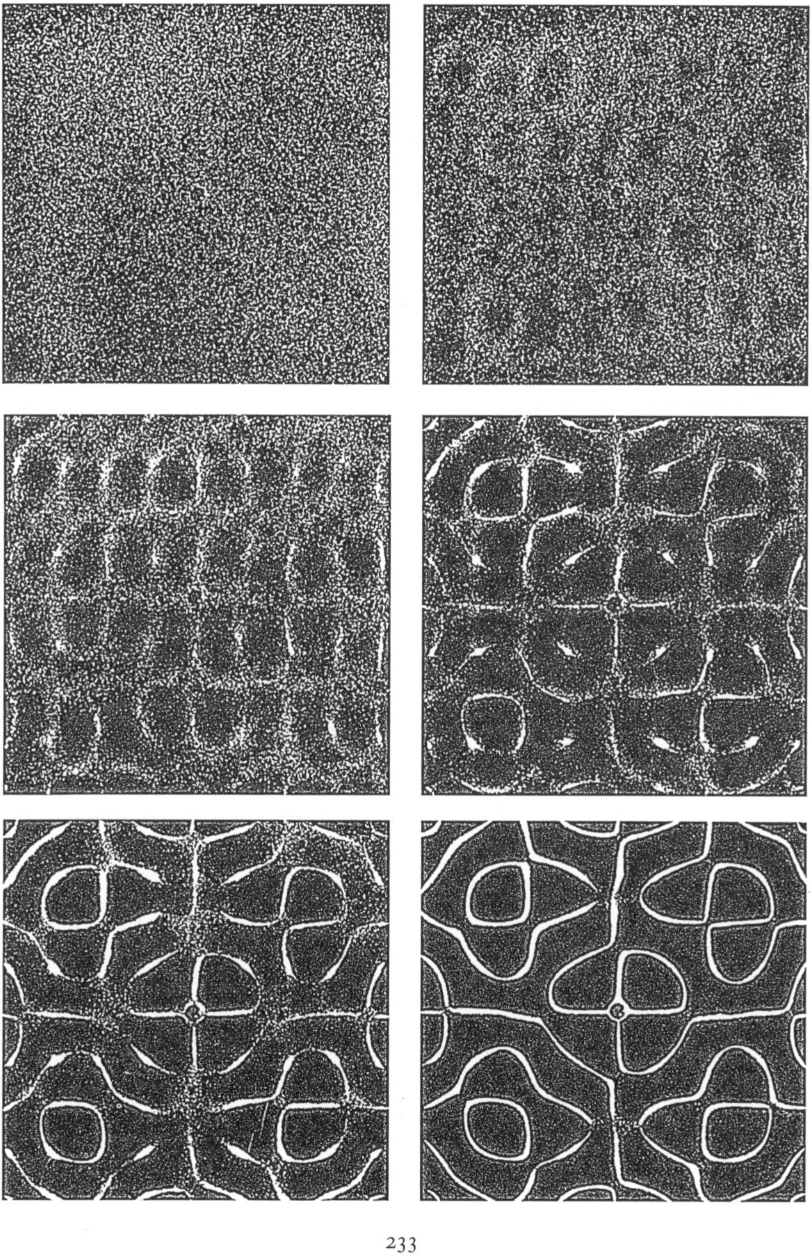

Imágenes de resonancia

y cómo cantar una margarita

La página siguiente muestra un conjunto más completo de figuras de Chladni, todas dobles o cuádruples porque se produjeron sobre una placa cuadrada.

En la parte inferior de esta página vemos algunos patrones circulares. Los fotografió Margaret Watts Hughes –una cantante muy astuta– en la década de 1880 con un ingenioso artefacto llamado *idiófono*, que consistía en una base hueca con una membrana tensada encima y un tubo unido a su base con una boquilla en el otro extremo. A medida que la señora Hugues iba cantando escalas diatónicas por el tubo, el fino polvo de licopodio esparcido sobre la membrana tensada de repente cobraba vida, saltaba en unos puntos y permanecía quieto en otros, produciendo formas que ella comparó con algunas flores.

De nuevo observamos siluetas y formas que surgen de la simple resonancia y de la armonía.

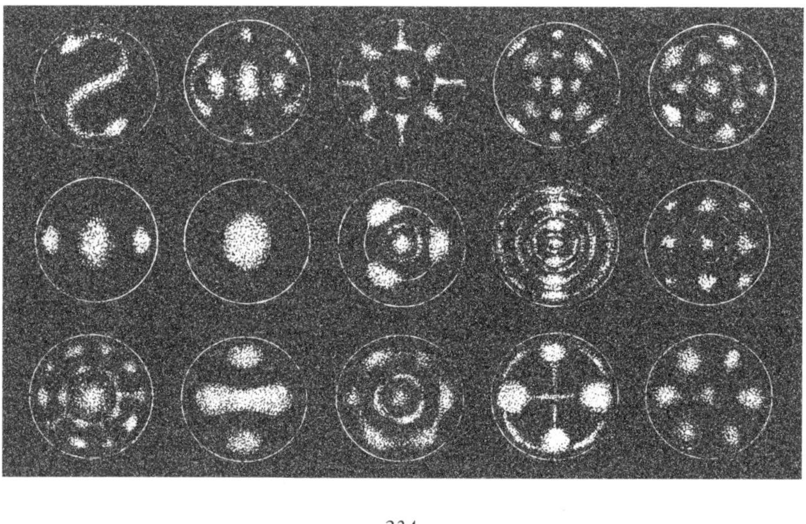

LIBRO V

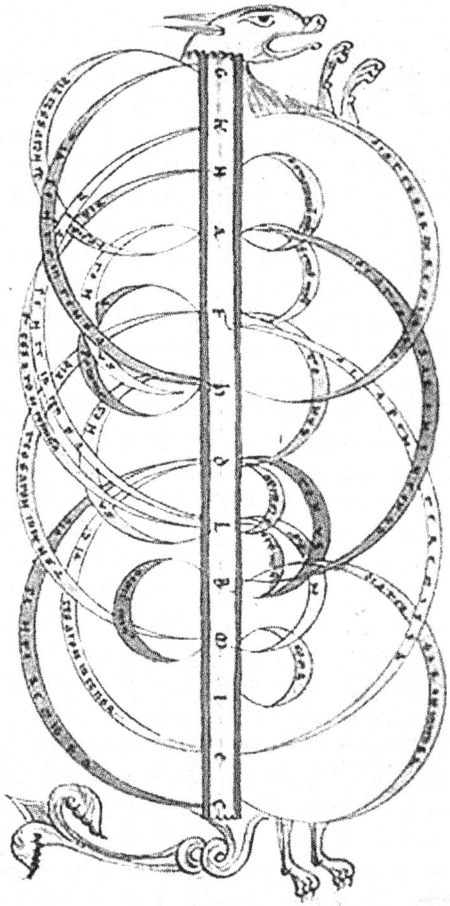

Diagrama musical zoomórfico, de De Musica *de Boecio (480-524 d. C.).*

LOS ELEMENTOS DE LA MÚSICA

Melodía, ritmo y armonía

Jason Martineau

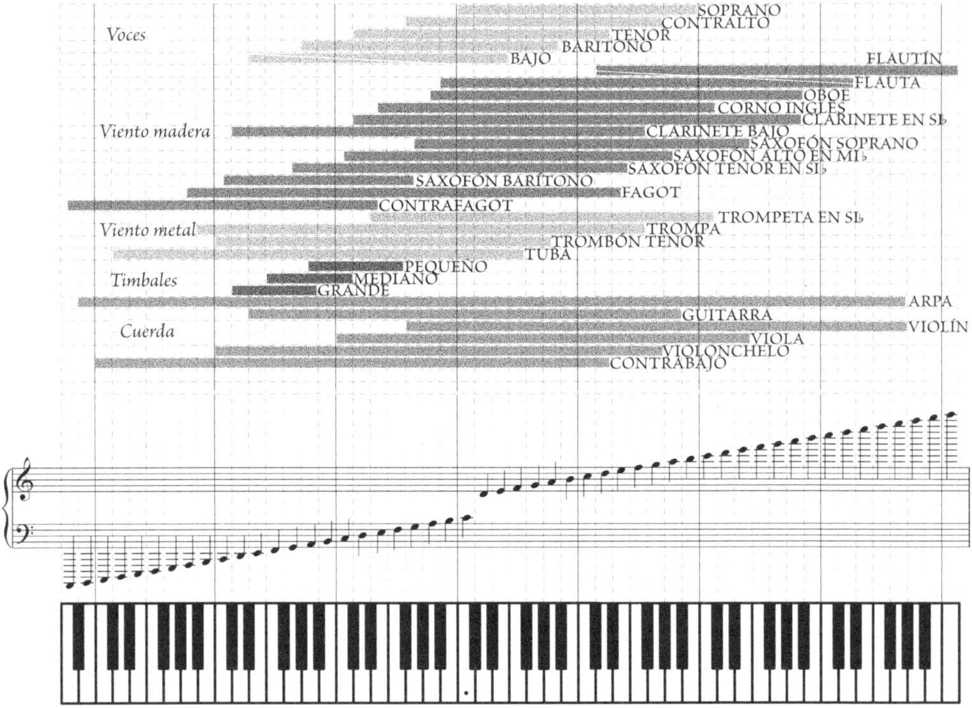

Nombre de la nota	Frecuencia en Hz	Período en ms	Número MIDI
La0	27,500	36,36	21
	29,135	34,32	22
Si0	30,868	32,40	23
Do1	32,703	30,58	24
	34,648	28,86	25
Re1	36,708	27,24	26
	38,891	25,71	27
Mi1	41,203	24,27	28
Fa1	43,654	22,91	29
	46,249	21,62	30
Sol1	48,999	20,41	31
	51,913	19,26	32
La1	55,000	18,18	33
	58,270	17,16	34
Si1	61,735	16,20	35
Do2	65,406	15,29	36
	69,296	14,29	37
Re2	73,416	13,62	38
	77,782	12,86	39
Mi2	82,407	12,13	40
Fa2	87,307	11,45	41
	92,499	10,81	42
Sol2	97,999	10,20	43
	103,83	9,631	44
La2	110,00	9,091	45
	116,54	8,581	46
Si2	123,47	8,099	47
Do3	130,81	7,645	48
	138,59	7,216	49
Re3	146,83	6,811	50
	155,56	6,428	51
Mi3	164,81	6,068	52
Fa3	174,61	5,727	53
	185,00	5,405	54
Sol3	196,00	5,102	55
	207,65	4,816	56
La3	220,00	4,545	57
	233,08	4,290	58
Si3	246,94	4,050	59
Do4	261,63	3,822	60
	277,18	3,608	61
Re4	293,67	3,405	62
	311,13	3,214	63
Mi4	329,63	3,034	64
Fa4	349,23	2,863	65
	369,99	2,703	66
Sol4	392,00	2,551	67
	415,30	2,408	68
La4	440,00	2,273	69
	466,16	2,145	70
Si4	493,88	2,025	71
Do5	523,25	1,910	72
	554,37	1,804	73
Re5	587,33	1,703	74
	622,25	1,607	75
Mi5	659,26	1,517	76
Fa5	698,46	1,432	77
	739,99	1,351	78
Sol5	783,99	1,276	79
	830,61	1,204	80
La5	880,00	1,136	81
	932,33	1,073	82
Si5	987,77	1,012	83
Do6	1046,5	0,9556	84
	1108,7	0,9020	85
Re6	1174,7	0,8513	86
	1244,5	0,8034	87
Mi6	1318,5	0,7584	88
Fa6	1396,9	0,7159	89
	1480,0	0,6757	90
Sol6	1568,0	0,6378	91
	1661,2	0,6020	92
La6	1760,0	0,5682	93
	1864,7	0,5363	94
Si6	1975,5	0,5062	95
Do7	2093,0	0,4778	96
	2217,5	0.4510	97
Re7	2349,3	0,4257	98
	2489,0	0.4018	99
Mi7	2637,0	0,3792	100
Fa7	2973,0	0,3580	101
	2960,0	0,3378	102
Sol7	3136,0	0,3189	103
	3322,4	0,3010	104
La7	3520,0	0,2841	105
	3729,3	0,2681	106
Si7	3951,1	0,2531	107
Do8	4186,0	0,2389	108

Arriba: algo más de siete octavas del espectro audible, agrupadas en torno al Do central y mostrando la posición de distintos instrumentos dentro del rango de frecuencias audibles. Los datos de frecuencia y período corresponden al temperamento igual.

Introducción

La música es el medio artístico que transmite el mundo interior y solo se percibe por los oídos y se capta con la mente. Por este motivo, cualquier planteamiento estricto de la comprensión musical siempre carecerá de algo, ya que la teoría musical es, en esencia, descriptiva y no preceptiva. Las tendencias y prácticas musicales solo se observan y catalogan sobre el análisis, después del hecho. Son los corazones y las mentes de los seres humanos los que dan forma y entretejen las melodías, armonías y ritmos para formar tapices llenos de significados, impregnados de los paisajes interiores de sus experiencias inmediatas.

Gran parte de la teoría de este libro se basa en la tradición europea clásica, que tuvo su inicio a principios del siglo XVIII. El contenido está concebido de modo que usted pueda empezar a entender las relaciones de las notas y los ritmos, para desvelar las propiedades inherentes del sonido durante el proceso y después, tal vez, de la música en general.

A efectos de este libro, todos los principios que se presentan se basan en el «temperamento igual», el sistema de afinación que se viene utilizando desde hace más de 300 años. En ocasiones se utiliza la palabra «sonido» y «nota» de forma indistinta, pero por regla general «sonido» se refiere al sonido audible, y «nota» al símbolo escrito. Puede consultar otros términos en el glosario al final del libro.

Espero que esta obra le descubra cómo funciona la matriz armónica subyacente al sonido, el marco organizativo a partir del cual se teje la música, influyendo en nuestra percepción de acorde, discordancia, tensión y resolución, contando una historia, siguiendo un recorrido.

¿QUÉ ES LA MÚSICA?

Empieza el espectáculo

Música es... la canción de cuna de una madre. Da expresión a nuestros sentimientos cuando no tenemos voz, palabras cuando estamos en silencio. Con ella alabamos, amamos, esperamos y recordamos. Está en la respiración del alma, en el vuelo de un colibrí y el viento que lo sostiene; la música da forma y se estremece en infinitos colores, matizados y distintos, y es eternamente creativa. Es el espíritu que cobra forma.

La música es transportada por las vibraciones de moléculas de aire, como las olas del mar. Tal vez atrapa y transmite de manera única el paisaje interior de una mente humana a otra, contiene nuestras lágrimas y sudor, dolor y placer, que toman forma de himnos, preludios, estudios y nocturnos. La música convierte en textura la decrepitud del tiempo, es la marea que va y viene de los estados de ánimo y de los significados. Reflexiona, vacila, contempla y estimula.

En música organizamos y fantaseamos, disponiendo los elementos musicales –*melodía, ritmo y armonía*– en formas y patrones significativos. Sus ritmos hacen que movamos las manos, los pies y el cuerpo siguiendo el pulso del universo. Sus armonías respiran con las complejidades exploratorias y con las curiosidades de relación y proporción, consonancia, disonancia, asonancia y resonancia. Sus melodías aletean en vuelos ilusorios, entrelazando congoja y maravilla.

Cuando la música se une con el lenguaje, entonces el habla se convierte en canción, elevando las intenciones y suplicándonos que escuchemos más atentamente, haciendo sagrado lo profano. La música aquieta el alma y las bestias salvajes. Orfeo confunde a criaturas y árboles, trastocando el curso de los ríos, superando las argucias del canto de las sirenas con su lira. Radha y Krishna tocan la flauta y bailan llenos de júbilo.

Templo de la música *por Robert Fludd (1574-1637). Abajo, a la izquierda, Pitágoras descubre que las proporciones de los pesos de los martillos se corresponden con la octava, la quinta y la cuarta. En el muro de la parte inferior derecha hay una notación de los ritmos básicos siguiendo un pentagrama en clave de fa. Encima hay tres tipos de hexacordos, las escalas de seis notas de la música medieval. A su izquierda está la* lambda, *una matriz de relaciones y proporciones de las notas que data de la época de Platón. La porción diagonal superior es un diagrama de distancias de los intervalos entre las notas de la escala. En vertical, más a la izquierda, está el monocordio. Por encima de las matrices diagonales hay una composición real, que incrusta todas estas prácticas dentro de una estructura musical.*

EPIGRAMAS Y DIALÉCTICA

Ideas en sonido

Cuando la música va de la mano del lenguaje, a menudo utiliza recursos que parecen epigramas o estrategias poéticas. Tomemos por ejemplo el epigrama en inglés «live, love, learn». Estas palabras, cuando se juntan, adquieren un significado emergente asociativo que trasciende las partes individuales. Observe la aliteración de «L» y el uso de «learn» en la secuencia para difuminar el esquema rítmico de las dos primeras palabras y cerrar el conjunto. Además, las tres palabras son monosílabas y se pueden utilizar tanto como infinitivos conceptuales (vivir, amar, aprender) como imperativos (¡vive!, ¡ama!, ¡aprende!).

Tanto en música como en lenguaje, los componentes de los epigramas se suelen sintetizar o unificar mediante la paradoja, una cualidad esencial para garantizar una respuesta estética y recordar la frase. En música las notas suben y bajan, son consonantes y disonantes, staccato y legato, y se empujan y oprimen unas a otras; estas dualidades fundamentales representan la naturaleza paradójica de la realidad misma. A partir de ellas, pequeñas unidades de significado se disponen en formas más grandes basadas en su estructura y, percibiendo esta unidad de opuestos, el oyente se aleja temporalmente de la corriente dualista y separada de la vida cotidiana y se transporta al reino de la unificación.

El epigrama para la melodía de «Happy Birthday» (Cumpleaños feliz) *(véase pág. sig.)* pasa por varias permutaciones y transformaciones pero retiene sus características fundamentales y así permanece satisfactoriamente reconocible hasta el final.

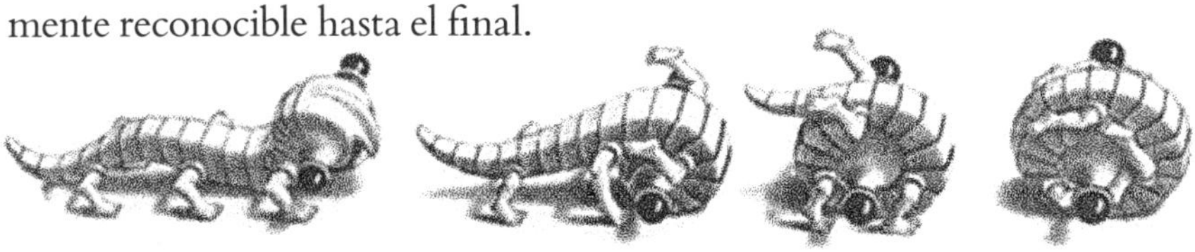

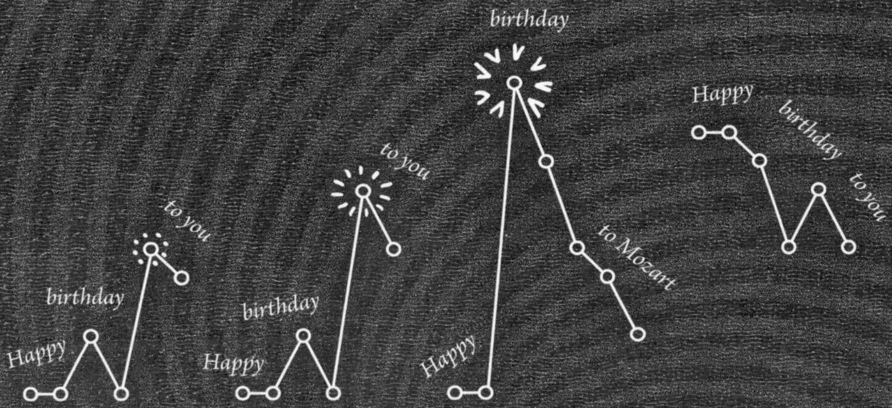

Arriba: «Happy Birthday». La melodía empieza en la quinta de la escala mayor, una nota larga seguida por otra corta repetida, después la sexta y vuelta a la quinta, seguida de un salto de cuarta ascendente, antes de descender un tono. La primera repetición de la idea es similar, excepto que el salto ascendente es ahora más grande (una quinta) seguido de un descenso de un tono. En la tercera repetición el salto ascendente es de una octava entera (un intervalo pequeño que se hace cada vez más grande), y donde antes la melodía descendía un tono, ahora lo hace el doble, con una clara disonancia, alargada sobre un tiempo acentuado, sobre el nombre de la persona. La frase final repite las palabras iniciales sobre una nota disonante, baja un tono, salta hacia abajo, y repite la figura inicial. Una dialéctica de notas y saltos bien construida, sonidos que suben y bajan, que descansan y se mueven, alternando tiempos acentuados y débiles, que nos llevan sin esfuerzo por un breve viaje, una lenta ascensión esforzada y una suave cascada hacia abajo, y un rápido descenso hasta la tónica o nota fundamental de la pieza.

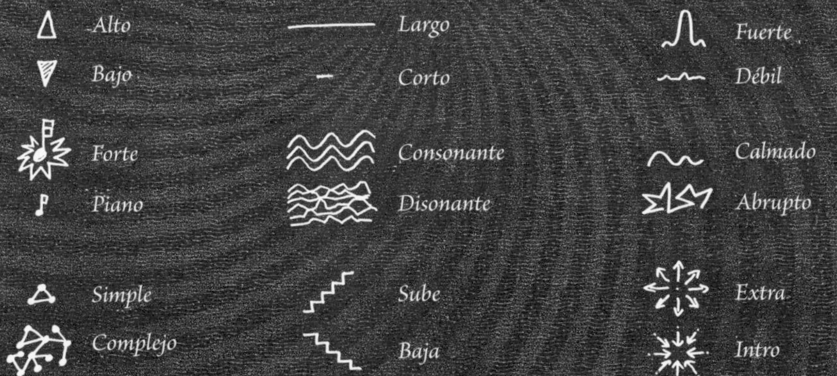

Arriba: en el lenguaje musical, gran parte de la transmisión de significado se basa en los opuestos. Cromática-diatónica, grandes saltos-intervalos pequeños, repetición-contraste... los opuestos interactúan a medida que se despliega la narrativa que transporta al oyente. Los contextos se definen de forma inmediata por los primeros sonidos que presenta la música, y todo lo que sigue se compara constantemente con lo que precede, a corto y a largo plazo, con el transcurso del tiempo. A medida que avanza la música, la interacción de estas dialécticas se va haciendo más clara. Los opuestos en conflicto generan dramatismo; los opuestos en armonía generan belleza.

Acústica y armónicos

De una nota a siete y más allá

Cualquier sonido que se pueda percibir como afinación o nota contendrá alguna periodicidad y vibrará a una frecuencia regular con una mezcla específica de amplitudes de armónicos *(véase pág. sig.)*, creando un timbre distintivo. Un oboe, un sitar o un piano pueden tocar la misma nota, pero su sonido será diferente. Las vocales A, E, I, O y U se crean atrapando o liberando armónicos con la forma de la boca y de los labios.

El otro componente del sonido, el ruido, carece de periodicidad: un martillo que golpea, un dedo que percute, un arco que se frota, el sonido de un televisor sin señal. Las bandas de ruido se definen por colores (ruido o sonido blanco, rosa, gris) y forman parte de los sonidos musicales que puede producir un instrumento. El componente de ruido de un sonido se puede comparar con las consonantes del lenguaje, con los tambores como oclusivas, los idiófonos como fricativas y los platillos como sibilantes.

El sonido musical se puede describir de forma muy parecida al lenguaje: una combinación de sonidos que varía el contenido de los armónicos con un componente de ruido que inicia el sonido, a veces lo continúa y ocasionalmente también lo cierra. El ruido tiene la función de las consonantes, que crean organización mediante el ritmo y la forma.

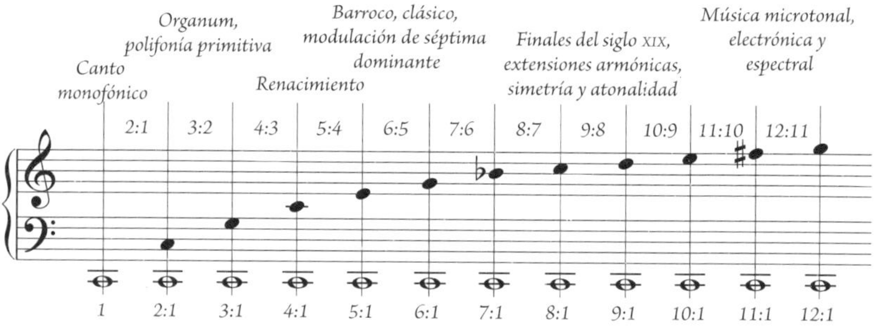

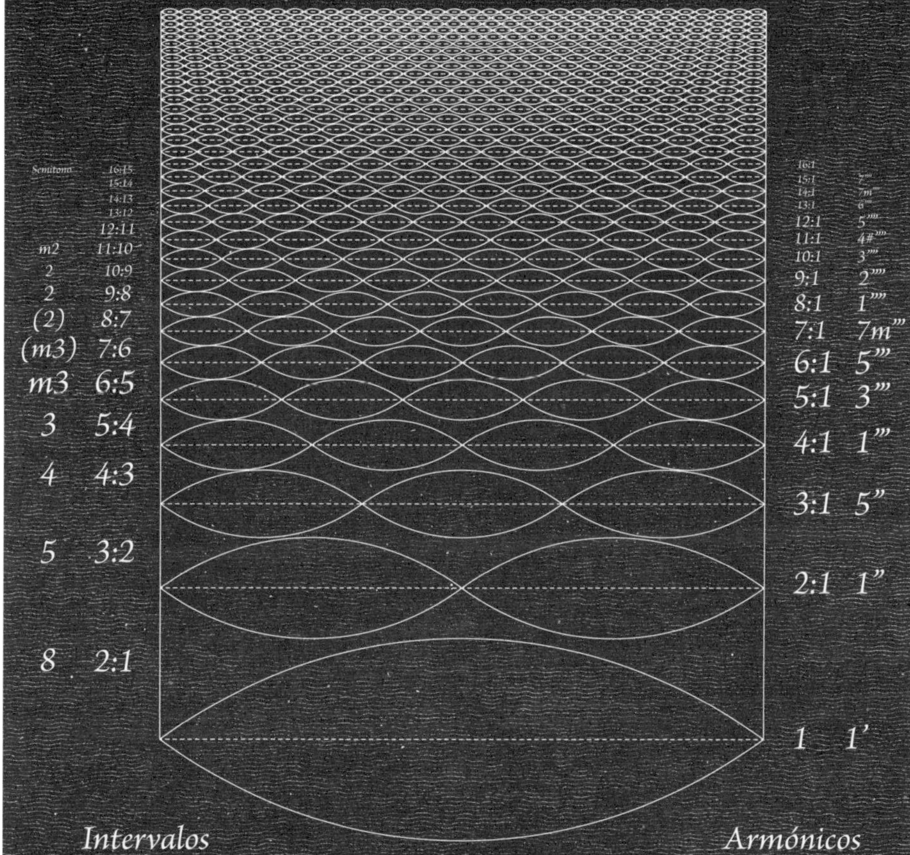

Arriba: cuando una cuerda vibra, o un tubo se llena de aire, se crean ondas en una proporción de números enteros que ocupan el mismo espacio, dando paso a la serie de armónicos. La unidad se subdivide en unidades infinitamente más pequeñas. Cada uno de estos armónicos constituye una estación o parada, un polo gravitatorio que actúa sobre otras notas cercanas.

Izquierda: se puede considerar que la evolución de la música en Occidente corre paralela a la serie de armónicos. En su ascensión, se han ido incorporando paulatinamente más y más partes de la serie en el pensamiento armónico. Las distancias relativas de los intervalos también sugieren el tiempo dedicado a explorar los intervalos, un viaje desde la objetividad icónica hasta la complejidad interior.

Comprender las escalas

Calles y escaleras

Una escala es una serie de notas discretas, incrustadas en el continuo sonoro, que por norma general se extienden una octava en un determinado número, que suele ser siete. La mayor parte de las escalas musicales de todo el mundo, en su atractiva diversidad, deben gran parte de su legado a la serie de armónicos y utilizan la quinta, el primer intervalo afinado, como unidad fundamental. Las quintas se apilan, una sobre otra, y después se transponen hasta obtener una octava única. También se puede dar prioridad a las terceras para derivar una escala (p. ej., temperamento mesotónico), y muchos otros métodos determinan los diferentes sistemas de afinación. Cada uno de ellos intenta resolver el problema de encerrar una curva o espiral infinita en una matriz o círculo. La escala se convierte en un terreno de juego para un drama melódico que pone de manifiesto las tensiones relativas entre estos armónicos y los tonos intermedios.

Las estaciones básicas son 1-3-5-1: el acorde mayor consiste en fundamental, tercera y quinta, creado por los armónicos 2:1 (la octava, la única nota que cuando se alcanza da la impresión característica del tono fundamental por debajo, igual pero distinto), y después 3:1, la quinta, que posee la siguiente cualidad de semejanza, aunque de hecho se trata de un sonido totalmente diferente. A continuación 4:1, otra octava, después 5:1, que se convierte en la tercera y que por lo general confiere la cualidad de mayor o menor a un acorde, escala o melodía. Muchas escalas de cinco y siete notas usan esta estructura subyacente en numerosas variaciones, pero las estructuras fundamentales son 1-2-3-5-6 (pentatónica) y 1-2-3-4-5-6-7 (las escalas mayores y otras diversas). El siete nace del cinco.

Una escala de siete notas en un entorno de doce notas significa que siempre faltarán cinco. En los sistemas de Oriente Próximo se escogen siete notas de un total de 17; en la India se escogen siete de un total de 22.

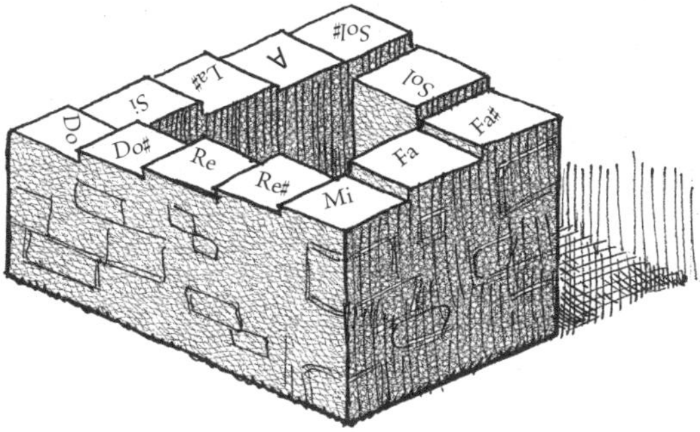

Izquierda: esta escalera modificada de Penrose muestra la paradoja de la octava musical. A medida que atravesamos una escala, ya sea ascendiendo o descendiendo, existe una salida y un retorno simultáneos; vamos y venimos al mismo tiempo.

Semitonos: en la afinación cromática, por ejemplo de un teclado, la distancia desde cada nota hasta su contigua, blanca o negra, es de un semitono. En la afinación cromática occidental la octava tiene doce semitonos iguales: do-do♯-re-re♯-mi-fa-fa♯-sol-la♭-la-si♭-si-do.

Tonos: los tonos equivalen a dos semitonos. También pueden atravesar las blancas y las negras, dependiendo de dónde caigan en el teclado. Las dos escalas compuestas por tonos enteros, que se excluyen mutuamente, son: do-re-mi-fa♯-sol♯-si♭ y re♭-mi♭-fa-sol-la-do♭.

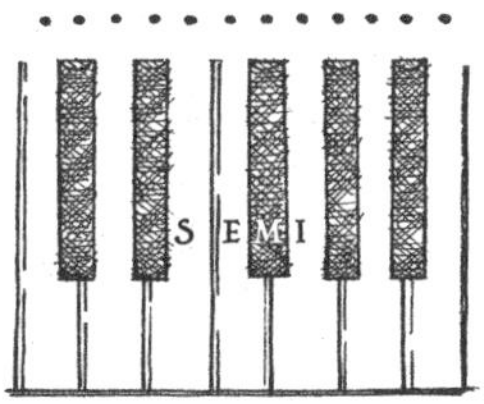

Semitonos

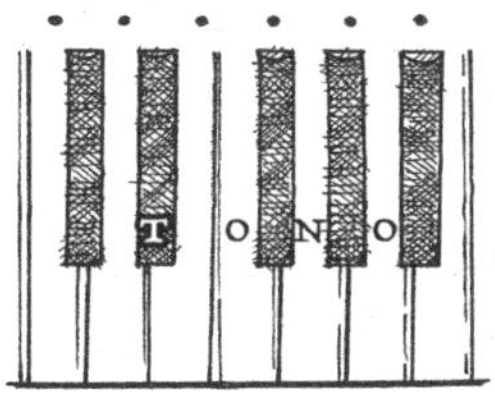

Tonos

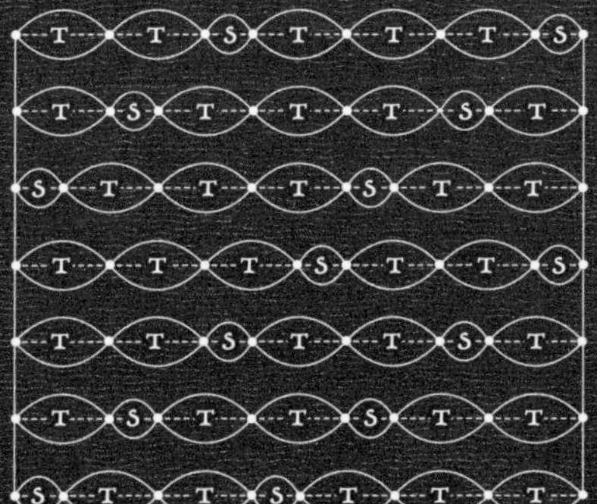

	Do	Re	Mi	Fa	Sol	La	Si	Do
Jónica								
Dórica			♭				♭	
Frigia		♭	♭			♭	♭	
Lidia				♯				
Mixolidia							♭	
Eólica			♭			♭	♭	
Locria		♭	♭		♭	♭	♭	

Arriba: los siete modos clásicos y sus nombres griegos. Izquierda: deslizando el punto de inicio de la escala una nota a la derecha, todos los tonos y semitonos se mueven hacia la izquierda, creando seis modos adicionales en una escala de siete notas. Derecha: una forma de generar los modos al compararlos con la escala mayor (jónica), haciendo algunos ajustes cromáticos, bemoles o sostenidos.

LOS INTERVALOS

y el círculo de las quintas

Un intervalo musical es la distancia entre dos notas, y aunque los sonidos se afinan de modo ligeramente distinto según la cultura, se encuentran los mismos intervalos en todo el mundo. Se puede pensar en los intervalos de dos maneras: la primera es como una simple serie de proporciones de frecuencia que se contrae cada vez más, de modo que el primer intervalo (la *octava*) es la relación 2:1, el segundo intervalo (la *quinta*) es 3:2 y el tercero (la *cuarta*) 4:3. Después sigue la *tercera mayor* en 5:4, la *tercera menor* en 6:5, la *segunda* en 9:8 o 10:9, e intervalos todavía más pequeños, con nombres como *cuarto de tono, shruti, li, coma, apotoma* y *microtono*, dependiendo de la era y la cultura.

La segunda manera de contemplar esta serie se basa en comparar los intervalos con la nota fundamental de la escala, con la que todos están relacionados. Este enfoque resulta en una octava (2:1), una quinta (3:1), otra octava (4:1), una tercera mayor (5:1), otra quinta (6:1), una séptima (7:1), otra octava (8:1), una segunda (9:1), una tercera (10:1) y un *tritono* (11:1), etc. Mientras que la primera forma es relativa, pues se compara cada parcial con su vecino más próximo, la segunda es absoluta, ya que los intervalos adquieren un valor absoluto comparados con la fundamental. Ambas formas son útiles si se adopta un enfoque analítico para la construcción de escalas musicales y las melodías que se derivarán de las mismas.

Observe que la octava, la quinta y la tercera mayor aparecen en ambos sistemas. Todas las escalas del mundo contienen estos intervalos de una forma u otra, y su precisa afinación revela ligeras variaciones y matices en la construcción de instrumentos y en los gustos culturales. Quienes emplean el primer enfoque afinan sus instrumentos y derivan sus escalas según la relación de los armónicos entre sí, mientras que quienes usan el segundo enfoque relacionan los intervalos con la nota fundamental.

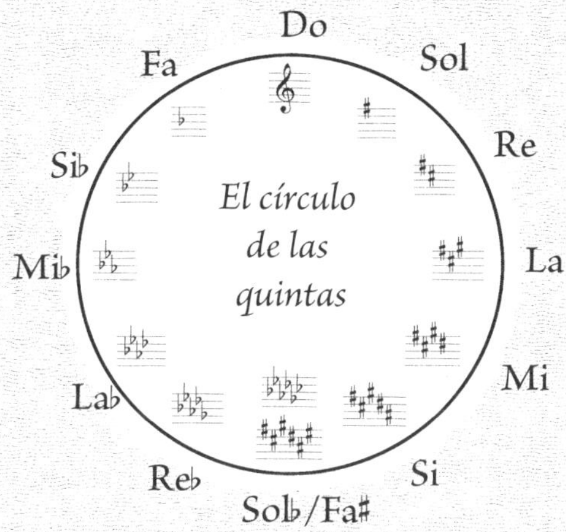

Intervalos en do mayor

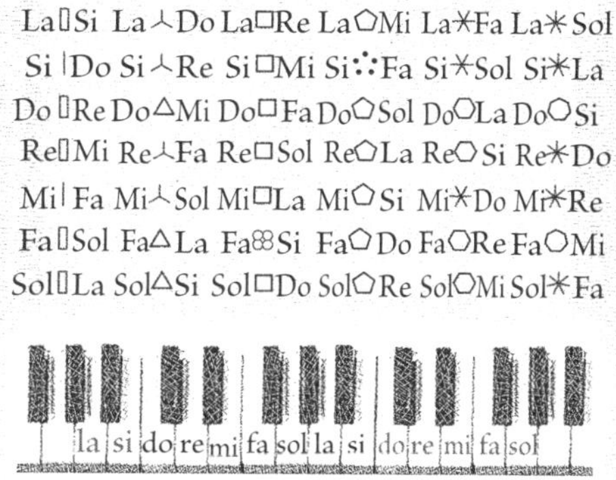

Arriba, izquierda: el círculo de las quintas es un diagrama de notas comunes. Las notas cromáticas (sostenidos y bemoles) se añaden en la sucesión de quintas perfectas para mantener la unidad y las relaciones de semitonos de la escala mayor construidas sobre cualquier nota. Cualquier grupo de siete quintas consecutivas del círculo proporciona todas las notas de alguna de las doce escalas mayores. Las alteraciones se utilizan cuando se tiene que modificar una escala para mantener la sintaxis del alfabeto. Las notas opuestas del círculo forman un tritono, el intervalo simétrico que corta la octava por la mitad.

Arriba, derecha: una tabla de los intervalos presentes en la escala de Do mayor, las notas blancas de un piano.

Derecha: un sistema simbólico de glifos empleado en este libro para describir intervalos musicales y sus tamaños relativos. Observe cómo se expanden y se contraen las formas con el tamaño del intervalo. Los intervalos menores y disminuidos son un semitono más pequeño que sus contrapartes respectivas, mayor y justo. Los intervalos aumentados son un semitono más grande que los justos. En ocasiones se llama al mayor y al menor duro y suave (dur y moll).

La parte inferior del diagrama muestra la naturaleza simétrica de las consonancias de los intervalos. El unísono, la cuarta, la quinta y la octava son consonancias perfectas. Las terceras y las sextas son consonancias imperfectas, mientras que las segundas y las séptimas son disonancias.

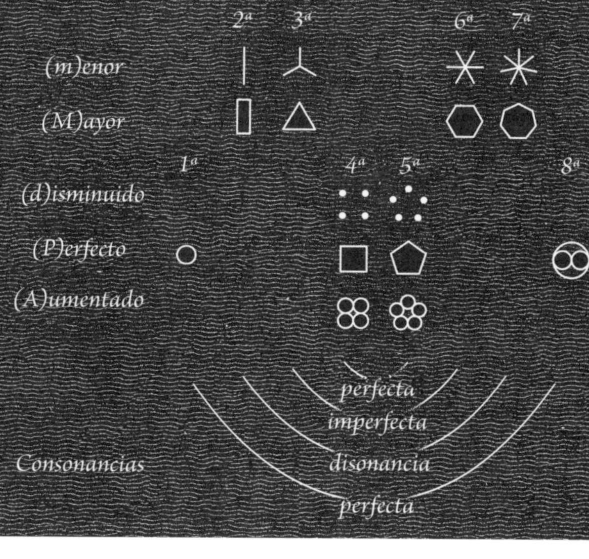

Ritmos básicos

La métrica y el compás

El ritmo es el componente de la música que indica la duración. Nos conduce de un tiempo a otro y se subdivide en proporciones simples, igual que la afinación. Incluso en los ritmos aparentemente complejos se suele percibir una estructura subyacente basada en divisiones entre 2 y 3. Así, la marcha y el vals son nodos en la subdivisión del ritmo, y las tensiones creadas por las *polirritmias* y la *síncopa* empujan y retienen contra el peso de estos nodos, de igual modo que las notas musicales individuales en una escala. Todo esto sucede a lo largo del tiempo, creando un marco de epigramas, revelando sus dificultades o su recorrido, y existiendo dentro de un sistema de reglas.

A efectos de la notación, las estructuras rítmicas se organizan en *compases*, que indican el tiempo fraccionado en grupos de pulsos. En el compás 4/4, cada compás tiene cuatro tiempos marcados por negras, que a menudo aparecen en grupos de cuatro compases. En la mayoría de los ritmos también existen tiempos acentuados y tiempos débiles, y los *acordes* se pueden colocar en cada compás en la *anacrusa* o el *ictus*, es decir, «entre» o «sobre» los tiempos del compás, para transmitir movimiento armónico y fortalecer la sensación de tonalidad. El despliegue y la variación de las tensiones y liberaciones resultantes a lo largo del tiempo es lo que en gran parte genera la fuerza emocional y expresiva del ritmo.

El ritmo en que los eventos ocurren también es un componente crucial de cualquier estructura rítmica, a menudo medido en pulsos por minuto (PPM). Las subdivisiones de un pulso no tienen demasiado significado si no se conoce su ritmo y su *tempo*.

bpm: 40 largo 60 adagio 76 andante 108 moderato 120 allegro 168 presto 200

Notas y silencios

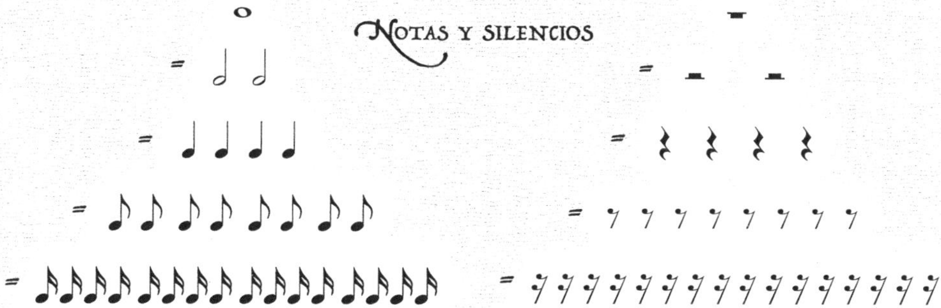

Arriba: las subdivisiones binarias básicas del compás, como notas (izquierda) y silencios (derecha). Los valores son, de arriba abajo, redonda, blanca, negra, corchea y semicorchea. Este proceso puede continuar hasta la semifusa (1/64). El silencio ocupa el mismo espacio potencial que una nota y ofrece amplitud y espacio, ayudando a clarificar las distintas partes.

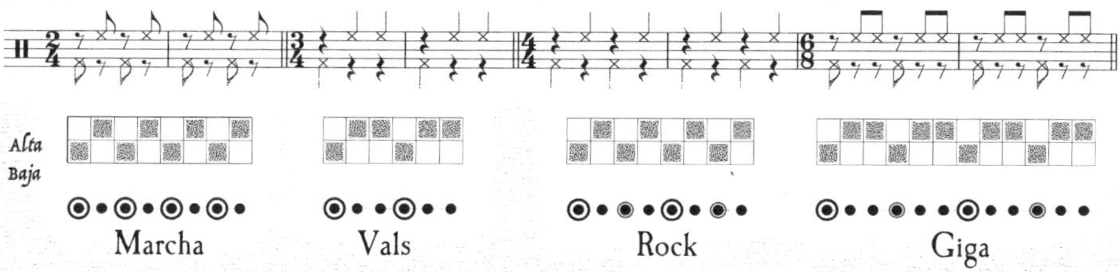

Los estilos musicales a menudo se definen por sus patrones rítmicos y los grupos y subgrupos de acentos que los componen. Aquí se muestran algunos de los más básicos, binarios y ternarios, simples y compuestos.

En el indicador del compás, el numerador indica la cantidad de pulsos por compás, mientras que el denominador indica la unidad de medida empleada. Los compases, separados por líneas, indican las células rítmicas, la repetición del patrón básico.

Largo y corto

Binarios		Ternarios	
Yambo	I —	Tríbraco	I I I
Troqueo	— I	Dáctilo	— I I
Espondeo	— —	Anfíbraco	I — I
Díbraco	I I	Anapesto	I I —
		Baquio	I — —
		Antibaquio	— — I
		Crético	— I —
		Moloso	— — —

Los pies o unidades métricas más pequeñas incluyen todas las posibles combinaciones de largo y corto en grupos binarios y ternarios, siendo doce en total.

TENDENCIAS TONALES

Tensión y resolución

Debido a la fuerte gravedad y estabilidad que desprenden las estaciones fijas de la escala, las notas que se desvían de ellas se perciben como transitorias. Los tonos y semitonos, incluso las terceras mayores y menores, se manifiestan con grados variables de tensión, que después se resuelve al llegar a otra estación fija, o cuando las notas transitorias se cambian por otras notas transitorias menos dinámicas. Además, las notas más alejadas de las estaciones fijas son menos activas o llamativas con relación a las más próximas. Las escalas menores poseen básicamente la misma serie de tensiones que las escalas mayores *(véase pág. 274)*.

Se observa otro nivel de complejidad en la música que tiene progresiones y modulaciones armónicas, ya que las series de tensiones pueden variar. En este caso las estaciones fijas son la fundamental, la tercera y la quinta de un acorde (y escala), con el resto de los tonos intermedios, pero a medida que surge un nuevo acorde, la fundamental, tercera y quinta del nuevo acorde se convierten en las nuevas estaciones fijas, o en estaciones secundarias. No obstante, sin una modulación real la importancia de la serie primaria de relaciones no se olvida, creándose así un conjunto escalonado de relaciones. Puesto que los acordes se pueden construir con cualquier nota de la escala como fundamental, pueden asumir el mismo aspecto estable o transitorio que ya posee la fundamental sobre la que se construyen, y contener su propio subconjunto de estaciones, formando dos filas de estabilidad o inestabilidad que se pueden activar en cualquier momento. La genialidad de una buena melodía implica la comprensión de estos dos primeros conjuntos de relaciones, y la hábil manipulación de las expectativas y del resultado contra esas tensiones naturales, basada en gran parte en el uso de la memoria, incorporando expectativa y culminación.

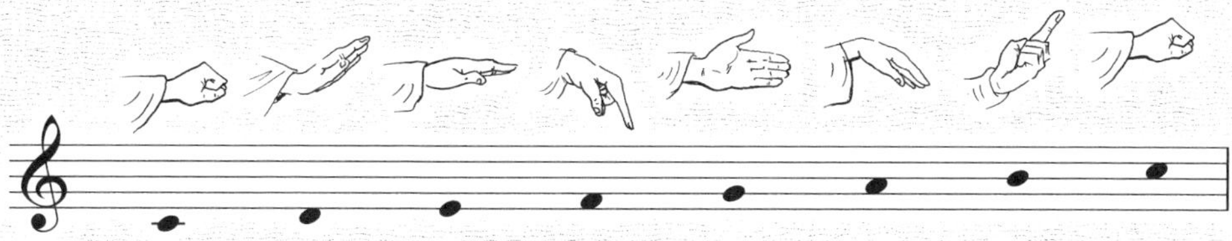

Occidental	Do	Re	Mi	Fa	So	La	Si	Do
	Fundamento	Emocionante	Constante	Desconsolada	Grande	Triste	Sensible	
	Firme	Eperanzada	Tranquila	Temerosa	Brillante	Llorosa	Penetrante	
India	So	Re	Ga	Ma	Pa	Da	Ni	Sa
	Base	Alegría	Enojo	Purificadora	Habla	Noche	Agitada	
	Fuerte	Sexualidad	Ira	Yin	Yang	Placer	Esfuerzo	

Arriba: las siete notas de la escala mayor, los signos manuales de Curwen y las cualidades asociadas. Los signos manuales horizontales indican las estaciones fijas, los demás las tendencias de los tonos intermedios, empujando hacia abajo o arriba.

Arriba: el tema principal del segundo movimiento de la sonata Patética de Beethoven en La♭ mayor, con los signos manuales de Kodaly. Los becuadros (Mi natural en el compás 5 y La natural en el compás 7) actúan como notas sensibles temporales, así que se expresan con el gesto para Si.

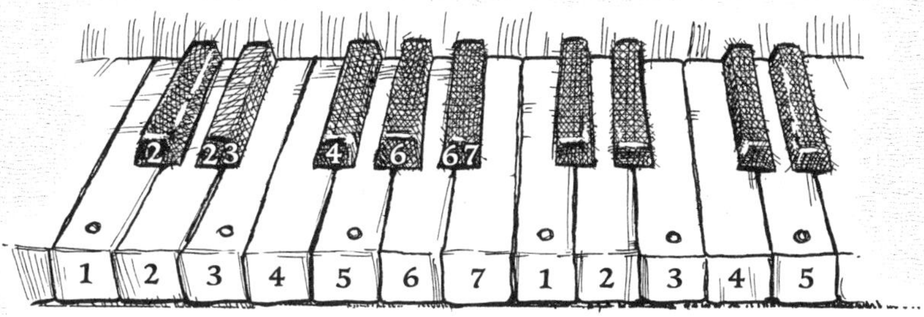

Arriba: las notas intermedias tienen muchas variaciones. La segunda se puede disminuir, dejarla justa o aumentar; la cuarta solo puede ser justa o aumentada. Si se disminuyera se convertiría en una tercera. La sexta puede tener tres variantes, pero la séptima también es limitada, porque solo se puede disminuir o dejar justa. Si se aumentara se convertiría en la octava.

Armonías básicas

Triángulos y tríadas

La tríada o acorde mayor, que ocurre de forma natural en la serie de armónicos como una pareja de terceras (una mayor y una menor, que suman una quinta), es la base de la música triádica o tonal (acordes construidos sobre terceras) de todo el mundo; la quinta justa y la tercera mayor son, después de la octava, los intervalos más estables y resonantes derivados de los armónicos. Mover una nota de abajo hacia arriba en un acorde crea una inversión *(abajo)*, con las mismas notas pero con un nuevo bajo. Observe cómo los acordes mayores de la primera inversión tienen dos intervalos menores, lo que les proporciona un sabor distinto. Lo mismo sucede con los acordes menores, que en su inversión suenan marcadamente mayores, puesto que dos de sus tres intervalos son mayores. A menudo se dice que los acordes disminuidos y aumentados no tienen fundamental, porque carecen de una cuarta o quinta estable.

Las inversiones se confabulan para reforzar o debilitar la importancia de una fundamental. Cuando la fundamental conforma el bajo, los intervalos están en su sitio al igual que en la serie de armónicos, y la nota más grave recibe la identidad del acorde construido por encima de ella. En la primera inversión, la tercera del acorde está en el bajo pero carece de intervalos fuertes por encima que realcen su importancia. En lugar de ello la fundamental, ahora arriba, es sostenida por una cuarta justa, otro fuerte intervalo estructural. Lo mismo se puede decir de la quinta en el bajo (la segunda inversión), donde de nuevo una cuarta justa sostiene la raíz. Las notas combinadas apuntan así siempre a su fundamental, dispuestas en grupos de tres.

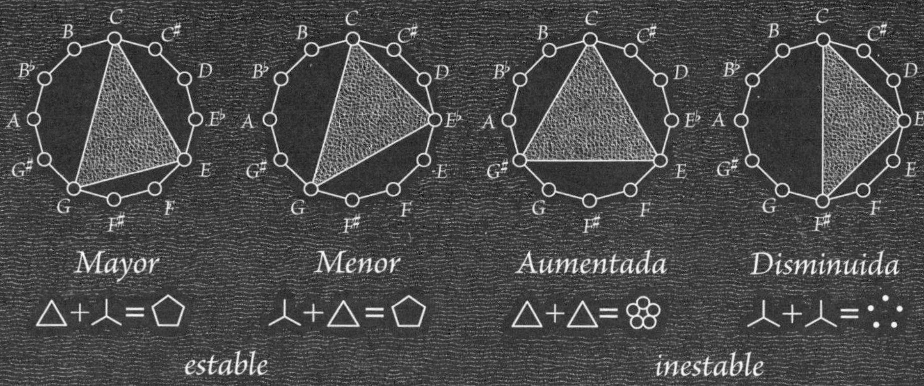

Arriba: las cuatro cualidades armónicas de las tríadas, dos estables y dos inestables. Los acordes simétricos suenan irresolutos o inestables, mientras que los acordes asimétricos suenan estables debido a la presencia de la quinta justa, el único intervalo (con su inversión, la cuarta) que no divide a la octava de forma equitativa. Cambiar la quinta por un semitono, hacia arriba o hacia abajo, produce simetría e inestabilidad. Las cuartas y quintas justas conforman la base estructural del sistema que contiene la simetría fluida de todos los demás intervalos.

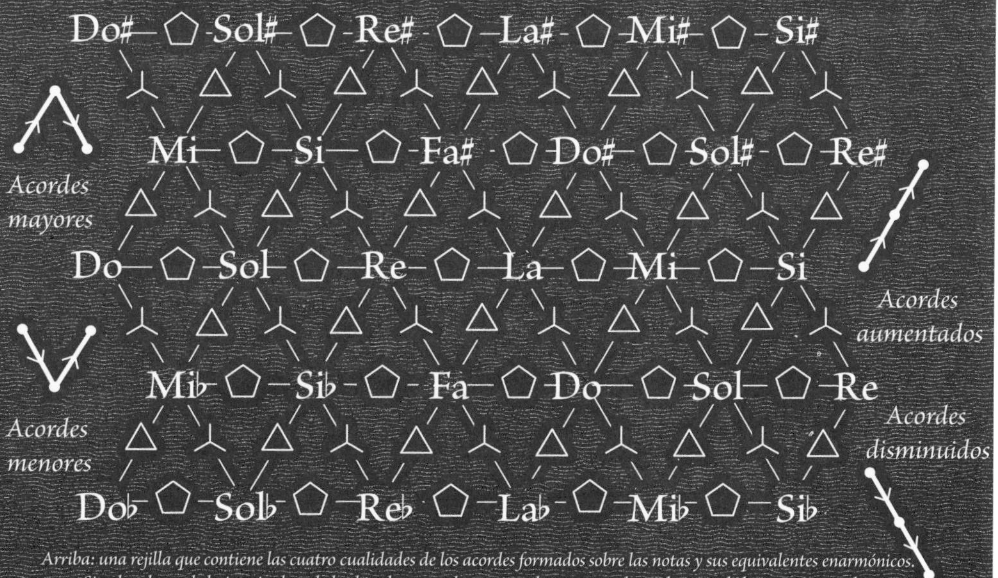

Arriba: una rejilla que contiene las cuatro cualidades de los acordes formados sobre las notas y sus equivalentes enarmónicos. Siga las claves de la izquierda y de la derecha para determinar las terceras de cualquiera de los cuatro acordes.

Melodía básica

Pasos y saltos, contorno y gesto

Una melodía se crea por la sucesión de notas en un espacio de tiempo. Paso a paso, nota a nota, se traza un guion, se abre un camino. Aparecen gestos, como las inflexiones que se usan en el lenguaje hablado, o la dialéctica de sonidos ascendentes y descendentes. Un gran salto se percibe amplio e impresionante, otro pequeño más fluido y suave. Se pueden sugerir contornos curvados o escindidos.

Por lo general, las melodías son una combinación de pequeños *pasos* y *saltos* más grandes, donde un salto en una dirección induce un anhelo de resolverlo dando un paso en la dirección opuesta, porque deja un hueco que hay que llenar. La naturaleza continua de la melodía lleva a que, cuando las notas se alejan demasiado, el oyente, que sigue el camino curioso de ver a dónde conduce, desea que permanezcan unidas y regresen al punto de partida. Esto se suele manifestar con un entrelazamiento rítmico de notas que se acercan y alejan a las estaciones fijas de la escala.

La expresividad de una melodía se genera en parte por la tensión y la resolución de las notas intermedias de la escala, y su colocación rítmica sobre un tiempo acentuado o débil intensifica o disminuye su efecto. A veces una melodía puede actuar como si fueran dos, saltando arriba y abajo, y manteniendo así dos hilos alternos independientes. En el caso de otras melodías, su efecto depende de los sonidos que suben y bajan.

En la música vocal, las melodías son o bien *melismáticas*, con varias notas en una sílaba, o bien *silábicas*, con una nota por sílaba.

Los silencios o cesuras resultan esenciales para una melodía. Ofrecen el tiempo necesario para respirar, reflexionar e interactuar con la música. Los oyentes aguardan lo que sucederá a continuación, en suspenso, anticipándose. Un silencio bien colocado en un tema puede convertirse en un momento musical de gran fuerza.

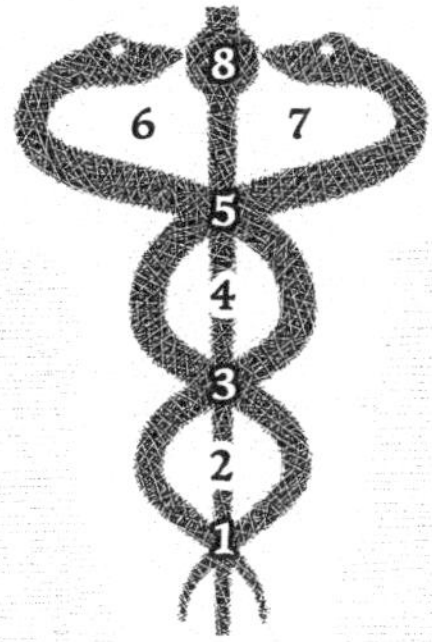

Arriba: las melodías son fáciles de expresar visualmente. Se entrelazan por las estaciones fijas de la escala y las partes transitorias, más débiles, que contribuyen a crear tensión y expresividad sobre cualquier melodía.

Vecina superior
Adorna una estación desde arriba, tiempo débil

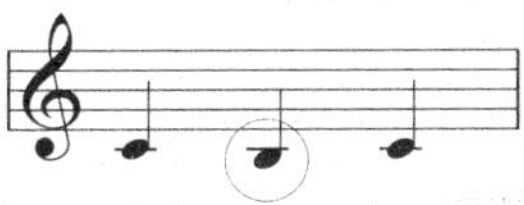

Vecina inferior
Adorna una estación desde abajo, tiempo débil

Nota de paso
Actúa como puente entre dos estaciones, tiempo débil

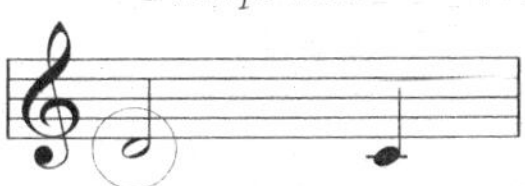

Appoggiatura
Un evento fuera de la estación que se apoya sobre una estación, tiempo fuerte

Escapada o elisión
Una nota sin estación que primero da un paso en una dirección y luego un salto en la otra

Cambiata o nota cercana
Un grupo de notas contiguas, más altas y más bajas, a menudo disonantes, que adornan una estación

Las notas sin estación pueden ser acentuadas o no acentuadas, y caer sobre tiempos acentuados o débiles (excepto la appoggiatura, que siempre va acentuada). Cuando se producen sobre tiempos fuertes, compiten con más fuerza con las estaciones para transmitir la armonía.

Trino **Trino** **Mordente** **Grupeto** **Acciccatura**

Arriba: los adornos y ornamentos melódicos, como (de izquierda a derecha) trinos, mordentes, grupetos y acciaccaturas, también son fórmulas melódicas en pequeña escala.

Progresiones de acordes

Tónica, dominante y subdominante

Los acordes adquieren la identidad de la estación sobre la que se forman y se refuerzan por las tendencias de las notas, así que a medida que se mueven en progresión o sucesión, empujan y tiran de sus vecinos, reforzando la tonalidad. Así como las notas de un acorde colaboran para reforzar una tonalidad, todos los acordes ayudan a fortalecer o debilitar la tónica.

El movimiento más fuerte de progresión que puede tener una fundamental es la quinta, ya sea hacia abajo o hacia arriba, pues así exalta la relación íntima y la gravedad relativa de tres notas consecutivas del círculo de las quintas. El movimiento armónico más básico es por tanto de la *tónica* (I) a la *subdominante* (IV) o a la *dominante* (V) y de nuevo a la tónica (V), aunque otras tríadas de la escala pueden sustituir a estas tres funciones básicas sin sacrificar del todo la función o el significado temporal de su colocación *(abajo)*. I y iii comparten la tercera y la quinta, así que se pueden sustituir mutuamente. Del mismo modo, ii y IV comparten dos notas, igual que vi y I o V y vii°. Cuanto más notas haya en común, más suave y gradual será el movimiento armónico.

En esencia existen tres estados en la progresión armónica tonal: inicio, salida y regreso, que se repiten y forman ciclos para reforzar la tónica. Los acordes con intervalos más simétricos (terceras) son inestables o precisan resolución, y tienen una función dominante, mientras que las armonías que poseen cuartas y quintas justas (los únicos intervalos asimétricos) resultan más reposadas y no son dominantes.

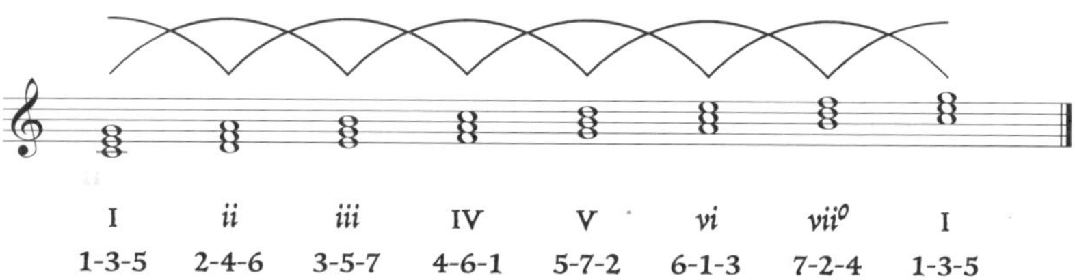

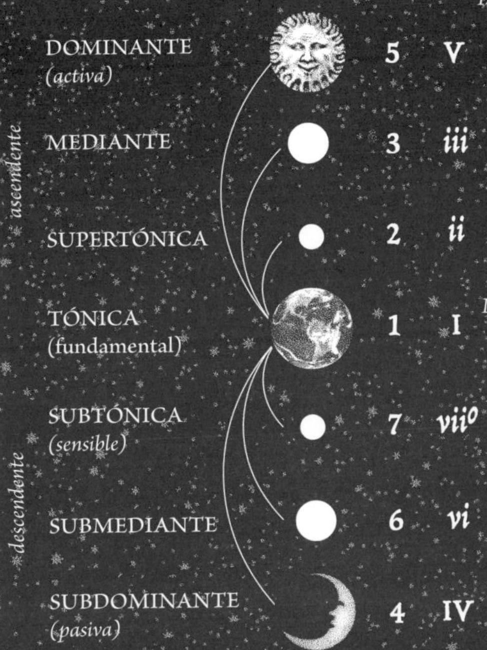

Izquierda: las siete raíces de las siete tríadas poseen una relación especial con la tónica. La tónica/fundamental (Tierra) ejerce una gravedad considerable en la música tonal, atrayendo con fuerza los dos cuerpos más cercanos (ii y viiº). El Sol y la Luna, una quinta por arriba o por abajo, poseen una gravedad más débil y pueden existir como identidades separadas, aunque relacionadas.

V niega a I, aunque implica su presencia porque se resuelve en ella. IV contiene la fundamental de I en su tríada, así que tiene una relación más cercana con la tónica que V.

La mediante (tercera) y la submediante (tercera inferior) poseen una gravedad moderada y constituyen estaciones más débiles; cada una de ellas comparte dos notas con dos acordes.

MOVIMIENTOS DE LA FUNDAMENTAL

2ª la fundamental asciende o desciende una segunda. Movimiento fuerte, no hay notas comunes.

3ª la fundamental asciende o desciende una tercera. Movimiento gradual, dos notas comunes.

4ª o 5ª el movimiento más fuerte, pues pertenece al círculo de las quintas. Una nota común.

CANON PACHELBEL I - 4 V - 2 vi - 4 iii - 2 IV - 4 I - 2 ii - 4 V

HEART AND SOUL I - 3 vi - 4 ii - 5 V

LET IT BE I - 4 V - 2 vi - 3 IV - 5 I - 4 V - 2 IV - 4 I

Arriba: el movimiento ascendente de la fundamental es progresivo. El movimiento descendente tiende a ser más regresivo y relajado. La mayoría de las progresiones armónicas presentan un equilibrio circular de ascenso y descenso, proximidad y lejanía. Aparte de la relación especial entre I, IV y V, mientras menos notas comunes existan entre dos acordes, mayor será la sensación de desplazamiento.

Izquierda: al reducir los acordes secundarios a su función primaria, podemos ver si una sucesión armónica progresa o retorna, si es activa o pasiva, y por lo tanto valorar los índices de tensión y movimiento.

Instrumentación

Las texturas del timbre

Los musicólogos identifican seis tipos básicos de instrumentos musicales: membranófonos (membranas), cordófonos (cuerdas), idiófonos (percutidos), metalófonos (metálicos), aerófonos (aire) y electrófonos (electrónicos).

Los instrumentos de viento, por norma general, tienen un extremo abierto y forma cónica para liberar el sonido. El aire se puede mover por un espacio estrecho para hacer vibrar una o dos lengüetas, o se puede generar el sonido mediante la vibración de los labios (soplando a través de una boquilla), como en el caso de los instrumentos de viento de metal. Las cuerdas se pueden percutir, pulsar o frotar con un arco, o pueden resonar por simpatía con otras cuerdas. Los instrumentos de percusión mueven el aire de forma rápida, abrupta y ruidosa, disponen de membranas y los implementos para golpearlos. La percusión contrasta con los tonos suaves y sostenidos de la melodía y la armonía, sus golpes, frotes, choques o timbrazos actúan como signos de puntuación. Todas las culturas utilizan percusión en su música, y muchos instrumentos de viento y de cuerda revelan la espiral algorítmica o la curvatura de afinación. Algunas culturas también creen que los instrumentos contienen el alma de animales, que cantan cuando la cuerda o la piel vibran. Muchos instrumentos se parecen a la estructura del oído humano; ambos forman parte de la dualidad de la vibración, los instrumentos la generan y el oído la recibe. La voz puede imitar a la mayoría de los instrumentos *(abajo se muestran las tesituras básicas de voces femeninas y masculinas).*

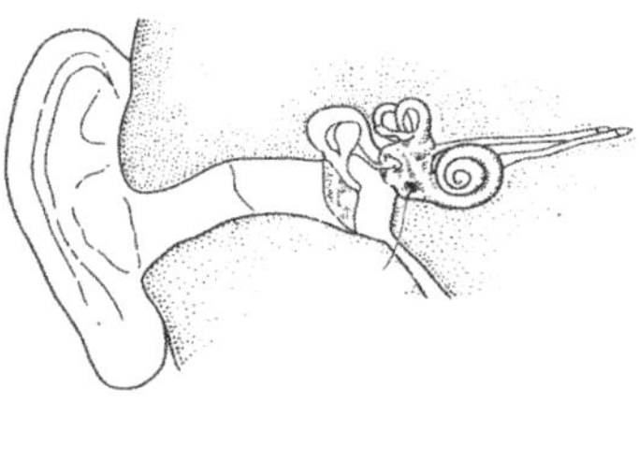

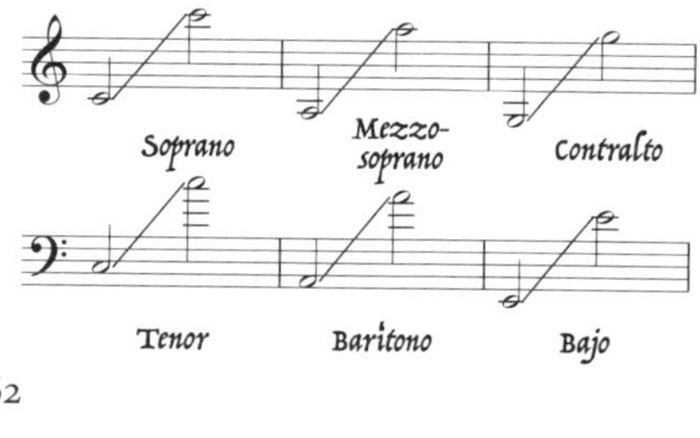

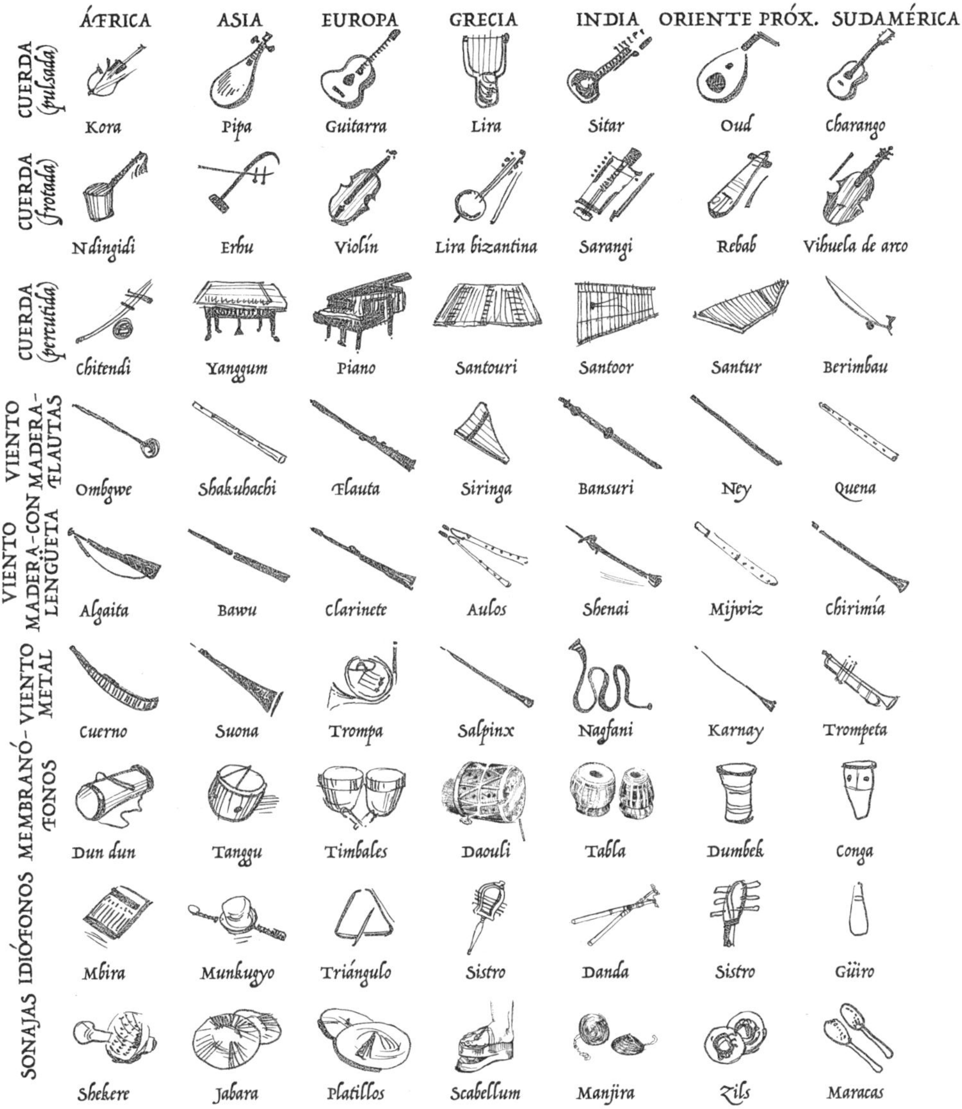

Arriba: ejemplos de instrumentos de cuerda, viento y percusión de varias épocas y de distintos lugares del mundo.

RITMOS MÁS COMPLEJOS

Dinámica, articulación, elocución y síncopa

Las ondas de sonido evolucionan en el tiempo, y en la *envolvente de amplitud (abajo)* se registran tres fases (comienzo, continuación y cierre) para caracterizar las distintas cualidades volumétricas en el tiempo. Los sonidos *staccato* poseen una cualidad corta y aislada, los *tenuto* son ligeramente alargados e interconectados (en *legato*) con las notas cercanas, mientras que un *acento* indica el ataque fuerte de un tono, lo que enfatiza su comienzo.

Piano y *forte* indican «suave» y «fuerte», y se utilizan para sugerir volumen o amplitud. El *pianoforte* (piano) se denominó así por su capacidad de tocar con mayor o menor volumen, lo que contrastaba con anteriores instrumentos de teclado, como el clavecín y el clavicordio, que no podían hacerlo.

Las articulaciones y la dinámica en la notación musical dan forma a los pasajes y contribuyen a la sensación de carácter y estado de ánimo, ya sea juguetón, pesaroso, caprichoso o agresivo. Las articulaciones afectan a la presencia de ruido en el instrumento, actuando como las consonantes sobre las vocales.

En la página siguiente se muestran ritmos con puntillo en notación triple. Fíjese en que el punto se halla a la derecha de la nota y no por encima o por debajo (como en el *staccato*). Los ritmos siguen aumentando su complejidad y se subdividen en síncopas y polirritmias *(véase pág. 396)*.

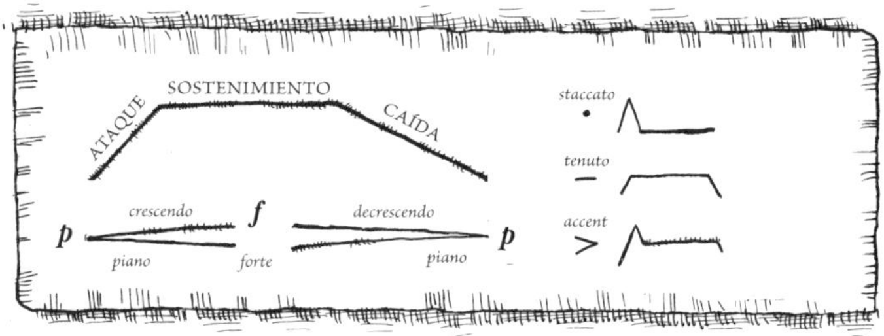

Notas y silencios con puntillo

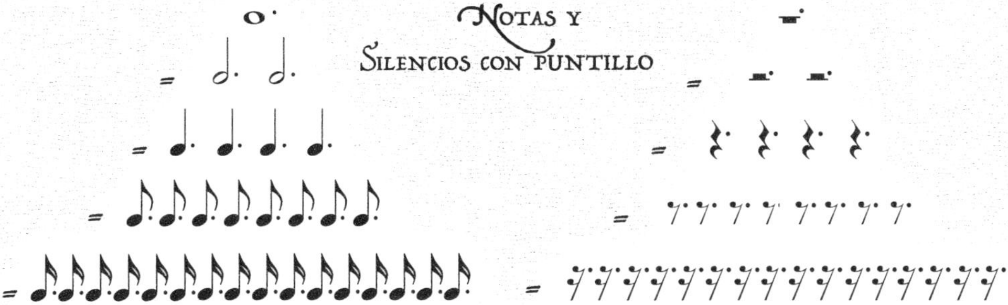

Arriba: notas con puntillo (izquierda) y silencios (derecha). Los ritmos con puntillo equivalen a una vez y media el valor de la nota o el silencio sin puntillo, y resultan útiles para obtener subdivisiones triples.

Arriba: un pentagrama sencillo en 3/4, que ilustra la relación de tres negras con una blanca con puntillo; ambas ocupan el mismo espacio de tiempo.

Arriba: en 6/8, tres negras equivalen a dos negras con puntillo, que a su vez equivalen a una blanca con puntillo.

Derecha: los tresillos pueden representar cualquier número de subdivisiones del compás, dependiendo del contexto métrico en que aparecen. Las subdivisiones de tresillos son idénticas a las subdivisiones de frecuencia de la serie de armónicos. Llegados a este punto, se puede anotar prácticamente cualquier división del compás en el sistema de notación.

Polirritmias

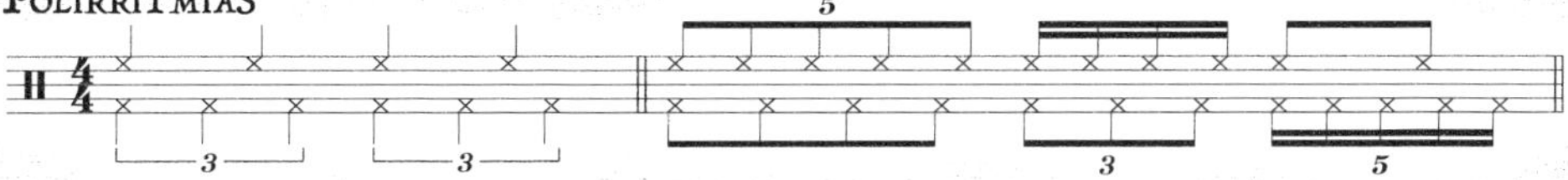

Arriba: se habla de polirritmia siempre que distintas subdivisiones del compás aparecen juntas, como 2 contra 3, 5 contra 4, 4 contra 3, 2 contra 5, y así sucesivamente.

Síncopas

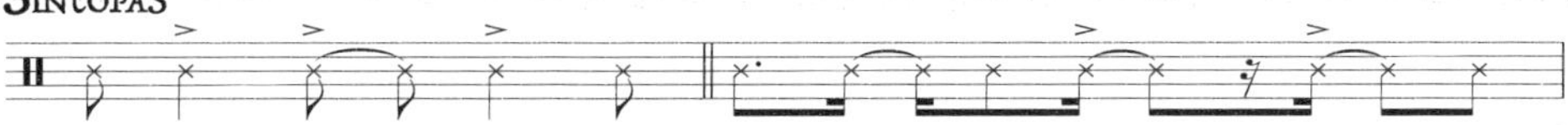

Arriba: la síncopa es el desplazamiento de tiempos acentuados sobre tiempos débiles, cambiando así nuestra sensación de previsibilidad y estabilidad. Un exceso de síncopa nos hace perder el pulso. Si no hay suficiente, pronto nos aburrimos. Mediante el uso de las síncopas, cada cultura tira y empuja de forma específica contra sus estructuras métricas.

Forma y estructura

Adónde voy y cómo llegué aquí

La estructura musical suele evolucionar en partes o secciones. Primero se presenta una idea, estado de ánimo o motivo. A continuación llega algo que lo cambia o lo contrasta al tiempo que está relacionado con ello, y así se crea primero una sensación de unidad y por último de llegada o retorno. Este patrón de desarrollo también ayuda a orientar al oyente en el tiempo, de modo que, usando su atención y memoria, puede saber en qué punto de la estructura musical se encuentra. Sin ella estaría a la deriva en un mar de ideas sin relación entre sí. Algunas piezas se componen intencionalmente de esta forma para conseguir este preciso efecto.

La mayoría de las personas pasan por vicisitudes emocionales en su vida, dejando el hogar, saliendo al mundo, viviendo aventuras y por fin regresando a casa. El viaje de la vida es como una composición musical, que nace a partir de la nada, vive durante un tiempo en forma y estructura, baila espontáneamente al borde del caos y del orden, y por último retorna. En este sentido, la música occidental suele ser más lineal y la música oriental más cíclica.

El tiempo musical se puede visualizar como un guion gráfico *(abajo)*, en el que cada segmento expresa la esencia de un personaje, significado, intención o propósito concreto de una sección o movimiento. A menudo estas secciones se ordenan teniendo en cuenta el nivel de atención del oyente, en distintos grados de complejidad e implicación, igual que una ceremonia que incluye invocación, meditación y danza.

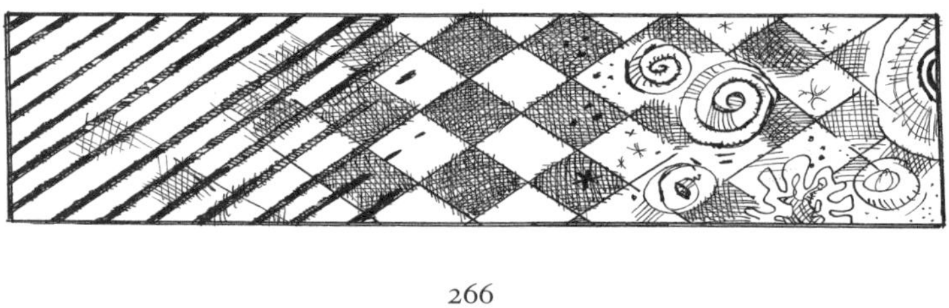

Formas básicas de la música occidental

BINARIA

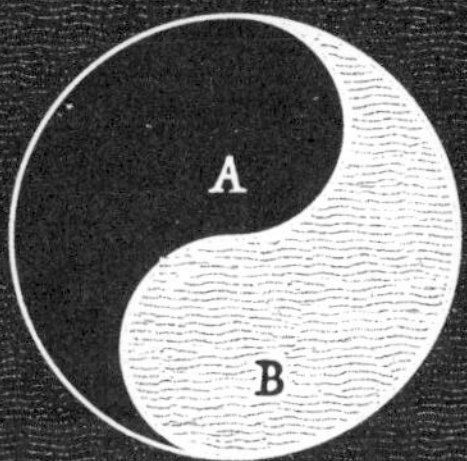

Arriba: las formas binarias son simplemente dos secciones que contrastan entre sí y forman un todo completo, AB.

BINARIA REDONDEADA

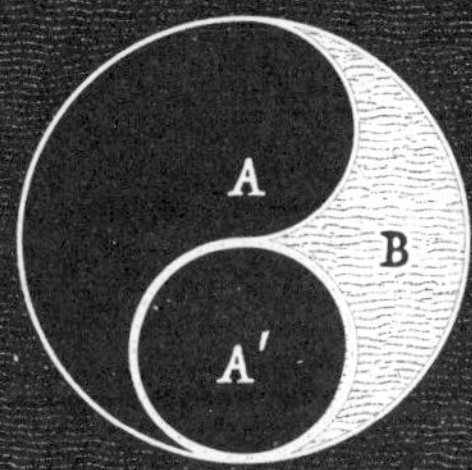

Arriba: la binaria redondeada vuelve a traer una versión alterada de A, por lo general solo lo suficiente para sugerir o recordar al oyente dónde ha estado, ABA′.

TERNARIA

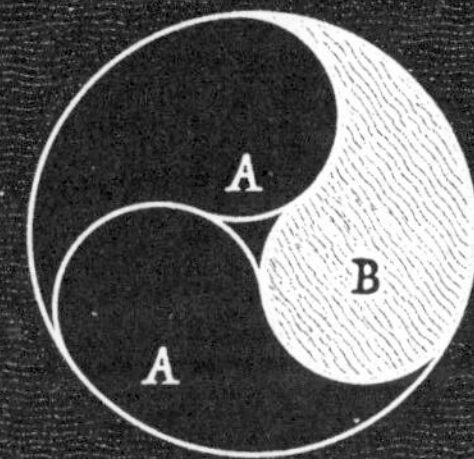

Arriba: las formas ternarias presentan la sección A en la recapitulación, generando una estructura ABA.

Diagramas cosmológicos

Algunas antiguas claves sobre los matices de la evolución de las formas, que muestran la interrelación del tiempo, el espacio y la manifestación

Arriba: los humores, las estaciones del año y los elementos de la Antigüedad. Estas correspondencias ilustran un tipo de dinamismo y flujo que relacionan entre sí el tiempo, el carácter, el tipo de personalidad y la experiencia humana.

Arriba: el sistema de elementos del Lejano Oriente, que expone principios de equilibrio y desequilibrio, y que muestra cómo el flujo del tiempo y los elementos se corresponden para relacionarse e influir unos sobre otros.

Armonías más complejas

Las séptimas y sus inversiones añaden suspense

Si seguimos añadiendo terceras más allá de la tríada, obtenemos séptimas mayores, menores o disminuidas, con su tirón dinámico hacia la tónica. Así como la fundamental y la quinta de un acorde proporcionan la estructura, la tercera y la séptima aportan sentimiento y sabor, impulso y presión. A veces se las denominan *sensibles* y guían el movimiento de la armonía de acorde en acorde, reforzando el movimiento hacia delante. La presencia de dos sensibles en un acorde agudiza esto, por ejemplo la séptima dominante, cuya tercera y séptima a menudo se resuelven en la fundamental y su tercera.

Abajo se muestran acordes *suspendidos* donde la tercera se sustituye por su nota anterior o posterior. De modo similar, los acordes *con notas añadidas* adquieren un matiz especial sin comprometer ninguna de sus tres notas básicas. La 2.ª, 4.ª o 6.ª endulzan la sonoridad global.

Si la nota más baja se mantiene constante a medida que los acordes se mueven a su alrededor, estamos ante la presencia de una *nota pedal* o *bordón*, llamada así por la capacidad del órgano de sostener notas bajas tocadas con el pie al tiempo que las manos cambian la armonía desde el teclado, manteniendo una nota central de fondo, que puede ser o no la fundamental del acorde. De hecho, una nota pedal ni siquiera tiene por qué pertenecer al acorde ni ser parte de una inversión.

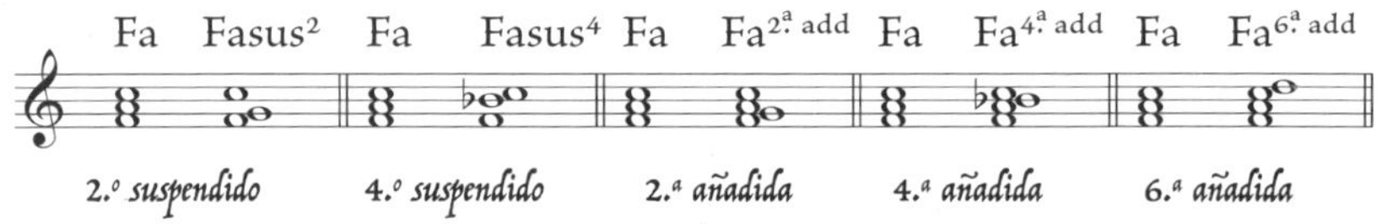

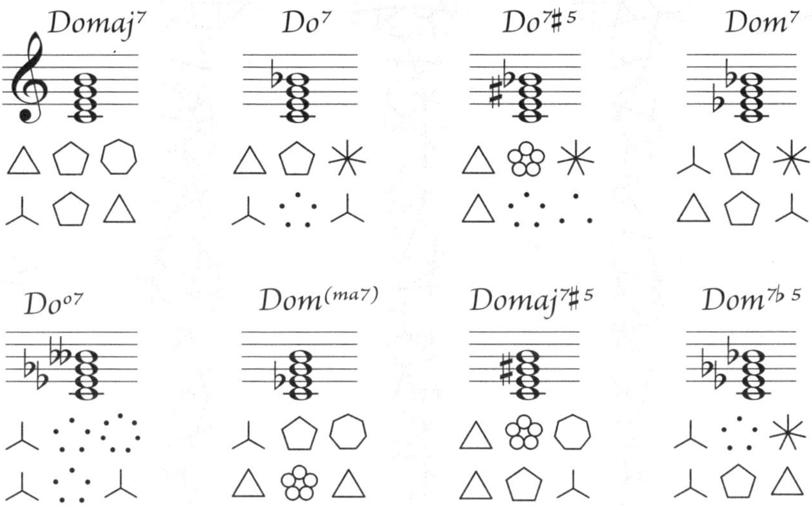

Arriba: los ocho acordes básicos de séptima derivados de una tríada. Compare el contenido de los intervalos de los acordes mayores con los menores, también la cualidad abierta y expansiva de los acordes mayores, con intervalos más perfectos, y la cualidad más cerrada y contractiva de los acordes con intervalos menores y disminuidos. Los acordes con maj7, m(ma7) y maj7♯5 tienen los intervalos más extendidos. Los acordes 7♯5 y m7 se mantienen en equilibrio, mientras que los 7, °7 y m7♭5 (también conocidos como semidisminuidos) se componen en su mayor parte de intervalos más pequeños.

		Domaj7	Do7	Do7♯5	Dom7	Do°7	Dom(ma7)	Domaj7♯5	Dom7♭5
TERCERA INV	6 4 2	Si	Si♭	Si♭	Si♭	Si♭♭	Si	Si	Si♭
SEGUNDA INV	6 4 3	Sol	Sol	Sol♯	Sol♭	Sol♭	Sol	Sol♯	Sol♭
PRIMERA INV	6 5 3	Mi	Mi	Mi	Mi♭	Mi♭	Mi♭	Mi	Mi♭
FUNDAMENTAL	7 5 3	Do	Do	Do	Do	Do	Do	Do	Do

Arriba: séptimas invertidas. La notación para bajo continuo (segunda columna) indica la colocación de los intervalos por encima del bajo, lo que de hecho indica la inversión, aunque la 1.ª, 3.ª y 5.ª se dan por hechas y no se suelen indicar. Todavía escuchamos la identidad y por tanto la función del acorde como si estuviera en su posición fundamental. El cerebro recompone las notas en su formación más próxima, independientemente de cómo se expresan las notas autónomas, incluso aunque se encuentren bastante alejadas a través de las octavas (véase también pág. 256).

TONALIDAD Y MODULACIÓN

No hay nada como el hogar

Para crear la sensación de estar en una tonalidad determinada, lo más sencillo es tocar el patrón I-IV-V-I *(véanse págs. 260-261)*.

El acorde de la tónica tiene la misma función que la nota tónica de la escala. Es el lugar donde todo empieza y acaba, el punto con el que se relaciona todo lo demás. En la música tonal, la nota sensible siempre se utiliza para apuntar hacia la tónica. Como ocurre con la circularidad de la escala, todas las demás estaciones y sus acordes sirven o para fortalecer o para debilitar la gravedad relativa de la tónica, en una dirección u otra.

De todos modos, la poderosa tónica se puede desestabilizar. Los demás acordes se pueden reforzar con la introducción de sus respectivas sensibles (la tercera de cualquier acorde dominante, un semitono por debajo de la fundamental). Entonces pueden aparecer las notas no pertenecientes a la tonalidad que apuntan hacia otras fundamentales como posible tónica. Puede surgir la sensación de una segunda tonalidad. Si esto ocurre en el momento adecuado, y mediante la repetición de los acordes I-IV-V-I de la nueva tonalidad, se produce entonces una *modulación completa* y obtenemos una nueva tónica. Si no se cumplen estas condiciones, el movimiento es temporal y solo se ha producido una *modulación aparente*.

Tras un tiempo el oído se puede acostumbrar a la nueva tonalidad, pero en la música tonal siempre se regresa a la original, reincorporando la nota sustituida, creando la sensación de que nunca la dejamos atrás. Enseguida surge la relación entre tonalidades, que refleja la relación entre acordes, y a su vez refleja las relaciones de las notas individuales de la escala.

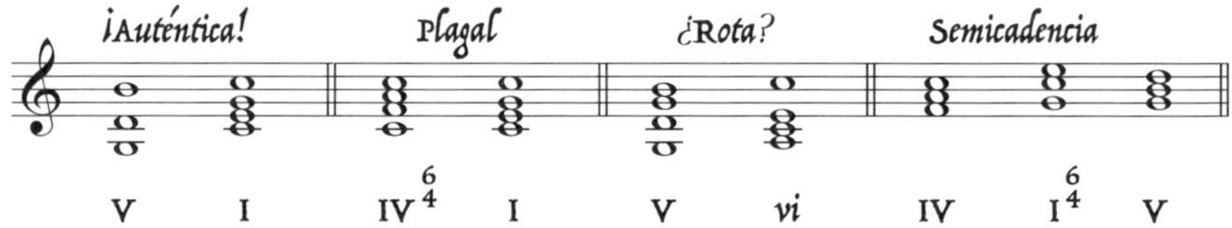

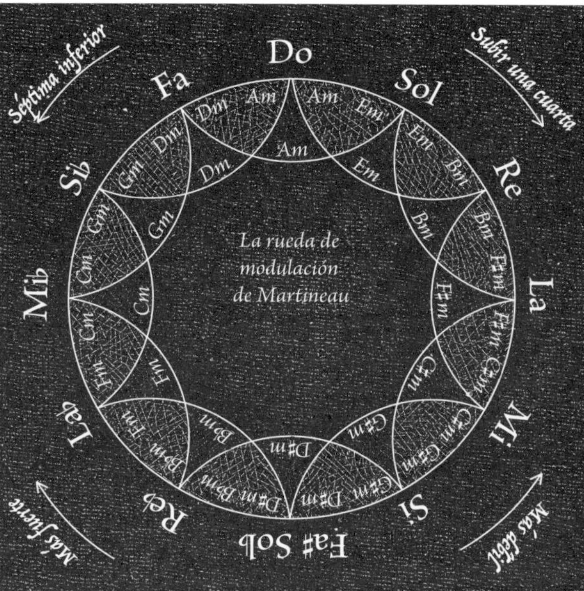

Izquierda: el círculo de quintas no solo es un diagrama de notas sino también de acordes, que se puede usar para facilitar la modulación (cambio de tonalidad). En el diagrama las tonalidades mayores están fuera del círculo, mientras que los acordes menores, es decir, las relativas menores de las tonalidades mayores exteriores, ocupan el interior. Cualquier acorde mayor también pertenecerá a las dos escalas que lo rodean.

Ejemplo 1: do mayor comparte los acordes de la menor y re menor con la tonalidad de fa mayor, fácilmente observable en el diagrama.

Ejemplo 2: la tonalidad de mi menor comparte el acorde de do mayor con re menor.

Al elevar la cuarta de una escala se obtiene una nueva tonalidad una quinta más alta. Al bajar la séptima, se alcanza una tonalidad una quinta más baja. Solo existen dos intervalos de semitono en la escala mayor (3-4, 7-8) y por tanto son los más inestables, de modo que se prestan bien para este tipo de cambio de tonalidad.

Derecha: en esta progresión básica I-IV-V-I, observe cómo el tritono, o quinta disminuida formada entre la sensible si, inestable, y el fa superior de sol7, se contrae hacia dentro, hacia la fundamental y la tercera, las dos más estables, unidas en el movimiento ascendente de la dominante en el bajo. Esto maximiza la finalidad del acorde en la posición I, que es el auténtico hogar.

Izquierda: cadencias (conclusiones). La cadencia en música funciona de modo parecido a la puntuación en el lenguaje. La cadencia auténtica produce una fuerte sensación de conclusión debido a su sensible y su fundamental, que se resuelve en la tónica. La cadencia plagal es más sutil, carece del empuje activo de la dominante, es el «amén» final de gran parte de la música sacra europea. Una cadencia rota termina en cualquier otro lugar menos en la resolución esperada, la tónica, y a menudo sorprende. La semicadencia es de final abierto, se resuelve en la dominante, a veces a través de un acorde tónico intermedio en la segunda inversión que incrementa la expectativa de resolución.

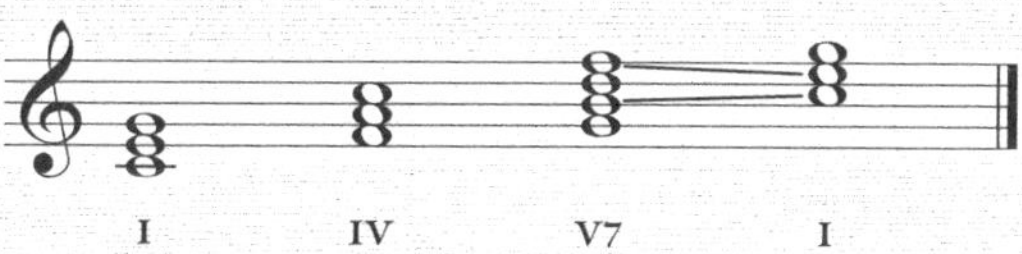

Para modular desde la tonalidad X a la tonalidad Y, encuentre un acorde pivote que exista en ambas tonalidades y sustitúyalo por IV

En la rueda de arriba, en sentido horario: moviendo 1 espacio: vi en X es ii en Y, o iii en X es vi en Y
Moviendo dos espacios: iii en X es ii en Y
(Para mover 3 espacios o más hace falta tomar prestado de la paralela menor)

En la tonalidad X:	***1 - pivote - V - 1***
En X:	***1 - pivote***
En Y:	***pivote - V - 1***

Ejemplos: para cambiar de clave de sol a la y volver a sol (utilice si menor):
Sol - Sim - Re7 - Sol, Sol - Sim - Mi7 - La
La - Sim – Mi7 - La, La, Sim - Re7 - Sol

MODAL, TONAL, PEDAL

Sistemas y escalas del mundo

En cada escala musical existe un conjunto de notas primarias que se usa con mucha frecuencia, y otro conjunto secundario que se emplea para añadir color al primero. Las escalas básicas pentatónicas, de cinco notas, forman la columna vertebral de muchas escalas en otras culturas *(abajo)*; la más sencilla se deriva de cuatro quintas consecutivas. Otras escalas siguen la fuerza gravitatoria de las estaciones fijas y utilizan las alteraciones cromáticas para comunicar tensión y emoción. Las escalas con más semitonos pueden ser más densas, llenas de introversión, complejidad cromática y emoción, mientras que las más diatónicas pueden ser extravertidas, sencillas, afirmativas y expansivas.

En principio existen tres tipos de organización tonal. La música *modal*, que no modula y usa sensibles con generosidad, o a veces ninguna; permite el movimiento armónico y los acordes se pueden tomar de otras escalas. En la música *tonal*, que sí modula, las cinco notas secundarias no presentes en la escala mayor mantienen una relación fija con el conjunto primario, determinado por el círculo de las quintas ♯ 4, ♭ 7, ♯ 5, ♯ 1, ♭ 3; cada una sugiere de forma temporal la escala para la cual los tonos secundarios actúan como sensibles. La duración de estas alteraciones es solo la del compás en que ocurren, y pierden su valor en los compases subsiguientes, a veces seguidas de un becuadro de cortesía como recordatorio. Existe también la música llamada «pedal» (*dronal* en inglés) que carece de armonía, la propia escala es el universo armónico, así que los intervalos solo se relacionan con el punto fijo, el bordón, con todo un campo cromático a su disposición.

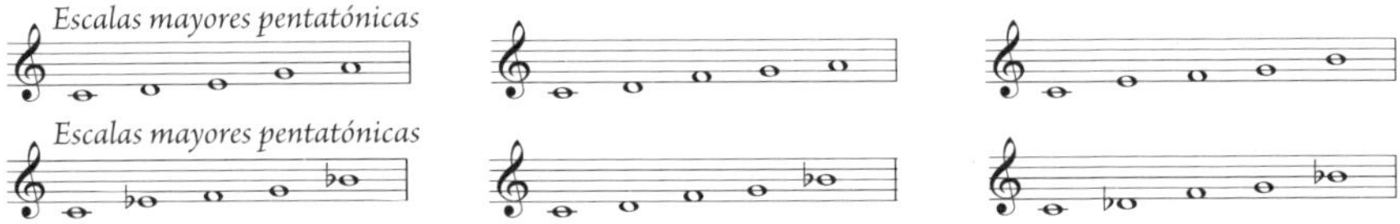

MODAL

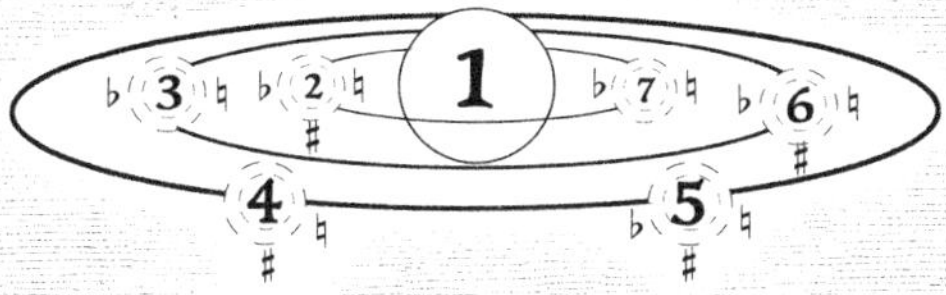

En la música modal, el acorde dominante no tiene por qué ser mayor o incluso ser utilizado, y se pueden producir sensibles en otras posiciones que las estándar mayor/menor. Se caracteriza por una buena variabilidad armónica y tendencias tonales suavizadas, y es la forma más común de armonía.

"The Handsome Cabin Boy"

TONAL

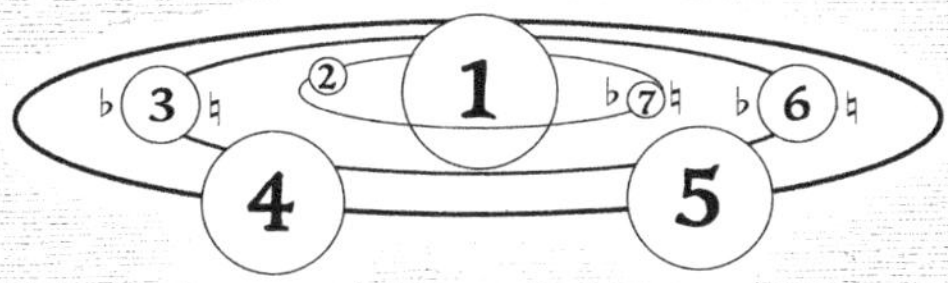

La música tonal implica solo dos modalidades, mayor y menor. Las posiciones de los semitonos están bien establecidas. El acorde dominante siempre es mayor y apunta hacia la tónica con su potente sensible (la tercera de su acorde, también la séptima de la escala).

Sonata de Mozart en La, KV331

PEDAL

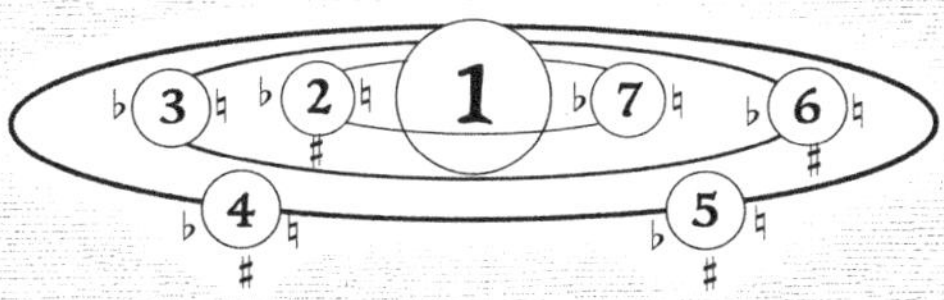

En la música «pedal» de naturaleza melódica antes que armónica, todas las notas de la escala asumen roles variables, cobrando importancia mediante el intervalo y la repetición, y todas ellas siempre se relacionan con el punto central, el pedal o bordón.

Raga Shivranjani

Los tres menores

Natural, armónico y melódico

El papel activo de las sensibles en la música armónica crea complejidades para las tonalidades menores. El acorde dominante natural en menor no es un acorde mayor, pero la necesidad de una sensible requiere una alteración en el acorde y en la escala en que se construye.

En el caso de la *escala menor* natural nos encontramos en presencia del modo eólico, que representa la relativa menor de cualquier escala mayor y se ubica una tercera por debajo. Al subir la tercera del acorde dominante, la séptima nota de la escala, se crea la escala *menor armónica*, alterada para propósitos armónicos. No obstante, la escala resultante contiene una brecha audible entre la sexta menor bemolizada y la séptima mayor natural, una segunda aumentada que no siempre funciona melódicamente y suena como un intervalo no occidental. Para suavizar esta brecha melódica, se altera también el sexto grado de la escala, elevándolo para que el ascenso en menor se asemeje a las cuatro notas superiores de una escala mayor. Esta es la escala *menor melódica*, que a veces se dice que tiene dos formas: ascendente y descendente, elevando y bajando la sexta y la séptima. De hecho, la escala menor melódica descendente es idéntica a la menor natural. A continuación se muestran las tríadas de los tres tipos de menor.

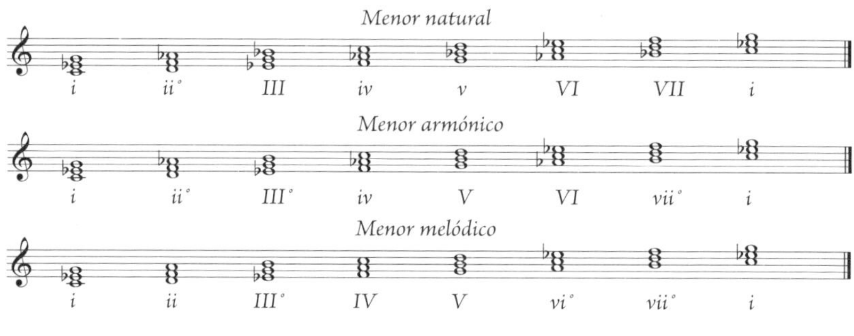

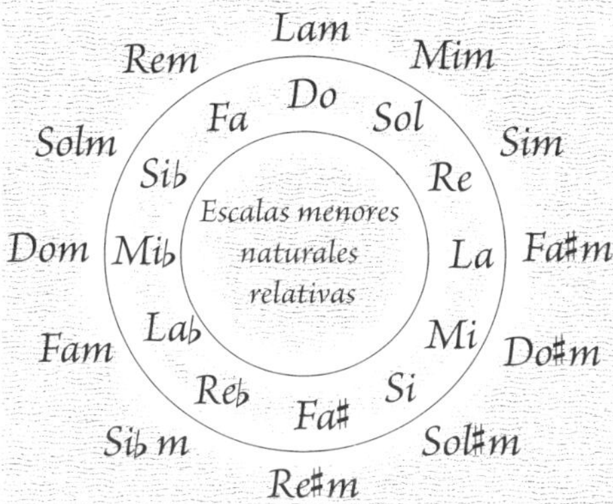

Página anterior: estas tres escalas menores se usan indistintamente dependiendo de la necesidad del compositor, y siguen las normas básicas del uso del cromatismo en modo menor. Estas escalas, como la mayor/jónica, se pueden emplear como punto de partida para generar otras, así que de hecho hay siete modos de menor armónico y siete modos de menor melódico (mostrados abajo).

Izquierda: la escala menor natural es idéntica a una escala mayor una tercera menor más arriba. Así, La menor y Do mayor son de hecho las mismas notas, separadas por una tercera. La escala menor natural, por ser eólica, está formada por las mismas notas que su pariente mayor jónica, y por ello comparte la misma armadura de clave (véase pág. 251).

Los siete modos menores armónicos

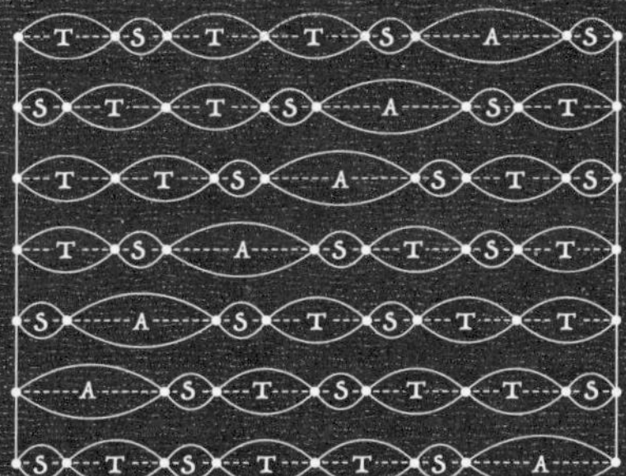

	Do	Re	Mi	Fa	Sol	La	Si	Do
1			♭			♭		
2		♭	♭		♭		♭	
3					♯			
4			♭	♯			♭	
5		♭				♭	♭	
6		♯		♯				
7		♭	♭	♭	♭	♭	♭♭	

Los siete modos menores melódicos

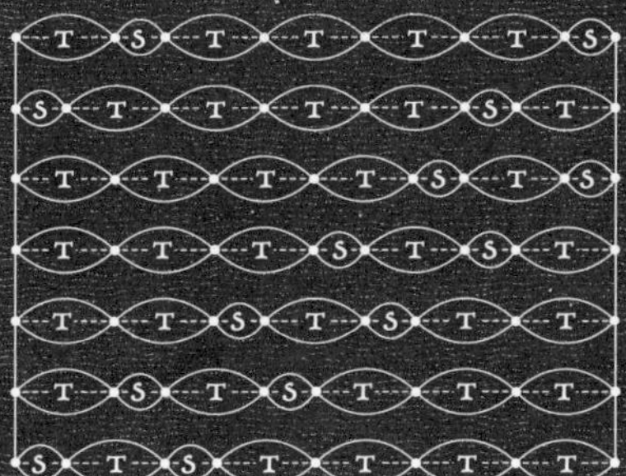

	Do	Re	Mi	Fa	Sol	La	Si	Do
1			♭					
2		♭	♭				♭	
3				♯	♯			
4				♯			♭	
5						♭	♭	
6			♭		♭	♭	♭	
7		♭	♭	♭	♭	♭	♭	

MÁS INTERVALOS

Lo grande crece y lo pequeño mengua

Del mismo modo que los acordes son invertibles, también lo son los intervalos que los constituyen. Las terceras se invierten para convertirse en sextas y las séptimas se convierten en segundas. Los intervalos mayores invertidos se vuelven menores, los disminuidos pasan a ser aumentados, y viceversa. Los intervalos invertidos tienen la misma función básica que sus contrapartes no invertidas, pero dan una mayor sensación de incertidumbre. Los compositores juegan con ellos haciéndolos subir y bajar. Por ejemplo, al ampliar una sexta mayor se obtiene una sexta aumentada, de sonido idéntico a una séptima menor, pero que funciona de modo bien distinto. Recuerde que la denominación cuenta, y que una séptima menor tiende a resolverse hacia el interior, mientras que una sexta aumentada tiende a resolverse hacia el exterior: lo grande crece y lo pequeño mengua. De modo similar, al contraer una séptima menor se obtiene una séptima disminuida, que es igual a una sexta mayor, pero de nuevo su funcionamiento es bien distinto. Lo más probable es que una sexta mayor descienda un tono hasta la quinta o suba un tono hasta la séptima mayor, mientras que una séptima disminuida casi siempre desciende un semitono. La denominación y la sintaxis marcan el comportamiento y la dirección.

Abajo se muestran las tres únicas escalas *octatónicas* o disminuidas posibles, puesto que son simétricas. Caen dentro del patrón alternado de tono y semitono. Pueden producir una misteriosa sensación de ambigüedad y evocar lo desconocido.

Las tres escalas disminuidas y las dos escalas de tonos enteros

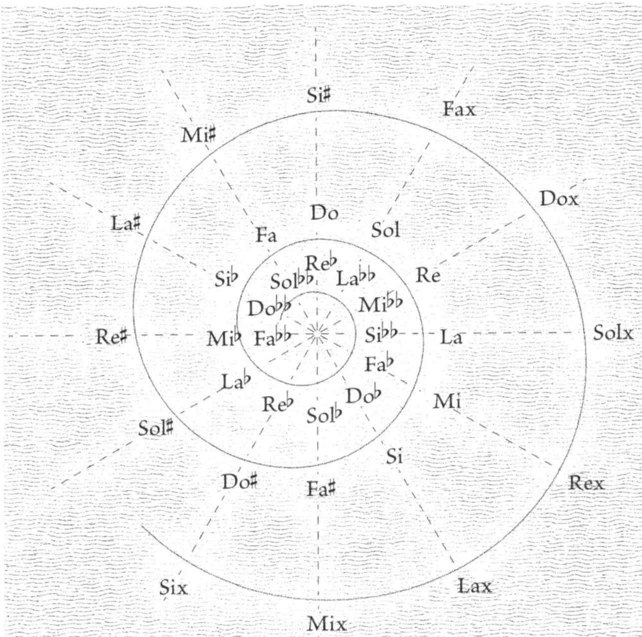

Izquierda: enarmonía y cromatismo. Al combinar el círculo de las quintas con la espiral de las quintas se obtienen las 35 denominaciones posibles de las 12 notas. Recuerde que hay siete notas en la escala, do, re, mi, fa, sol, la, si, y cinco colores para cada una. Las denominaciones más exteriores o interiores se usan raramente (si x, mi x, fa♭♭, do♭♭). Siempre que se tenga que hacer una alteración cromática en una escala, se utiliza la alteración que corresponda (al bajar un bemol se obtiene un doble bemol, al subir un bemol un natural, un sostenido bajado es natural, un natural subido es sostenido, y un sostenido subido es doble sostenido).

Este diagrama es de equivalencia entre denominaciones y asume un temperamento igual. No debería confundirse con un diagrama que exponga los problemas de afinación creados por la coma pitagórica (tratados en el LIBRO IV de este volumen).

Izquierda: las consonancias imperfectas (terceras y sextas) y las disonancias (segundas y séptimas) en ocasiones se producen en dos formas extremas más allá de mayor y menor. Extender cromáticamente un intervalo mayor lo convierte en un intervalo aumentado. Del mismo modo, contraer un intervalo menor lo convierte en disminuido, igual que un intervalo justo se convierte en disminuido al contraerlo.

La música compleja y rica en cromatismos a veces utiliza estos intervalos aumentados o disminuidos para empujar y retraer con más fuerza la estructura tonal general.

Otros elementos melódicos

Desarrollo epigramático

Los humanos son seres basados en patrones, y los artistas de todo el mundo, visuales y acústicos, los han usado durante siglos para manipular al público. Primero se articula una idea o epigrama antes de atravesar una serie de transformaciones que lo refuerzan o niegan. El despliegue de estos elementos dramáticos de negación y aceptación conforma la narrativa de la música, y se representa de tres maneras básicas:

Repetición o tesis. Lo más fácil para un epigrama es reafirmarse, y esto se consigue mediante la repetición. Las repeticiones resultan útiles porque orientan mucho al público en el contexto de una narrativa. Son las anclas en el tiempo.

Contraste o antítesis. Empieza el drama. Se presenta un nuevo epigrama que aparentemente contradice al primero, creando la tensión de un nuevo par de opuestos. Un epigrama que contrasta al primero por completo, sin transferencia epigramática, constituye una negación.

Variación o síntesis. La reconciliación de los dos polos de repetición y contraste, que a veces actúa como punto de apoyo para el movimiento *(abajo)*.

Las melodías, las canciones y las sinfonías emplean estos tres grados de transferencia epigramática: desde total (repetición), pasando por parcial o transformativa (variación), hasta ninguna (contraste). La mente absorbe el significado de cada nueva idea, comparándola con eventos recientes o distantes en el tiempo. La tentativa de reconocer las partes produce expectación, que puede ser confirmada o contradicha. Los artistas narrativos explotan esta facultad para crear sus libros y películas, melodías y ritmos.

Las especies del contrapunto

1.ª especie: nota contra nota. Solo se permiten consonancias. Los saltos o movimientos escalonados paralelos se evitan, especialmente hacia un intervalo justo, excepto en una cadencia.

2.ª especie: dos notas contra una. Aparecen las notas transitorias como disonancias que se admiten solo en los tiempos débiles. La línea del contrapunto puede empezar con un silencio.

3.ª especie: cuatro (o tres) notas contra una. Se pueden usar notas transitorias, notas contiguas, y en este caso las escapadas, que todavía se adhieren a las consonancias en los tiempos fuertes.

4.ª especie: suspensiones (notas contrapuestas). La consonancia se prepara en el tiempo débil, y cuando la nota del cantus firmus cambia, se crea una disonancia por la nota mantenida en el tiempo fuerte, que se resuelve dando un paso hacia abajo.

Arriba: las especies del contrapunto son un sistema de normas para escribir música polifónica que data del siglo XVI. *Al* cantus firmus *o línea inferior se le añade una nueva línea melódica por encima. La quinta especie es la combinación de las cuatro previas y se conoce como contrapunto florido. El contrapunto es la simultaneidad de melodías, donde cada línea es horizontalmente independiente de las demás. Sin embargo, en vertical se alinean para producir coherencia armónica (a menudo en las partes fuertes del compás, para transmitir el marco armónico). La textura en cuatro voces de soprano, contralto, tenor y bajo de la música contrapuntística se convirtió más adelante en melodía, bajo y «voces intermedias».La voz más alta pasó a ser la más importante melódicamente, y las demás adquirieron un papel más de apoyo, convirtiéndose por último en acordes con una identidad colectiva propia. Esta textura más homofónica es la «melodía y acompañamiento» que nos resulta tan familiar. Existen tres tipos de movimiento contrapuntístico: paralelo, contrario y oblicuo.*

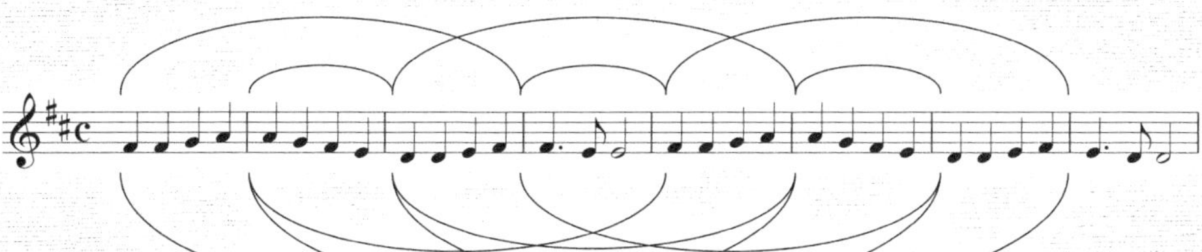

Arriba: tema de la Novena sinfonía de Beethoven, que muestra la naturaleza simétrica de los movimientos melódicos epigramáticos.

PROGRESIONES COMPLEJAS DE ACORDES

Salirse del marco

Para conseguir una paleta armónica más amplia y salir del marco de I-IV-V-I, se puede desarrollar una estructura más compleja tomando prestados acordes de una tonalidad paralela, lo que permite excursiones más largas y complejas. Debido a que la fundamental de un acorde le proporciona su funcionalidad, podemos sustituir libremente otros acordes formados en el mismo grado de la escala *(pág. sig., arriba)* y conservar la esencia armónica. Así una subdominante mayor (IV) puede sustituirse por una menor *(iv)*, o una mediante menor *(iii)* por una mediante mayor (b III) y sus inflexiones (b III+). Siempre y cuando se produzcan de vez en cuando las cadencias básicas necesarias para reforzar una tónica, los acordes se pueden tomar prestados con relativa libertad.

El acorde de séptima dominante es adecuado para las sustituciones debido a su tritono simétrico *(véase abajo)*. Cuando la fundamental se desplaza un tritono, la tercera y la séptima de cada acorde intercambian lugares. La denominación de este acorde cambia de forma enarmónica para conservar la sintaxis, pero el sonido es el mismo. De hecho, a medida que nos movemos por el círculo de las quintas con siete acordes, la tercera y la séptima de cada acorde intercambian lugares y se deslizan escalonadamente (lo que suele denominarse progresiones modulantes), una reciprocidad que el impulso del movimiento armónico aprovecha al máximo. En la mayoría de los acordes, la fundamental, la tercera y la séptima resultan suficientes para comunicar la función armónica, así que cuando se cantan los acordes, la quinta a menudo se puede omitir, puesto que solo refuerza la tónica de manera estructural. No obstante, si se altera la quinta (♯ o b, aumentada o disminuida), entonces también se incluye su color.

Sustitución de tritono *Guía tonal* *Quintas alteradas*

Grado de escala	1	2	3	4	5	6	7	8
Mayor	Do I	Rem *ii*	Mim *iii*	Fa IV	Sol V	Lam *vi*	Si° *vii*°	Do I
Menor natural	Dom *i*	Re° *ii*°	Mi♭ ♭III	Fam *iv*	Solm *v*	La♭ ♭VI	Si♭ ♭VII	Dom *i*
Menor armónica	Dom *i*	Re° *ii*°	Mi♭+ ♭III+	Fam *iv*	Sol V	La♭ ♭VI	Si° *vii*°	Dom *i*
Menor melódica	Dom *i*	Rem *ii*	Mi♭+ ♭III+	Fa IV	Sol V	La° *vi*°	Si° *vii*°	Dom *i*
Dominantes secundarias	Do^7 V^7/IV	Re^7 V^7/V	Mi^7 V^7/*vi*	Fa^7 V^7/♭VII	Sol^7	La^7 V^7/*ii*	Si^7 V^7/*iii*	Do^7 V^7/IV
Dominantes secundarias menores			$Mi♭^7$ V^7/♭VI			$La♭^7$ V^7/♭II	$Si♭^7$ V^7/♭III	

Arriba: una tabla de sustituciones. Las dominantes secundarias actúan como la primera dominante en el sentido de que poseen un tritono y sugieren una resolución una cuarta hacia arriba o una quinta hacia abajo. Requieren una alteración cromática de la escala básica en uso. La nueva sensible obtenida sugiere temporalmente una tonalidad o escala alternativa, pero esto suele ser breve y se da como un acorde transitorio o una tónica temporal. La presencia de acordes prestados debilita la fuerza de la tónica, pero a menudo aporta un atractivo matiz o color, en parte debido a que transgrede nuestras expectativas sobre qué acordes esperamos escuchar en una tonalidad determinada.

Amazing Grace

I	V^7/IV	IV	I
I	I_6	V	V^7
I	V^7/IV	IV	I
I^6_4	V^7	IV^6_4	I

Greensleeves

i	♭VII	♭VI	V^7
i	♭VII	♭VI - V^7	*i*
♭III	♭VII	♭VI	V^7
♭III	♭VII	♭VI - V^7	*i*

La canción «Amazing Grace» utiliza inversiones y una dominante secundaria, en este caso el acorde V de la subdominante (IV). Suena muy parecido a I pero con una séptima añadida, que señala hacia la cuarta superior. En «Greensleeves» tenemos una auténtica progresión armónica modal, que toma material prestado de la paralela mayor, y que apunta brevemente hacia la relativa mayor en la tercera y la cuarta frase. Existen muchas maneras de armonizar estas canciones, los ejemplos que mostramos son solo una posibilidad.

La vuelta al mundo
en cuatro canciones

Todo sistema de notación musical es esencialmente un juego de instrucciones para la ejecución de sonidos en el tiempo. Siempre se trata de una especie de línea temporal que rastrea eventos sonoros y, en el caso de las canciones, su unión con las palabras. Líneas, guiones, barras, curvas, números, letras, puntos y círculos; todo esto se usa para reflejar el ascenso y el descenso de inflexiones, gestos y formas melódicas.

En la historia temprana la música era una tradición oral, similar a la de contar cuentos y fábulas, otra forma de arte narrativo. A medida que la humanidad creció y se dispersó, se precisaron nuevos métodos para transmitir la música a un mayor número de personas. Al final la notación permitió llevar la música a los hogares de los músicos de cada día y conservarla para el disfrute de futuras generaciones. Esto ocurrió paralelamente al desarrollo de la imprenta, un invento que ofrecía las mismas ventajas. Puesto que todos tenemos a nuestra disposición el mismo conjunto de sonidos musicales y lingüísticos, estos diversos sistemas de notación tienen mucho en común *(en la pág. sig. se dan cuatro ejemplos)*. Todos ellos indican la colocación de los ritmos, la asociación de las notas con las sílabas del lenguaje y los contornos melódicos, así como la forma general de la composición.

En la India, debido a las complejidades de la afinación, hay 22 tonos posibles, que permiten relaciones acústicas más puras y mantienen entre sí proporciones simples de números enteros. Las escalas se derivan del conjunto total, dependiendo del *raga* deseado. Cada *that* o *mela* de siete notas posee un gusto distinto, de forma similar a los modos occidentales con sus *swaras (Sa, Re, Ga, Ma, Pa, Da y Ni)* surgidos de los veintidós *shrutis*.

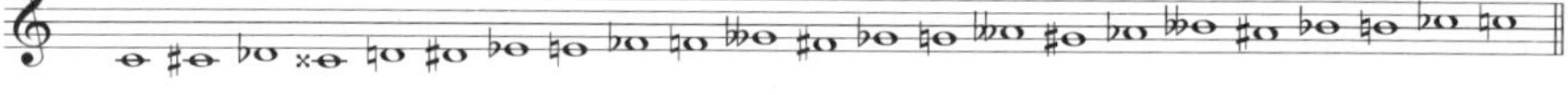

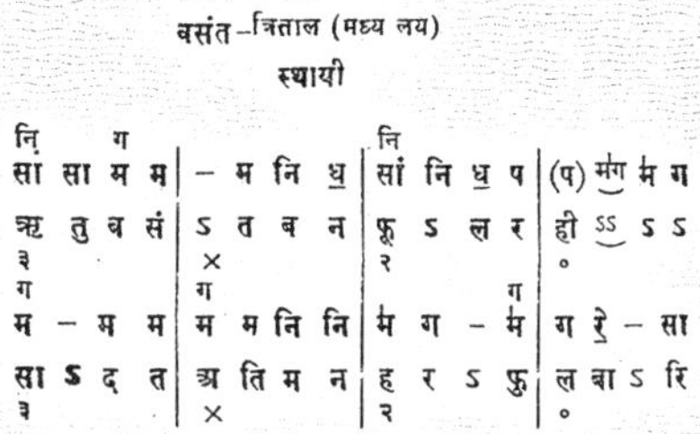

Notación bhatkhande*: India,*
principios del siglo XX
Se usa para indicar el rag*, el* tal *y el* tempo*, así*
como la melodía y la letra de la música india.

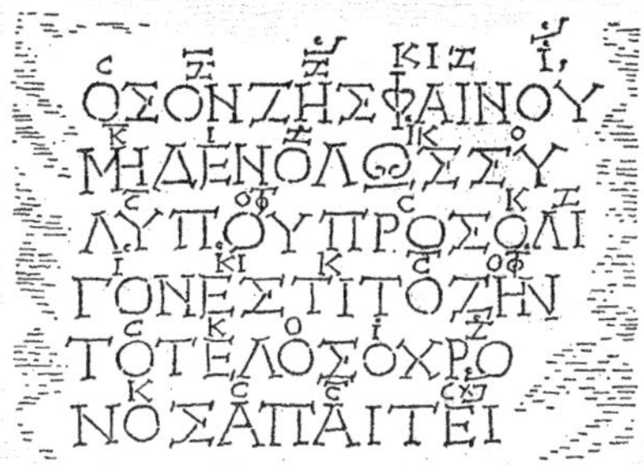

Canción de Seikilos: Grecia,
hacia 200 a. C.-100 d. C.
Posiblemente la notación musical más antigua
que se conserva en todo el mundo; este ejemplo
indica la letra y las líneas básicas de la melodía.

Jianpu: China, siglo XVIII
Este sistema emplea números que corresponden a
las notas de la escala, y puntos y líneas para indicar
duraciones e intervalos, con la letra en la línea inferior.

Europa medieval, siglo XIII
En este caso se usa un pentagrama similar a los actuales de la
música occidental, con cuadrados y líneas para indicar la altura
de las notas y el ritmo, con el texto cantado en la línea inferior.

Armonías avanzadas

Picardías y especias

Debido a que el acorde dominante es el de la esperanza y la anticipación, los tonos cromáticos añadidos se acomodan fácilmente para aportar más complejidad a los intervalos. Esto a su vez refuerza la necesidad de resolución, que se puede satisfacer o denegar en la manipulación de la tensión y la liberación. También se pueden añadir extensiones a cualquiera de las cuatro cualidades del acorde: mayor, menor, disminuido o aumentado.

Las notas que no pertenecen a un acorde o estación fija proporcionan color a las cualidades esenciales de los acordes. Cuando se interpretan junto a las estaciones fijas, se consideran un efecto «añadido». Y cuando se transponen a una octava superior se convierten en las novenas, las undécimas y las decimoterceras, a las que por lo general se llega amontonando terceras. Desde la fundamental pasamos por la tercera, la quinta, la séptima, la novena, la undécima, la decimotercera y posiblemente más allá *(pág. sig., arriba)*. Estos arreglos de sonidos pueden generar estructuras armónicas sorprendentemente complejas, pero los tres miembros básicos del acorde conservarán su identidad e impregnarán a toda la estructura con su sabor elemental. Desde finales del siglo XIX la música, sobre todo en *jazz,* ha explorado estas posibilidades de expansión armónica.

Seis acordes forman una categoría de armonías con alteraciones cromáticas que no encaja en la estructura habitual de préstamos de mayor/menor, y a veces se los denomina «vagabundos». Se trata de alteraciones del acorde subdominante, decorando el dominante.

Abajo se muestra un ejemplo de la notación de los acordes con extensiones.

MISTY (La) Mi♭maj7 | Si♭m9 Mi♭13 | La♭maj7 | La♭m9 Re♭13#11
Mi♭maj7 Do7#9 | Fam7 Si♭7 | Solm7 do7♭9 | Fam7 Si♭13♭9

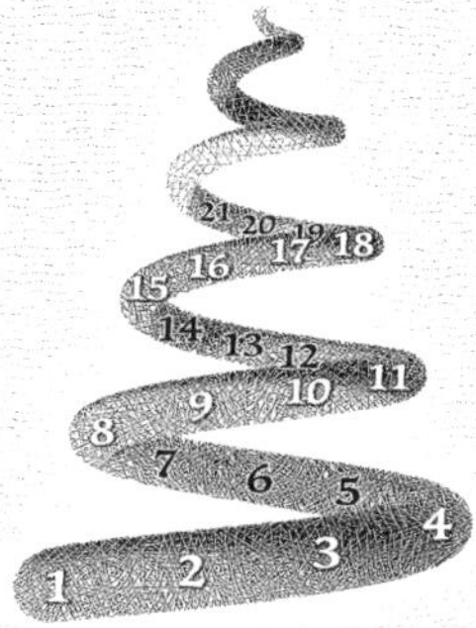

Izquierda: las notas se pueden colocar por encima de un acorde, la fundamental, la tercera, la quinta, la séptima y la octava, complicando y enriqueciendo su estructura y sabor de intervalos. Cuanto más altas estén estas notas, menos funcionales y más coloridas se vuelven. A medida que apilamos asumimos que la nota inferior queda incluida, así que un acorde de novena incluye la séptima. Si la extensión de notas no se acumula, entonces es «añadida» (véase pág. 268). Arriba se muestran algunos ejemplos.

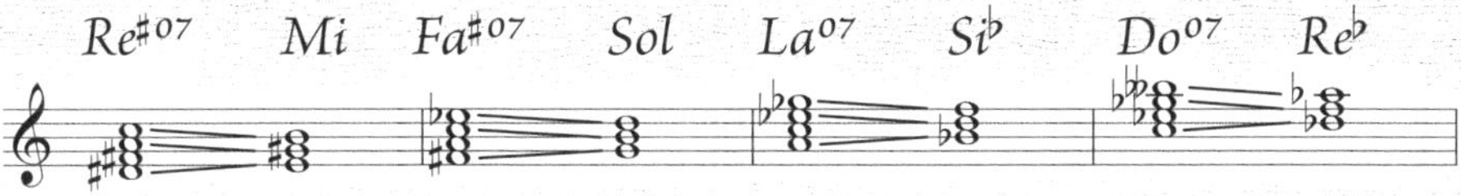

Arriba: múltiples resoluciones del acorde de séptima disminuido. Debido a que el acorde disminuido es totalmente simétrico y está formado por terceras menores y tritonos, todas y cualquiera de sus notas pueden funcionar como fundamentales potenciales. En cada ejemplo las mismas cuatro notas de cada inversión generan una denominación enarmónica ligeramente distinta del mismo acorde disminuido, conservando la sintaxis de las terceras. Cada nota puede convertirse en una fundamental y se resuelve subiendo un semitono, de modo que puede conducir a cuatro posibles acordes. Las cuatro fundamentales resultantes designan a su vez un acorde disminuido, formado por terceras menores consecutivas (mi-sol-si-re).

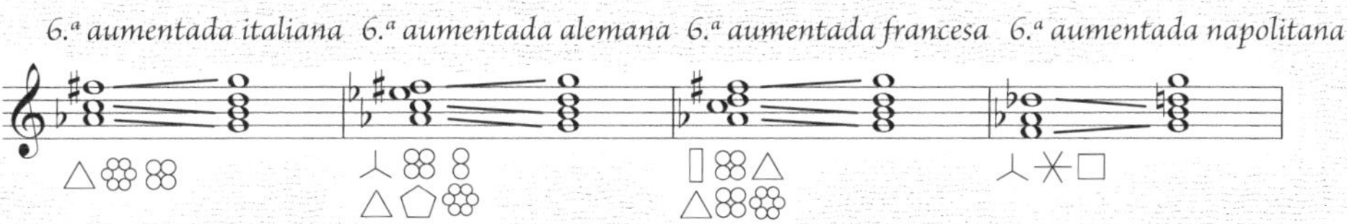

Arriba: resoluciones de los diversos acordes de sexta alterados. En las versiones italiana, francesa y alemana funcionan como acordes dominantes secundarios, que sustituyen al acorde dominante. En la italiana, la sexta aumentada se crea entre la y fa, puesto que ambas se resuelven hacia el exterior. El acorde alemán posee una quinta perfecta, mientras que el inusual sabor del francés se debe a una cuarta ascendida, que forma un acorde con dos terceras mayores y dos cuartas aumentadas o tritonos, un acorde simétrico y armónicamente sugerente. La versión napolitana funciona como una subdominante, por regla general un acorde II, frecuentemente en menor.

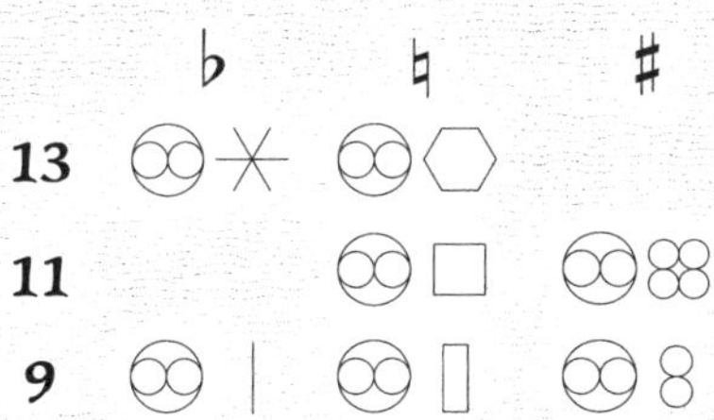

Izquierda: de igual modo que las notas intermedias 2, 4 y 6 pueden tener distintos sabores, sus correlatos de la octava superior, la novena, la undécima y la decimotercera, mantienen los mismos sabores, disminuidas, naturales o aumentadas. Todas las notas por encima de la octava se corresponden con las notas del interior de la octava, con siete pasos añadidos.

Formas avanzadas

Organizándose

Las formas musicales se suelen mezclar y emparejar, y los híbridos históricos son comunes. Las unidades binarias y ternarias se pueden combinar y manipular para generar estructuras más complejas, que por regla general se utilizan como plantillas universales de manera flexible.

La atención suele alcanzar su punto álgido al inicio de una composición, así que la música a menudo concentra el material intelectualmente más exigente en este momento. Un movimiento inicial será animado *(allegro)*, tal vez precedido por una introducción más lenta. Los movimientos intermedios suelen ser contemplativos y reflexivos, como contraste al primero. Los finales generalmente son ligeros y alegres, y poseen elementos de la danza. Esta plantilla universal se deriva de las suites de danza barroca, que eran una combinación de estos diferentes modos, tanto extrovertidos como introvertidos.

Existe un formato general en el desarrollo retórico de una forma compleja: exposición, contraste, desarrollo y recapitulación, y ocasionalmente transformación. A menudo hay un clímax, o una serie de ellos, con picos cada vez más altos, seguidos por último de un descenso o resolución.

La forma sonata alcanzó su punto álgido en la era clásica y se sigue utilizando hoy día. Posee una relación fija de tonalidades y temas. Después de una introducción se presenta un tema, seguido por otro contrastante. A continuación se deconstruyen los temas y se combinan en la sección de desarrollo, a menudo tonalmente inestable o ambigua, tras la cual regresan los dos temas en la recapitulación. No obstante, el segundo tema, aunque al principio se presentó en la dominante (o a veces en alguna tonalidad relacionada con ella), ahora reaparece en la tónica, uniendo el viaje de contrastes y diferenciación.

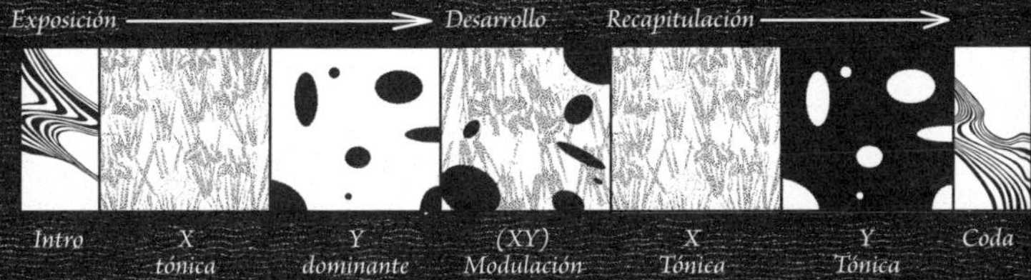

SONATA: *una estructura muy concreta. El tema Y aparece en primer lugar transpuesto, a menudo en la dominante, y cuando reaparece se establece en la tónica.*

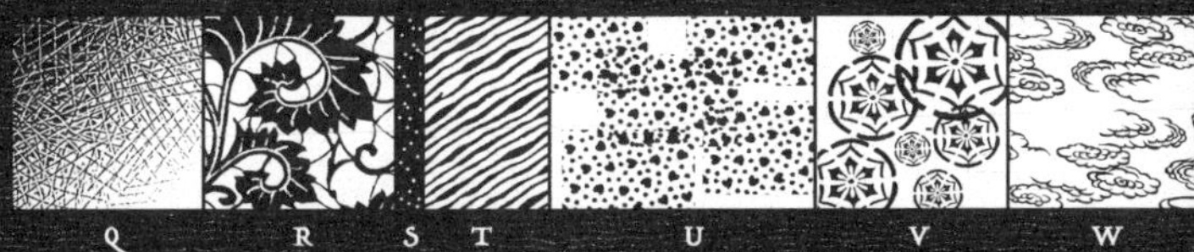

FORMA TRANSCOMPUESTA: *cada sección es nueva y diferente. Por regla general se da poca o ninguna repetición.*

RONDÓ: *un tema principal se alterna con secciones intermedias contrastantes.*

ARCO: *estructura palindrómica con la pieza principal en el centro.*

TEMA Y VARIACIONES: *un tema principal, seguido por secciones generadas y derivadas del mismo.*

JUNTÁNDOLO TODO

Concebir, crear y componer

Percibir la música como un despliegue de epigramas, de moléculas de significado, de unidades de opuestos, permite apreciar su carácter narrativo de una forma nueva. Se hace posible percibir o incluso medir el índice de transferencia a medida que la música se va desarrollando, y apreciar en profundidad la forma en la que el drama se refuerza o se niega, observando los mecanismos precisos con los que consigue todas estas cosas. Los grados de contraste y repetición se pueden medir, y aún más importante, la variación y la transformación se pueden entender como un tipo de evolución. Igual que las estaciones de la escala y el pulso, los epigramas también poseen gravedad, y lo que ocurre entre ellos deja entrever parte del drama de la intencionalidad de la transferencia; su historia, su difícil situación. Todo ello, en buenas y habilidosas manos, permite que nuestra alma siga el mismo camino.

En la melodía estos matices son más fáciles de escuchar, en la gran variedad de escalas de todo el mundo. Aunque todas ellas poseen sus formas particulares de quintas y terceras, son las notas intermedias las que transmiten el significado real, la tensión y la resolución, la distancia de esos tonos intermedios y su disposición rítmica. Por su lado, en el ritmo, aunque suele existir un pulso predecible, lo que ocurre en los espacios intermedios es mucho más complejo y puede sugerir tensiones contra los distintos tiempos, basadas en su distancia relativa del pulso. Estos epigramas, melódicos y rítmicos, se pueden disponer en estructuras y composiciones coherentes de mayor tamaño, es decir, como opuestos unificadores, y así nace la música.

La música que amamos es el drama de la transferencia de epigramas, la evolución de las interrelaciones de los opuestos, sus repeticiones, contrastes y, lo más importante, variaciones a través de la melodía, la armonía y el ritmo.

Chopin, Preludio Op. 28, n.º 7

Arriba: un preludio de Chopin. La tonalidad es la mayor, el tempo andantino, un paseo tranquilo, el compás 3/4, para ser tocado dolce (dulcemente). Las líneas curvas (ligaduras) indican las frases. La melodía se inicia con una anacrusa en el tercer tiempo y comienza en el primer compás completo. Un acorde mi7 sugiere la tonalidad de la mayor. El do# es una appoggiatura, junto con su puntillo seguido por tres acordes repetidos, este es el epigrama primario de esta breve pieza. En el tercer tiempo del segundo compás hay un par notas escapadas, seguidas por un par de appoggiaturas en el tercer compás. Cuando se completa la frase, la armonía avanza de V a I. El compás número 5 descubre de nuevo el primer epigrama, con la appoggiatura en el primer tiempo, doblada ahora con un acorde de novena dominante, que profundiza el anterior acorde de séptima dominante. Ahora falta la tercera, sol. La segunda frase finaliza en el compás número 8. En el noveno se reinicia la primera frase, una repetición literal. El compás número 11 suena muy parecido al tercero, con las voces ligeramente más elevadas, pero se resuelve de forma sorprendente en la dominante secundaria fa7, el acorde más denso de la pieza. Ahora es momento de regresar al hogar. En el compás 13 hay una nota transitoria en el primer tiempo, que viene seguida por la séptima descendente de si menor, y la sonorización de la novena dominante, esta vez incluyendo la tercera, sol (gracias, Chopin). La última frase de los dos últimos compases es el gesto final, muy espaciado, con la tónica por encima. Así sabemos que la música realmente ha terminado.

LIBRO VI

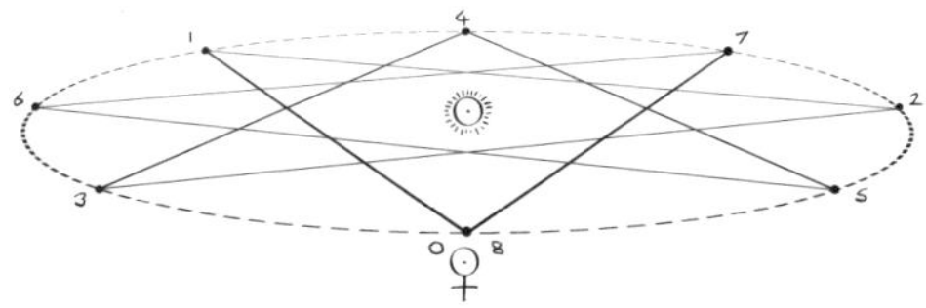

Todos los años, el día de su cumpleaños, suba a una colina al mediodía y mire hacia el Sol. Cada año Venus estará tres octavos del camino más lejos en su órbita alrededor del Sol, dibujando en ocho años un octagrama perfecto. Ahora observe el diagrama de la página 43.

El pequeño libro de las

COINCIDENCIAS
EN EL SISTEMA SOLAR

John Martineau

Un útil juego de glifos para los planetas dibujado por el calígrafo Mark Mills. Todos ellos surgen a partir de los signos básicos del Sol, la Luna y la Tierra, y se emplean a lo largo de este libro.

Introducción

Se cree que la vida biológica apareció en el planeta Tierra al poco tiempo de su formación. Parece que las semillas bacterianas para el proceso podrían haber llegado volando, en la cola de un cometa o meteoro. Predomina de nuevo la especulación sobre la posible vida bajo la superficie de Marte, en Europa –la luna helada de Júpiter– y de hecho en cualquier lugar donde se sabe de la existencia de la sagrada sustancia que es el agua líquida. Las últimas conjeturas sobre el universo describen una estructura escalofriantemente parecida a una inmensa red neuronal, lo que sugiere la posibilidad de una mente cósmica, una antigua idea que actualmente está experimentando un resurgimiento.

La ciencia del cosmos ha cambiado enormemente desde la antigua Grecia y las visiones medievales de círculos de esferas planetarias, pero a pesar de los avances científicos más recientes, la Tierra sigue siendo un misterio moderno. Todavía no existe ninguna teoría convincente que explique el milagro de la vida consciente, ni las numerosas coincidencias cósmicas que rodean a nuestro planeta. Tal vez ambas cosas estén relacionadas. Este libro no es solo una guía de bolsillo más sobre nuestro sistema solar, porque sugiere que pueden existir relaciones fundamentales entre espacio, tiempo y vida a la espera de ser comprendidas.

Hoy día podemos explorar los cielos en busca de señales de radio inteligentes y de otros planetas similares al nuestro. Entre tanto, nuestros vecinos planetarios más cercanos configuran los patrones más exquisitos a nuestro alrededor, en tiempo y en espacio, y ningún científico ha logrado explicar exactamente por qué. ¿Se trata realmente de *solo una coincidencia*? ¿Por qué el Sol y la Luna tienen el mismo tamaño aparente en el cielo? ¿Cómo es que Venus dibuja los mismos números a nuestro alrededor como las plantas muestran en la Tierra? Siga leyendo y vea qué le parece.

POLVO GALÁCTICO

El universo en sintonía

En el universo hay mucho movimiento. Podemos ver tantas estrellas en el horizonte de nuestro espacio-tiempo como granos de arena hay en la Tierra. Tanto nuestro planeta como nosotros mismos estamos formados por el mismo polvo galáctico reorganizado, un hecho que enseñaban ya las antiguas culturas. Ahora sabemos que el propio polvo estelar está compuesto de burbujas, remolinos de luz de gran precisión e intermitentes, que hace muchísimo tiempo estuvieron compactadas en la profundidad de las entrañas de una estrella. Los seres humanos vivimos entre lo pequeño y lo grande, en un tiempo y un lugar del universo donde las cosas se han condensado, cristalizado, acumulado, afinado y estabilizado.

¿Cómo somos de especiales, nosotros y nuestra Tierra? Los científicos están hoy desconcertados por el extraño hecho de que el universo entero parece ser especial. El universo contiene exactamente la materia suficiente para estabilizarlo, y las proporciones entre fuerzas fundamentales parecen estar organizadas para producir un mundo sorprendente, complejo, hermoso y duradero. Si se manipula cualquiera de las constantes, aunque solo sea un poco, se genera un universo de agujeros negros, burbujas insustanciales y otras configuraciones sin vida. ¿Es por designio o por coincidencia? Quizá nuestro universo es hijo de unos padres que tuvieron éxito y consiguieron aplicar esta estructura. Tal vez, como enseñaba Platón, en realidad todo es un espectáculo cuántico interrelacionado y consciente.

La búsqueda del orden, de un patrón y de un significado en el cosmos no es una historia reciente. Hace ya tiempo que se sospecha que los planetas de nuestro sistema solar esconden relaciones secretas. En la Antigüedad, se reflexionaba sobre la música de las esferas; hoy día se experimenta con la simple precisión de las leyes de Kepler, Newton y Einstein.

¿Quién es capaz de adivinar qué vendrá a continuación?

USTED SE
ENCUENTRA
AQUÍ

El sistema solar

Espirales por todas partes

Nuestro sistema solar parece haberse condensado a partir de los escombros de una versión de hace unos cinco billones de años. Un Sol se encendió en su centro y el resto de los materiales se atrajeron entre sí para formar pequeños asteroides rocosos. El viento solar transportó los gases más ligeros que se condensaron en forma de cuatro gigantes gaseosos: Júpiter, Saturno, Neptuno y Urano, a la vez que en la parte interior del sistema solar los asteroides crecieron hasta convertirse en planetas, y los trozos finales se colocaron en su sitio cada vez con más energía a medida que sus tamaños aumentaban. Las resonancias orbitales empujaron y tiraron de los planetas hacia nuevas órbitas y el sistema solar adquirió la forma de disco estable que vemos hoy día. El plano del sistema solar se inclina unos 30° con respecto al plano de la galaxia, y avanza en espiral alrededor del brazo de la Vía Láctea. La imagen *(pág. sig., arriba, según Windelius & Tucker)* es un esquema de los movimientos de los cuatro planetas interiores.

Otra forma de imaginar el sistema solar es pensar en el espacio-tiempo como una lámina de goma sobre la que está depositado el Sol como una pelota pesada, y los demás planetas como canicas *(pág. sig., abajo, según Murchie)*. Este es el modelo de Einstein de cómo la materia curva el espacio-tiempo, y ayuda a visualizar la fuerza de la gravedad que existe entre las masas. Si esta lámina de goma contuviera un diminuto guisante que no causara fricción, y le diéramos un golpecito, podría ser capturado por alguna de las canicas, o girar unas cuantas veces y después ser lanzado fuera de la lámina, o también permanecer en una órbita elíptica de rápida rotación a medio camino de uno de los agujeros de gusano. Igual que un planeta, cuanto más baje el guisante por el embudo, más rápidamente tendrá que rotar para evitar caer del todo por el tubo. Asimismo, cuanto más rápido gire, más pesado se hará y más despacio avanzará.

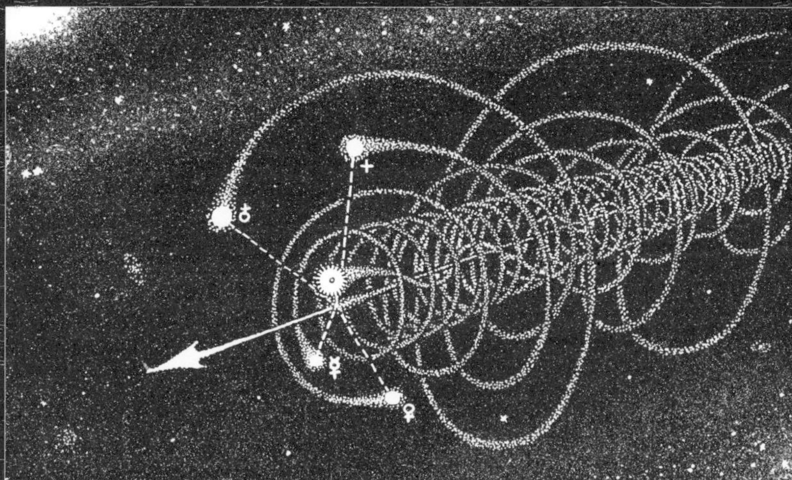

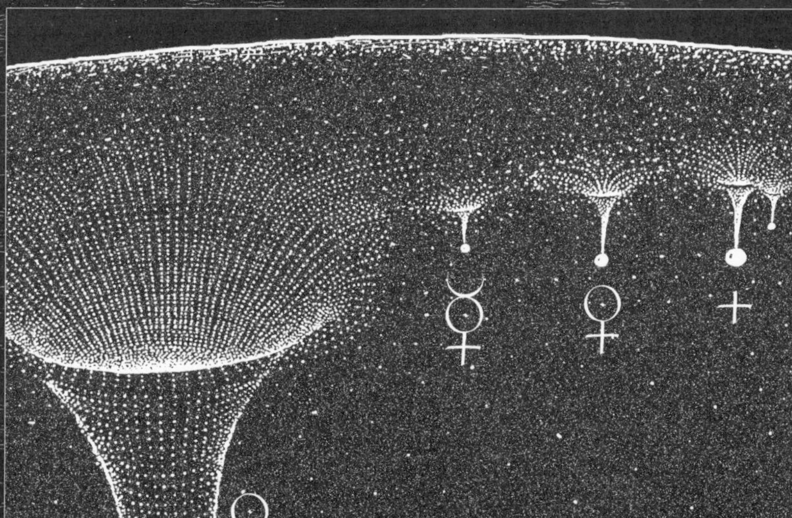

MOVIMIENTO RETRÓGRADO

Se besan por el camino

Los antiguos astrónomos que observaban el cielo desde la Tierra se dieron cuenta de que aparte del Sol y de la Luna había cinco puntos de luz visibles que se movían entre las estrellas. Estos son los planetas, que parecen moverse alrededor de la Tierra siguiendo aproximadamente el ciclo solar anual, la *eclíptica* o las constelaciones del *zodiaco*. ¡Si solo fuera así de simple! Observe los planetas durante cierto tiempo y verá que en lugar de moverse de forma simple, se tambalean como abejas embriagadas, bailando y girando. Cuando dos planetas se pasan, o «besan», cada uno le parece al otro que *retrograda* o que va hacia atrás, en dirección contraria a las estrellas, durante un período de tiempo determinado.

El diagrama inferior muestra el dibujo que Mercurio traza alrededor del Sol al cabo de un año, observado desde la Tierra *(según Schultz)*, y en la página siguiente vemos el boceto que Cassini realizó en el siglo XVIII sobre los movimientos de Júpiter y Saturno vistos desde la Tierra. En épocas antiguas se recurrió a complejos sistemas de círculos y ruedas para intentar imitar estos movimientos planetarios *(pág. sig., abajo)*, algo que culminó en el sistema ptolemaico de 39 *deferentes* y *epiciclos*, empleados para representar los movimientos de los siete cuerpos celestiales desde hace más de 2000 años.

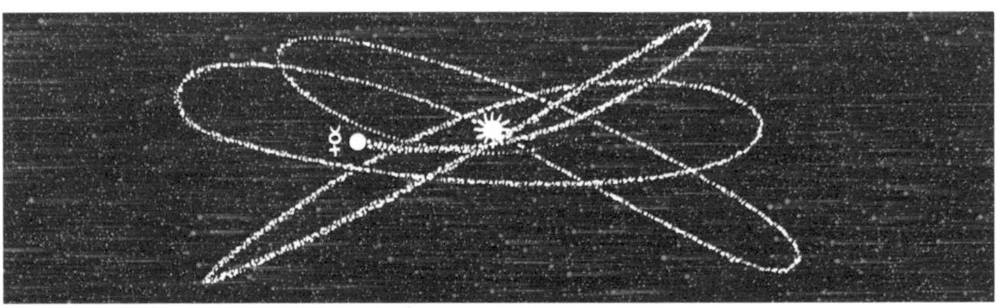

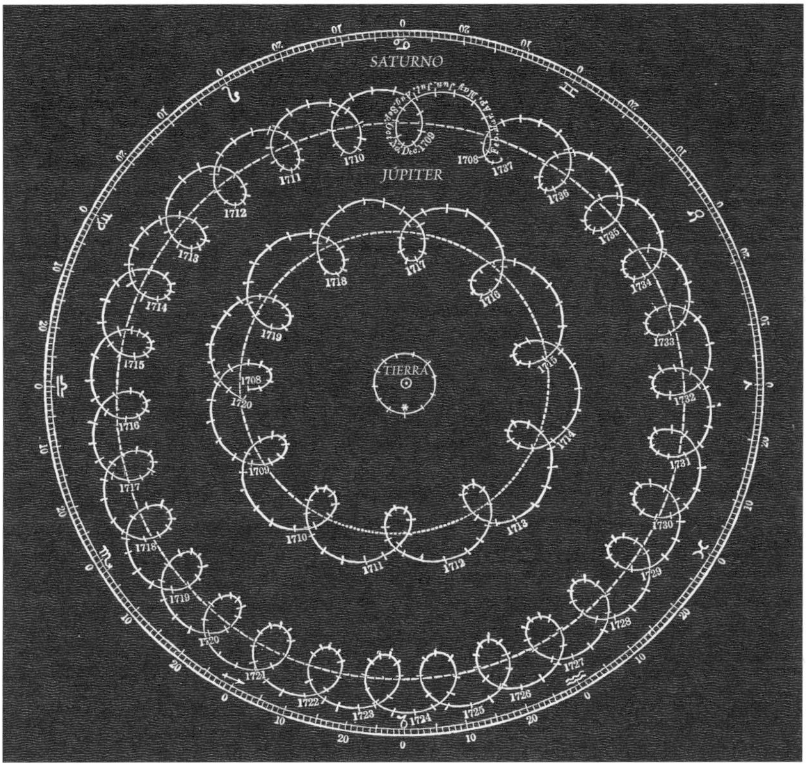

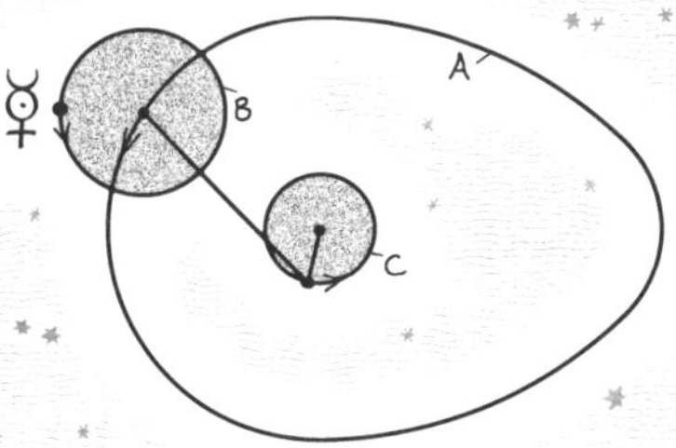

Hasta hace 400 años los movimientos planetarios se ejemplificaban con un «deferente» (A) y un «epiciclo» (B). Se emplearon otros trucos para refinar el sistema; en este caso, una manija (C) llamada «excéntrico movible» produce un deferente oval para la danza de Mercurio.

CALENDARIOS

Sincronización de Sol y Luna

El Sol y la Luna parecen mantener un equilibrio perfecto cuando los observamos en el cielo, pero en la práctica forman un complejo patrón que ha incomodado a numerosas culturas durante largo tiempo. Los 29,53 días que hay entre dos plenilunios siguen el modelo del calendario chino alternando meses de 29 y 30 días. En Stonehenge, el círculo de Sarsen está compuesto por 29 piedras de la misma anchura y otra de solo la mitad, que representan los 29,5 días. Existen muchos objetos que esconden un tema de calendario. Por ejemplo una baraja de cartas se puede ver como cuatro estaciones, cada una de ellas de 1 + 2 + 3 + 4 + 5 + 6 + 7 + 8 + 9 + 10 + 11 + 12 + 13 = 91 días, 364 en total, y el comodín sería el día número 365. Las cartas del tarot también esconden secretos, como que la Luna y el Sol tienen el número 18 y el 19, que, como veremos en la página 331, son los dos números que mejor definen el calendario.

Tal vez el sistema más extraordinario jamás concebido para unir los ciclos celestes con los empeños terrestres es la serie de calendarios entrecruzados desarrollado por los antiguos mayas. Hacia el 900 d. C. habían logrado expresar la mayor parte del sistema solar visible con solo tres ciclos: el *haab* de 365 días, el *tzolkin* de 260 días y el enigmático ciclo de 819 días. El maravilloso diagrama de Geoff Stray de la página siguiente es un testimonio de lo lejos que están dispuestos a llegar los científicos para que todo esto tenga sentido.

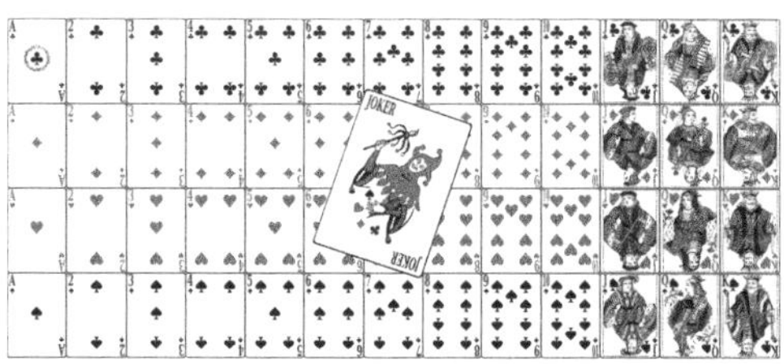

EL SISTEMA SOLAR INTEGRADO EN EL ANTIGUO CALENDARIO MAYA

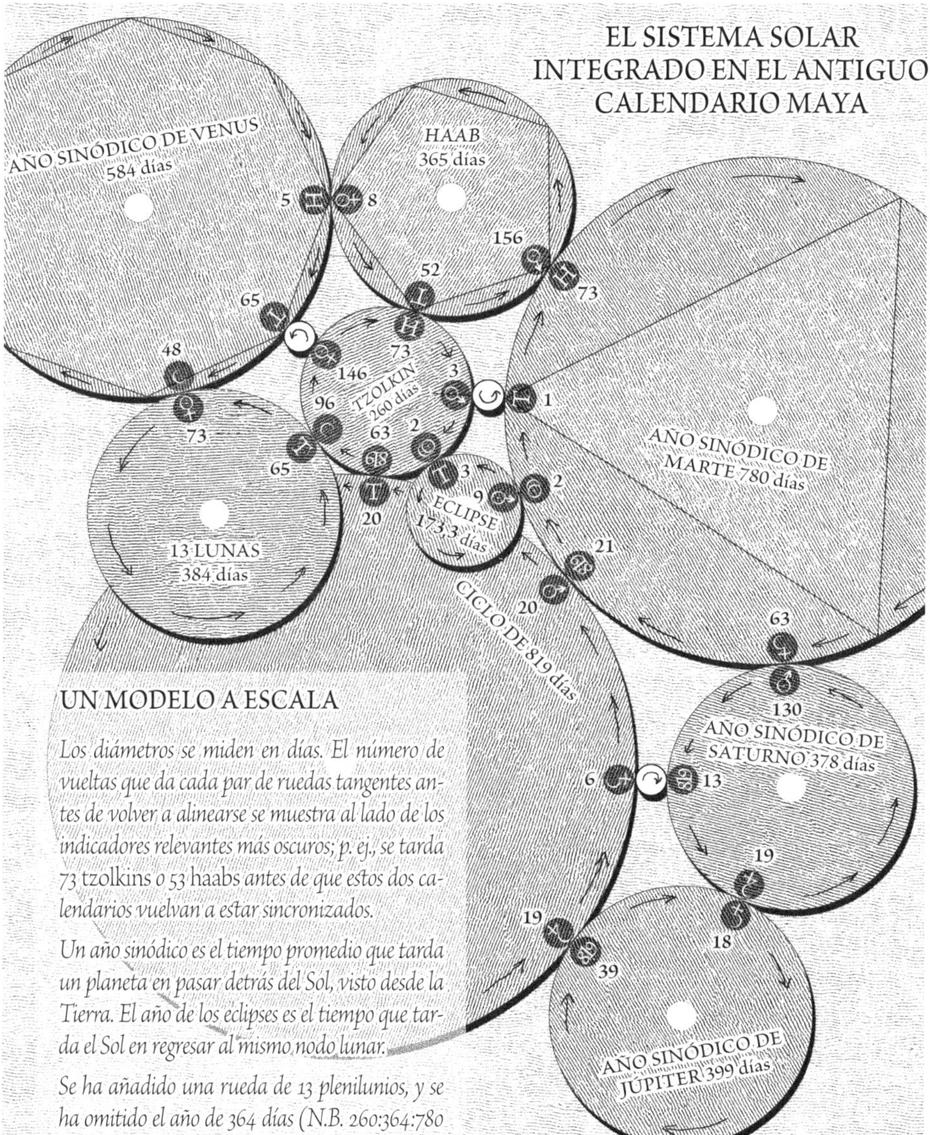

UN MODELO A ESCALA

Los diámetros se miden en días. El número de vueltas que da cada par de ruedas tangentes antes de volver a alinearse se muestra al lado de los indicadores relevantes más oscuros; p. ej., se tarda 73 tzolkins o 53 haabs antes de que estos dos calendarios vuelvan a estar sincronizados.

Un año sinódico es el tiempo promedio que tarda un planeta en pasar detrás del Sol, visto desde la Tierra. El año de los eclipses es el tiempo que tarda el Sol en regresar al mismo nodo lunar.

Se ha añadido una rueda de 13 plenilunios, y se ha omitido el año de 364 días (N.B. 260:364:780 = 5:5:15, y 364:819 = 4:9).

El secreto del siete

Planetas, metales y días de la semana

Hace solo 400 años, los diagramas que se muestran en la página siguiente formaban la piedra angular del pensamiento cosmológico científico y mágico en todo el mundo occidental, como lo habían hecho durante milenios. Hoy día estos emblemas del sistema séptuplo de la Antigüedad nos parecen pintorescos recordatorios de una cosmología alquímica ahora sepultada bajo los descubrimientos de nuevos planetas y elementos físicos.

Existen ciertamente siete cuerpos celestes errantes, que pueden colocarse alrededor de un heptágono en el orden de su aparente velocidad contra las estrellas fijas. La Luna parece ser la que más rápido se mueve, seguida de Mercurio, Venus, el Sol, Marte, Júpiter y Saturno *(arriba, izq.)*. Los días tenían un planeta asignado, algo que sigue siendo evidente en muchos idiomas, y el orden de los días lo daba el heptagrama primario mostrado *(arriba, dcha.)*. En inglés y alemán se usaron los nombres de antiguos dioses nórdicos para los planetas, así tenemos el día de Wotan (miércoles), el día de Thor (jueves) y el de Freya (viernes).

En la Antigüedad los siete metales conocidos tenían su correspondencia planetaria, y sus compuestos daban paso a asociaciones de colores. Venus, por ejemplo, se asociaba con los verdes y los azules de los carbonatos de cobre. Los estudiantes de alquimia solían reflexionar sobre estas relaciones mientras forjaban teorías aún más sutiles. Aunque parezca increíble, el antiguo sistema también da el orden *moderno* por número atómico de estos metales. Siga el heptagrama para obtener *hierro 26, cobre 29, plata 49, estaño 50, oro 79, mercurio 80* y *plomo 82 (pág. sig., abajo, izq., según Critchlow & Hinze)*. La secuencia de conductividad eléctrica también aparece alrededor de la parte exterior, empezando por el plomo.

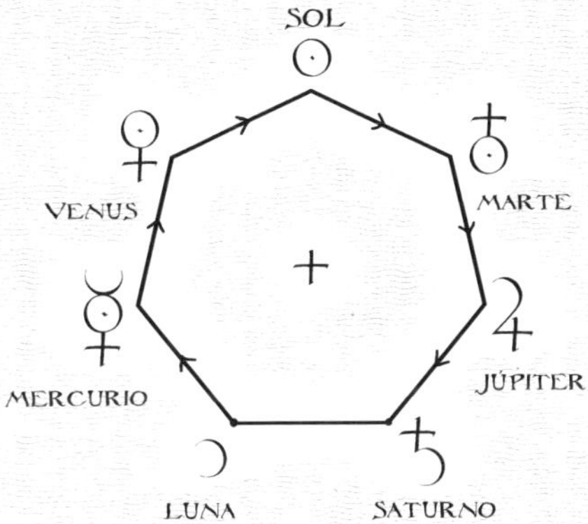

LOS SIETE CUERPOS CELESTES:
empiece por la Luna y siga las flechas para obtener el «orden caldeo» de las esferas.

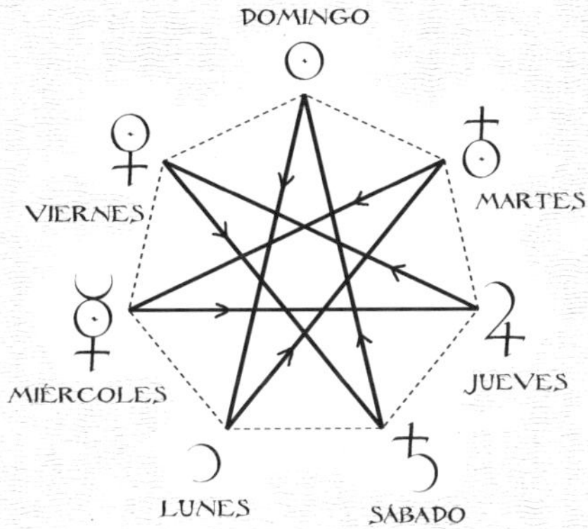

LOS SIETE DÍAS DE LA SEMANA:
lunes, martes, miércoles, jueves, viernes... siga de nuevo las flechas.

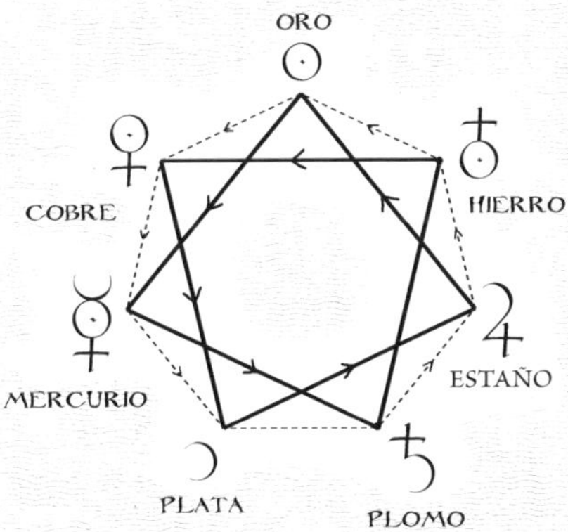

LOS SIETE METALES DE LA ANTIGÜEDAD:
empiece por el hierro y siga las flechas para obtener los elementos de creciente número atómico.

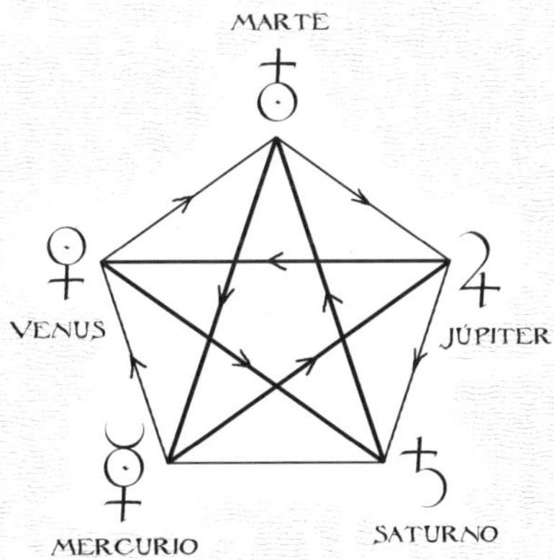

LOS CINCO ERRANTES:
empiece por Mercurio. Moviéndose alrededor del pentágono aumenta la distancia desde el Sol.

Geocéntrico o heliocéntrico

¿La Tierra o el Sol en el centro?

El extraordinario mundo ptolemaico de epiciclos y deferentes perduró durante un tiempo sorprendentemente largo. A pesar de su complejidad, «salvaba las apariencias» y se decía que también salvaba las almas. Las elipses las estudiaron los antiguos matemáticos griegos como Apolonio, y ya en el año 250 a. C. Aristarco de Samos proponía un sistema de planetas que orbitaban alrededor del Sol. Pero no pudo ser, y durante 1500 años la Tierra siguió siendo el centro del universo, tal como la vivimos, mientras el sistema ptolemaico pasaba de los griegos a los árabes, y a través de estos de nuevo a Occidente.

En la página siguiente se muestran cuatro sistemas primitivos *(según Koestler)*, y cada esfera de cada diagrama se debe entender que posee su propio anexo de epiciclos y excéntricos. Copérnico, a pesar de colocar el Sol en el centro en 1543 *(arriba, izq.)*, siguió siendo un devoto de los epiciclos, incrementando el número de ruedas invisibles de las 39 del sistema ptolemaico hasta un asombroso total de 48. A finales del siglo XVI Tycho Brahe intentó desesperadamente mantener la Tierra estacionaria en el centro del universo *(abajo, izq.)*, mientras que un antiguo modelo griego de Heráclides Póntico, igual que una versión posterior de Juan Escoto Eriúgena, intentaba llegar a un compromiso.

Durante la década de 1600 el Sol se convirtió en el centro del sistema solar y muchas personas empezaron a olvidarse de que a veces los planetas se mueven hacia atrás. El modelo actual del sistema solar *(pág. sig., abajo)* tiene a los planetas (incluyendo al asteroide Ceres) formando órbitas elípticas alrededor del Sol; cada una de estas elipses gira lentamente y con el tiempo formará un toro o «caparazón» orbital.

Fue Johannes Kepler quien concibió por primera vez este modelo básico en 1596, y todavía seguimos prestando atención a sus ideas.

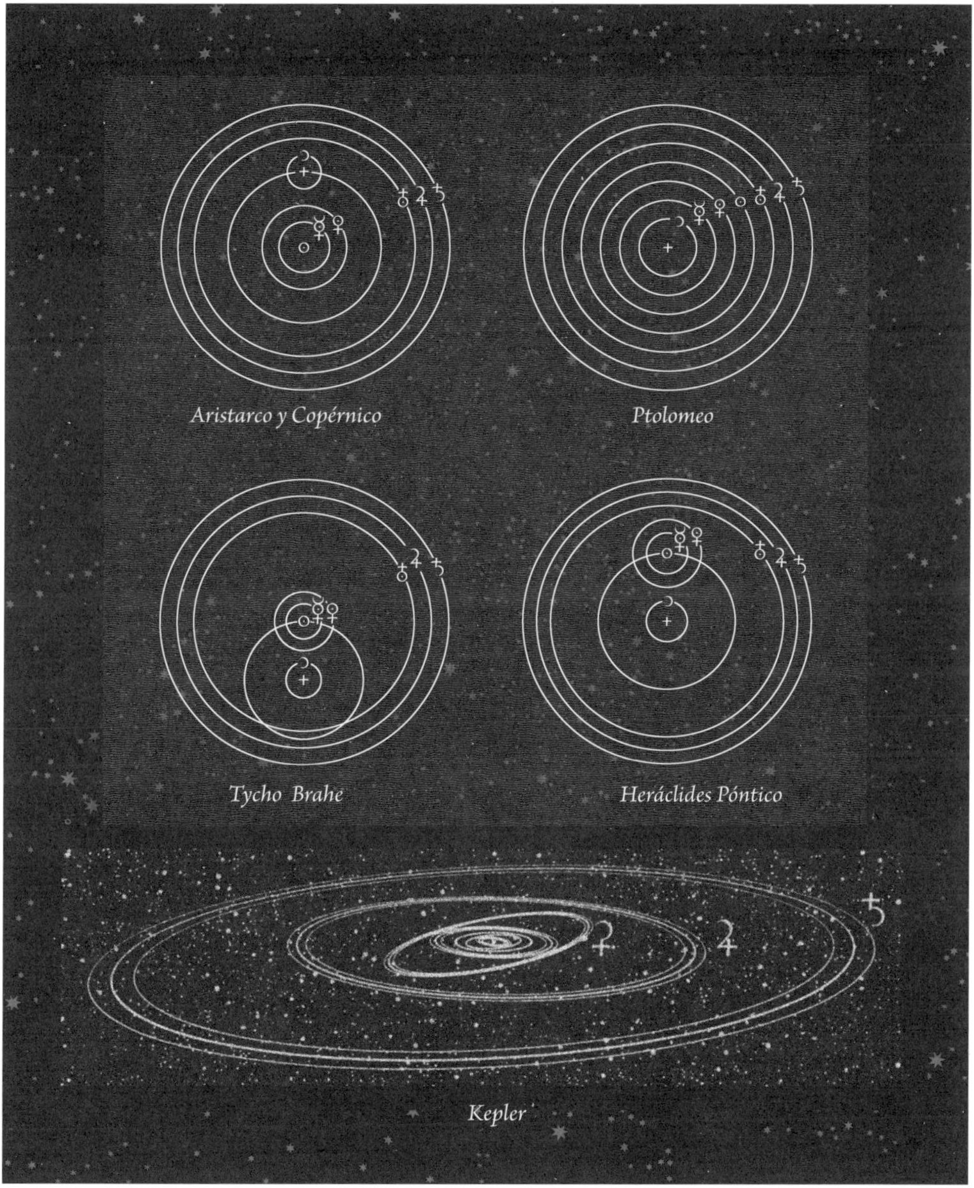
Aristarco y Copérnico
Ptolomeo
Tycho Brahe
Heráclides Póntico
Kepler

Las visiones de Kepler

Elipses y sólidos alojados

Kepler observó tres hechos acerca de las órbitas planetarias. En primer lugar, que forman elipses *(así que a + b = constante, pág. sig., abajo)*, con el Sol en un foco. Después, que el área del espacio cubierto por un planeta en un tiempo determinado es constante. Por último, que el período T de un planeta está relacionado con R, su eje semimayor (u órbita «promedio»), así que T^2/R^3 es una constante en todo el sistema solar.

Buscando una solución geométrica o musical a las órbitas, Kepler observó que seis planetas heliocéntricos equivalen a cinco intervalos. La famosa solución geométrica que probó fue encajar los cinco sólidos platónicos entre sus esferas *(pág. sig., y en detalle abajo)*.

En años recientes, lejos de despreciar la visión de Kepler, las leyes de Einstein demostraron que los minúsculos efectos espacio-tiempo causados por el movimiento más rápido de Mercurio (y por tanto más pesado y más lento en el tiempo) cuando está más cerca del Sol, crean una rotación precesional de elipses a lo largo de miles de años, lo que refuerza la teoría de los toros de Kepler.

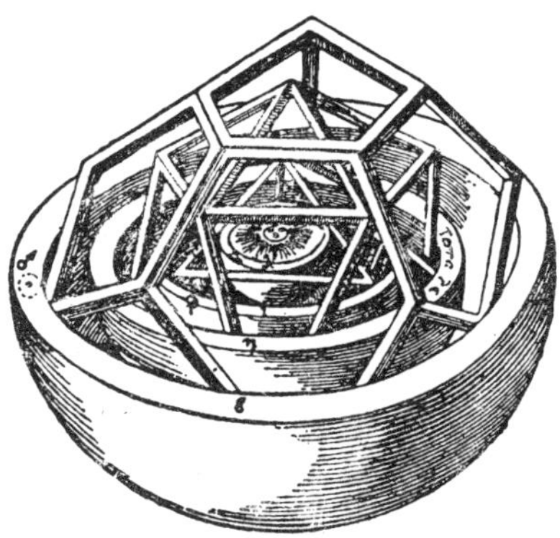

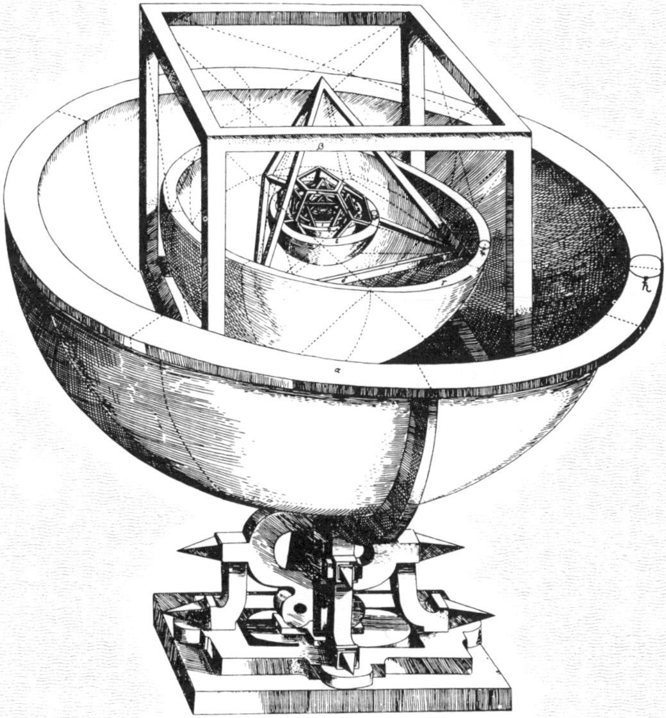

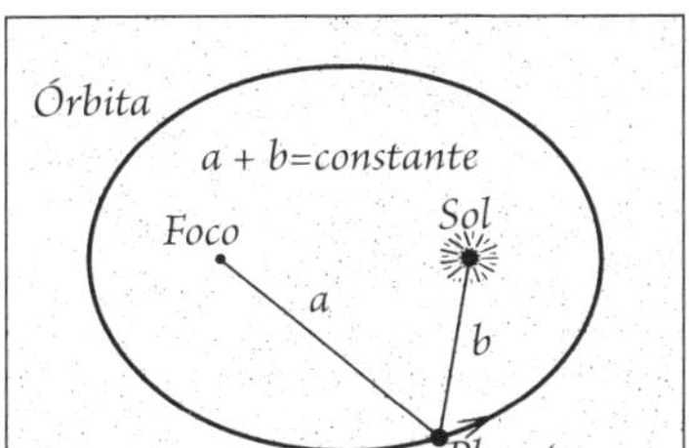
Órbita
a + b=constante
Foco
Sol
a
b
Planeta

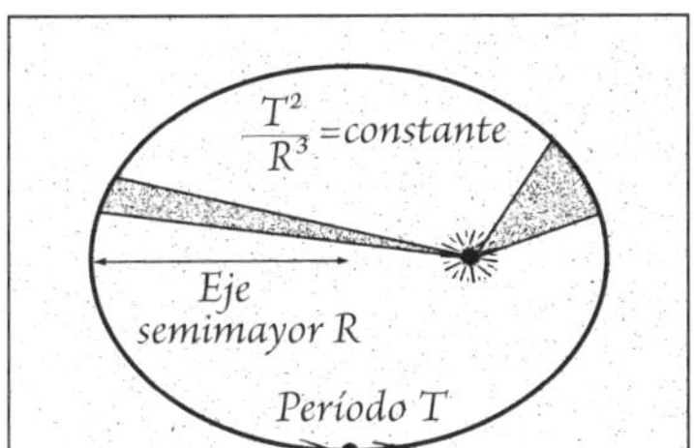
$\frac{T^2}{R^3}$=constante
Eje
semimayor R
Período T

La música de las esferas

Planetas tocando en sintonía

En épocas antiguas las notas musicales se asignaban a los siete cuerpos celestes en distintas disposiciones simbólicas *(pág. sig., arriba)*. Con sus datos exactos, Kepler empezó a calcular de forma precisa estas *Harmoniae Mundi* que tanto tiempo llevaban en la imaginación colectiva. Observó en especial que las proporciones entre las velocidades extremadamente angulares de los planetas eran todas invervalos armónicos *(pág. sig., centro, según Godwin)*. Más recientemente, el trabajo de Molchanov ha demostrado que todo el sistema solar se puede considerar como una estructura cuántica «afinada», con Júpiter como el director de orquesta.

La música y la geometría son aliados cercanos y la teoría de Weizsacker sobre la condensación de los planetas *(pág. sig., según Murchie & Warshall)* arroja un poco más de luz sobre estas escurridizas órbitas. Podría parecer caprichoso si no fuera por el hecho de que dos pentágonos alojados *(abajo, izq.)* definen el toro de Mercurio [99,4%], el espacio vacío entre Mercurio y Venus [99,2%], las órbitas medias relativas de la Tierra y Marte [99,7%] y el espacio entre Marte y Ceres [99,8%], mientras que tres pentágonos alojados *(abajo, dcha.)* definen el espacio vacío entre Venus y Marte [99,6%] y también las órbitas medias de Ceres y Júpiter [99,6%].

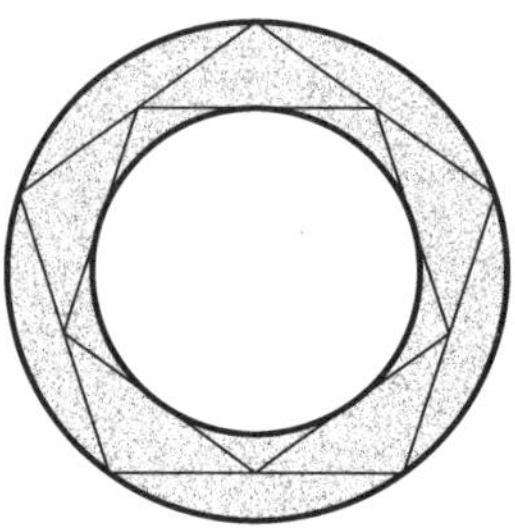

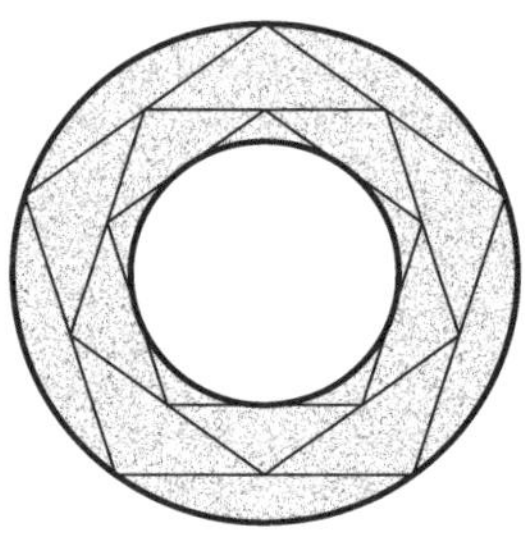

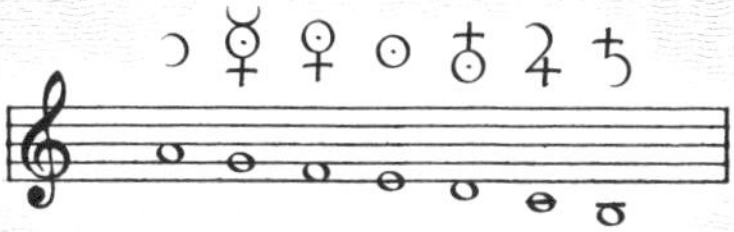

ANTIGUO SISTEMA EGIPCIO

CICERÓN – EL SUEÑO DE ESCIPIÓN

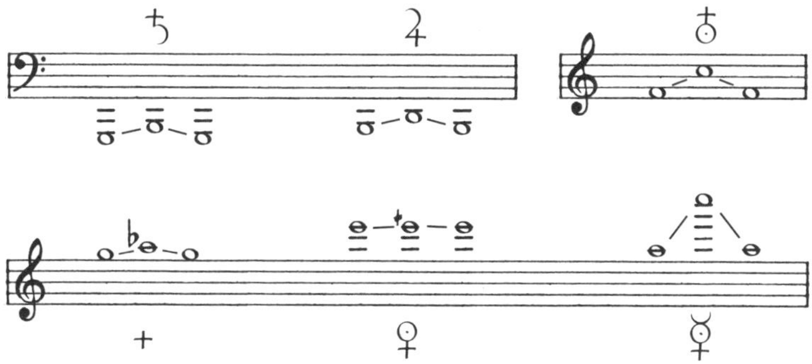

LAS ARMONÍAS CELESTES DE KEPLER

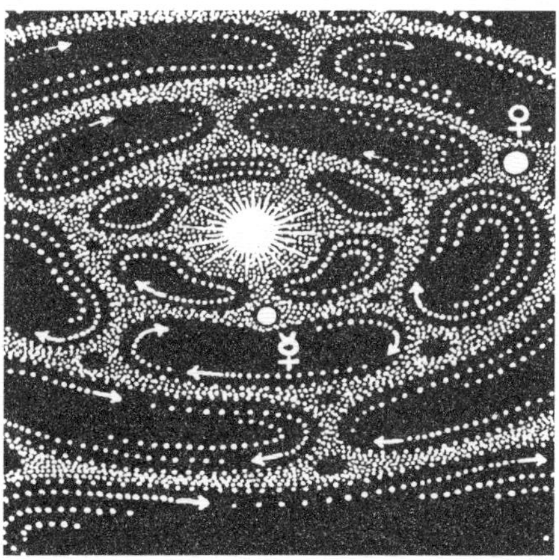

La ley de Bode y los sínodos

Armónicos y besos rítmicos

Han existido numerosos intentos de descubrir patrones en las órbitas y los períodos de los planetas. Un gráfico logarítmico básico *(pág. sig., arriba)* muestra un claro orden subyacente *(según Ovendon & Roy)*.

Un famoso sistema es la *Regla de Titius-Bode* de 1750: se añade 4 a la serie 0, 3, 6, 12, 24, 48, 96, 192 y 384, y nos da 4, 7, 10, 16, 28, 52, 100, 196 y 388. Estos números encajan muy bien con los radios de las órbitas planetarias (excepto la de Neptuno). La fórmula pronosticaba un planeta perdido sobre 28 unidades entre Marte y Júpiter, y el 1 de enero de 1801 Piazzi descubrió Ceres, el mayor de los asteroides del cinturón, en la órbita correcta.

El tiempo que tarda un planeta en dar la vuelta al Sol se conoce como su *período*. A veces los períodos se dan como simples proporciones uno de otro; un famoso ejemplo es la proporción 2:5 entre Júpiter y Saturno [99,3 %]. Urano, Neptuno y el diminuto Plutón son especialmente rítmicos y armónicos, exhibiendo una proporción de períodos 1:2:3; la de Urano y Neptuno se suman para dar la de Plutón [99,8 %].

Igual que un remolino, los planetas interiores orbitan alrededor del Sol mucho más rápido que los exteriores, y la tabla *(pág. sig., abajo)* muestra el número de días entre el «beso» de dos planetas, entre sus pases o acercamientos, adecuadamente llamados *sínodos*. ¿Tiene la Tierra algún armónico? Bien, tenemos dos vecinos planetarios, Venus por el lado del Sol y Marte por el lado del espacio exterior, y las cifras revelan que «besamos» a Marte *tres* veces por cada *cuatro* besos de Venus [99,8 %]. Así que a nuestro alrededor se está dando *constantemente* un polirritmo extremadamente lento de 3 contra 5, o se está tocando una profunda cuarta musical.

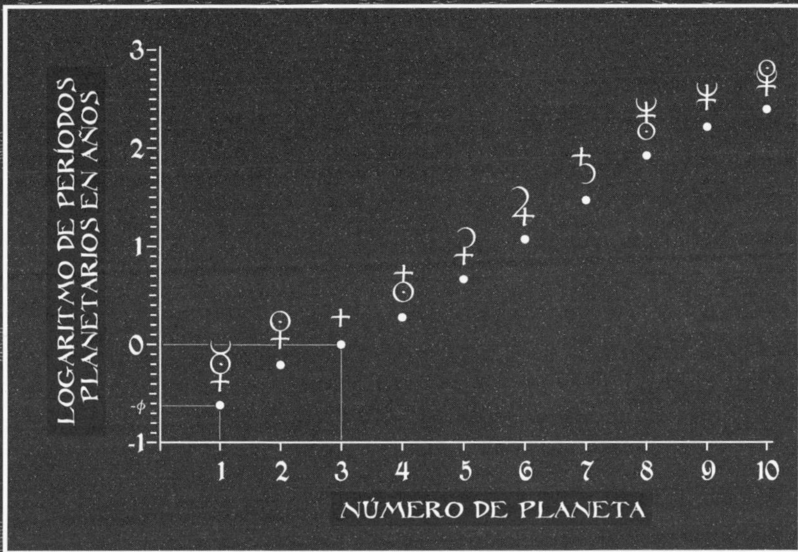

	☿	♀	♁	♂	⚳	♃	♄	♅	♆	♇
☿	∞	144,6	115,9	100,9	92,83	89,79	88,70	88,22	88,10	88,05
♀	144,6	∞	583,9	333,9	259,4	237,0	229,5	226,4	225,5	225,3
♁	115,9	583,9	∞	779,9	466,7	398,9	378,1	369,7	367,5	366,7
♂	100,9	333,9	779,9	∞	1162	816,5	733,9	702,7	694,9	692,2
⚳	92,83	259,4	466,7	1162	∞	2744	1991	1777	1728	1712
♃	89,79	237,0	398,9	816,5	2744	∞	7252	5045	4669	4551
♄	88,70	229,5	378,1	733,9	1991	7252	∞	16 570	13 100	12 210
♅	88,22	226,4	369,7	702,7	1777	5045	16 569	∞	62 890	46 440
♆	88,10	225,5	367,5	694,9	1728	4669	13 100	62 890	∞	179 800
♇	88,05	225,3	366,7	692,2	1712	4551	12 210	46 440	179 800	∞

Los planetas interiores

Mercurio, Venus, Tierra y Marte

Imaginemos nuestro sistema solar como una serie de finos anillos en rotación, estabilizándose lentamente. Dividido en dos mitades por un cinturón de asteroides, la región interna contiene cuatro pequeños y rocosos planetas que orbitan rápidamente alrededor del Sol, y la otra mitad cuatro enormes y lentos planetas compuestos de gas y hielo.

El Sol todavía no ha desvelado sus secretos. Compuesto en gran parte de hidrógeno y helio, y fábrica de elementos, es también un gigantesco imán, con una temperatura de 15 millones de °C en el núcleo y 6000 en la superficie. Expulsa un viento de partículas hacia todo el sistema solar, y sus manchas solares y las descomunales llamaradas afectan a los sistemas electrónicos de la Tierra.

Mercurio es el primer planeta, un mundo compuesto básicamente de hierro sólido, sin atmósfera y cubierto de cráteres, 400 °C al Sol, -170 °C a la sombra. Venus es el segundo, un invernadero cubierto de densas nubes. Su superficie alcanza la increíble temperatura de 480 °C y su atmósfera, rica en dióxido de carbono, es noventa veces más densa que la terrestre. Aquí una manzana resultaría incinerada por el calor, aplastada por la atmósfera y terminaría disuelta en una lluvia de ácido sulfúrico al instante. La Tierra es el tercer planeta, el que tiene vida y una luna.

Marte es el cuarto, un mundo rocoso de color rojo, con una temperatura justo por encima del punto de congelación. Unos casquetes de hielo cubren los polos bajo una fina atmósfera. Los lechos secos de ríos sugieren que Marte podría haber tenido océanos, ahora desaparecidos. Tiene tormentas de polvo que lo envuelven durante días e inmensos volcanes extintos, uno de ellos tres veces la altura del monte Everest. Marte tiene dos lunas minúsculas. Más allá se encuentra el cinturón de asteroides, y después los gigantes.

TAMAÑO DE LOS PLANETAS INTERIORES

INCLINACIONES Y EXCENTRICIDADES DE LAS ÓRBITAS
DE LOS PLANETAS INTERIORES

EL SOL EN EL CENTRO

VISTA DESDE LA TIERRA

Descifrar las imágenes

Algunas sugerencias en cuanto a apariencias

Visto desde la Tierra, de día o de noche, el Sol avanza lentamente hacia la izquierda en dirección contraria a las estrellas (hacia la derecha en el hemisferio sur), tardando un año en volver a la misma estrella. La Luna orbita rápidamente en la misma dirección cada mes, tardando 27,3 días en regresar a una estrella. Venus y Mercurio oscilan alrededor del Sol, yendo y viniendo, al tiempo que el propio Sol avanza lentamente por su ciclo anual. Imagínese que está en Venus: el Sol se mueve más rápidamente contra las estrellas y Mercurio está más cerca, girando alrededor del Sol como en un carrusel de feria.

Cada *par* de planetas crea una danza única. No importa en cuál de ellos se sitúe, su pareja bailará a su alrededor y usted seguirá siendo el mismo. Es una experiencia compartida. En la página siguiente *(arriba)* se muestra la danza de Mercurio con la Tierra y con Venus. La Tierra y Mercurio se besan aproximadamente 22 veces en 7 años, aunque los antiguos griegos también conocían un ciclo más exacto de 145 sínodos en 46 años. Mercurio y Venus están en perfecta sintonía después de solo 14 besos.

En la parte inferior de la página siguiente está la sección áurea, ϕ o *fi*. Se encuentra en todo pentagrama y en la sucesión de los números de Fibonacci *(pág. sig.)*, que empieza con 1, 2, 3, 5, 8 y 13, todos ellos números que veremos en los planetas interiores. La sección áurea es esencialmente 0,618, pero como uno *dividido* por ella es 1,618 (que es lo mismo que *sumarle* uno), a menudo toma uno de estos dos valores. La sección áurea se encuentra en todo tipo de formas de vida orgánica; es la marca de la vida y, como veremos, también se puede observar, de forma exacta, en la zona interior del sistema solar.

LA DANZA DE MERCURIO Y VENUS

LA DANZA DE MERCURIO Y DE LA TIERRA

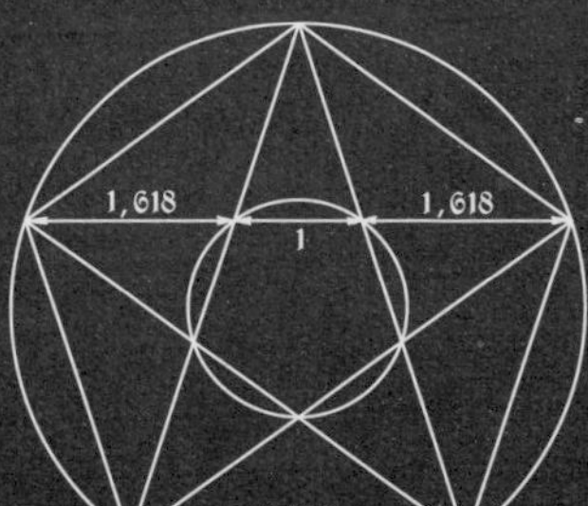

LA SECCIÓN ÁUREA

1	
0 + 1 = 1	1 ÷ 1 = 1
1 + 1 = 2	1 ÷ 2 = 0,5
1 + 2 = 3	2 ÷ 3 = 0,6667
2 + 3 = 5	3 ÷ 5 = 0,6
3 + 5 = 8	5 ÷ 8 = 0,625
5 + 8 = 13	8 ÷ 13 = 0,6154
8 + 13 = 21	13 ÷ 21 = 0,6190
13 + 21 = 34	21 ÷ 34 = 0,6176
21 + 34 = 55	34 ÷ 55 = 0,6182
34 + 55 = 89	55 ÷ 89 = 0,6180
1 2 3 5 8 13 …	ϕ = 0,61803399…

LOS NÚMEROS DE FIBONACCI

Las órbitas de Mercurio y Venus

Un sencillo truco mnemotécnico

Hay pocas cosas más sencillas que un círculo. Tras el descubrimiento que hizo Kepler de las elipses, y con Newton y Einstein haciéndolas girar, podemos imaginar las órbitas planetarias como «círculos» orbitales centrados en el Sol, con la excentricidad engrosando ligeramente el círculo, o formando un caparazón alrededor de las esferas *(véase diagrama de Kepler, pág. 307)*.

Una de las primeras cosas que se pueden hacer con los círculos es juntar tres para que todos se toquen. De manera sorprendente, las órbitas de los dos primeros planetas del sistema solar se esconden en este sencillo diseño. Si la órbita media de Mercurio pasa por los centros de los tres círculos, entonces Venus circunscribe la figura [99,9%].

Este es un truco sencillo, fácil de recordar; lo vemos constantemente en casa, en el diseño, el arte, la arquitectura y la naturaleza. Cada vez que recogemos tres vasos, o juntamos tres pelotas, creamos las órbitas circulares de los dos primeros planetas, en un grado extraordinario de exactitud. Tiene que existir una razón para este bello encaje entre lo ideal y lo manifestado, pero aún no se conoce ninguna y este tipo de enigmas parecen estar pasados de moda; tal vez un brillante científico del siglo XXI encontrará una respuesta. Hasta entonces, sigue siendo una «coincidencia».

El triángulo es emblema de la octava musical 2:1, y Mercurio interpreta un delicioso solo sobre este tema, ya que un día de Mercurio es exactamente dos años de Mercurio, y durante ese tiempo el planeta ha rotado sobre su propio eje exactamente tres veces. Así el primer planeta toca las primeras armonías y dibuja una de las primeras formas geométricas. Hemos empezado con un uno, escuchado un dos y visto un tres.

El beso de Venus

Nuestra más bella relación

Aparte del Sol y de la Luna, el punto más brillante del firmamento es Venus, el lucero del alba y del atardecer. Es nuestro vecino más cercano y nos besa cada 584 días cuando pasa entre nosotros y el Sol. Cada vez que se da uno de estos besos el Sol, Venus y la Tierra se alinean dos quintas partes de un círculo más allá, así que se va trazando un pentagrama de conjunciones, que tarda en completarse ocho años terrestres [99,9 %] o trece años venusianos [99,9 %]. Observe de nuevo los números de Fibonacci 5, 8 y 13, que rigen la mayor parte del crecimiento vegetal. Los períodos de la Tierra y de Venus también están relacionados como $\phi : 1$ [99,6 %].

Observada desde la Tierra, esta armonía aparece con Venus girando alrededor del cachazudo Sol. En el diagrama *(pág. sig., arriba)* se muestran cuatro ciclos de ocho años, en total 32 años. Los pequeños bucles se forman cuando Venus, en su beso más cercano, parece que cambia de dirección contra el fondo de las estrellas *(abajo, visto desde la Tierra)*.

La naturaleza quíntuple de la danza Venus-Tierra se da también en la distancia más cercana y más lejana entre las dos, ya que tanto el perigeo como el apogeo conforman dos pentagramas *(pág. sig., abajo)*. La línea en el espacio que uno dibuja alrededor del otro se calcula como $1 : \phi^4$ [99,8 %].

Los mismos diagramas también son aplicables a la experiencia que Venus tiene de la Tierra.

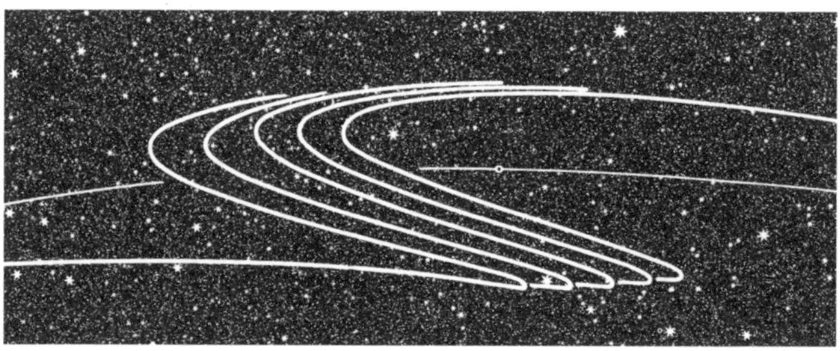

LA BELLEZA PERFECTA DE VENUS

Las cosas que no te enseñan en la escuela

Con el Sol en el centro, observemos las órbitas de Venus y de la Tierra. Cada dos días se dibuja una línea entre los dos planetas *(abajo, izq.)*. Como la órbita de Venus es más rápida, completa un circuito en el mismo tiempo en que la Tierra completa algo más de medio circuito *(abajo, centro)*. Si seguimos observando durante exactamente ocho años (o 13 años venusianos) surge el patrón de la página siguiente, la versión heliocéntrica de la flor de cinco pétalos de la página anterior.

Resulta intrigante que la proporción entre la órbita exterior de la Tierra y la órbita interior de Venus, es decir, su casa, venga dada por un cuadrado *(abajo, dcha.)* [99,99%].

La rotación de Venus sobre su propio eje es extremadamente lenta y va en dirección contraria a la mayoría de las rotaciones del sistema solar. Su período de rotación es exactamente dos tercios de un año terrestre, una quinta musical. Esto armoniza muy de cerca con la danza de la página siguiente, así que cada vez que Venus y la Tierra se besan, Venus lo hace con la misma cara apuntando hacia la Tierra. Dibuje un punto en la superficie de Venus cuando pasa frente al Sol, y cada vez que vuelva a alinearse con él, observando desde la Tierra, el punto estará frente a usted. Durante los ocho años terrestres de los cinco besos, Venus gira sobre su propio eje doce veces en trece de sus años *(de Kollerstrom)*. Todos ellos hermosos números musicales.

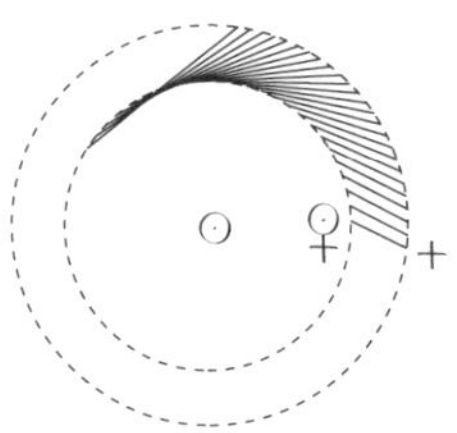

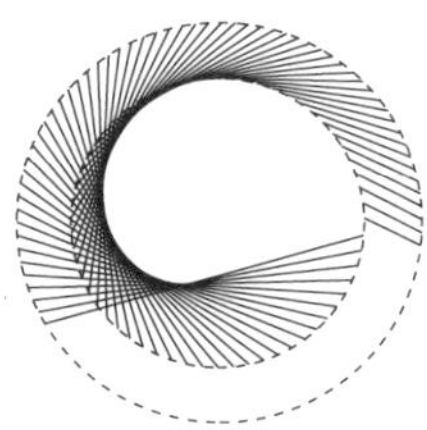

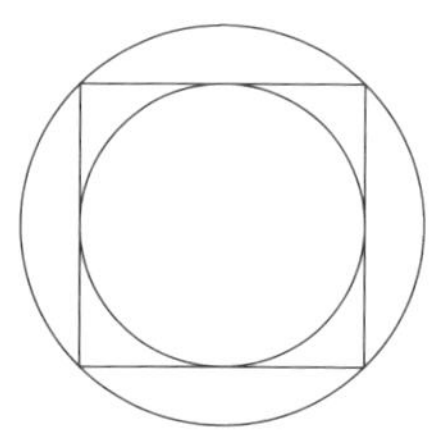

Filotaxis

La espiral de la vida

La vida en la Tierra emplea un conjunto de números con mucha mayor frecuencia que cualquier otro. La filotaxis es el estudio de la forma en que las hojas están dispuestas alrededor de un tallo, y también describe otras características de las plantas como flores, cabezas de semillas y frutos. La clave de la filotaxis es la sucesión de Fibonacci, 1, 1, 2, 3, 5, 8, 13, 21, 34, 55 y así sucesivamente, donde los términos adyacentes definen cada vez mejor la sección áurea presente en los pentagramas, como hemos visto.

La mayoría de las plantas producen hojas alternadas en los puntos de una rotación completa que corresponden a fracciones de Fibonacci. Por ejemplo, algunas plantas producen hojas en un tallo cada $\frac{1}{2}$ rotación, en avellanos y hayas el ángulo es de $\frac{1}{3}$, el albaricoquero y el roble $\frac{2}{5}$, el peral y el álamo $\frac{3}{8}$, y el almendro y el sauce $\frac{5}{13}$. Las piñas muestran espirales de 5, 8 y 13 brazos. Cuente el número de brotes de una rama de sauce ceniciento y descubrirá una espiral de 13 brotes en 5 vueltas.

El cuerpo humano expresa los mismos números (de un modo cuádruple). Tenemos cinco dedos en cada cuarto, un patrón que se repite en la boca con 5 dientes de leche en cada cuarto, reemplazados por 8 dientes adultos, 13 en total por cuarto.

El número más corriente de pétalos de una flor es 5, y los números de filotaxis más comunes en las plantas son 5, 8 y 13. *Como es arriba es abajo*, ¡porque estos son también los números de Venus!

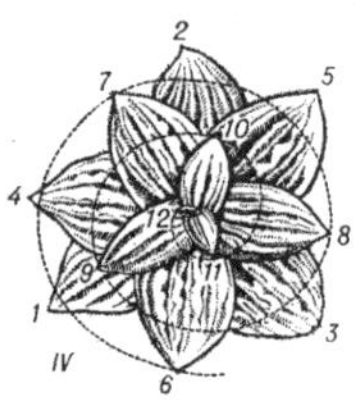

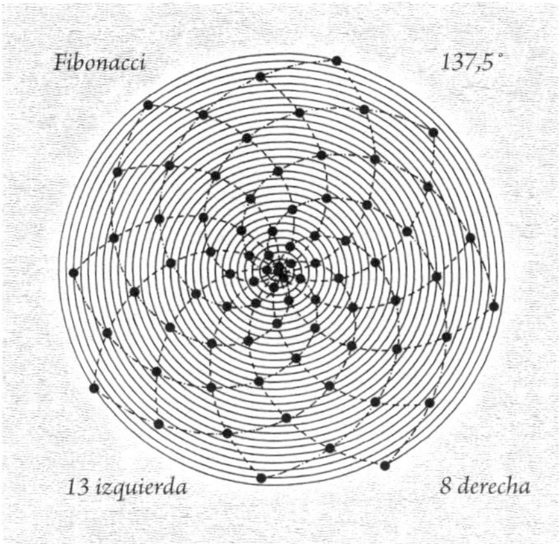

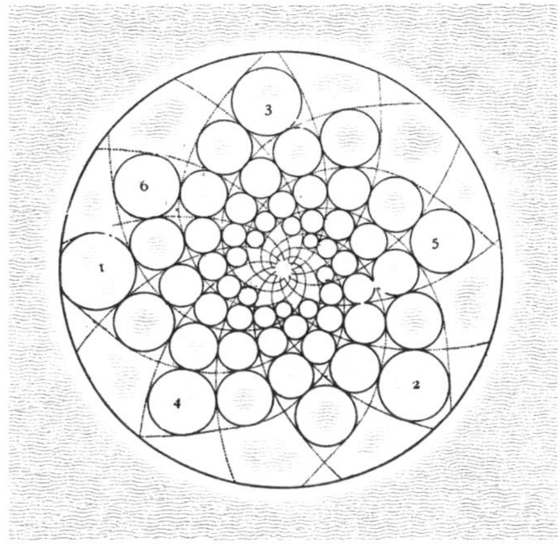

Arriba, izq.: filotaxis 8:13. Nuevos elementos de unidades aparecen a lo largo de una espiral arquimediana cada 137,5°. Arriba, dcha.: modelo de W. Hofmeister de la lucha por el espacio, basado en la idea de Leonardo da Vinci de que la filotaxis optimiza el acceso del rocío y de la luz solar. Izq.: las piñas exhiben una atractiva filotaxis de 5:8:13 como 5 espirales casi horizontales, 8 espirales de 45° y 13 verticales.
Abajo: muchas cabezas de semillas muestran la filotaxis como resultado de la implícita en los pétalos de sus flores.

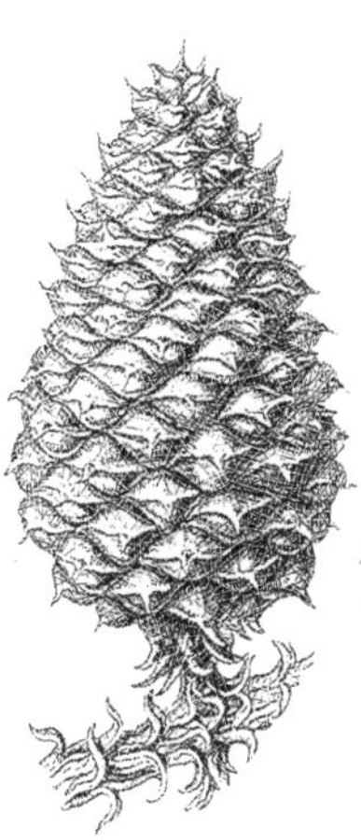

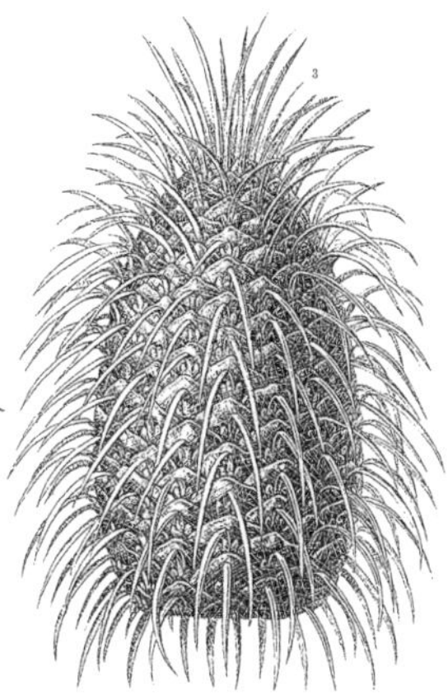

Mercurio y la Tierra

Más números cinco y ocho

Los tamaños físicos de la Tierra y de Mercurio mantienen la misma proporción que sus órbitas medias. En la página siguiente se muestran varios quíntuplos y óctuplos correspondientes a las proporciones de las órbitas *y* tamaños de estos dos planetas.

El diámetro de la órbita más interior de Mercurio lo sugiere el pentagrama inscrito *(arriba, izq.)* [99,5%] y también resulta ser la distancia entre las órbitas medias de los dos planetas [99,7%].

El diagrama inferior de la derecha amplía el tema de los tres círculos que se tocan de la página 317. Ocho círculos centrados en la órbita de Venus producen la órbita media de la Tierra [99,99%], ¿tal vez los ocho años de los cinco besos?

Mercurio, Venus y la Tierra muestran una peculiar coincidencia: si trabajamos con unidades del radio orbital de Mercurio, entonces el período de Venus multiplicado por 2,168 es el radio orbital de la Tierra al cuadrado [99,8%]. La danza de Mercurio alrededor de la Tierra también produce su año sinódico de 115,9 días. Richard Heath hace poco descubrió que esto es 2,618 veces una quinta musical multiplicada por un plenilunio [99,9%]: una quinta musical es 3:2; 2,618 es Φ^2 (o 1,618 x 1,618), y tenemos luna llena cada 29,53 días. Las órbitas y tamaños relativos de la Tierra y Saturno se expresan con una estrella de quince puntas *(abajo)*, también generada por la inclinación de la Tierra.

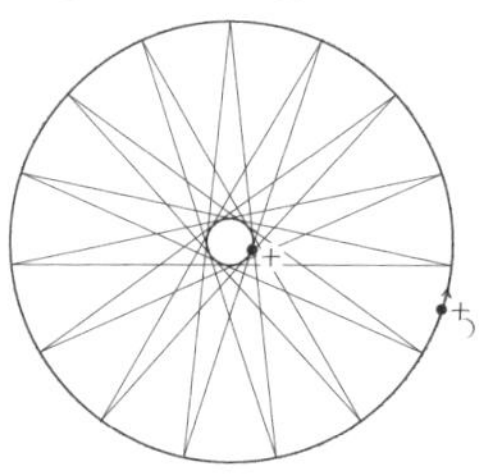

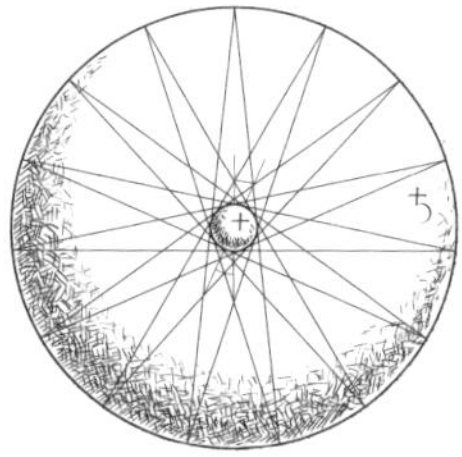

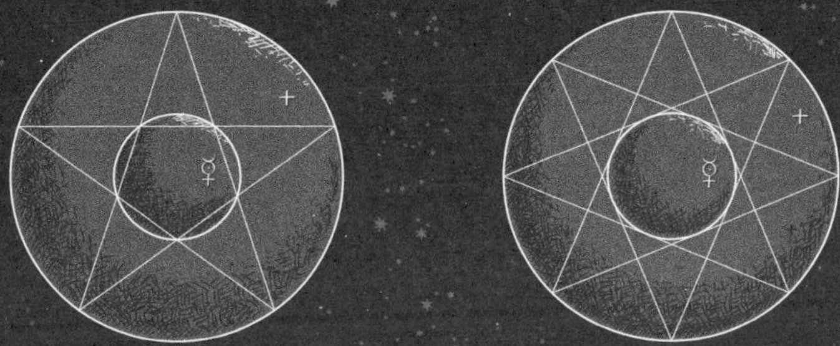

Los tamaños relativos de Mercurio y de la Tierra, ambos definidos por un pentagrama u octagrama (99 %)

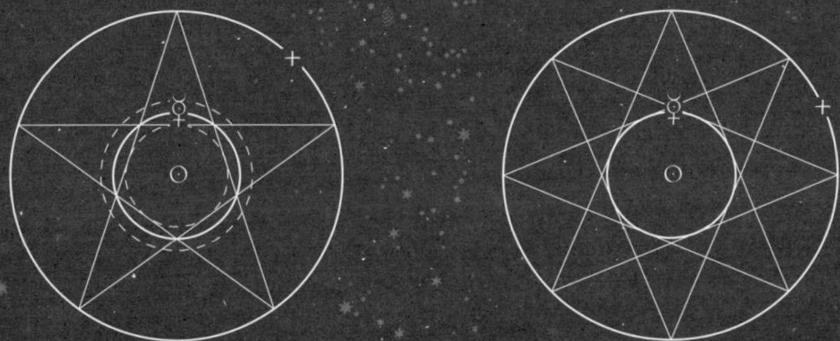

Las órbitas relativas de Mercurio y de la Tierra definidas por los mismos pentagrama y octagrama (99 %)

Otras formas más exactas de dibujar las órbitas interiores (99.9 %)

LAS BODAS ALQUÍMICAS

«Tres es a once» por todos lados

Observados desde la superficie de la Tierra, el Sol y la Luna parecen tener el *mismo tamaño*. Quien no crea en la magia dirá que esto es «solo» una coincidencia, pero cualquier buen mago dirá que el equilibrio entre estos dos cuerpos celestes primarios es una prueba clara de una magia muy antigua.

El tamaño de la Luna comparado con el de la Tierra tiene una proporción de 3:11 [99,9%]. Lo que esto significa es que si bajamos la Luna hasta la Tierra, el círculo que pasa por el centro de la Luna en el cielo tendrá una circunferencia igual al perímetro de un cuadrado que rodee la Tierra. Como vimos en la página 78, esta proporción también se encuentra presente en los arcoíris dobles. Parece que los antiguos lo sabían y lo ocultaron en la definición de la milla *(pág. sig., según Michell & Ward)*.

La proporción Tierra-Luna también la evocan de manera exacta nuestros dos vecinos, Venus y Marte *(abajo: Venus bailando alrededor de Marte)*. La más cercana: la proporción de distancias más alejada que uno experimenta del otro es, de forma increíble, 3:11 [99,9%]. La Tierra y la Luna están situadas entre los dos, como un eco perfecto de esta hermosa proporción espacial local.

3:11 es 27,3% y la Luna orbita alrededor de la Tierra cada 27,3 días, el mismo período que la rotación promedio de una mancha solar.

El Sol y la Luna realmente parecen ser una pareja bien unida.

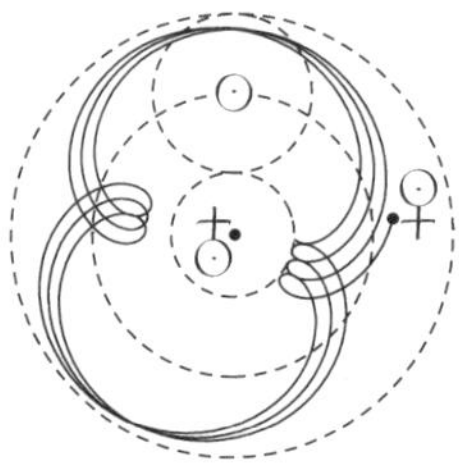

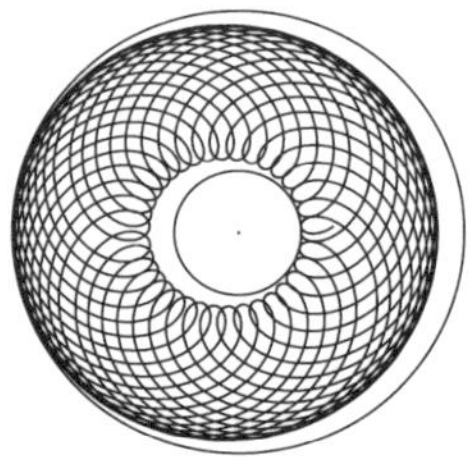

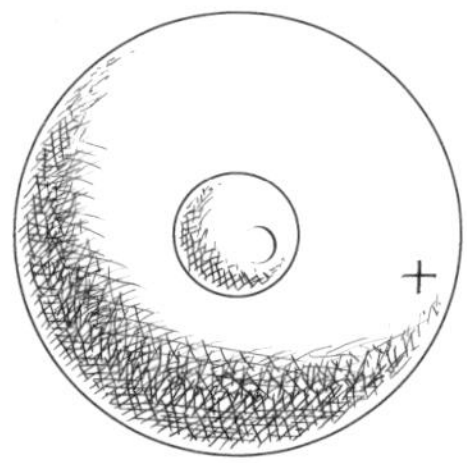

La Luna, eclipse solar total y el Sol visto desde la Tierra

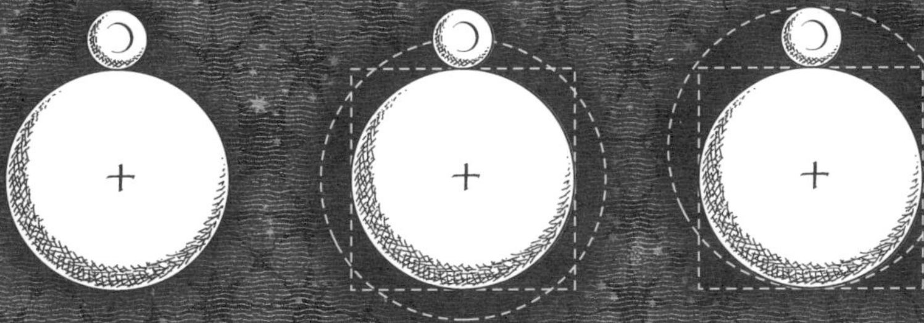

Los tamaños de la Luna y de la Tierra cuadran el círculo. El cuadrado y el círculo en línea de puntos tienen la misma longitud de cuerda

Millas de la Luna y de la Tierra

Radio de la Luna = 1080 millas = 3 X 360 millas

Radio de la Tierra = 3960 millas = 11 X 360 millas

Diámetro de la Luna = 2160 millas = 3 X 1 X 2 X 3 X 4 X 5 X 6 millas

Radio de la Tierra + radio de la Luna = 5040 millas =

1 X 2 X 3 X 4 X 5 X 6 X 7 = 7 X 8 X 9 X 10 millas

Diámetro de la Tierra = 7920 millas = 8 X 9 X 10 X 11 millas

Una milla tiene 5280 pies

= (10 X 11 X 12 X 13) – (9 X 10 X 11 X 12)

La magia del calendario

Con solo tres números basta

Recientes trabajos de Robin Heath han revelado sencillas herramientas geométricas y matemáticas que sugieren un orden y una forma dentro del sistema Sol-Luna-Tierra. Imagine que queremos saber el número de lunas llenas de un año (entre 12 y 13). Dibuje un círculo de diámetro trece con un pentagrama inscrito. Sus brazos medirán 12,364, el número de plenilunios que tiene un año [99,95 %].

Una forma aún más exacta de hacerlo es dibujando el segundo triángulo pitagórico, que resulta es 5, 12 y 13, los números del teclado y de Venus *(pág. 320)*. Dividiendo el lado 5 por su armónico 2:3 se obtiene una nueva longitud, la raíz cuadrada de 153 = 12,369, el número de plenilunios de un año [99,999 %].

La Luna parece que nos sigue llamando. Todos sabemos que sobre una superficie plana, seis círculos encajan alrededor de uno central (6 y 7). Doce esferas encajan perfectamente alrededor de una central en un espacio tridimensional (de nuevo 12 y 13). Parece que vamos subiendo de seis en seis. ¿Podrían *dieciocho* esferas temporales encajar alrededor de otra en una cuarta dimensión de tiempo? De forma increíble, todos los actuales ciclos mayores de tiempo del sistema Sol-Luna-Tierra quedan definidos a la perfección como simples combinaciones de los números 18, 19 y la sección áurea.

La sección áurea es evidente en el pentagrama, el icosaedro, el dodecaedro y todas las cosas vivientes. Las órbitas de los cuatro planetas interiores exhiben su presencia. Sus valores de 0,618, 1,618 y 2,618 sumados al número mágico de 18 dan 18, 18,618 y 20,618, que entonces se multiplican juntos tal como muestra la página siguiente.

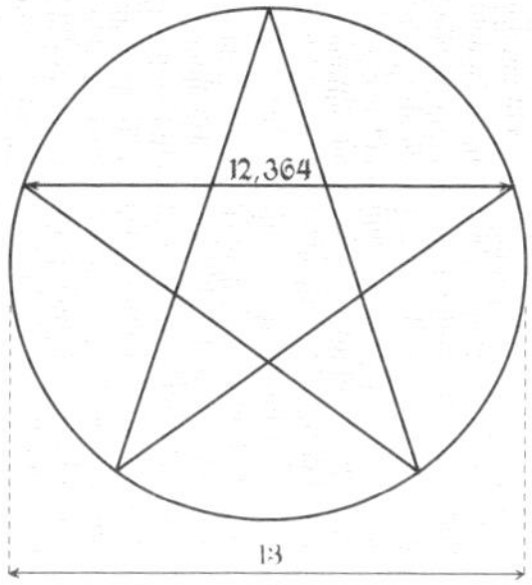

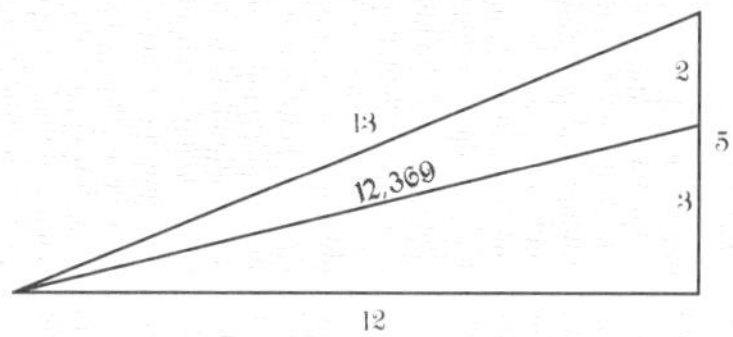

DOS ANTIGUAS TÉCNICAS PARA ENCONTRAR EL NÚMERO DE PLENILUNIOS QUE HAY EN UN AÑO

18 AÑOS = EL CICLO DE SAROS DE LOS ECLIPSES (99,83 %)
(ECLIPSES SIMILARES QUE OCURREN TRAS 18 AÑOS)

18,618 AÑOS = REVOLUCIÓN DE LOS NODOS LUNARES (99,99 %)
(LOS NODOS LUNARES SON LOS DOS PUNTOS DONDE SE INTERSECAN LOS CÍRCULOS LIGERAMENTE DESCENTRADOS DE LAS ÓRBITAS SOLAR Y LUNAR)

19 AÑOS = EL CICLO METÓNICO (99,99 %)
(SI SU CUMPLEAÑOS CAE EN LUNA LLENA ESTE AÑO, HABRÁ OTRA EL MISMO DÍA DENTRO DE 19 AÑOS)

EL AÑO DE ECLIPSE = 18,618 X 18,618 DÍAS (99,99 %)
(EL AÑO DE ECLIPSE ES EL TIEMPO QUE TARDA EL SOL EN VOLVER AL MISMO NODO LUNAR. TIENE 18,618 DÍAS MENOS QUE UN AÑO SOLAR (99,99 %). UN CICLO DE SAROS TIENE 19 AÑOS DE ECLIPSE)

12 PLENILUNIOS = 18,618 X 19 DÍAS (99,82 %)
(12 LUNAS LLENAS FORMAN EL CALENDARIO LUNAR O ISLÁMICO)

EL AÑO SOLAR = 18,618 X 19,618 DÍAS (99,99 %)
(EL AÑO SOLAR ES EL AÑO DE 365,242 DÍAS AL QUE ESTAMOS ACOSTUMBRADOS)

13 PLENILUNIOS = 18,618 X 20,618 DÍAS (99,99 %)
(13 PLENILUNIOS SON OTROS 18,618 DÍAS DESPUÉS DEL AÑO SOLAR)

FÚTBOL CÓSMICO

Marte, la Tierra y Venus espaciados

El siguiente planeta después de la Tierra es el cuarto, Marte. Kepler había probado con un *dodecaedro* para espaciar las órbitas de Marte y de la Tierra, y con un *icosaedro* para espaciar la Tierra de Venus *(véase pág. 306)* y, por casualidad, resulta que se aproximó mucho al blanco.

El dodecaedro (formado por doce pentágonos) y el icosaedro (formado por veinte triángulos equiláteros) son los dos últimos sólidos platónicos (*véase* LIBRO *III del presente volumen)*. Forman pareja, ya que cada uno genera al otro a partir de los centros de sus caras *(abajo)*. En la página siguiente aparecen en forma de burbuja dentro de la órbita esférica media de Marte. El dodecaedro produce como por arte de magia la órbita de Venus como la burbuja interior *(pág. sig., arriba)* [99,98 %] y el icosaedro define la órbita terrestre que pasa por el centro de las burbujas *(pág. sig. abajo)* [99,9 %].

En las ciencias antiguas el icosaedro se asociaba con el elemento agua, así que resulta apropiado verlo emanar de nuestro acuoso planeta. El dodecaedro representaba el *éter*, la fuerza de la vida, que en este caso rodea la Tierra, llena de vida y definida por sus dos vecinos.

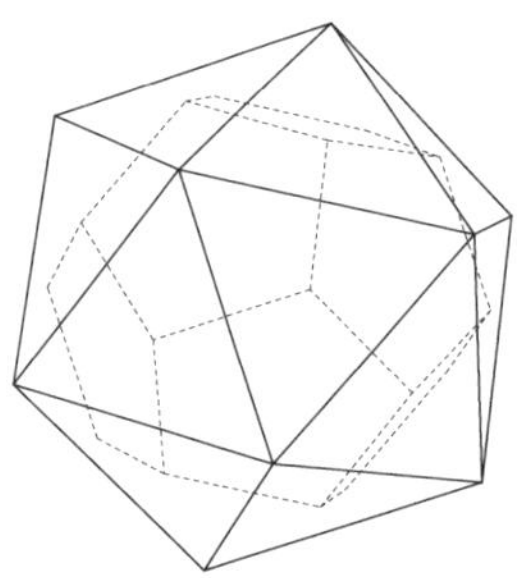

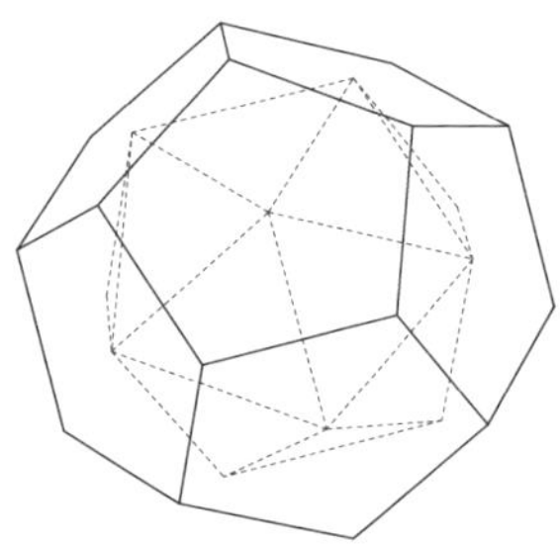

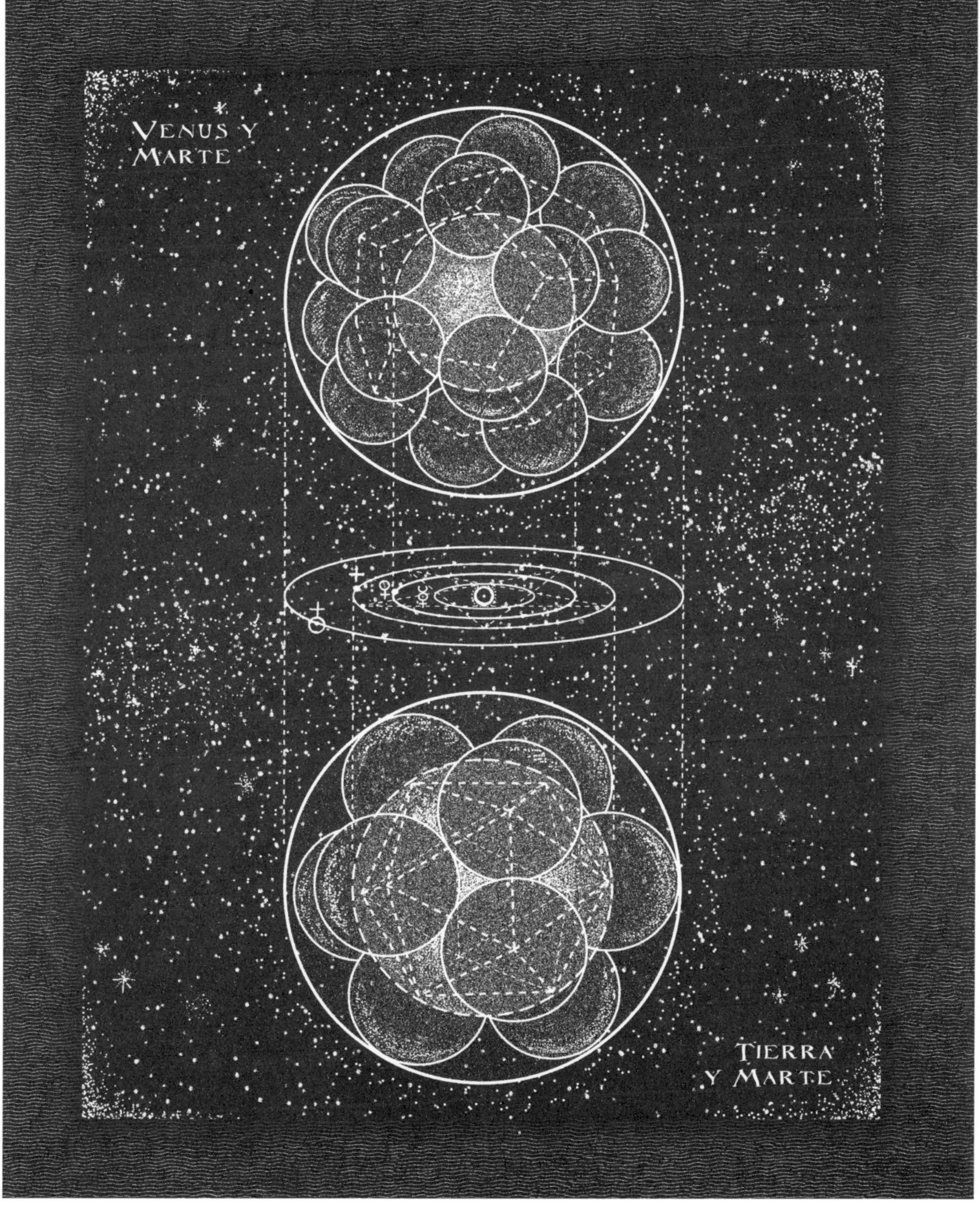

VENUS Y
MARTE
TIERRA
Y MARTE

El cinturón de asteroides

A través del espejo

Hemos llegado al final de la región interior del sistema solar. Más allá de Marte hay un espacio enorme, y al otro lado se encuentra el gigantesco planeta Júpiter. El cinturón de asteroides está situado en este gran espacio: miles de rocas grandes y pequeñas dando tumbos, metálicas, carbonáceas y de otros elementos. Existen espacios en el cinturón de asteroides, llamados *huecos de Kirkwood*, de menor densidad cuando coinciden con las resonancias orbitales de Júpiter. El hueco más grande se encuentra en la distancia orbital que correspondería a un tercio de la de Júpiter.

El asteroide de mayor tamaño, con diferencia, es Ceres, que comprende más de un tercio de la masa total de los asteroides. Tiene un tamaño aproximado al de las islas Británicas y genera un patrón de base 18 *perfecto* con la Tierra *(véase pág. 403)*.

La ley de Bode predijo que había algo a la distancia del cinturón de asteroides *(véase pág. 310)*, pero fue Alex Geddes quien recientemente descubrió la extraña relación matemática entre los cuatro pequeños planetas interiores y los cuatro gigantes gaseosos del exterior. Sus radios orbitales se «reflejan» mágicamente por el cinturón de asteroides y se multiplican como se muestra abajo y en la página siguiente, para producir dos constantes enigmáticas.

$Ve \times Ur = 1{,}204\ Me \times Ne$	$Ve \times Ma = 2{,}872\ Me \times Ti$
$Me \times Ne = 1{,}208\ Ti \times Sa$	$Sa \times Ne = 2{,}876\ Ju \times Ur$
$Ti \times Sa = 1{,}206\ Ma \times Ju$	$(Ve \times Ma \times Ju \times Ur = Me \times Ti \times Sa \times Ne)$

No es muy probable que el cinturón de asteroides corresponda a los restos de un pequeño planeta, porque ningún cuerpo de cierto tamaño se podría haber formado a una distancia tan corta de Júpiter.

EL CINTURÓN DE ASTEROIDES SEPARA LOS CUATRO PLANETAS ROCOSOS INTERIORES DE LOS CUATRO GIGANTES GASEOSOS EXTERIORES

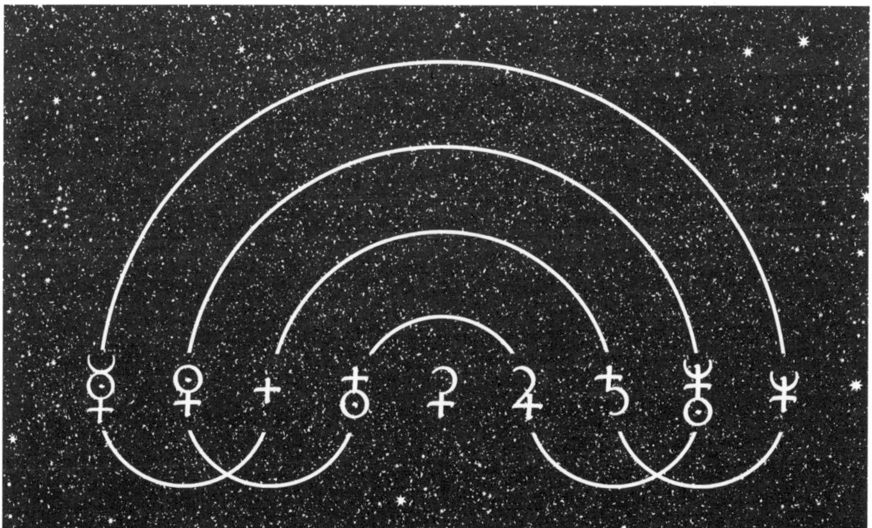

EL PATRÓN DE LAS MULTIPLICACIONES MÁGICAS DE GEDDES

Los planetas exteriores
Júpiter, Saturno, Urano, Neptuno y más allá

Más allá del cinturón de asteroides llegamos al reino de los gigantes gaseosos y helados: Júpiter, Saturno, Urano y Neptuno.

Júpiter es el planeta de mayor tamaño y su campo magnético es el objeto más grande del sistema solar. Tiene un núcleo central rocoso como los demás planetas gigantes y un 90% de hidrógeno. El núcleo está rodeado por hidrógeno metálico e hidrógeno líquido. La famosa mancha roja, más grande que la Tierra, es una tormenta que no se ha calmado en cientos de años. Júpiter tiene numerosas y fascinantes lunas: una de ellas, Io, es el cuerpo más volcánico del sistema solar; otra, Europa, podría contener océanos de agua caliente bajo su superficie helada.

El siguiente planeta es Saturno, con su hermoso sistema de anillos. La estructura de Saturno debajo de sus nubes es prácticamente la misma mezcla de hidrógeno y helio que Júpiter. Se han descubierto un gran número de lunas, la mayor de las cuales es Titán, un mundo del tamaño de Mercurio, con todos los elementos necesarios para la vida.

Más allá de Saturno está Urano, con un eje de rotación muy inclinado. Los vientos soplan en el ecuador a 6000 veces la velocidad del sonido.

A continuación viene Neptuno, que igual que Urano es un mundo helado de agua, amoníaco y metano. Su luna más grande, Tritón, tiene casquetes polares de nitrógeno y géiseres que arrojan nitrógeno líquido a la atmósfera a gran altura.

Por último el minúsculo Plutón, y más allá, la concentración primordial del cinturón de Kuiper. En los límites, alcanzando hasta un tercio del camino hacia la estrella más cercana, la zona de escombros helados y de cometas de la nube de Oort.

Tamaño de los planetas exteriores

Inclinaciones y excentricidades de las órbitas de los planetas exteriores

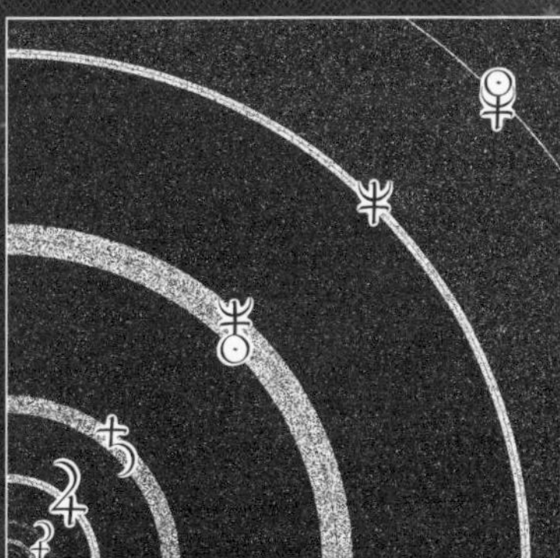

El Sol en el centro

Vista desde la Tierra

El número cuatro

Marte, Júpiter y lunas inmensas

Un cinturón de asteroides y 550 millones de kilómetros separan las órbitas de Marte y Júpiter, más lejos de lo que la Tierra se encuentra del Sol. Júpiter es el primero y el más grande de los gigantes gaseosos, el aspirador del sistema solar. Si Júpiter hubiera atraído solo un poco más de material durante su prolongada y continuada formación, sus presiones internas lo hubieran convertido en una estrella y ahora tendríamos un segundo Sol.

El diagrama superior de la página siguiente muestra una forma sencilla de trazar las órbitas de Marte y de Júpiter a partir de cuatro círculos tangentes o un cuadrado [99,98 %]. Se trata de una proporción que se suele ver en los rosetones de las iglesias y en las estaciones de tren. Abajo, en esta página, un patrón de la misma familia, que espacia con exactitud las órbitas de la Tierra y de Marte [99,9 %].

Júpiter tiene cuatro lunas especialmente grandes. Las dos mayores, Ganímedes y Calisto, tienen el tamaño del planeta Mercurio y producen uno de los patrones espacio-tiempo más perfectos del sistema solar. Un observador que viviera en cualquiera de ellos experimentaría los movimientos del otro en el espacio y el tiempo del mismo modo que muestra el bello diagrama cuádruple de la página siguiente.

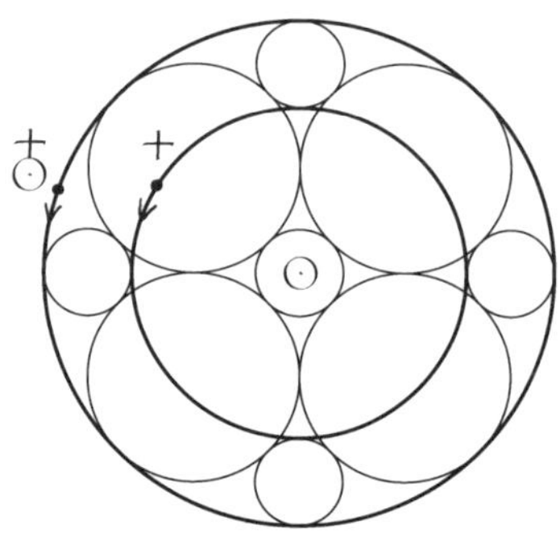

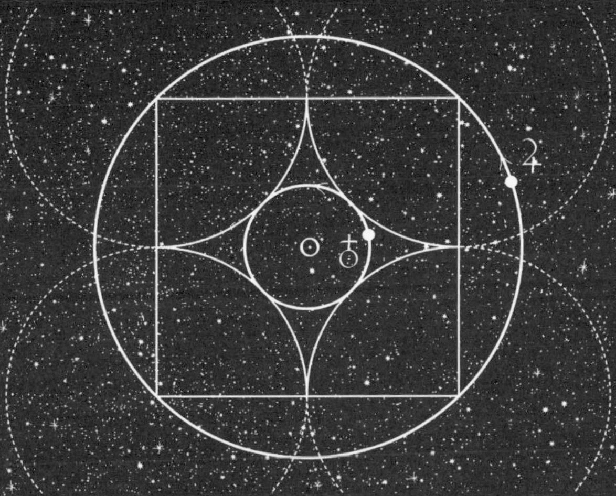

Cómo dibujar con exactitud las órbitas medias de Marte y Júpiter

La bella danza de Ganímedes y Calisto

LAS LUNAS EXTERIORES

Patrones armónicos

Hay cuatro grupos de lunas orbitando alrededor de Júpiter. Los primeros dos grupos son de cuatro lunas cada uno y se parecen mucho a un modelo del sistema solar entero: cuatro pequeños cuerpos interiores seguidos de cuatro cuerpos grandes exteriores. El segundo grupo, denominado los satélites *galileanos* y compuesto por cuatro lunas especialmente grandes, se divide en dos pequeños mundos rocosos: Io y Europa, y dos lunas de gas y hielo del tamano de planetas: Ganímedes y Calisto.

Las agrupaciones de cuatro resultan impactantes. Cada uno de los cuatro grupos tiene su propio tamaño lunar general, plano orbital, período y distancia de Júpiter (las inclinaciones de los cuatro planos orbitales de los cuatro grupos incluso suman 90 °C, un cuarto de círculo [99,9 %]).

Saturno tiene más de 30 lunas, la mayoría de ellas guiando y afinando los asombrosos anillos; los cuerpos de mayor tamaño suelen estar más alejados. Mucho más allá de los anillos de Saturno hay tres lunas: la gigantesca Titán, la diminuta Hiperión y, aún más lejos, Jápeto.

La discordia es casi inexistente, el sistema solar parece que convive en armonía.

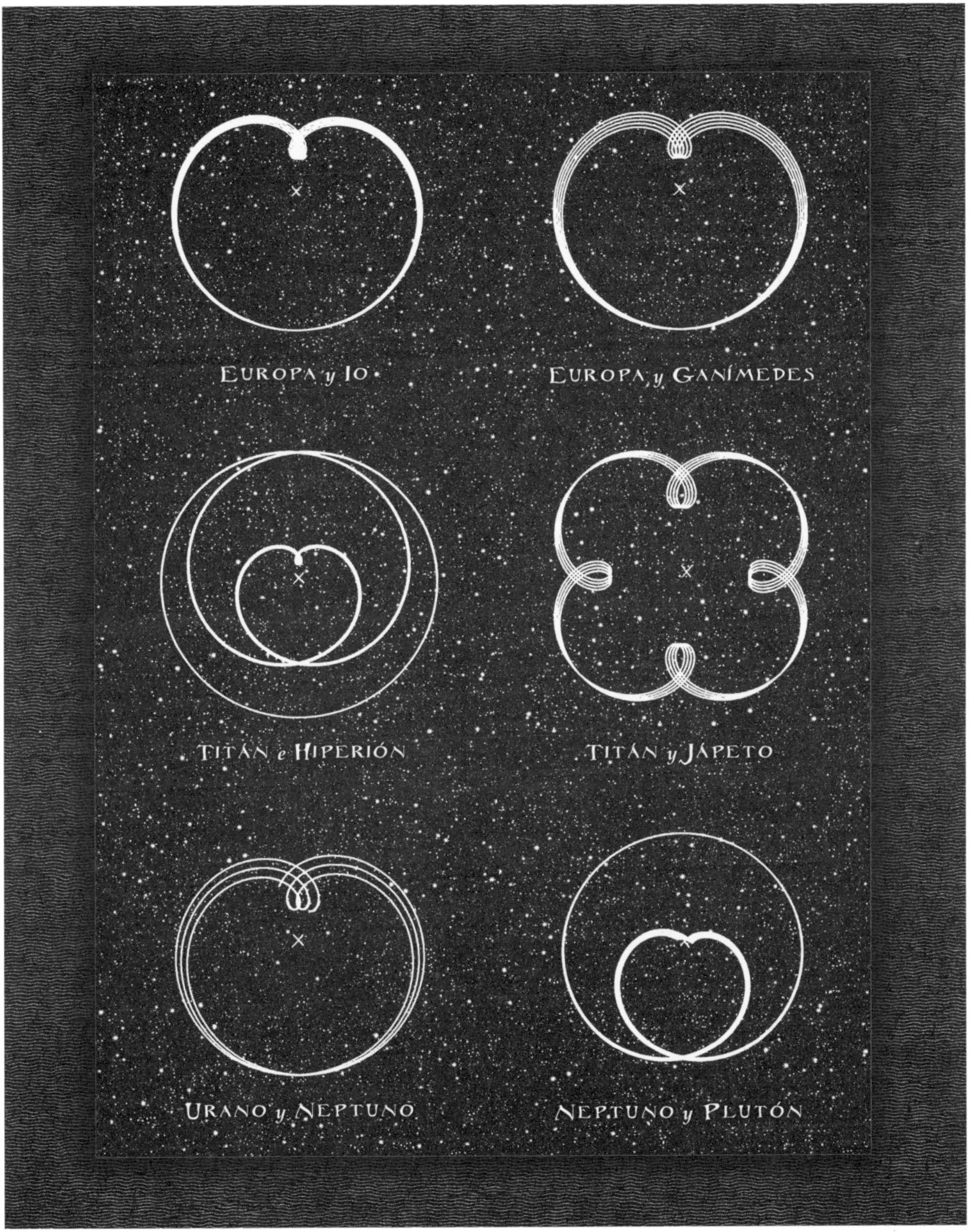
Europa y Io
Europa y Ganímedes
Titán e Hiperión
Titán y Jápeto
Urano y Neptuno
Neptuno y Plutón

El sello gigante de Júpiter

Hexagramas enormes y asteroides afirmativos

Júpiter, el planeta más grande, era el rey de los antiguos dioses, Zeus para los griegos. Una característica curiosa de su órbita es el par de cúmulos de asteroides. Los *troyanos* son dos grupos de asteroides que se mueven alrededor de la órbita de Júpiter, 60° por delante y 60° por detrás *(pág. sig.)*. El grupo se mueve alrededor del Sol de forma perpetua, como si estuviera sujeto por los ejes de una rueda. Las posiciones de los cúmulos troyanos se conocen como los *puntos de Laplace*, con el Sol, Júpiter y los troyanos formando triángulos equiláteros gravitacionalmente equilibrados.

Solo como curiosidad, si ahora unimos los ejes tal como se muestra en la página siguiente, obtenemos tres hexagramas que dan la órbita media de la Tierra a partir de la de Júpiter [99,8%], un truco muy fácil de recordar. Todos los cristales esconden en su estructura las órbitas de la Tierra y de Júpiter. Otro nombre para la estrella de seis puntas que resulta de dos triángulos es *estrella de David* o *sello de Salomón*.

Se puede crear exactamente la misma proporción Tierra-Júpiter encajando en una esfera tres cubos o tres octaedros, o cualquier combinación triple de los mismos *(p. ej., abajo)*. Si la esfera exterior es la órbita media de Júpiter, entonces la interior es la esfera de la órbita media de la Tierra. ¡Por Júpiter!

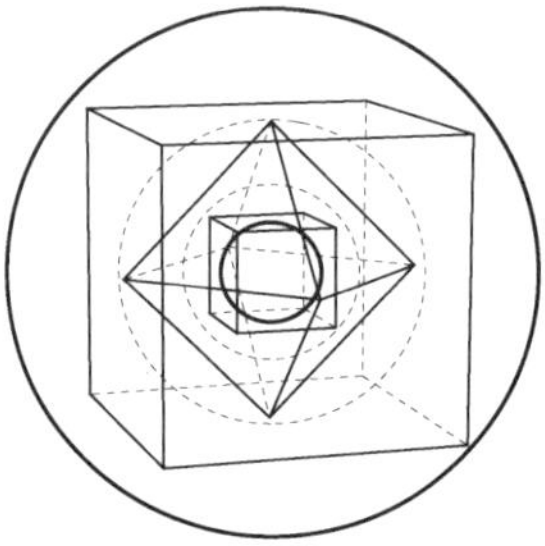

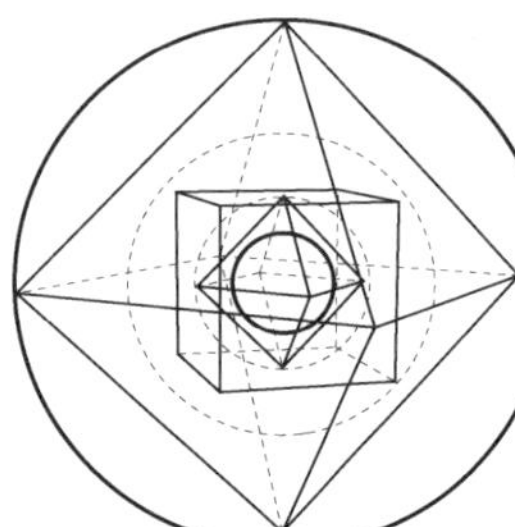

TROYANOS
TROYAÑOS
T
T

El reloj dorado

Júpiter y Saturno vistos desde la Tierra

Júpiter y Saturno son los dos planetas más grandes del sistema solar y rigen las dos esferas exteriores del sistema antiguo. En la mitología griega Saturno era Chronos, el señor del Tiempo.

Los dos diagramas superiores de la página siguiente muestran la cercana proporción de sus períodos, 5:2. Arriba a la izquierda vemos su danza; inmediatamente se observa el atractivo armónico triple, que gira lentamente por causa del ligero desajuste de la armonía. Desde la Tierra, este patrón se ve como una importante secuencia de conjunciones y oposiciones entre Júpiter y Saturno, que se besan cada 20 años. Arriba a la derecha vemos el hexagrama que generan estas posiciones, con las conjunciones marcadas en la parte exterior del zodíaco y las oposiciones en la interior. Los planetas avanzan en sentido contrario a las agujas del reloj por el círculo punteado de la eclíptica, empezando a las doce y con Júpiter moviéndose con más rapidez que Saturno.

El diagrama inferior muestra las velocidades relativas de la órbita de la Tierra, de Júpiter y de Saturno. Empezamos con los tres planetas en una línea sinódica a las doce. La Tierra orbita mucho más aprisa que los planetas exteriores y completa un circuito del Sol (365,242 días) y un poquito más antes de alinearse de nuevo con el lento Saturno para formar un sínodo al cabo de 378,1 días. Tres semanas más tarde se vuelve a alinear con Júpiter (tras 398,9 días). Richard Heath descubrió que en este ejemplo la sección áurea se expresa en el tiempo y el espacio con una exactitud *asombrosa* de 99,99%. Los dos gigantes de nuestro sistema solar enfocan la sección áurea hacia la Tierra, en el tiempo y el espacio, realzando la geometría de la vida en la Tierra. Aunque es un dato menos importante, Saturno tarda el mismo número de años en orbitar alrededor del Sol como los días que hay entre dos plenilunios [99,8%].

LA DANZA DE JÚPITER Y SATURNO

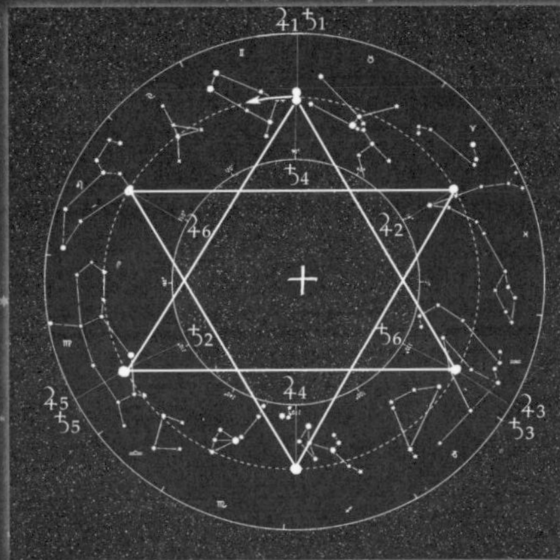

CONJUNCIONES Y OPOSICIONES

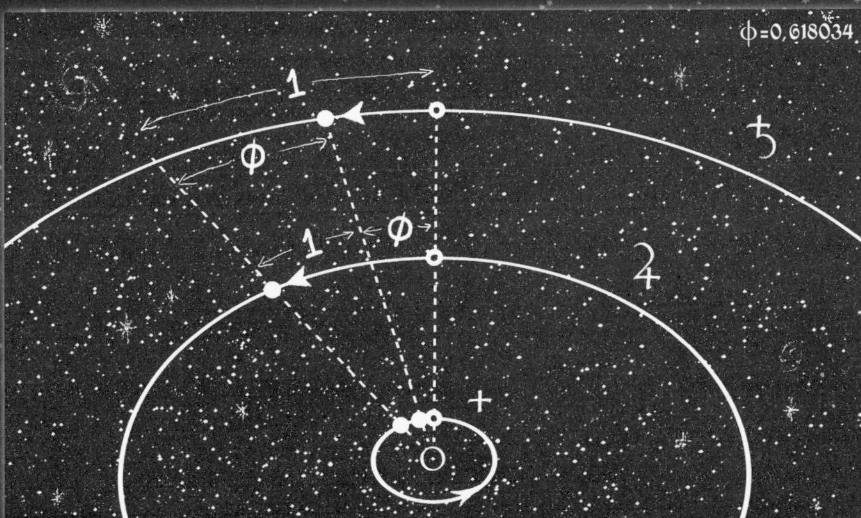

LOS SÍNODOS DE JÚPITER Y SATURNO DEFINEN LA SECCIÓN ÁUREA

Las octavas de ahí fuera

De nuevo el tres y el ocho

Si alguna vez desea incorporar las órbitas de Júpiter, Saturno y Urano en el diseño de una ventana o pavimento, el diagrama de la página siguiente le será de ayuda. Un triángulo equilátero y un octagrama dan la proporción de las órbitas exterior, media e interior de los tres planetas más grandes. Se pueden observar minúsculas inexactitudes, pero el encaje general es excelente, fácil de recordar y adecuado para muchos efectos prácticos. Es una versión puntiaguda de la solución que vimos para los tres planetas, la de los círculos que se tocan *(véase pág. 325, abajo, dcha.)*.

Una forma de representar la octava musical (dividir por la mitad o doblar una frecuencia o longitud de onda) es mediante un triángulo equilátero, ya que el diámetro del círculo inscrito es la mitad del círculo que lo contiene. Otra regla general es recordar que si la órbita de Júpiter es 6, la de Saturno es 11 [99,9 %], dos veces la proporción del tamaño Luna:Tierra *(pág. 326)*.

La órbita de Saturno también implica a π o *pi*, dos veces *(abajo)*: su radio es la circunferencia de la órbita de Marte [99,9 %] y su circunferencia es el diámetro de la órbita de Neptuno [99,9 %].

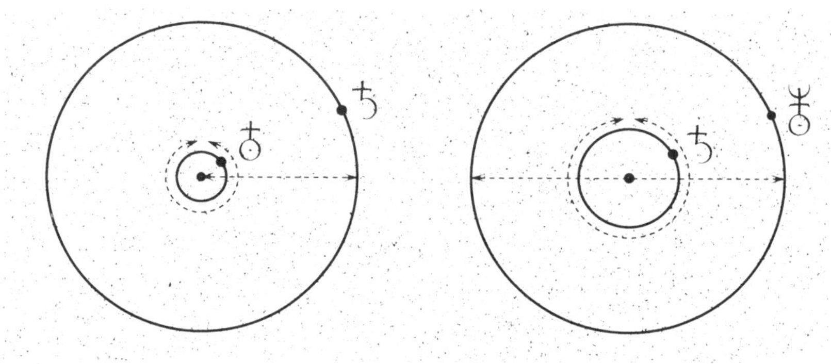

GEOMETRÍA GALÁCTICA

Hacia las estrellas y más allá

Cuando nos alejamos hacia los extremos del sistema solar, prevalecen las geometrías triangulares *(dos de ellas se muestran abajo [99,9 %])*. Urano y Neptuno, igual que Saturno, tienen misteriosos sistemas de anillos con espacios vacíos a distancias Kirkwood, allí donde las partículas orbitan en períodos armónicos con una o más lunas. El brillante anillo exterior de Urano tiene un diámetro que es el doble del propio planeta [99,9 %], como un eco de las órbitas de Urano y Saturno, y el anillo más interior de Neptuno mide dos tercios el tamaño de su círculo más exterior [99,9 %]. Estas proporciones reflejan de forma elegante el tiempo local, ya que el período orbital de Neptuno es dos veces el de Urano, y el de Urano dos tercios el de Plutón, una reflexión exterior del armónico interior 1:2:3 que vimos en el caso de Mercurio.

Una de las simetrías más evidentes de la cosmología actual es la de la Vía Láctea, el plano de nuestra propia galaxia, que tiene una inclinación de casi 60° con respecto a la eclíptica o plano de nuestro sistema solar *(pág. sig., en horizontal)* [99,7 %]. Es más, cada año el Sol cruza la galaxia por el centro galáctico, y en el momento presente esto ocurre el mismo día del solsticio de invierno. Como es el caso para muchas de las imágenes de estas páginas, tal vez tenga que estudiarlas un poco para comprenderlo en toda su magnitud.

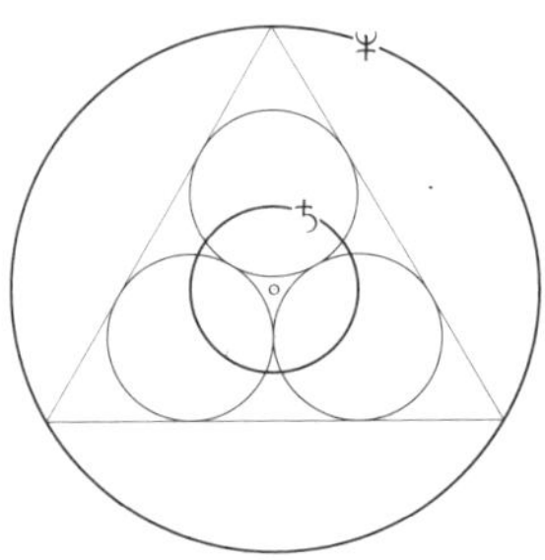

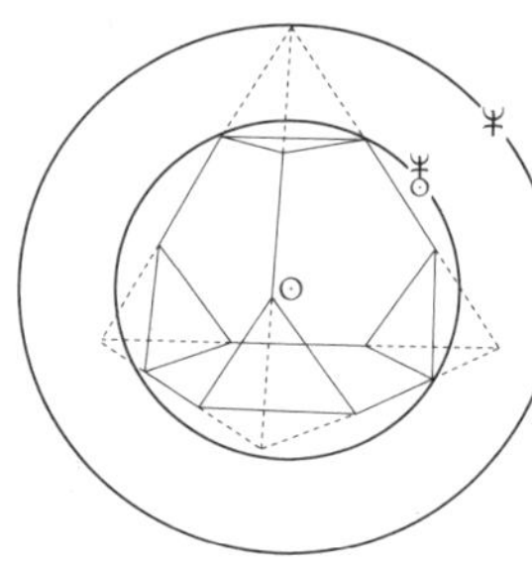

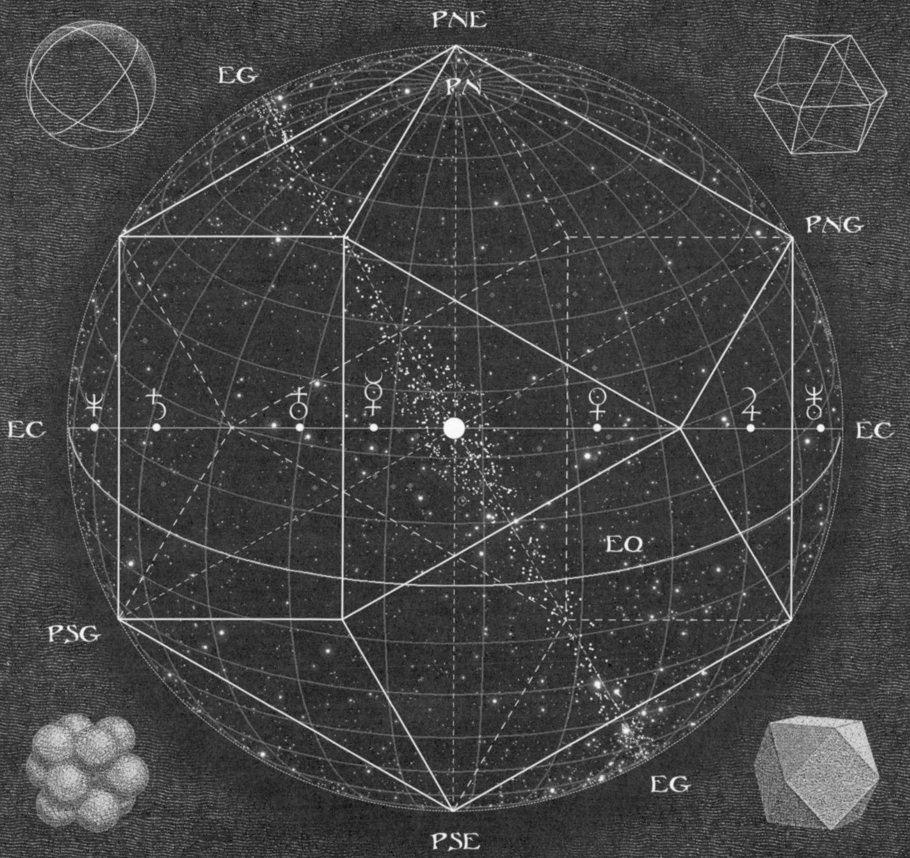

PNE = polo norte de la eclíptica
EG = ecuador galáctico
PN = polo norte de la Tierra
PNG = polo norte de nuestra galaxia
EC = eclíptica, el camino del Sol
PSG = polo sur de nuestra galaxia
PSE = polo sur de la eclíptica

Es el solsticio de invierno y el polo norte de la Tierra está inclinado alejándose del Sol, que está justo frente al centro de nuestra galaxia. Los polos de la eclíptica y de la galaxia definen en el espacio cuatro puntos de un hexágono que nos circunscribe.

Halos solares de hielo

Arcoíris que se hacen eco de los planetas

En ciertas tardes, si tiene suerte, verá un par de puntos de arcoíris a derecha e izquierda del Sol. Conocidos como «los perritos del Sol», son los primeros elementos que aparecen en un halo de hielo, un fino círculo de arcoíris que rodea al Sol. Los causa la luz que atraviesa los cristales de hielo de la parte superior de la atmósfera, y aparecen 22,5° a la derecha y a la izquierda del Sol. A veces aparece un segundo halo más grande, a 46° del Sol, con un distintivo arco encima; el conjunto guarda una extraña semejanza con el antiguo glifo de Mercurio.

Es sorprendente que estos dos halos sean iguales a las órbitas medias de Mercurio y Venus vistos desde la superficie terrestre. Esto significa que cuando observamos un doble halo de hielo, en realidad estamos viendo las esferas de las órbitas medias de Mercurio y Venus en el cielo. Es más, los mismos dos halos helados también son el diagrama de las órbitas relativas de Venus y Marte.

Esto es extraordinario. Todos los círculos encajan. La luz solar y el polvo de hielo pintan órbitas en forma de arcoíris, y el Sol y la Luna parecen tener el mismo tamaño en el cielo. Venus baila a nuestro alrededor de manera quíntuple en 8 años nuestros o 13 de los suyos, y las plantas de la Tierra también danzan al ritmo de 5, 8 y 13. Estas coincidencias parecen dirigirse a nosotros, observadores conscientes. Tal vez la conciencia tenga algo que ver con todo ello. ¿Podría el hecho de observar afectar a la realidad? ¿Existen también coincidencias hermosas e improbables en otros planetas con observadores?

Platón escribe que todo está organizado de forma más perfecta de lo que jamás podríamos imaginar. ¿Cómo se equilibra un Sol y una Luna? ¿Podría ser que estuviéramos viviendo en un universo holográfico cuántico consciente?

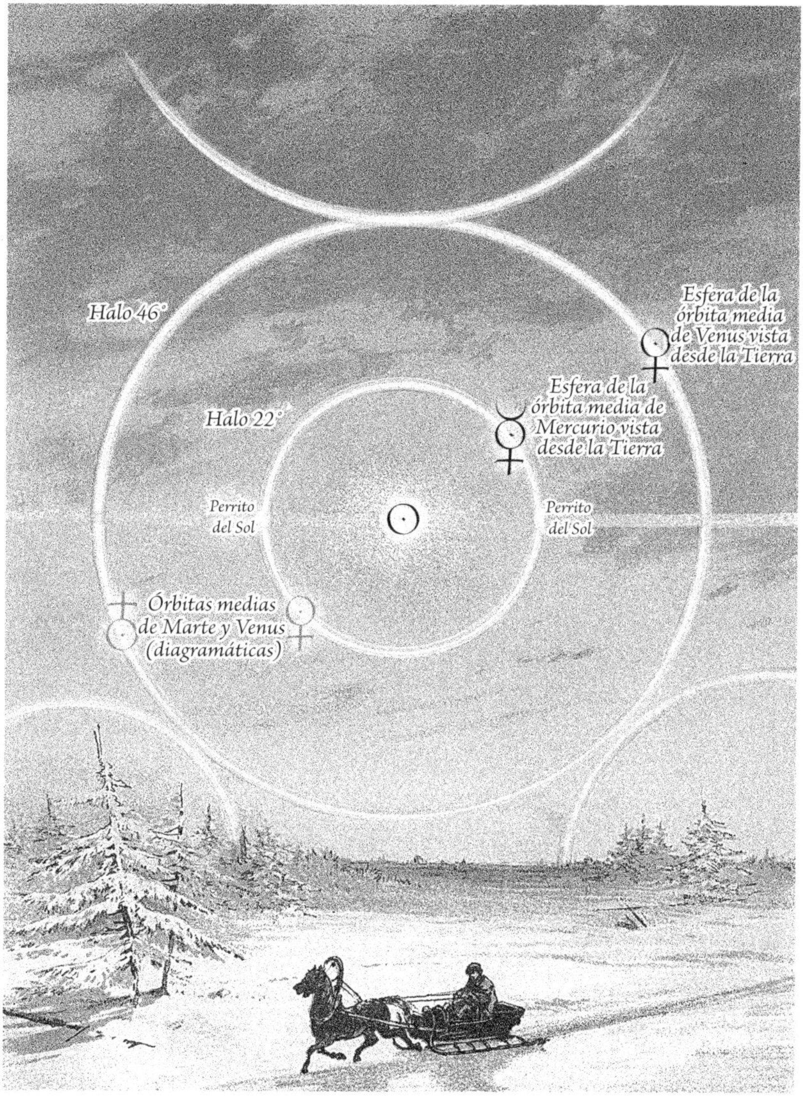

Arriba: los dos círculos que con mayor frecuencia se ven alrededor del Sol describen las órbitas medias de los dos únicos planetas que están entre nosotros y el Sol, una coincidencia múltiple que solo se puede ver desde la Tierra. Grabado adaptado de Flammarion, 1885.

La firma de las estrellas

Evidencia circunstancial de vida en la Tierra

A pesar de todos los descubrimientos científicos de los últimos siglos, todavía estamos tan lejos de comprender qué estamos haciendo aquí como los antiguos lo estaban de construir una calculadora de bolsillo. De todos modos, los antiguos reflexionaron de forma consciente y profunda y sostenían que el alma se alimentaba mediante las artes aplicadas de la geometría y de la música. A través de estas artes investigaban minuciosamente la relación entre «el uno» y «los pocos», porque en música una melodía solo contiene un número determinado de notas, y en geometría hay un número limitado de formas que encajan.

Este libro ha presentado ejemplos sencillos y bellos de la armonía y la geometría presentes en el sistema solar. La sección áurea, asociada desde hace largo tiempo con la vida –y de manera notoria ausente en las ecuaciones modernas– juega amorosamente alrededor de la Tierra. ¿Tiene esto algo que ver, de un modo u otro, con el «por qué estamos aquí»?, y si es así, ¿se podrían utilizar estas técnicas para localizar vida inteligente en otros sistemas solares?

Espero que haya disfrutado leyendo *Quadrivium* y que el cosmos se haya embellecido o transmutado de alguna forma como resultado de lo que haya aprendido. Si alguna vez necesita recordar que es posible que el universo contenga algo más de magia de lo que puede ofrecer la cosmología moderna, simplemente acuérdese del beso de Venus y de las palabras de John Donne:

El hombre ha tejido una red, y esta red ha echado
hacia los cielos, y ahora los posee.
Reacios a subir la montaña, o a esforzarnos así
para alcanzar el cielo, hacemos que el cielo venga a nosotros.

Pléyades
Orión
Sirio
60°

APÉNDICES E ÍNDICE ALFABÉTICO

Sistemas numéricos primitivos

Los antiguos sistemas que se muestran abajo emplean pequeños conjuntos de caracteres para representar una variedad limitada de números. Los sistemas del antiguo Mediterráneo usan marcas repetidas como las de un palo de cómputo para algunos números, mientras que el sistema chino combina los caracteres del uno al nueve con otros que representan 10, 100, 1000 y 10 000. En todos estos sistemas un número como, por ejemplo, 57 se escribiría con el carácter (o caracteres) para 50, seguido por el del 7 sin valor posicional.

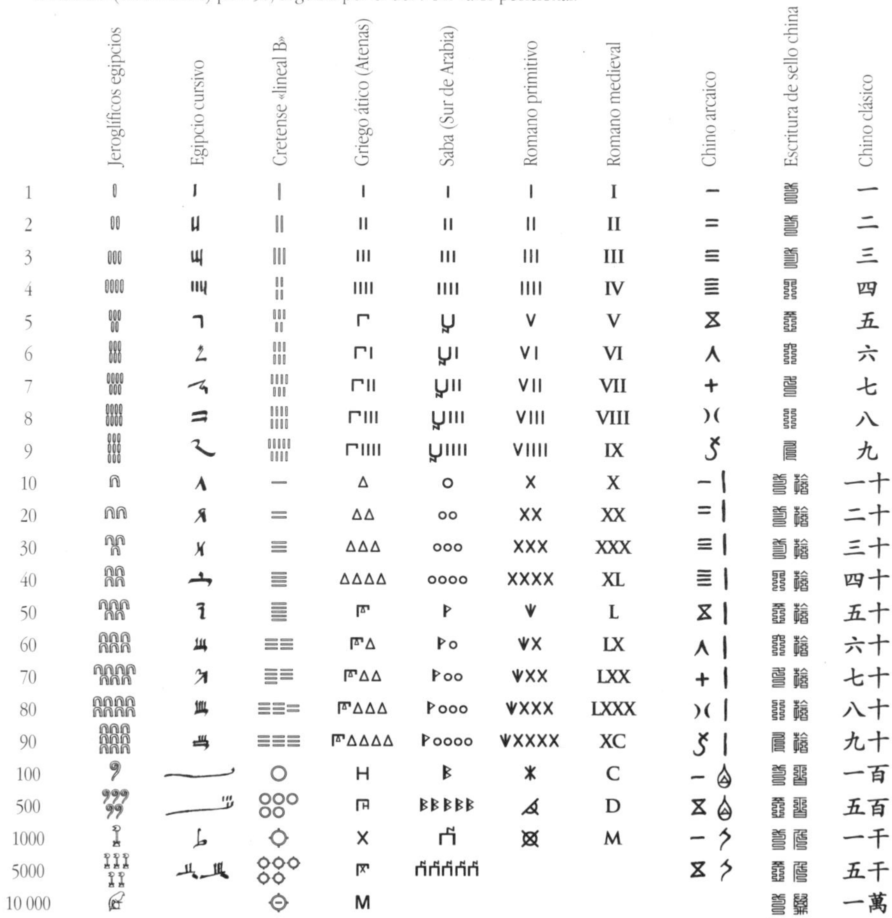

Sistemas numéricos con valor posicional

Los sistemas numéricos que utilizan la posición o «valor posicional» para representar la magnitud de un número dado son más bien escasos. El más antiguo es el sistema cuneiforme sumerio. Con un estilete grababan sobre arcilla los glifos del 1 al 59, y el valor posicional denotaba los números más altos. Posteriormente los babilonios introdujeron un indicador de «lugar vacío» que supuso el primer cero.

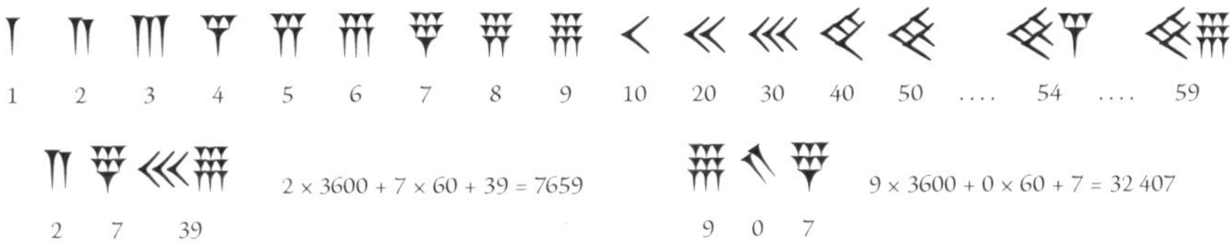

Los mayas descubrieron por cuenta propia el valor posicional y el cero. Su sistema de base 20 por regla general se escribe en vertical. Los dígitos de la tercera posición no son 20, sino 18 veces los de la segunda, probablemente debido al uso del 360 en su calendario.

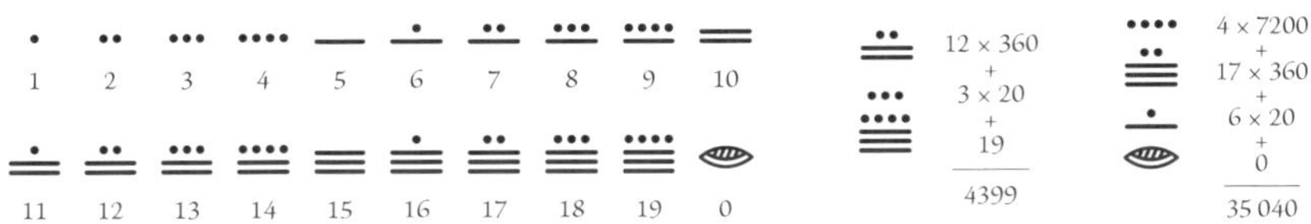

La numeración con varillas del lejano Oriente alterna dos versiones de nueve glifos. En el siglo XVIII se adoptó el pequeño cero indio.

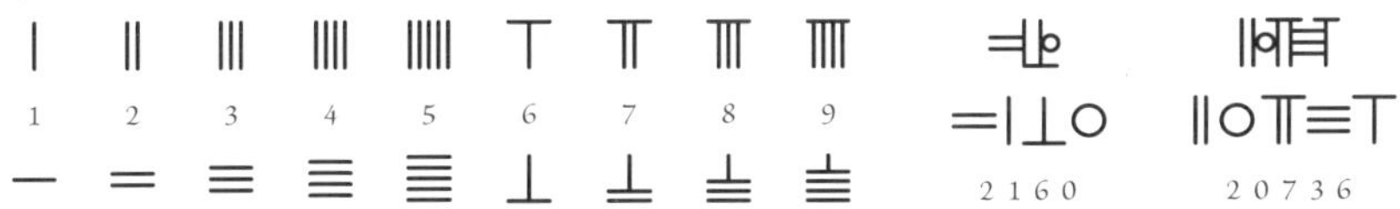

Nuestro propio sistema numérico tiene su origen en los dígitos indios brahmanes. A partir del siglo VI se adoptaron variaciones de los primeros nueve dígitos brahmanes, con un pequeño cero circular en un sistema de valor posicional. Este sistema llegó a Europa a través de los árabes.

Números pitagóricos

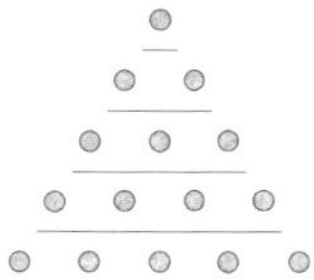

Números triangulares
Suma de números
1 + 2 + 3 + 4 ...
1, 3, 6, 10, 15 ...

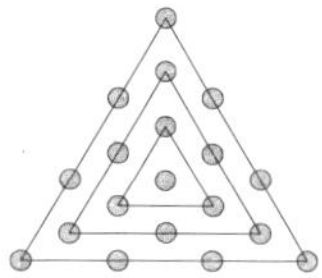

Números triangulares centrados
Los triángulos se incrementan por 3
1 + 3 + 6 + 9 ...
1, 4, 10, 19 ...

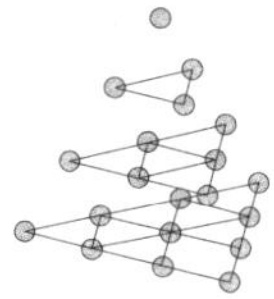

Números tetraédricos
Suma de números triangulares
1 + 3 + 6 + 10 ...
1, 4, 10, 20 ...

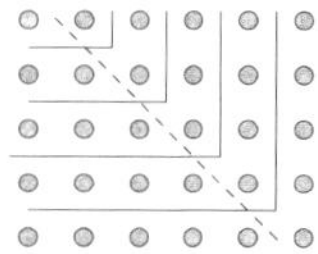

Números rectangulares
Dos veces números triangulares.
También 2 + 4 + 6 + 8 ...
2, 6, 12, 20 ...

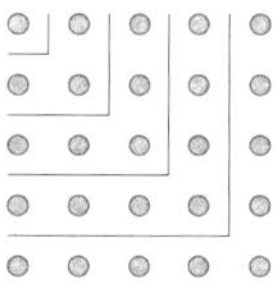

Números cuadrados
Suma de números impares
1 + 3 + 5 + 7 + 9 + ...
1, 4, 9, 16, 25 ...

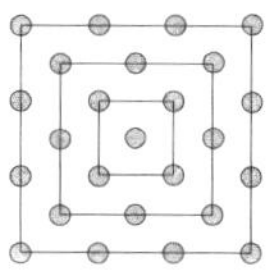

Números cuadrados centrados
Los cuadrados se incrementan por 4
1 + 4 + 8 + 12 + ...
1, 5, 13, 25 ...

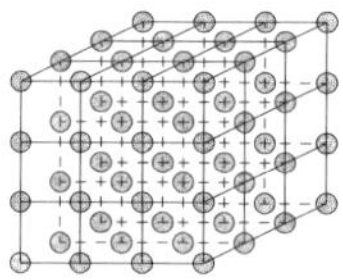

Números cúbicos
1 x 1 x 1, 2 x 2 x 2,
3 x 3 x 3, 4 x 4 x 4 ...
1, 8, 27, 64 ...

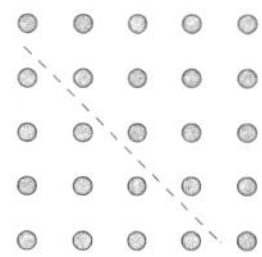

Números cuadrados como suma
de dos números triangulares adyacentes.
En este caso 10 + 15 = 25

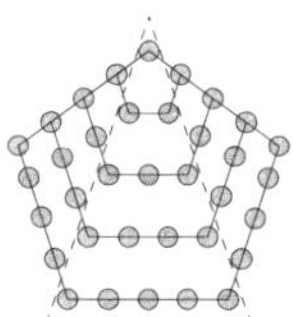

Números pentagonales
Divididos en tres
1 + 4 + 7 + 10 + 13 + ...
1, 5, 12, 22, 35 ...

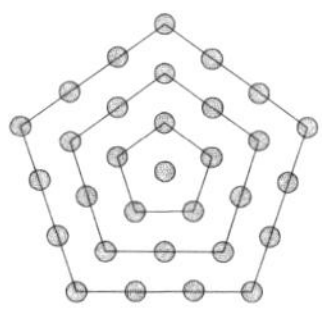

Números pentagonales centrados
Aumentan cinco
1 + 5 + 10 + 15 + ...
1, 6, 16, 31, 61 ...

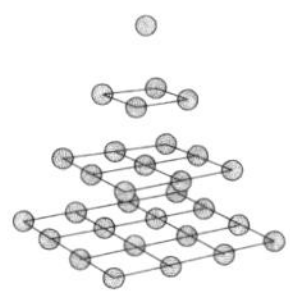

Números piramidales cuadrados
Cuadrado por cuadrado
1 + 4 + 9 + 16 + ...
1, 5, 14, 30, 55 ...

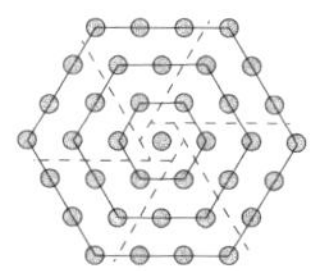

Números hexagonales centrados
El centro y seis triángulos
1 + 6 + 12 + 18 + ...
1, 7, 19, 37, 61 ...

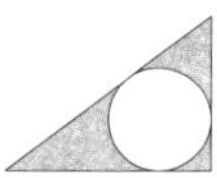

El triángulo 3-4-5
Área 6, perímetro 12, diámetro
del círculo inscrito 2

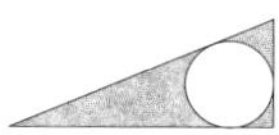

El triángulo 5-12-13
Área 30, perímetro 30,
diámetro del círculo inscrito 4

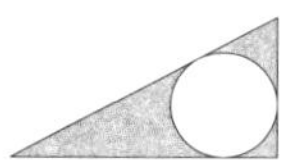

El triángulo 8-15-17
Área 60, perímetro 40,
diámetro del círculo inscrito 6

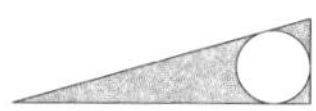

El triángulo 7-24-25
Área 84, perímetro 56,
diámetro del círculo inscrito 6

Ejemplos de gematría

Gematría de la antigua Grecia y cristiana

ΙΗΣΟΥΣ (Jesús) 888 + ΧΡΙΣΤΟΣ (Cristo) 1480 = 2368

888 : 1480 : 2368 = 3 : 5 : 8

ΚΑΙ Ο ΑΡΙΘΜΟΣ ΑΥΤΟΥ ΧΞΣ = 2368
Y su número es 666

ΤΟ ΑΓΙΟΝ ΠΝΕΥΜΑ (El Espíritu Santo 1080) + ΠΑΡΑ ΘΕΟΥ (de Dios 666) = 1746

Η ΔΟΞΑ ΤΟΥ ΘΕΟΥ ΙΣΡΑΗΛ = 1746
Gloria del Dios de Israel

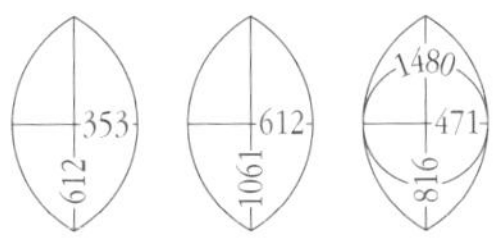

ΕΡΜΗΣ (Hermes) 353 (es a) ΖΕΥΣ (Zeus) 612

ΖΕΥΣ (Zeus) 612 (es a) ΑΠΟΛΛΩΝ (Apolo) 1061

ΚΑΡΠΟΣ (Fruto) 471 (es a) ΖΩΗ (vida) 815

ΗΛΙΟΣ (Sol) = 318 ΒΙΟΣ (Vida) = 282
1000 como Unidad magnificada

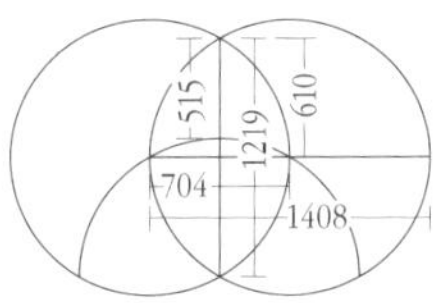

ΠΑΡΘΕΝΟΣ (Virgen) = 515
ΞΥΛΟΝ (Cruz) = 610
Ο ΘΕΟΣ ΙΣΡΑΗΛ (El Dios de Israel) = 703
ΙΧΘΟΣ (Pez) = 1219
ΣΩΤΗΡ (Salvador) = 1408

El divino nombre de Yavé como Tetraktys

י = 10
י ה = 10 + 5 = 15
י ה ו = 10 + 5 + 6 = 21
י ה ו ה = 10 + 5 + 6 + 5 = 26

היה HaYaH (Él era) = 25
הוה HoWeH (Él es) = 16
יהיה YiHYeH (Él será) = 30

Algunas correspondencias hebreas:

אחד EKHAD (Uno) = 13 = אהבה AHAVAH (Amor)
y su suma = 26 = YHWH

אדם ADAM – חוה KHAWAH = 26 = יהוה YHWH

יין YAYIN (vino) = 70 = סוד SOD (secreto)
o *in vino veritas*

Nombres de letras hebreas y su suma total

אלף	111	ALEPH	למד	74	LAMED
בית	412	BET	מים	90	MEM
גמל	73	GIMMEL	נון	110	NUN
דלת	434	DALET	סמך	120	SAMEKH
הא	6	HE	עין	130	AYIN
וו	12	VOV	פה	85	PE
זין	67	ZAYIN	צדי	104	TSADE
חית	418	HET	קוף	104	QUF
טית	419	TET	ריש	510	RESH
יוד	20	YOD	שין	360	SHIN
כף	100	KOF	תו	406	TAV

Todo número contiene la semilla del siguiente, por lo que las reglas de la gematría permiten una diferencia de 1 en las comparaciones. Las partes fraccionarias de las medidas y proporciones geométricas se pueden redondear hacia arriba o hacia abajo.

Talismán con la suma mágica de 26, el total *abjad* para el divino nombre de Alá

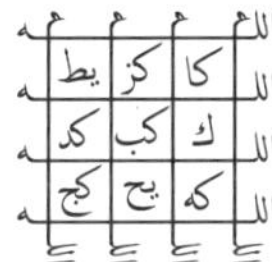

21	26	19
20	22	24
25	18	23

Algunos nombres de Dios en el orden abjad

الله	66	ALLAH
باقي	113	BAQI (el que perdura)
جامع	114	JAMI (el que recoge)
ديان	65	DAYAN (juez)
هادي	20	HADI (guía)
ولي	46	WALI (amigo)
زكي	37	ZAKI (purificador)
حق	108	HAQ (verdad)
طاهر	215	TAHIR (puro)
يسين	130	YASSIN (jefe)
كافي	111	KAFI (suficiente)
لطيف	129	LATIF (sutil)
ملك	90	MALIK (rey)
نور	256	NUR (luz)
سميع	180	SAMI (el que todo lo oye)
علي	110	'ALI (el más elevado)
فتاح	489	FATAH (el revelador)
صمد	134	SAMAD (eterno)
قادر	305	QADIR (poderoso)
رب	202	RAB (señor)
شفيع	460	SHAFI (sanador)
توب	408	TAWAB (el que suele perdonar)
ثابت	903	THABIT (estable)
خالق	731	KHALIQ (creador)
ذاكر	921	DHAKIR (el que recuerda)
ضار	1,001	DAR (castigador)
ظاهر	1,106	DHAHIR (aparente)
غفور	1,285	GHAFUR (indulgente)

MÁS CUADRADOS MÁGICOS

Un cuadrado mágico es *normal* si utiliza números enteros desde el 1 hasta el cuadrado de su orden, y *simple* si su única propiedad es que la suma mágica resulta de sus filas, columnas y diagonales principales. El cuadrado mágico de orden 3 es único aparte de 8 posibles reflexiones y rotaciones o aspectos *(4 abajo)*.

2	7	6
9	5	1
4	3	8

6	7	2
1	5	9
8	3	4

2	9	4
7	5	3
6	1	8

4	9	2
3	5	7
8	1	6

Si los números de un cuadrado mágico suman simétricamente alrededor de su centro, por ejemplo 2 + 8, 7 + 3... el cuadrado es *asociado* (no simple) y las parejas de números son *complementarias*. Existen 880 cuadrados mágicos normales de orden 4. Para contar los cuadrados mágicos los matemáticos los rotan/reflejan para que la casilla superior izquierda sea lo más pequeña posible, y la casilla a su derecha sea menos que la inmediatamente inferior. Los números complementarios de los cuadrados normales de orden 4 forman 12 *patrones de Dudeney (abajo se muestran 4 de ellos)*.

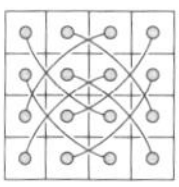

2	11	14	7
13	8	1	12
3	10	15	6
16	5	4	9

grupo I

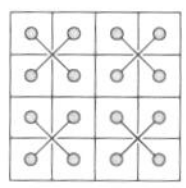

1	4	15	14
13	16	3	2
8	5	10	11
12	9	6	7

grupo II

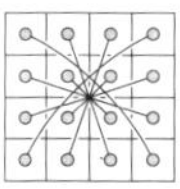

4	14	5	11
15	1	10	8
9	7	16	2
6	12	3	13

grupo III

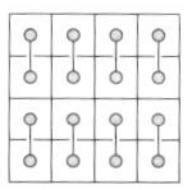

1	10	8	15
16	7	9	2
11	4	14	5
6	13	3	12

grupo IV

Los 48 cuadrados del grupo I son *pandiagonales*; las 6 diagonales quebradas formadas por lados opuestos que se entrecruzan para encontrarse el uno al otro también dan una suma mágica *(abajo, izq. y centro)*.

4	14	11	5	4	14
15	1	8	10	15	1
6	12	13	3	6	12
9	7	2	16	9	7
4	14	11	5	4	14
15	1	8	10	15	1

4	14	11	5	4	14
15	1	8	10	15	1
6	12	13	3	6	12
9	7	2	16	9	7
4	14	11	5	4	14
15	1	8	10	15	1

4	14	11	5	4	14
15	1	8	10	15	1
6	12	13	3	6	12
9	7	2	16	9	7
4	14	11	5	4	14
15	1	8	10	15	1

Los cuadrados mágicos pandiagonales de orden 4 son también *perfectos;* cualquier cuadrado de 2 por 2, incluyendo los envolventes, da una suma mágica *(arriba, dcha.)*. También otros cuadrados pandiagonales normales de orden doble par (4, 8, 12...) pueden ser perfectos.

1	15	24	8	17
23	7	16	5	14
20	4	13	22	6
12	21	10	19	3
9	18	2	11	25

Existen 275 305 224 cuadrados mágicos normales de orden 5. El orden 5 es el más bajo de los cuadrados mágicos que puede ser tanto diagonal como asociado *(arriba, un ejemplo)*. Existen 36 cuadrados mágicos pandiagonales de orden 5 esencialmente diferentes, y cada uno de ellos produce 99 variaciones permutando filas, columnas y diagonales para un total de 3600 cuadrados diagonales de orden 5. No se sabe cuántos cuadrados mágicos normales de orden 6 existen. El orden 6 es el primero formado por números pares-impares, divisible por 2 pero no por 4, los cuadrados más difíciles de construir. Es imposible que un cuadrado normal de orden 6 sea pandiagonal o asociado.

1	2	3	4	5	6	7	8
9	10	11	12	13	14	15	16
17	18	19	20	21	22	23	24
25	26	27	28	29	30	31	32
33	34	35	36	37	38	39	40
41	42	43	44	45	46	47	48
49	50	51	52	53	54	55	56
57	58	59	60	61	62	63	64

64	2	3	61	60	6	7	57
9	55	54	12	13	51	50	16
17	47	46	20	21	43	42	24
40	26	27	37	36	30	31	33
32	34	35	29	28	38	39	25
41	23	22	44	45	19	18	48
49	15	14	52	53	11	10	56
8	58	59	5	4	62	63	1

Para construir un cuadrado mágico de orden doble par, coloque los números en secuencia desde la parte superior izquierda como se muestra abajo. Siguiendo el patrón, intercambie los números sobre una diagonal marcada con su complemento y obtendrá un cuadrado mágico.

Para formar un cuadrado mágico de cualquier orden impar, coloque el 1 en la casilla superior central y los demás números en secuencia subiendo hacia la derecha una casilla a la vez, rodeando arriba/abajo y derecha/izquierda cuando sea necesario. Cuando alcance una casilla ya rellenada, muévase una hacia abajo. La casilla central contendrá el número medio de la secuencia y las diagonales darán la suma mágica (como alternativa, puede rellenar el patrón inferior derecho).

30	39	48	1	10	19	28
38	47	7	9	18	27	29
46	6	8	17	26	35	37
5	14	16	25	34	36	45
13	15	24	33	42	44	4
21	23	32	41	43	3	12
22	31	40	49	2	11	20

13	23	40	1	18	35	45
21	31	48	9	26	36	4
22	39	7	17	34	44	12
30	47	8	25	42	3	20
38	6	16	33	43	11	28
46	14	24	41	2	19	29
5	15	32	49	10	27	37

Para hacer un cuadrado *mágico compuesto* se combinan dos cuadrados mágicos y se multiplican los órdenes originales.

1	14	7	12
15	4	9	6
10	5	16	3
8	11	2	13

2	7	6
9	5	1
4	3	8

16	96	80
128	64	0
48	32	112

Haga copias del primer cuadrado *(izq.)* como si cada uno fuera una casilla del segundo cuadrado *(centro)*. Reste 1 de cada casilla del segundo cuadrado y multiplique por el número de casillas del primer cuadrado *(dcha.)*.

17	30	23	28	97	110	103	108	81	94	87	92
31	20	25	22	111	100	105	102	95	84	89	86
26	21	32	19	106	101	112	99	90	85	96	83
24	27	18	29	104	107	98	109	88	91	82	93
129	142	135	140	65	78	71	76	1	14	7	12
143	132	137	134	79	68	73	70	15	4	9	6
138	133	144	131	74	69	80	67	10	5	16	3
136	139	130	141	72	75	66	77	8	11	2	13
49	62	55	60	33	46	39	44	113	126	119	124
63	52	57	54	47	36	41	38	127	116	121	118
58	53	64	51	42	37	48	35	122	117	128	115
56	59	50	61	40	43	34	45	120	123	114	125

Para hacer un cuadrado mágico *rebordeado* sume el doble del orden más 2 a las casillas de un cuadrado mágico normal y forme un reborde con los números más altos/más bajos de la nueva secuencia.

5	4	24	25	7
3	12	17	10	23
18	11	13	15	8
20	16	9	14	6
19	22	2	1	21

cuadrado rebordeado

14	10	17	6	18
2	11	25	3	24
19	5	13	21	7
22	23	1	15	4
8	16	9	20	12

cuadrado incrustado

2	10	19	14	20
22	3	21	11	8
17	25	13	1	9
18	15	5	23	4
6	12	7	16	24

diamante incrustado

Un cuadrado mágico dentro de otro que no sigue la regla del reborde de números más altos/más bajo es un cuadrado mágico incrustado. También son posibles los *diamantes mágicos incrustados* y los cuadrados mágicos *empotrados (órdenes 3 y 4 en el de orden 7, abajo)*.

9	1	37	48	38	26	16
49	10	23	47	4	18	24
15	22	36	11	29	42	20
7	33	44	25	43	17	6
35	46	14	2	21	27	30
19	32	8	3	28	40	45
41	31	13	39	12	5	34

El cuadrado *bimágico* sigue siendo mágico si todos sus números se elevan al cuadrado. Este da una suma mágica de 369. Cada sección de 3 por 3 también contiene esta suma. La suma mágica «cuadrada» es 20 049.

1	23	18	33	52	38	62	75	67
48	40	35	77	72	55	25	11	6
65	60	79	13	8	21	45	28	50
43	29	51	66	58	80	14	9	19
63	73	68	2	24	16	31	53	39
26	12	4	46	41	36	78	70	56
76	71	57	27	10	5	47	42	34
15	7	20	44	30	49	64	59	81
32	54	37	61	74	69	3	22	17

En el mundo tridimensional nos encontramos con la sorprendente posibilidad de los cubos mágicos. Existen 4 cubos mágicos normales de orden 2 *(2 se muestran abajo)*; cada uno tiene 48 aspectos. Todas las filas, columnas, pilares y las cuatro diagonales largas desde los vértices opuestos suman 42.

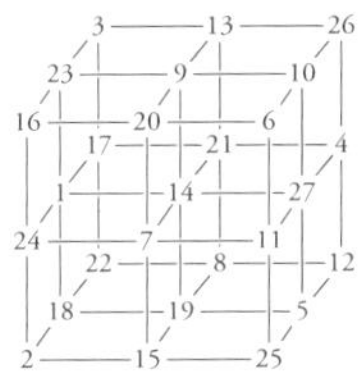

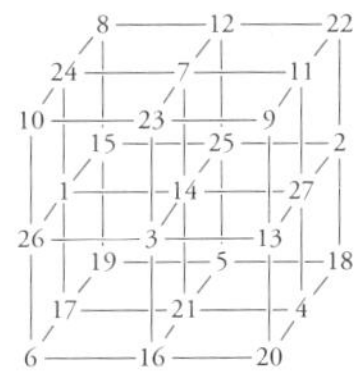

Las figuras mágicas de cuatro dimensiones, aún más asombrosas y que se consideraban imposibles, se hicieron realidad cuando en 1950 John R. Hendricks dibujó un teseracto mágico, o cubo cuatridimensional. La ilustración muestra uno de los 58 teseractos mágicos de orden 3.

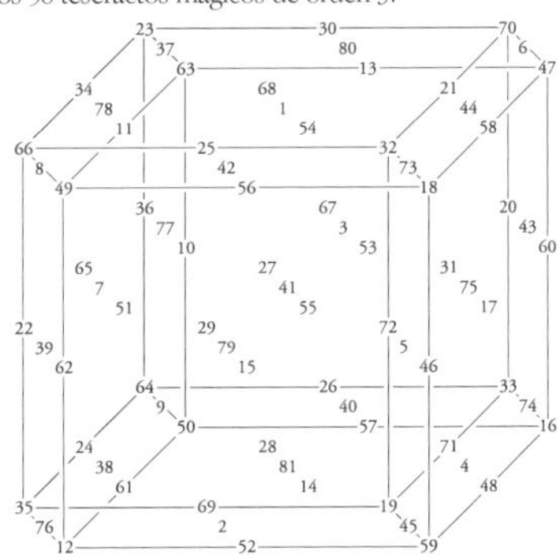

Algunos números de cosas

1

Uno uno *(universal)*.

2

Dos formas de conocer *(religión):* esotérica, exotérica.
Dos fuerzas *(taoísmo):* receptiva *(yin)*, activa *(yang)*.
Dos lados: derecho, izquierdo.
Dos perspectivas *(universal):* sujeto, objeto.
Dos polaridades *(física):* positiva, negativa.
Dos polaridades *(geografía):* norte, sur.
Dos principios *(metafísica)*: esencia, sustancia.
Dos regentes *(alquimia):* rey, reina.
Dos tipos tribales *(antropología):* sedentario, nómada.
Dos verdades *(lógica):* analítica *(a priori)*, sintética *(a posteriori)*.

3

La gran tríada *(taoísmo):* cielo, hombre, tierra.
La Santísima Trinidad *(cristianismo):* Padre, Hijo, Espíritu Santo.
Las tres Cárites o gracias *(antigua Grecia):* esplendor *(Aglaya)*, júbilo *(Eufrósine)*, buen humor *(Talía)*.
Las tres Erinias o furias *(antigua Grecia):* la que venga el asesinato *(Tisífone)*, la celosa *(Megera)*, la implacable *(Alecto)*.
Las tres moiras *(antigua Grecia):* la hilandera *(Cloto)*, la que mide el hilo *(Láquesis)* y la que corta el hilo de la vida *(Átropos)*.
Tres aspectos del conocimiento *(antigua Grecia):* el conocedor, el conocer, lo conocido.
Tres colores primarios *(luz):* rojo, verde, azul.
Tres dimensiones *(física):* media, lateral, vertical.
Tres estadios *(hinduismo):* creación *(Brahma)*, conservación *(Vishnu)*, destrucción *(Shiva)*.
Tres estadios del alma *(jainismo):* exterior, interior, supremo.
Tres etapas alquímicas *(alquimia):* ennegrecimiento *(nigredo)*, blanqueado *(albedo)*, enrojecimiento *(rubedo)*.
Tres fases dialécticas: tesis, antítesis, síntesis.
Tres generaciones de quarks *(física):* arriba y abajo; extraño y encantado; fondo y cima.
Tres gunas *(hinduismo):* fuego (rojo), agua (blanco), tierra (negro).
Tres modalidades *(astrología):* cardinal, fijo, mutable.
Tres partes de un silogismo *(Aristóteles):* premisa, principio universal, conclusión.
Tres partes del átomo *(siglo xx):* protón, neutrón, electrón.
Tres principios *(alquimia):* azufre, mercurio, sal.
Tres reinos *(medieval):* animal, vegetal, mineral.
Tres teselados regulares *(geometría):* triángulos, cuadrados, hexágonos.
Tres virtudes revolucionarias *(Francia):* libertad, igualdad, fraternidad.
Tres virtudes teologales *(cristianismo):* fe, esperanza, caridad.

4

Cuatro arquetipos psíquicos *(Jung):* persona, sombra, ánima/ánimus, sí-mismo.
Cuatro bellas armonías *(música):* unísono, octava, quinta, cuarta. Todas se generan a partir de proporciones relacionadas con los cuatro primeros números.
Cuatro castas *(hinduismo):* sacerdotes *(brahmán)*, guerreros *(kshatriya)*, comerciantes y artesanos *(vaisya)*, servidores *(shudra)*.
Cuatro causas *(Aristóteles):* formal, material, eficiente, final.
Cuatro elementos *(Occidente):* fuego, tierra, aire, agua.
Cuatro estaciones *(Occidente):* primavera, verano, otoño, invierno.
Cuatro fuerzas fundamentales *(actualidad):* electromagnética, nuclear fuerte, nuclear débil, gravedad.
Cuatro humores *(Occidente):* sanguíneo, colérico, flemático, melancólico.
Cuatro nobles verdades *(budismo):* la verdad, la causa, la posible cesación y el camino hacia el cese del sufrimiento.
Cuatro puntos cardinales *(común):* norte, sur, este, oeste.
Cuatro tipos de literatura *(Occidente):* romance, tragedia, ironía, comedia.
Cuatro tipos junguianos *(Jung):* sentimiento, pensamiento, percepción, intuición.

5

Cinco direcciones y colores *(China):* este (verde), sur (rojo), centro (amarillo), oeste (blanco), norte (negro).
Cinco elementos *(budismo):* vacío, agua, tierra, fuego, aire.
Cinco elementos *(China):* fuego, tierra, metal, agua, madera.
Cinco notas *(China):* las teclas negras de un piano.
Cinco olores *(China):* de cabra, quemado, fragante, rancio, podrido.
Cinco órdenes arquitectónicos *(Occidente):* toscano, dórico, jónico, corintio, compuesto.
Cinco partes de la personalidad *(antiguo Egipto):* nombre, sombra, fuerza vital *(ka)*, carácter *(ba)*, espíritu *(akh = ka + ba)*.
Cinco preceptos *(budismo):* respeto por la vida, respeto por la propiedad, castidad, templanza, decir la verdad.
Cinco sabores *(China):* ácido, amargo, dulce, especiado, salado.
Cinco sentidos *(común):* vista, oído, olfato, gusto y tacto.
Cinco sólidos platónicos *(universal):* tetraedro, octaedro, cubo, icosaedro, dodecaedro.
Cinco sonidos *(China):* llamada, risa, canto, lamento, queja.
Cinco tipos de animales *(China):* con escamas, alados, desnudos, peludos, con caparazón.

Cinco venenos de la mente *(budismo):* confusión, orgullo, envidia, odio, deseo.

Cinco virtudes *(budismo):* gentileza, bondad, respeto, economía, altruismo.

Cinco virtudes *(China):* benevolencia, propiedad, buena fe, rectitud, conocimiento.

6

Seis días de la creación *(tradición abrahámica):* luz, firmamento, tierra y vegetación, cuerpos celestiales, peces y aves, animales y el ser humano.

Seis direcciones *(común):* arriba, abajo, derecha, izquierda, delante, detrás.

Seis perfecciones *(budismo):* generosidad, honestidad, paciencia, esfuerzo, meditación, sabiduría.

Seis politopos regulares *(sólidos de cuatro dimensiones):* simplex, teseracto, de 16, 24, 120 y 600 células.

Seis reacciones *(química):* síntesis y descomposición, combustión, desplazamiento sencillo, desplazamiento doble, base ácida.

Seis reinos *(bioquímica):* arqueobacteria y bacteria (procariotas), protista, hongos, plantas y animales (eucariotas).

Seis reinos *(hinduismo y budismo):* dioses, infiernos, humano, espíritus hambrientos, demonios, animales.

7

Siete artes liberales *(Occidente):* lógica, retórica y gramática *(trivium)*; número, música, geometría, cosmología *(quadrivium)*.

Siete chakras *(hinduismo):* raíz (4 pétalos), sacro (6), plexo solar (10), corazón (12), garganta (16), frente (2), corona (1000).

Siete cuerpos celestes y sus días *(Antigüedad):* Luna (lunes), Mercurio (miércoles), Venus (viernes), Sol (domingo), Marte (martes), Júpiter (jueves), Saturno (sábado).

Siete estadios del alma *(sufismo):* compulsión, conciencia, inspiración, tranquilidad, sumisión, servidor, perfeccionado.

Siete frisos geométricos *(universal):* existen siete posibles grupos de frisos simétricos.

Siete glándulas endocrinas *(medicina):* pineal, pituitaria, tiroides, timo, adrenal, páncreas, gónadas.

Siete metales *(Antigüedad):* plata, mercurio, cobre, oro, hierro, estaño, plomo.

Siete modos *(antigua Grecia):* jónico, dórico, frigio, lidio, mixolidio, eólico, locrio. Usando solo las teclas blancas del piano, estos corresponden respectivamente a la escala de siete notas que empieza por do, re, mi, fa, sol, la y si.

Siete niveles del yo *(antroposofía):* físico, etérico, astral, ego, manas, buddhi, atma.

Siete pecados capitales y siete virtudes que los contrarrestan *(cristianismo):* humildad contra soberbia, amabilidad contra envidia, abstinencia contra gula, castidad contra lujuria, paciencia contra ira, generosidad contra avaricia, diligencia contra pereza.

Siete virtudes *(cristianismo):* fe, esperanza, caridad, fortaleza, justicia, prudencia, templanza.

8

Noble camino óctuple *(budismo):* visión correcta, palabra correcta, acción correcta, forma de vida correcta, esfuerzo correcto, plena conciencia correcta, concentración correcta.

Ocho inmortales (taoísmo)*:* juventud, edad avanzada, pobreza, riqueza, el populacho, nobleza, masculino, femenino.

Ocho miembros del yoga *(vedanta):* moralidad *(yama)*, observancia *(niyama)*, posturas *(asanas)*, respiración *(pranayama)*, concentración *(dharana)*, devoción *(dhyana)*, unión *(samadhi)*.

Ocho teselados semirregulares *(geometría):* en el plano.

Ocho trigramas *(I-Ching): Chi'en* (el cielo, creativo), *Tui* (atracción, logro), *Li* (conciencia, belleza), *Chen* (acción, movimiento), *Sun* (seguimiento, penetración), *K'an* (riesgo, peligro), *Ken* (cese, descanso), *K'un* (la Tierra, receptivo).

9

Las nueve musas *(antigua Grecia):* historia *(Clío)*, astronomía *(Urania)*, tragedia *(Melpómene)*, comedia *(Talía)*, danza *(Terpsícore)*, cantos sagrados *(Polimnia)*, poesía épica *(Calíope)*, poesía amorosa *(Erato)*, poesía lírica *(Euterpe)*.

Nueve órdenes angélicas *(Occidente):* ángeles, arcángeles, virtudes, potestades, principados, dominaciones, tronos, querubines, serafines.

Nueve personalidades *(Oriente Próximo)*: perfeccionista, generoso, esmerado, romántico trágico, observador, contrario, entusiasta, líder, mediador.

Nueve poliedros regulares *(universal):* los cinco *sólidos platónicos* más los cuatro poliedros estrellados: el gran dodecaedro, el estrellado y el gran estrellado, y el gran icosaedro.

Nueve teselados semirregulares *(universal):* aunque existen ocho patrones estándares, uno de ellos tiene una versión diestra y otra siniestra, haciendo un total de nueve.

10

Diez pares de opuestos *(Pitágoras):* limitado-ilimitado, par-impar, singularidad-pluralidad, derecha-izquierda, masculino-femenino, reposo-movimiento, recto-curvo, luminoso-oscuro, bueno-malo, cuadrado-oblongo.

Los diez mandamientos *(cristianismo):* honrarás a tu padre y a tu madre. No tendrás otro Dios más que yo, no tomarás mi nombre en vano. No adorarás imágenes, no blasfemarás, no matarás, no cometerás adulterio, no hurtarás, no cometerás falso testimonio, no codiciarás nada de tu prójimo.

Los diez niveles *(budismo):* gozoso, inmaculado, luminoso, radiante, difícil de cultivar, manifestación, distante, inamovible, inteligencia sana, nube del Dharma.

GLOSARIO DE UNA SELECCIÓN NUMÉRICA

1 El primer n.° triangular, cuadrado, pentagonal, hexagonal, tetraédrico, cúbico, de Fibonacci, de Lucas.

2 El primer n.° par (femenino). El día del planeta Mercurio es exactamente igual a dos de sus años. El radio orbital de Urano es dos veces el de Saturno. El período de Neptuno es dos veces el de Urano.

3 El primer n.° griego impar (masculino) 1+2. Existen tres teselados regulares para un plano. Al cabo de tres años las fases de la Luna se repiten con bastante exactitud en las mismas fechas del calendario. En ingeniería, la triangulación crea estabilidad.

4 El segundo n.° cuadrado $2^2 = 2 \times 2 = 2 + 2$. N.° de vértices y caras de un tetraedro. Toda integral es la suma de como máximo 4 cuadrados.

5 Suma de los primeros n.^os^ masculino y femenino. $1^2 + 2^2$. Cinco notas de la escala pentatónica. Cinco sólidos platónicos. El quinto n.° de Fibonacci y el segundo pentagonal.

6 El tercer n.° triangular como $6 = 1 + 2 + 3$. El factorial de 3, escrito $3! = 1 \times 2 \times 3$. Área y semiperímetro del triángulo 3-4-5. El primer n.° perfecto (suma de sus factores). Los lados de un tetraedro, las caras de un cubo, los vértices de un octaedro. Seis politopos regulares cuatridimensionales.

7 Existen siete grupos de simetría de frisos. Siete notas de la escala. Siete glándulas endocrinas en el cuerpo humano. La suma de los puntos de las caras opuestas de un dado. Siete tetrominós o tetraminos. El cuarto n.° de Lucas.

8 El segundo cubo, $2^3 = 2 \times 2 \times 2 = 8$. Las caras de un octaedro, los vértices de un cubo. El sexto n.° de Fibonacci. Ocho teselados semirregulares. Los bits de un *byte*.

9 El cuadrado de tres, $3^2 = 3 \times 3 \times 3 = 9$. Hay nueve poliedros regulares y nueve teselados semirregulares del plano si incluimos los dos quirales. En un sistema de base 10, los dígitos de todos los múltiplos de 9 suman 9.

10 El cuarto n.° triangular y el tercer tetraédrico $= 1^2 + 3^2$.

11 Once dimensiones unifican las cuatro fuerzas fundamentales de la física. El quinto n.° de Lucas. Los años que tiene un ciclo de manchas solares.

12 Doce notas completan una escala de temperamento igual. El tercer n.° pentagonal. El cuboctaedro está formado por doce esferas agrupadas alrededor de una central. N.° de vértices de un icosaedro, las caras de un dodecaedro, los lados del cubo y del octaedro. Los pétalos del *chakra* del corazón.

13 El séptimo n.° de Fibonacci. Los 13 poliedros arquimedianos. Aparece como la octava (decimotercera nota), y en el triángulo 5-12-13. Las langostas forman enjambres cada 13 años.

14 El tercer n.° piramidal cuadrado $= 1^2 + 2^2 + 3^2$. El n.° de líneas de un soneto (octava, cuarteto, pareado).

15 N.° triangular. Suma de las líneas de un cuadrado mágico de 3 x 3. Las bolas de un triángulo de *snooker*.

16 2^4 y 4^2. Perímetro y área de un cuadrado de 4 x 4. Pétalos del *chakra* de la garganta. También 5^2-3^2, lo que significa que se pueden colocar 16 monedas en un cuadrado de 5 x 5.

17 El n.° de los grupos de simetría bidimensional. $1^4 + 2^4$. Las sílabas de un haiku japonés (5 + 7 + 5). Los tonos de la afinación árabe.

18 El n.° de años de un ciclo de saros de eclipses antes de que se vuelva a dar un eclipse del mismo tipo cerca del mismo lugar.

19 El n.° de años del ciclo metónico. Después de 19 años los plenilunios vuelven a darse en las mismas fechas del calendario. El juego del *go* tiene una cuadrícula de 19 x 19.

20 La suma de los cuatro primeros n.^os^ triangulares. N.° de caras de un icosaedro, los vértices de un dodecaedro. Los días de un mes maya. Los aminoácidos del ser humano.

21 El sexto n.° triangular y el octavo de Fibonacci. 3 x 7. Las letras del alfabeto italiano.

22 El máximo n.° de piezas en el que se puede dividir un pastel con 6 porciones. Los senderos del árbol de la vida cabalístico.

23 Pares de cromosomas que componen un ser humano.

24 Esferas que pueden tocar a otra en cuatro dimensiones. Las letras del alfabeto griego. $4! = 1 \times 2 \times 3 \times 4$.

25 $5^2 = 3^2 + 4^2$. 25 elevado a cualquier potencia termina en 25.

26 El único n.° que se encuentra entre un cuadrado y un cubo. El n.° de letras de los alfabetos latino e inglés.

27 $3^3 = 3 \times 3 \times 3$. El n.° de *nakshatras* en los que se divide la eclíptica en la cosmología lunar hindú.

28 El segundo n.° perfecto, suma de sus factores. Triangular. N.° de letras de los alfabetos árabe y español.

29 Uno de los n.^os^ de Lucas; la serie es 1, 3, 4, 7, 11, 18, 29, etc. Las letras del alfabeto noruego.

30 Los lados de un dodecaedro y un icosaedro. El área y el perímetro de un triángulo pitagórico 5-12-13. La Luna orbita alrededor de la Tierra a 30 diámetros terrestres.

31 Los planos de la existencia del budismo. Un primo de Mersenne de la forma 2^n-1, donde *n* es un n.° primo.

32 2^5. La potencia del 5 más pequeña aparte del 1. El n.° de

tipos de cristal. El n.° de diámetros terrestres hasta la Luna.

33 1! + 2! + 3! + 4! El n.° de vértebras de la columna vertebral, que sostiene 33 pares de nervios. 12 053 salidas de sol en 33 años. El n.° más grande que no se puede representar como la suma de n.os triangulares distintos.

34 La suma de las líneas de un cuadrado mágico de 4 x 4.

35 Suma de la secuencia armónica pitagórica 12:9:8:6. También la suma de los cinco primeros n.os triangulares.

36 $1^3 + 2^3 + 3^3$. Octavo n.° triangular y sexto n.° cuadrado. El primer n.° que es tanto cuadrado como triangular.

37 La parte central de la secuencia 111, 222... 666, 777, 888. 37 lunas en 3 años. Los estadios del *bodhisattva* budista.

38 Se puede escribir de diez formas distintas como la suma de dos n.os impares. Cada par contiene un primo. El n.° más grande que posee esta propiedad.

39 Existen 39 posibles manos cuando se divide una baraja de cartas entre 4 personas, como en el juego del *bridge*.

40 El n.° de dedos de las manos y de los pies de un hombre y una mujer juntos. 40 esferas pueden tocarse alrededor de otra en la quinta dimensión.

41 La expresión $x^2 - x + 41$ produce una secuencia de 40 n.os primos consecutivos, desde 41 hasta 1681.

42 La suma de las líneas de un cuadrado mágico tridimensional de 3 x 3 x 3.

45 N.° triangular, suma de 1 a 9. Suma de las líneas del sudoku.

46 N.° total de cromosomas de los núcleos de las células humanas, 23 de la madre, 23 del padre.

50 N.° de letras del alfabeto sánscrito, los petálos de todos los *chakras* sumados excluyendo el de la corona.

52 N.° de las cartas de una baraja. N.° de dientes humanos, (4 x 5) del niño + (4 x 8) del adulto. El ciclo del calendario maya era de 52 años, en cuyo punto se ponían a cero el *tzolkin* de 260 días y el *haab* de 365 días.

55 El n.° más alto triangular y de Fibonacci (otros: 1, 3, 21). También piramidal cuadrado 1 + 4 + 9 + 16 + 25.

56 Agujeros de Aubrey de Stonehenge. N.° útil para predecir eclipses. 7 x 8, el resultado de 1 + 2 + 4 y 1 x 2 x 4. N.° tetraédrico. Los arcanos menores del tarot.

58 El pentágono y el hexágono solo pueden tener un estrellamiento, el heptágono y el octógono dos, y tres el eneágono. El tetraedro y el cubo no tienen estrellamientos; el octaedro uno, el dodecaedro dos... pero el icosaedro tiene 58 posibles estrellamientos.

59 Dos plenilunios cada 59 días. N.° primo.

60 3 x 4 x 5. La base del cálculo sumerio y babilónico. El n.° más pequeño divisible por los n.os del 1 al 6.

61 Los codones de los aminoácidos del ARNm humano.

64 Ocho al cuadrado, cuatro al cubo y 2^6. N.° de hexagramas del I-Ching, las casillas de un tablero de ajedrez. 64 codones determinan los aminoácidos del ADN humano.

65 La suma de las líneas de un cuadrado mágico de 5 x 5. El primer n.° que es la suma de dos cuadrados de dos formas distintas, $65 = 1^2 + 8^2 = 4^2 + 7^2$.

71 El n.° de eones que vive el dios hindú Indra.

72 Esferas que se tocan alrededor de una en la sexta dimensión. 360/5. Los 72 nombres de Dios en la Cábala. Una vida = un «Gran Día» precesional o una 360.ª parte de un Gran Año = 72 años. La regla del 72: ¿cuánto tardará mi dinero en duplicarse? Si el interés es del 6 %, tardará 72/3 = 12 años. También se puede usar el 71 y el 70.

73 73 *tzolkin* = 52 *haab* en el calendario maya. 73 es 365/5 y aparece en los antiguos relojes calendario.

76 Años entre dos avistamientos del cometa Halley.

78 El total de cartas del tarot, 22 arcanos mayores y 56 arcanos menores. N.° triangular, suma de los n.os del 1 al 12.

81 El cuadrado de nueve. 3^4. Existen 81 elementos estables.

89 N.° de Fibonacci común en los girasoles.

91 La cuarta parte de un año, 7 x 13. N.° piramidal cuadrado, la suma de los 6 primeros cuadrados.

92 Elementos que se pueden dar en la naturaleza; todos los demás se dan de manera fugaz en el laboratorio.

97 Cada 400 años del calendario gregoriano contienen 97 años bisiestos. El n.° de cartas del tarot de Minchiate. 79 cartas (*véase* 78) más cuatro virtudes, cuatro elementos y los 12 signos del zodíaco.

99 Los nombres de Alá. Hay 99 plenilunios en 8 años.

100 10 x 10 en cualquier base.

108 $1^1 \times 2^2 \times 3^3$. El diámetro del Sol es 109 veces el de la Tierra, y la distancia de la Tierra es de 107 diámetros solares. El n.° de cuentas de los rosarios hindúes y budistas.

111 La suma de las líneas de un cuadrado mágico de 6 x 6. N.° de diámetros lunares entre la Luna y la Tierra.

120 1 x 2 x 3 x 4 x 5. N.° triangular y tetraédrico.

121 El cuadrado de once.

125 El cubo de cinco.

128 2^7. El n.° más grande que no es la suma de cuadrados distintos.

144 El cuadrado de 12. El único n.° cuadrado de la sucesión de Fibonacci.

153 El n.° de peces en la red según el Evangelio de San Juan. 21, 11. = $1^3 + 3^3 + 5^3$ = 1! + 2! + 3! + 4! + 5! = el cuadrado del n.° de plenilunios en un año. La aproximación de Arquímedes para $\sqrt{3}$ era 265/153.

169 El cuadrado de trece.

175 La suma de las líneas de un cuadrado mágico de 7 x 7.

206 Los huesos de un cuerpo humano adulto.

216 El n.° nupcial de Platón. El cubo más pequeño que es la suma de tres cubos, $6^3 = 3^3 + 4^3 + 5^3$. Dos veces 108.

219 Existen 219 grupos de simetría tridimensionales.

220 Miembro del más pequeño par amigable junto con 284, los factores de cada n.° suman el otro.

235 El n.° de plenilunios de un ciclo metónico de 19 años.

243 3^5. Aparece en el leima, el semitono pitagórico 256:243 entre la tercera y la cuarta nota.

256 2^8. En ordenadores, el valor máximo de un *byte*.

260 El *tzolkin* maya, 20 x 13 = 260 días. Suma de las líneas de un cuadrado mágico de 8 x 8.

284 N.° amigable junto con el 220; sumado con él da 504.

300 Los bebés nacen con 300 huesos.

343 El cubo de 7.

354 Días en 12 plenilunios. Año lunar o islámico.

360 3 x 4 x 5 x 6. Los grados de un círculo. Los días de un *tun* maya.

361 El cuadrado de 19. El tablero del *go* chino es de 19 x 19.

364 El n.° de puntos de una baraja de cartas, contando la jota = 11, la reina = 12 y el rey = 13. También = 4 x 7 x 13.

365 El *haab* maya consistía en 18 meses de 20 días cada uno, y cinco días añadidos *(wayeb)* que daban un total de 365.

369 La suma de una línea del cuadrado mágico de 9 x 9.

384 N.° raíz de la escala musical pitagórica.

400 El Sol es 400 veces más grande que la Luna, y está 400 veces más lejos de la Tierra.

432 72 x 6. 108 x 4. Segunda nota de la escala pitagórica, 9/8 más arriba que 384.

486 La tercera mayor pitagórica, dos tonos más arriba que 384.

496 El tercer n.° perfecto, suma de sus factores.

504 7 x 8 x 9.

512 2^9. Cuarta, 4:3 (o 9/8 x 9/8 x 256/243) más arriba que 384. El cubo de 8.

540 Hay 540 puertas dobles en el Valhalla. La mitad de 1080.

576 La quinta perfecta, 3:2 más arriba que 384. 24^2.

584 Los días del período sinódico de Venus. 584 = 8 x 73.

648 La sexta pitagórica, 3:2 más arriba que la segunda (432).

666 Suma de los n.^{os} del 1 al 36. Principio yang en gematría. La suma de los seis primeros n.^{os} romanos (I V X L C D).

720 6! = 1 x 2 x 3 x 4 x 5 x 6 = 8 x 9 x 10. 2 x 360.

729 La séptima pitagórica, 3:2 más arriba que la tercera (486). El cubo de 9. 3^6 o 27^2. Aparece en *La república* de Platón.

780 Los días del período sinódico de Marte. 780 = 13 x 60.

873 1! + 2! + 3! + 4! + 5! + 6!

880 N.° de cuadrados mágicos de 4 x 4 distintos.

1000 El cubo de 10 en cualquier base.

1080 2^3 x 3^3 x 5. N.° canónico. Principio yin en gematría. El radio de la Luna en millas.

1225 El segundo n.° triangular y cuadrado. 35^2.

1331 El cubo de 11.

1461 Hay 1461 días en 4 años.

1540 Uno de solo cinco n.^{os} triangulares y tetraédricos.

1728 El cubo de 12. N.° de pulgadas cúbicas de un pie cúbico.

1746 N.° canónico. La suma de 666 y 1080.

2160 720 x 3. N.° canónico. El diámetro de la Luna en millas. Años de un «gran mes» precesional o era astrológica.

2187 3^7.

2392 = 8 x 13 x 23. Los mayas descubrieron que 34 = 81 plenilunios que se repiten cada 2392 días con exactitud.

2920 = 584 x 5 = 365 x 8. El n.° de días que Venus tarda en trazar su patrón pentagonal alrededor de la Tierra.

3168 25 x 32 x 11. N.° canónico. Sus factores suman 6660.

3600 El cuadrado de 60. N.° de segundos en 1 hora o 1 grado.

5040 El radio de la Tierra en millas. 7! = 1 x 2 x 3 x 4 x 5 x 6 x 7 = 7 x 8 x 9 x 10. Los radios sumados de la Tierra y la Luna.

5913 1! + 2! + 3! + 4! + 5! + 6! + 7!

7140 El n.° triangular y tetraédrico más alto.

7200 El *katún* maya, o 20 *tuns* de 360 días.

7920 El diámetro de la tierra en millas. 7920 = 720 x 11.

8128 El cuarto n.° perfecto, suma de sus factores.

10 000 Una miríada.

20 736 12 x 12 x 12 x 12.

25 770 Valor actual de la precesión (parece que está aminorando, lo que sugiere que el Sol forma un sistema binario con Sirius).

25 920 12 x 2160. Años del antiguo cálculo occidental del ciclo precesional de las eras astrológicas.

26 000 N.° precesional maya.

31 680 Perímetro en millas de un cuadrado que circunscribiera la Tierra, expresado en millas.

40 320 8! = 1 x 2 x 3 x 4 x 5 x 6 x7 x 8.

45 045 El primer n.° triangular, pentagonal y hexagonal.

86 400 N.° de segundos que tiene el día.

108 000 Una estación (cuarta parte) de un Kali Yuga.

142 857 La parte que se repite en todas las divisiones por siete.

144 000 Los días de un *baktun* maya de 20 *katuns*.

248 832 12^5.

362 880 9!, también 2! x 3! x 3! x 7!

365 242 Los días de un milenio. El n.° de pies de un grado ecuatorial.

432 000 Los años que dura la última y corrupta era de Kali Yuga, según la cosmología hindú.

864 000 La tercera fase de la creación hindú, los años de la era semicorrupta de Dwapara Yuga.

1 296 000 Los años de la segunda era del hinduismo, Treta Yuga.

1 728 000 Los años de la primera y más espiritual era del hinduismo, Satya Yuga. 1 728 000 = 4 x 432 000.

1 872 000 Los años del cómputo largo maya (finalizó en diciembre de 2012).

3 628 800 10!, también 6! x 7!, o 3! x 5! x 7!

4 320 000 El Mahayuga hindú, un ciclo completo de *yugas,* un *kalpa* budista.

39 916 800 11!, también 5040 x 7920.

Otros números

	Triangular	Cuadrado	Pentagonal	Triangular centrado	Cuadrado centrado	Pentagonal centrado	Rectangular	Tetraédrico	Octaédrico	Cúbico	Cúbico centrado	Piramidal cuadrado	Fibonacci	Lucas
1	1	1	1	1	1	1	1	1	1	1	1	1	1	1
2	3	4	5	4	5	5	2	4	6	8	9	5	1	3
3	6	9	12	10	13	13	6	10	19	27	35	14	2	4
4	10	16	22	19	25	25	12	20	44	64	91	30	3	7
5	15	25	35	31	41	41	20	35	85	125	189	55	5	11
6	21	36	51	46	61	61	30	56	146	216	341	91	8	18
7	28	49	70	64	85	85	42	84	231	343	559	140	13	29
8	36	64	92	85	113	113	56	120	344	512	855	204	21	47
9	45	81	117	109	145	145	72	165	489	729	1241	285	34	76
10	55	100	145	136	181	181	90	220	670	1000	1729	385	55	123
11	66	121	176	166	221	221	110	286	891	1331	2331	506	89	199
12	78	144	210	199	265	265	132	364	1156	1728	3059	650	144	322
13	91	169	247	235	313	313	156	455	1469	2197	3925	819	233	521
14	105	196	287	274	365	365	182	560	1834	2744	4941	1015	377	843
15	120	225	330	316	421	421	210	680	2255	3375	6119	1240	610	1364
16	136	256	376	361	481	481	240	816	2736	4096	7471	1496	987	2207
17	153	289	425	409	545	545	272	969	3281	4913	9009	1785	1597	3571
18	171	324	477	460	613	613	306	1140	3894	5832	10 745	2109	2584	5778
19	190	361	532	514	685	685	342	1330	4579	6859	12 691	2470	4181	9349
20	210	400	590	571	761	761	380	1540	5340	8000	14 859	2870	6765	15 127
21	231	441	651	631	841	841	420	1771	6181	9261	17 261	3311	10 946	24 476
22	253	484	715	694	925	925	462	2024	7106	10 648	19 909	3795	17 711	39 603
23	276	529	782	760	1013	1013	506	2300	8119	12 167	22 815	4324	28 657	64 079
24	300	576	852	829	1105	1105	552	2600	9224	13 824	25 991	4900	46 368	103 682
25	325	625	925	901	1201	1201	600	2925	10 425	15 625	29 449	5525	75 025	167 761
26	351	676	1001	976	1301	1301	650	3276	11 726	17 576	33 201	6201	121 393	271 443
27	378	729	1080	1054	1405	1405	702	3654	13 131	19 683	37 259	6930	196 418	439 204
28	406	784	1162	1135	1513	1513	756	4060	14 644	21 952	41 635	7714	317 811	710 647
29	435	841	1247	1219	1625	1625	812	4495	16 269	24 389	46 341	8555	514 229	1 149 851
30	465	900	1335	1306	1741	1741	870	4960	18 010	27 000	51 389	9455	832 040	1 860 498
21	496	961	1426	1396	1861	1861	930	5456	19 871	29 791	56 791	10 416	1 346 269	3 010 349
32	528	1024	1520	1489	1985	1985	992	5984	21 856	32 768	62 559	11 440	2 178 309	4 870 847
33	561	1089	1617	1585	2113	2113	1056	6545	23 969	35 937	68 705	12 529	3 524 578	7 881 196
34	595	1156	1717	1684	2245	2245	1122	7140	26 214	39 304	75 241	13 685	5 702 887	12 752 043
35	630	1225	1820	1786	2381	2381	1190	7770	28 595	42 875	82 179	14 910	9 227 465	20 633 239
36	666	1296	1926	1891	2521	2521	1260	8436	31 116	46 656	89 531	16 206	14 930 352	33 385 282

Primos

2 3 5 7 11 13 17 19 23 29 31 37 43 47 53 59 61 67 71 73 79 83 89 97 101 103 107 109 113 127 131 137 139 149 151 157 163 167 173 179
181 191 193 197 199 211 223 227 229 233 239 241 251 257 263 269 271 277 281 283 293 307 311 313 317 331 337 347 349 353 359 367
373 379 383 389 397 401 409 419 421 431 433 439 443 449 457 461 463 467 479 487 491 499 503 509 521 523 541 547 557 563 559 571
577 587 593 599 601 607 613 617 619 631 641 643 647 653 659 661 673 677 683 691 701 709 719 727 733 739 743 751 757 761 769 773
787 797 809 811 821 823 827 829 839 853 857 859 863 877 881 883 887 907 911 919 929 937 941 947 953 967 971 977 983 991 997 1009

Construcciones con regla y compás

Las construcciones que aquí le mostramos, extraídas de *Ruler & Compass* de Andrew Sutton, pretenden ser útiles al estudiante interesado en Geometría Sagrada. Este es su sencillo código: *alinear* AB significa *trazar la línea recta que pasa por* A *y* B. Se usa segmento en lugar de línea para la sección de una línea recta definida por dos puntos finales. *Círculo* O-A significa *trace un círculo centrado en* O *y hágalo pasar por* A. *Círculo radio* AB *centro* O significa *trace un círculo con el compás abierto a una distancia* AB *y con el centro en* O. Se usa *arco* en lugar de *círculo* cuando solo se dibuja una parte del círculo. A veces se dan puntos extra para mejorar la exactitud a la hora de hacer el dibujo, por ejemplo *alinear* ACB o *círculo* O-AB. Los puntos recién encontrados se dan entre paréntesis. En ocasiones se asume que una línea que pueda surgir de nuevos puntos ya está dibujada, y simplemente se anota.

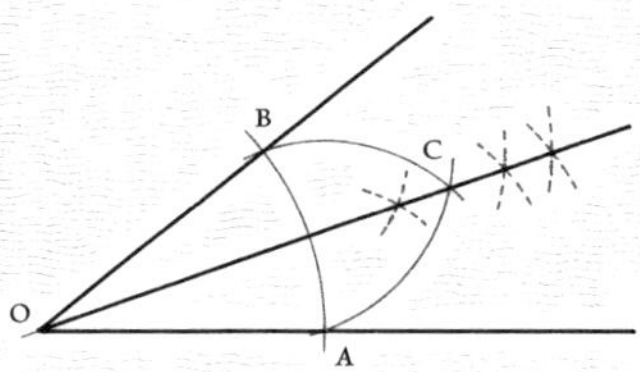

Bisecar un ángulo:
1. Arco centro O (A, B); 2. ArcosA-B, B-A (C), las alternativas se muestran en líneas de puntos; 3. Línea OC; ∠AOC = ∠ BOC = ½ ∠AOB

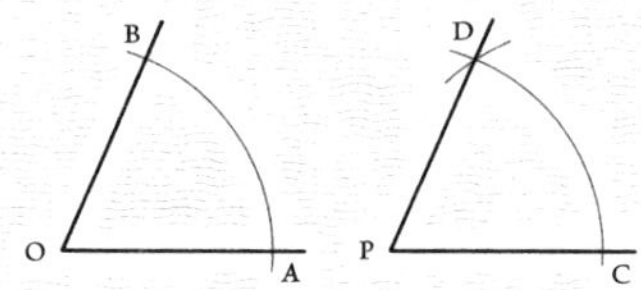

Copiar un ángulo sobre una línea determinada:
1. Arco centro O (A, B); 2. Arco radio OA centro P (C); 3. Arco radio AB centro C (D); 4. Línea PD; ∠ CPD = ∠ AOB

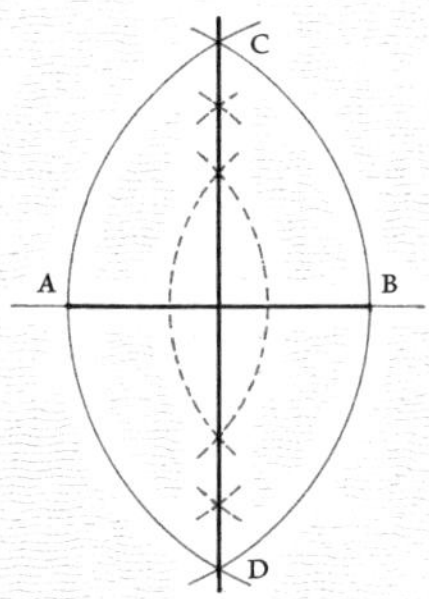

Bisectriz perpendicular de un segmento determinado AB:
1. Arcos de centros de radios iguales A, B (C, D);
2. Línea CD

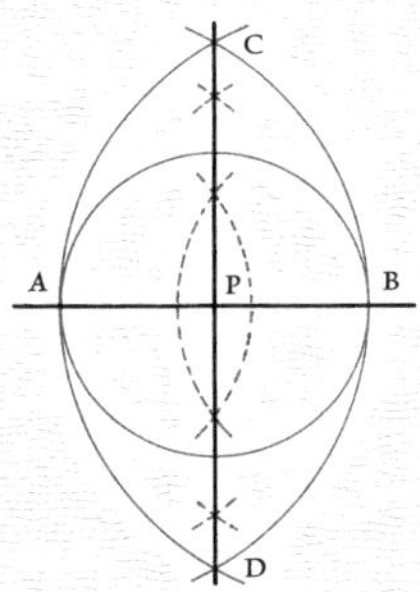

Perpendicular que pasa por un punto P de una línea:
1. Círculo centro P (A, B);
2. Arcos de centros de radios iguales A, B (C, D); 3. Línea CPD

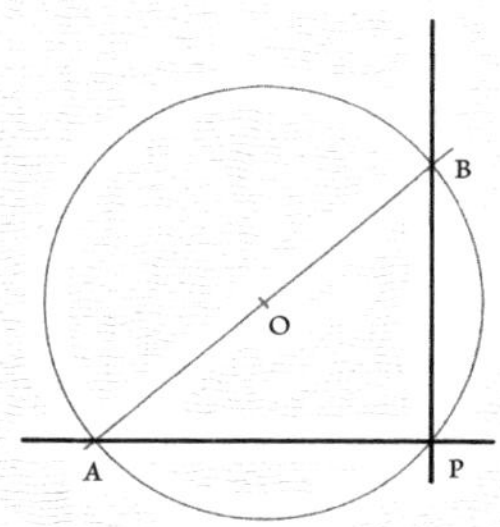

Perpendicular que pasa por un punto P de una línea:
1. Para cualquier punto O que no esté en la línea, círculo O-P (A); 2. Línea AO (B); la línea PB es perpendicular a la línea AP

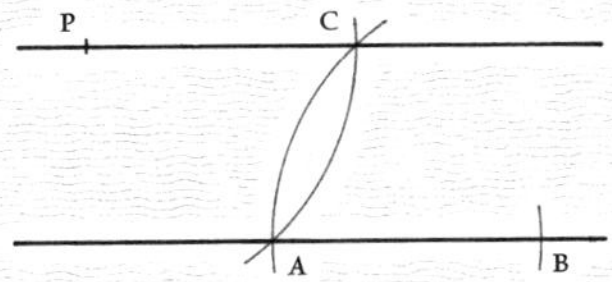

Línea paralela a través de un punto determinado P:
1. Arco cualquier centro de radio adecuado P (A);
2. Arco el mismo centro del radio A (B);
3. Arco el mismo centro del radio B (C);
la línea PC es paralela a la línea AB

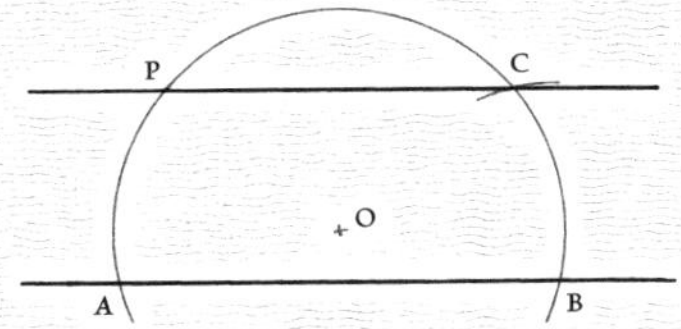

Línea paralela a través de un punto determinado P:
1. Arco O-P de cualquier centro adecuado O (A, B);
2. Arco radio AP centro B (C); la línea PC
es paralela a la línea AB

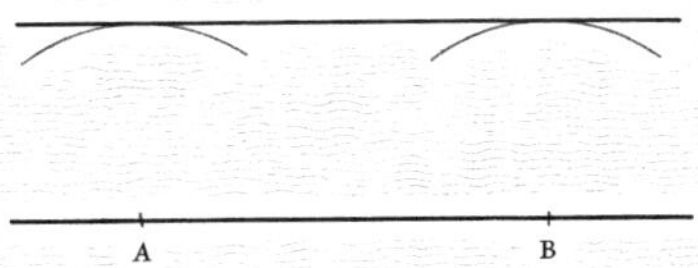

Línea paralela a una distancia determinada:
1. Radios de arcos iguales a la distancia determinada,
los centros en cualquier punto A, B de la línea;
2. La línea que toca los arcos tal como se muestra,
es paralela a AB

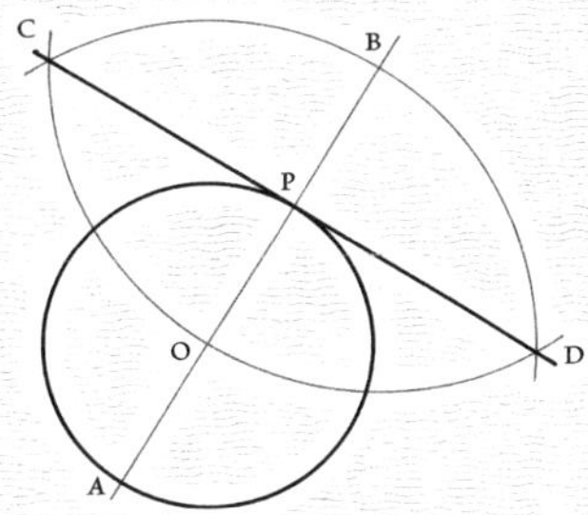

Tangente a un círculo:
1. Línea OP (A); 2. Radios de arco PA centro O (B);
3. Arco B-O (línea CPD); la línea CPD
es tangente al círculo por el punto P

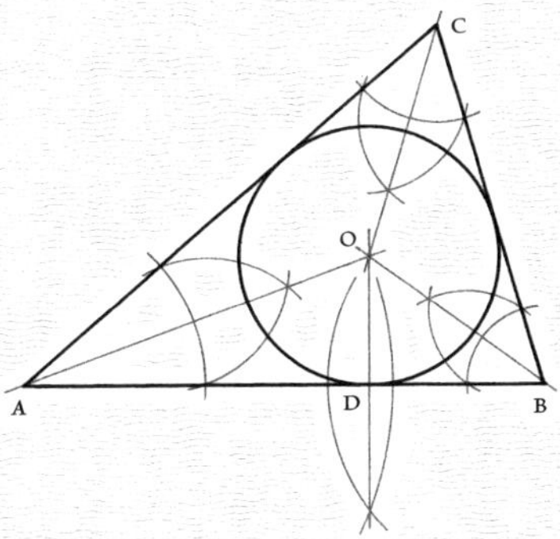

Centro y círculo inscrito de un triángulo:
1. Bisecar ∠CAB, ∠ABC, ∠BCA (O);
2. Perp. ABC pasando por O (D); 3. Círculo O-D

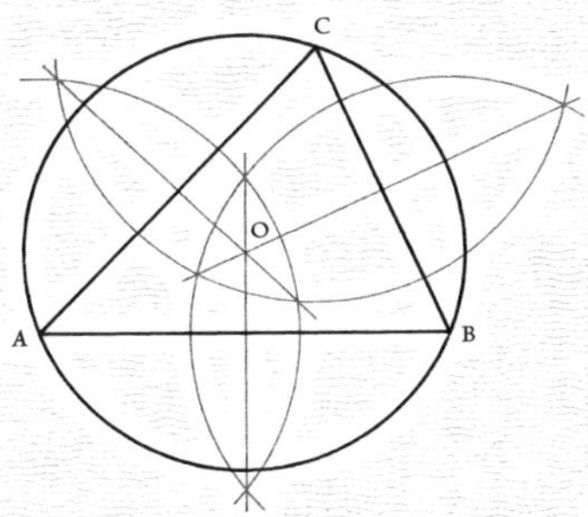

Centro y círculo circunscrito de un triángulo:
1. Bisectrices perp. en AB, BC, CA (O);
2. Círculo O-ABC

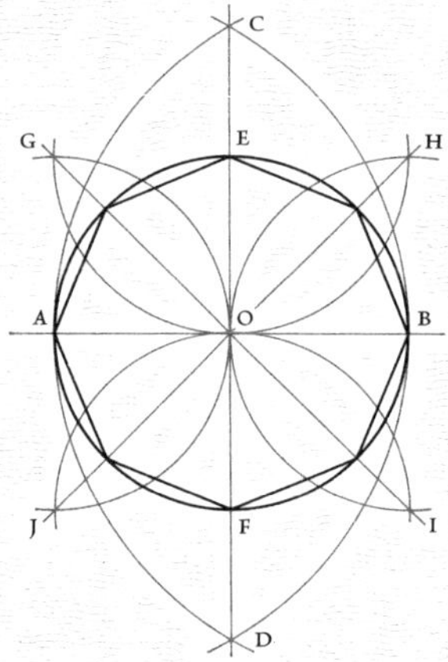

Octágono regular en un círculo:
1. Línea pasando por el centro O (A, B); 2. Arcos A-B, B-A (línea CEFD); 3. Arcos A-O, E-O, B-O, F-O (G, H, I, J); 4. Líneas GI, HJ y completar

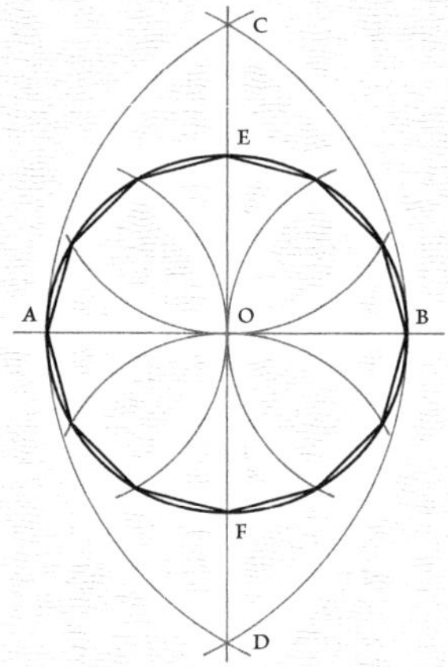

Dodecágono regular en un círculo:
1. Línea pasando por el centro O (A, B);
2. Arcos A-B, B-A (línea CEFD);
3. Arcos A-O, E-O, B-O, F-O y completar

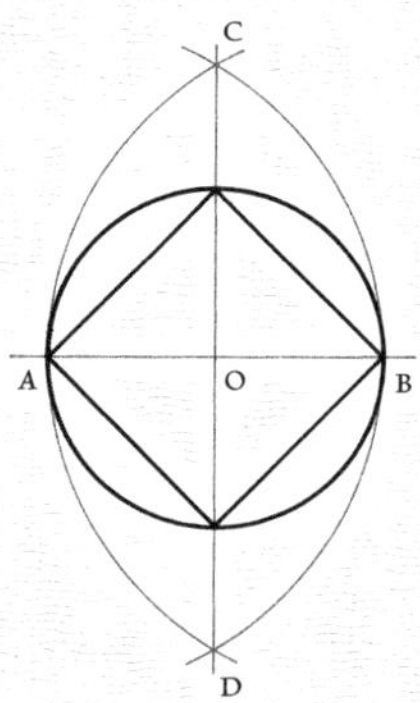

Cuadrado en un círculo:
1. Línea pasando por el centro O (A, B); 2. Arcos A-B, B-A;
3. Línea CD y completar

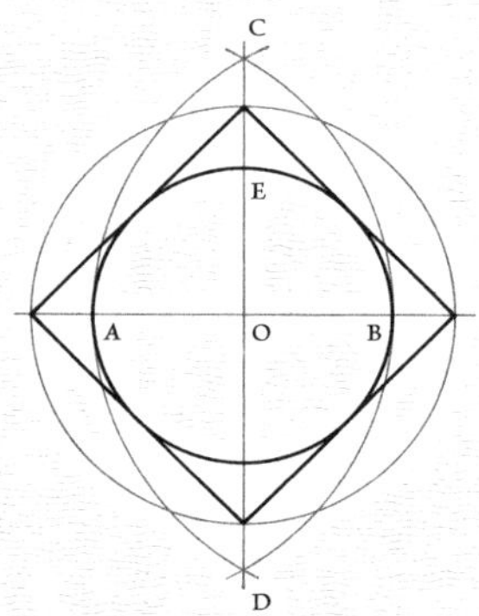

Cuadrado alrededor de un circulo:
1. Línea pasando por el centro O (A, B);
2. Arcos A-B, B-A (línea CED);
3. Círculo radio AE centro O y completar

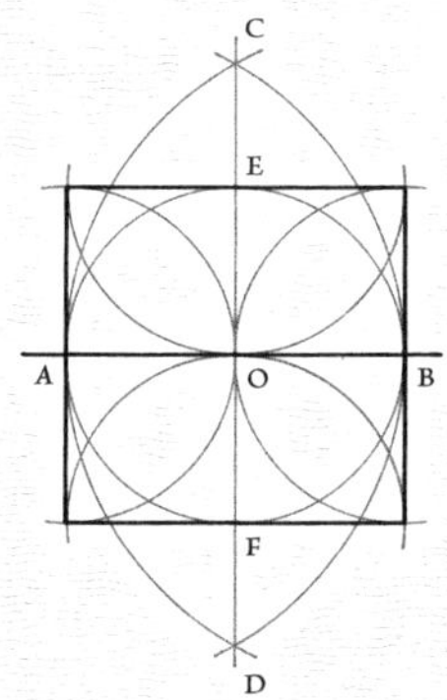

Cuadrado colocado ortogonalmente en una línea determinada:
1. Círculo centro O de la línea (A, B); 2. Arcos A-B, B-A (línea CEFD); 3. Arcos A-O, B-O, E-O, F-O y completar

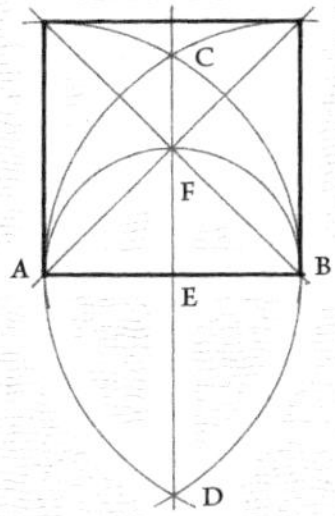

Cuadrado en un lado determinado:
1. Arcos A-B, B-A (línea CED);
2. Arco E-AB (F);
3. Líneas AF, BF y completar

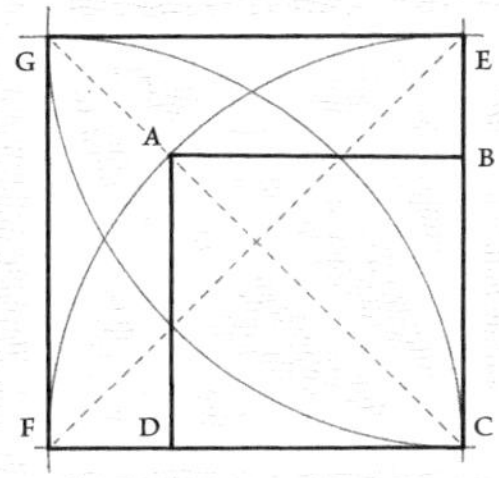

Doblar un cuadrado:
1. Ampliar CB, CD; 2. Arcos C-A (E, F);
3. Arcos F-C, E-C (G) y completar.
Para dividir el cuadrado GECF incluya las líneas de puntos

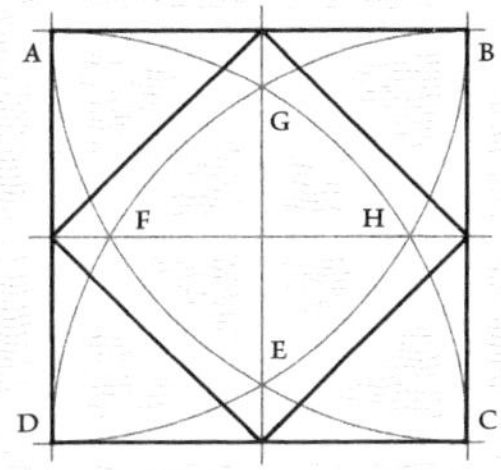

Dividir en dos un cuadrado:
1. Arcos A-BD, B-AC, C-BD, D-AC (E hasta H); 2. Líneas EG, FH y completar

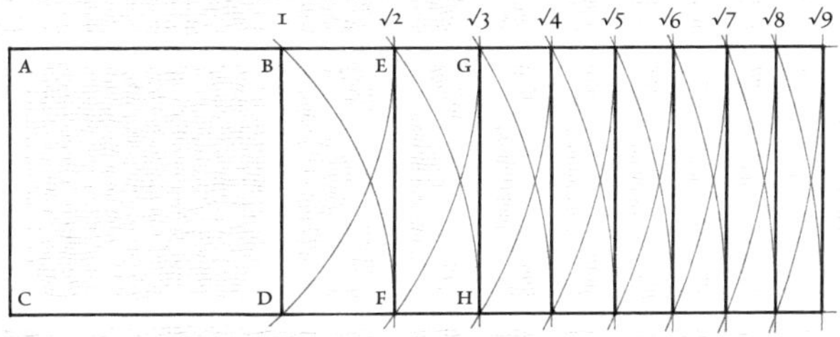

Rectángulos raíz a partir de un cuadrado:
1. AmpliarAB, CD; 2. Arcos A-D, B-C (rectángulo E, F & $\sqrt{2}$);
3. Arcos A-F, B-E (rectángulo G, H & $\sqrt{3}$), ... y así sucesivamente

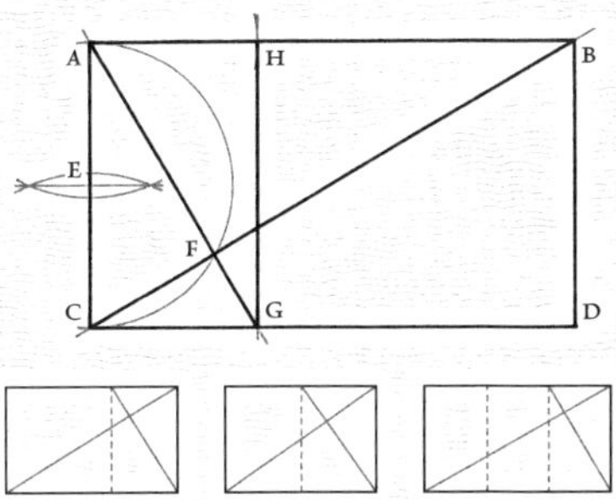

Diagonal y recíproco de un rectángulo:
1. Línea BC; 2. Encontrar el punto medio de AC (E);
3. Semicírculo E-AC (F); 4. Línea AF (G);
5. Arco radio CG centro A (línea GH)

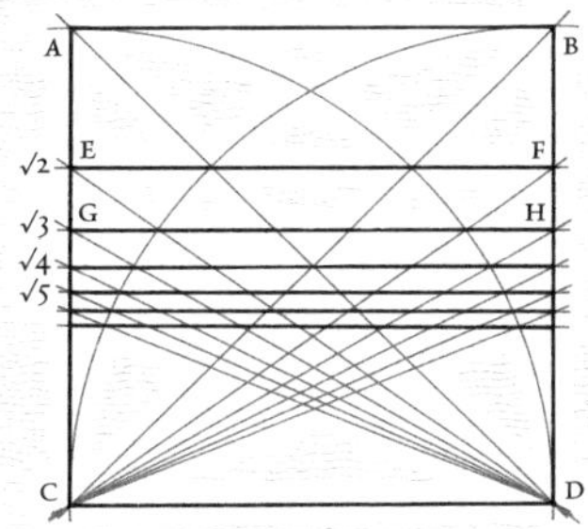

Rectángulos raíz en un cuadrado:
1. Líneas AD, BC; 2. Arcos C-AD, D-BC
(línea EF & rectángulo $\sqrt{3}$) ... y así sucesivamente

Poliedros para montar

Si «desmontamos» un poliedro siguiendo algunos de sus lados y lo aplanamos, el resultado se denomina desarrollo. Los ejemplos más antiguos que se conocen de poliedros presentados de esta forma son los del *Manual de pintura* de Alberto Durero, que data de 1525. Para los desarrollos inferiores se ha escogido una escala que si se volvieran a montar, los poliedros resultantes tendrían las mismas esferas circunscritas.

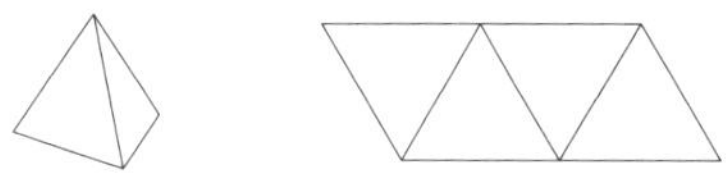

Tetraedro

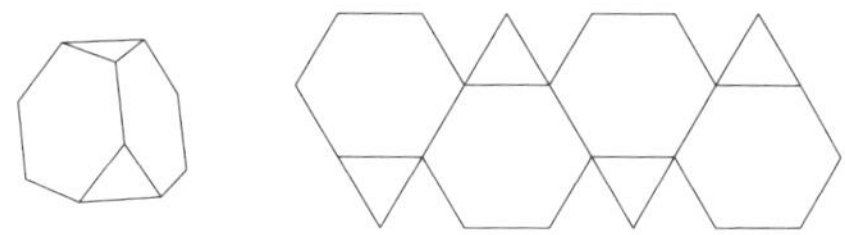

Tetraedro truncado

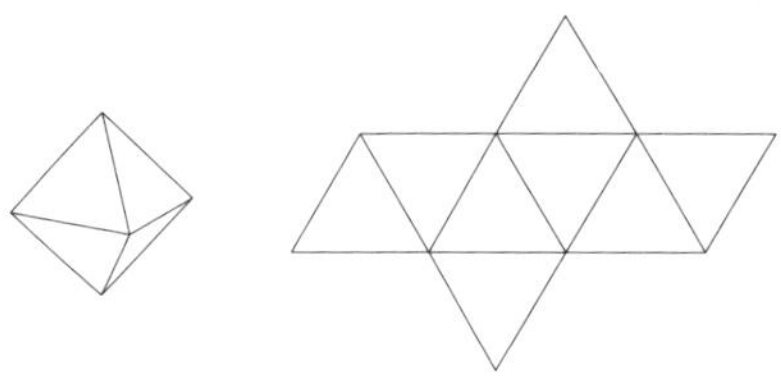

Octaedro

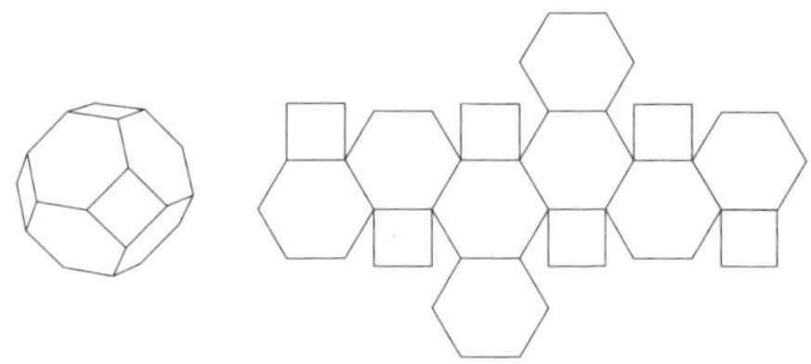

Octaedro truncado

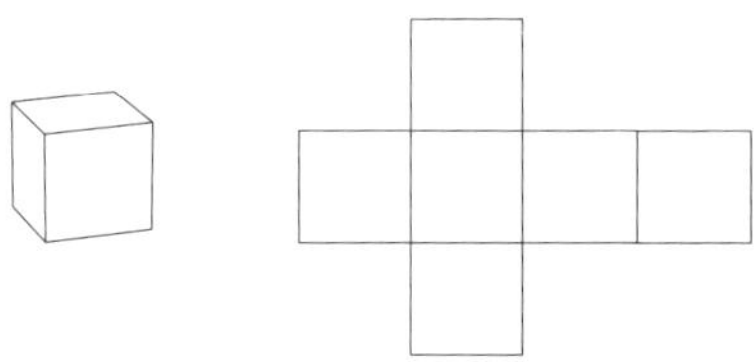

Cubo

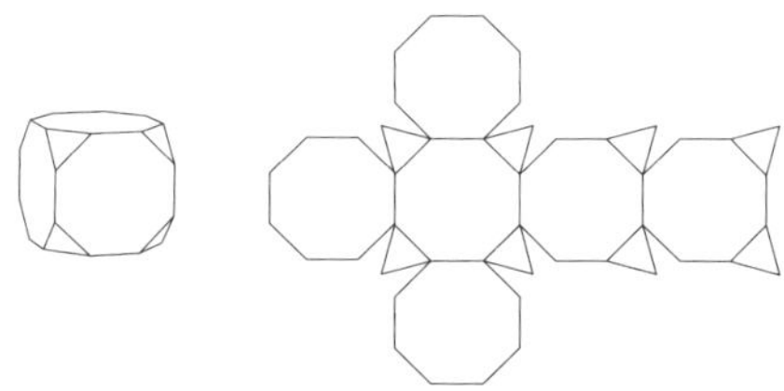

Cubo truncado

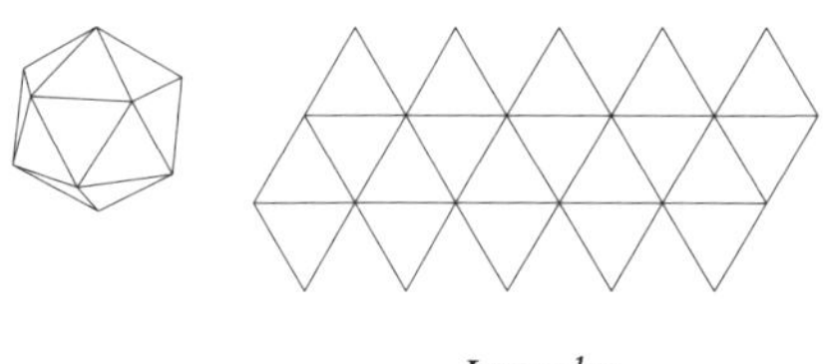

Icosaedro

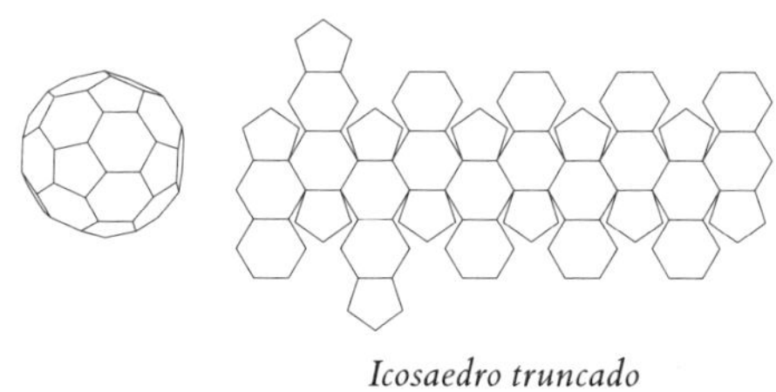

Icosaedro truncado

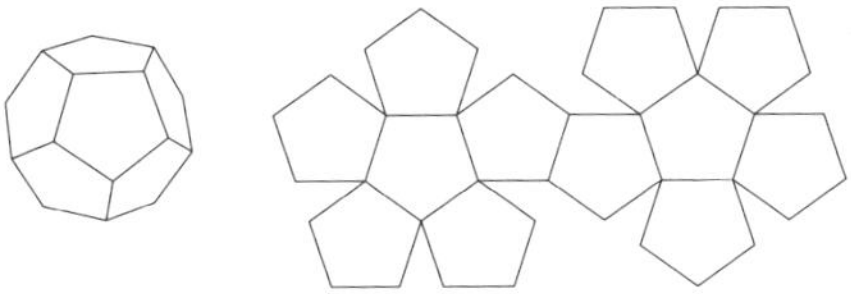

Dodecaedro

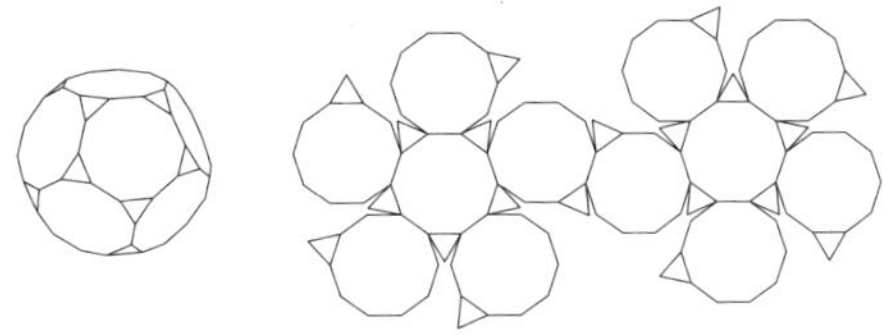

Dodecaedro truncado

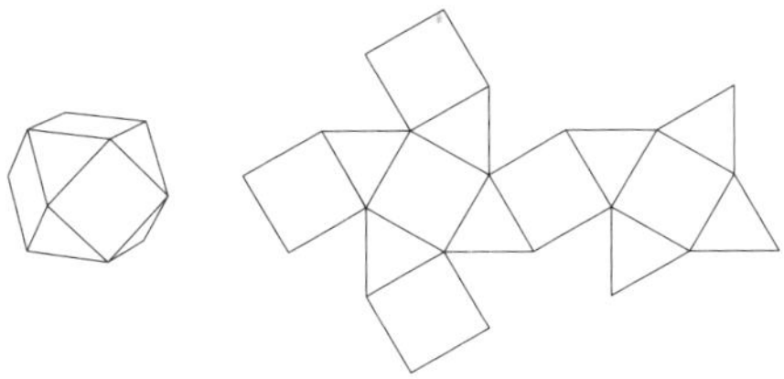

Cuboctaedro

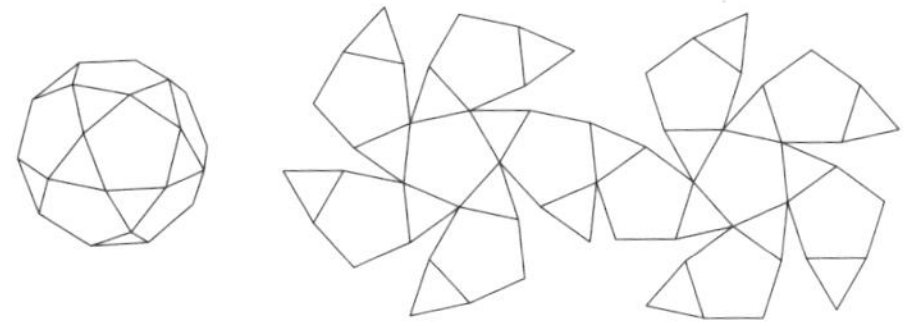

Icosidodecaedro

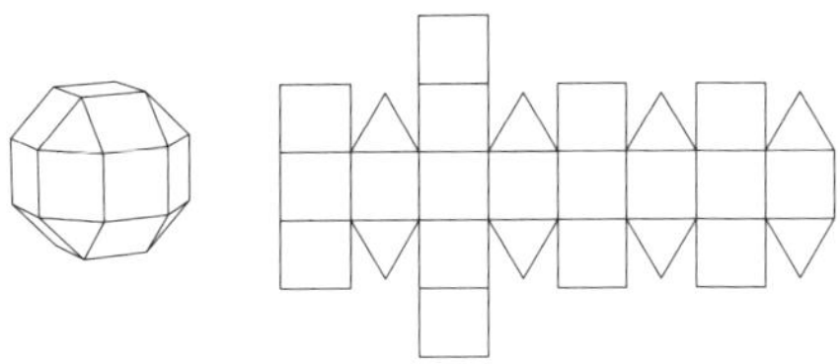

Rombicuboctaedro

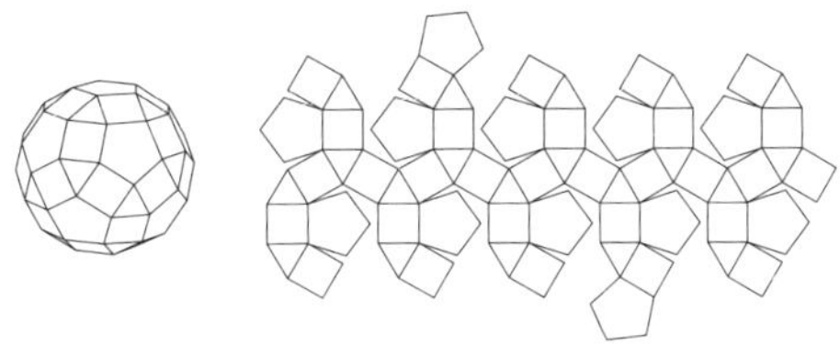

Rombicosidodecaedro

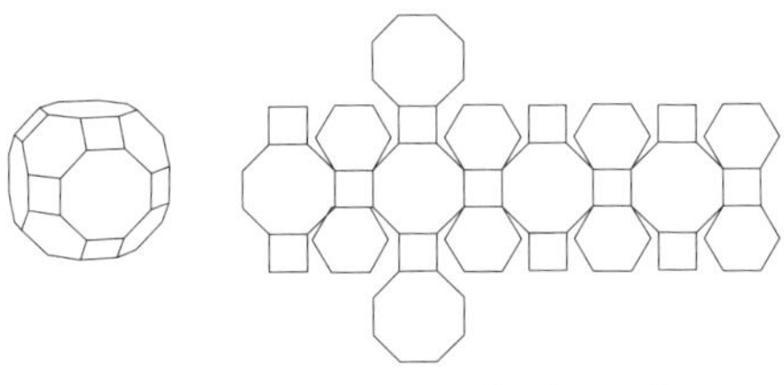

Gran rombicuboctaedro

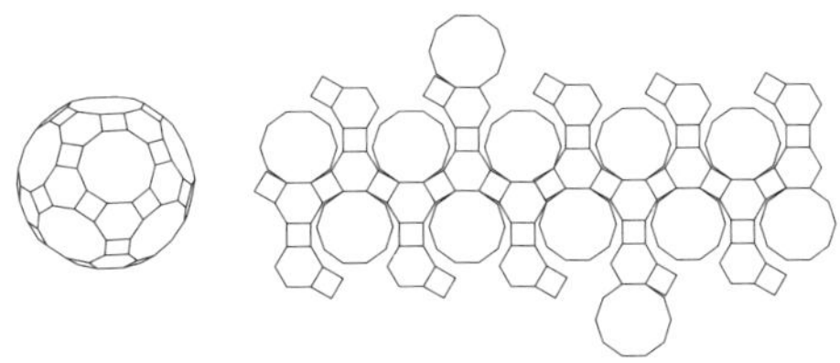

Gran rombicosidodecaedro

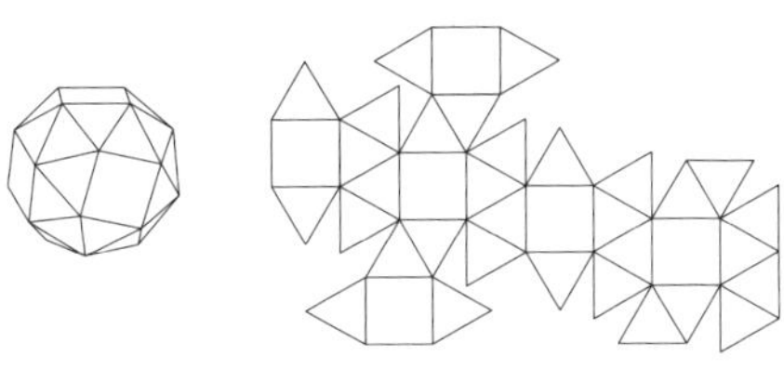

Cubo chato

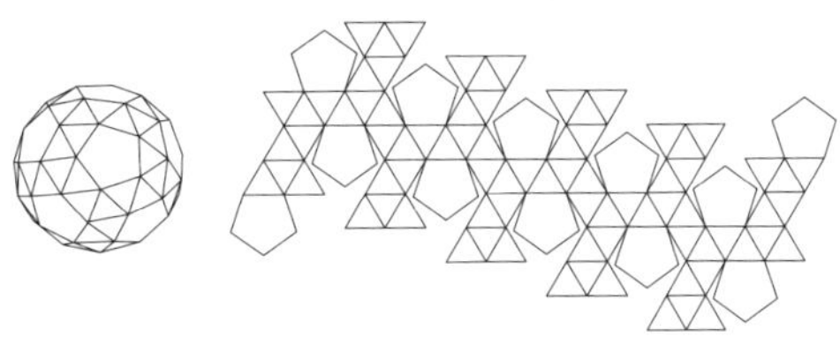

Dodecaedro chato

Simetrías arquimedianas

Los diagramas inferiores muestran las simetrías de rotación de los sólidos arquimedianos y los dos duales rómbicos arquimedianos.

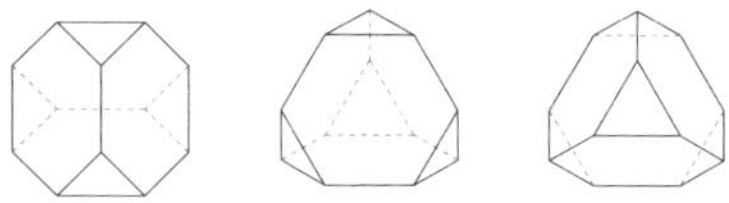

Tetraedro truncado

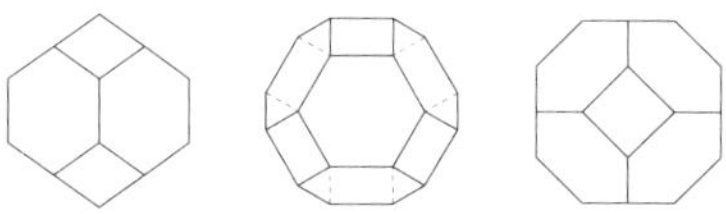

Octaedro truncado

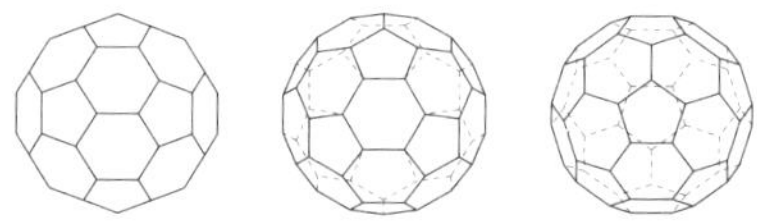

Icosaedro truncado

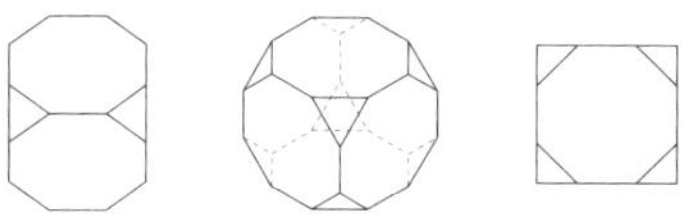

Cubo truncado

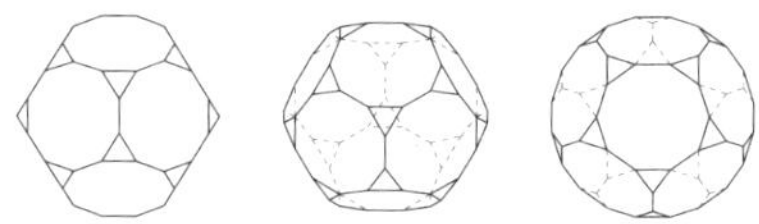

Dodecaedro truncado

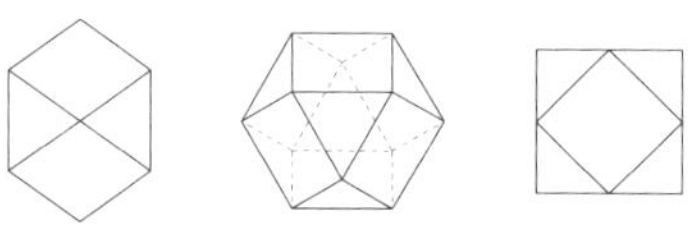

Cuboctaedro

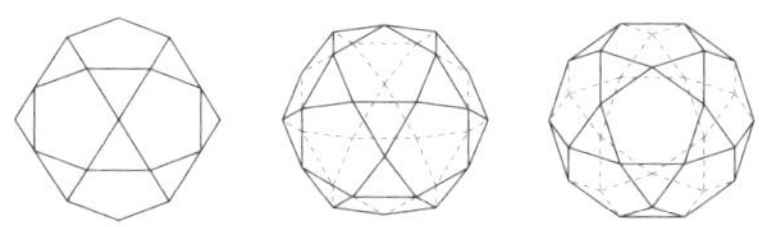

Icosidodecaedro

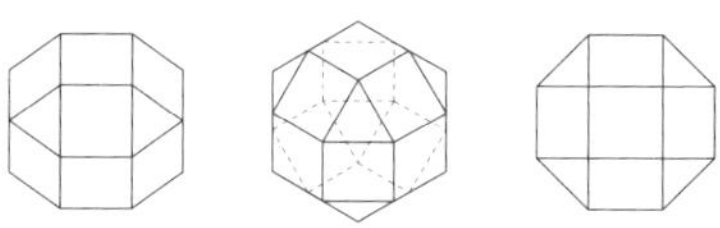

Rombicuboctaedro

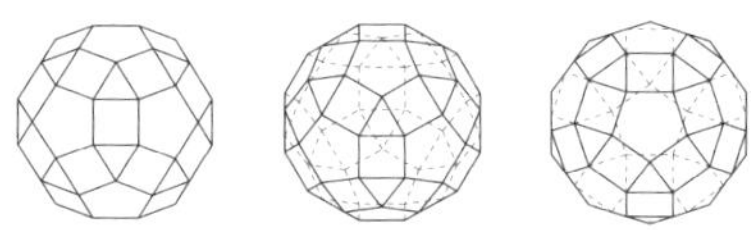

Rombicosidodecaedro

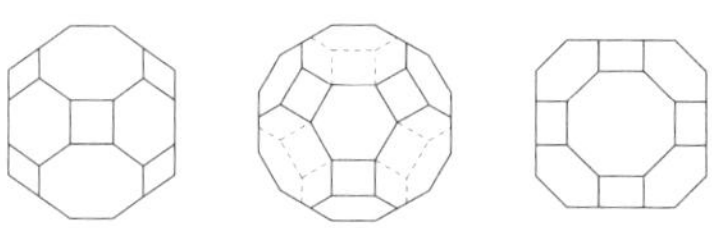

Gran rombicuboctaedro

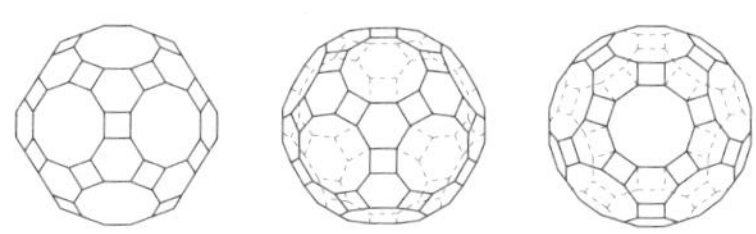

Gran rombicosidodecaedro

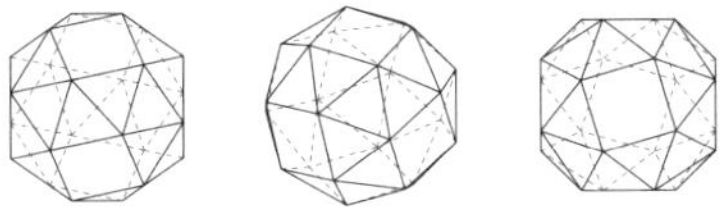

Cubo chato

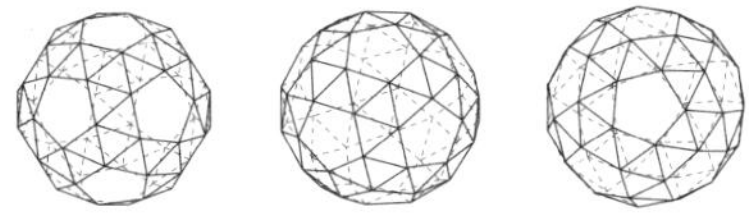

Dodecaedro chato

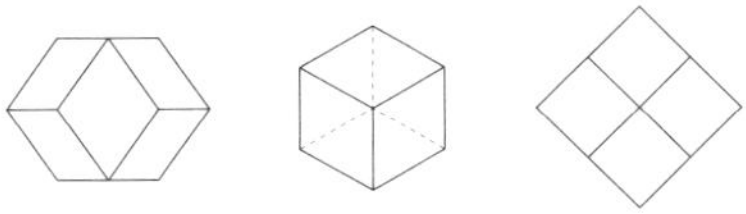

Dodecaedro rómbico

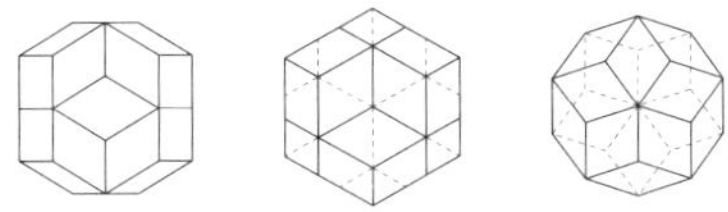

Triacontaedro rómbico

TESELADOS TRIDIMENSIONALES

De los sólidos platónicos solo el cubo puede llenar el espacio con copias de sí mismo sin dejar huecos. El otro único teselado puramente «platónico» combina tetraedros y octaedros. Un sólido arquimediano, el octaedro truncado, y un dual arquimediano, el dodecaedro rómbico, también son poliedros que forman teselados completos.

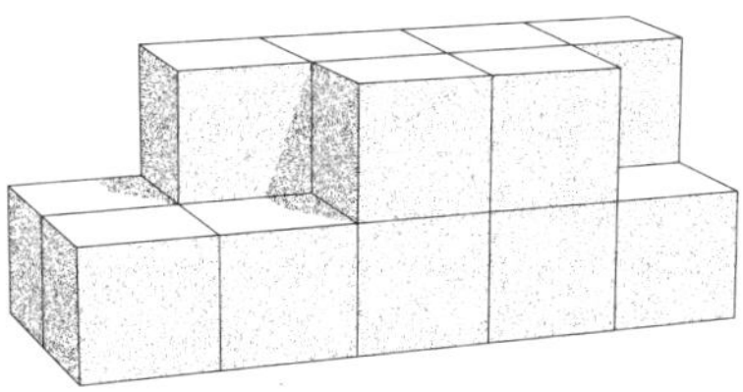

Cubos

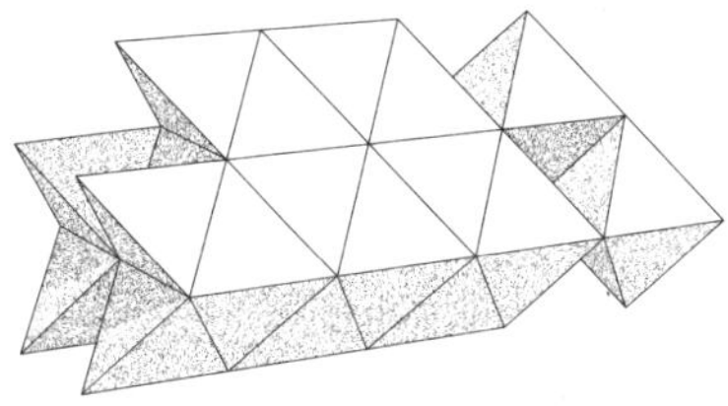

Tetraedros y octaedros

Octaedros truncados

Dodecaedros rómbicos

Todos encajan entre sí

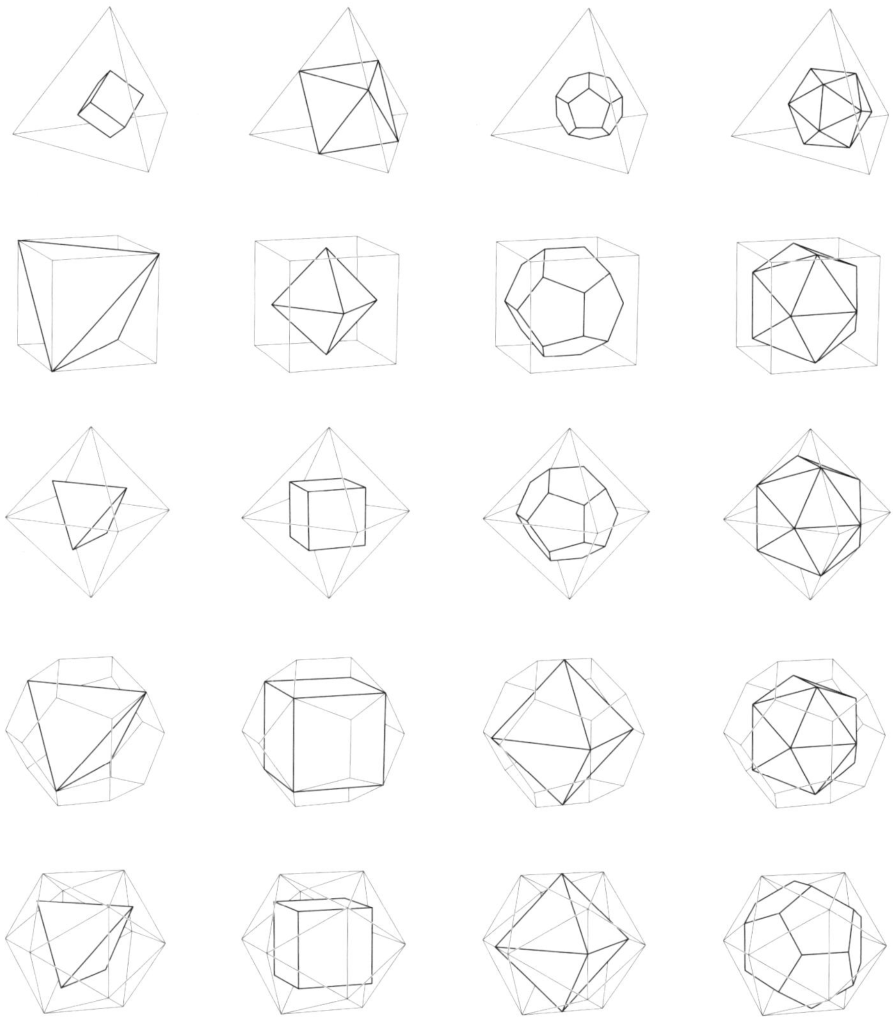

FÓRMULAS DE LOS SÓLIDOS PLATÓNICOS

Un tema recurrente en las propiedades métricas de los sólidos platónicos es la aparición de los números irracionales Φ (la sección áurea) y las raíces cuadradas $\sqrt{2}$, $\sqrt{3}$ y $\sqrt{5}$. Resultan sorprendentemente elegantes cuando se expresan como fracciones continuadas:

$$\Phi = 1+\cfrac{1}{1+\cfrac{1}{1+\cfrac{1}{1+\cfrac{1}{1+\cdots}}}} \qquad \sqrt{2} = 1+\cfrac{1}{2+\cfrac{1}{2+\cfrac{1}{2+\cfrac{1}{2+\cdots}}}} \qquad \sqrt{3} = 1+\cfrac{1}{1+\cfrac{1}{2+\cfrac{1}{1+\cfrac{1}{2+\cdots}}}} \qquad \sqrt{5} = 2+\cfrac{1}{4+\cfrac{1}{4+\cfrac{1}{4+\cfrac{1}{4+\cdots}}}}$$

Su ampliación decimal a doce posiciones, junto con la de π, son:

$$\Phi = 1{,}618033988750 \quad \sqrt{2} = 1{,}414213562373 \quad \sqrt{3} = 1{,}732050807569$$
$$\sqrt{5} = 2{,}236067977500 \quad \pi = 3{,}141592653590$$

La tabla inferior da los volúmenes y las áreas de las superficies para un radio esférico *r*, y una longitud de lado *s* para los sólidos platónicos. También se incluyen los caminos proporcionales que unen cada vértice con los demás en los sólidos platónicos.

	Volumen	*Área de la superficie*	*Número de caminos, longitud*
Esfera	$\frac{4}{3}\pi r^3$	$4\pi r^2$	n/d
Tetraedro	$\frac{\sqrt{2}}{12}s^3$	$\sqrt{3}s^2$	6 lados, *s*
Octaedro	$\frac{\sqrt{2}}{3}s^3$	$2\sqrt{3}s^2$	12 lados, *s* 3 diagonales axiales, $\sqrt{2}s$
Cubo	s^3	$6s^2$	12 lados, *s* 12 caras diagonales (tetraedros inscritos), $\sqrt{2}s$ 4 diagonales axiales, $\sqrt{3}s$
Icosaedro	$\frac{5}{6}\Phi^2 s^3$	$5\sqrt{3}s^2$	30 lados, *s* 30 caras diagonales (cubos inscritos), Φs 6 diagonales axiales, $\sqrt{(\Phi^2+1)}s$
Dodecaedro	$\frac{\sqrt{5}}{2}\Phi^4 s^3$	$3\sqrt{(25+10\sqrt{5})}s^2$	30 lados, *s* 60 caras diagonales (cubos inscritos), Φs 60 diagonales interiores (tetraedros inscritos), $\sqrt{2}\Phi s$ 30 diagonales interiores, $\Phi^2 s$ 10 diagonales axiales, $\sqrt{3}\Phi s$

TABLA DE DATOS SOBRE POLIEDROS

	*Simetría**	*Vértices*	*Lados*	*Caras (total)*	*Caras (tipos)*
Tetraedro	Tetr.	4	6	4	4 triángulos
Cubo	Oct.	8	12	6	6 cuadrados
Octaedro	Oct.	6	12	8	8 triángulos
Dodecaedro	Icos.	20	30	12	12 pentágonos
Icosaedro	Icos.	12	30	20	20 triángulos
Dodecaedro estrellado	Icos.	12	30	12	12 pentagramas
Gran dodecaedro	Icos.	12	30	12	12 pentágonos
Dodecaedro gran estrellado	Icos.	20	30	12	12 pentagramas
Gran icosaedro	Icos.	12	30	20	20 triángulos
Cuboctaedro	Oct.	12	24	14	8 triángulos 6 cuadrados
Icosidodecaedro	Icos.	30	60	32	20 triángulos 12 pentágonos
Tetraedro truncado	Tetr.	12	18	8	4 triángulos 4 hexágonos
Cubo truncado	Oct.	24	36	14	8 triángulos 6 octógonos
Octaedro truncado	Oct.	24	36	14	6 cuadrados 8 hexágonos
Dodecaedro truncado	Icos.	60	90	32	20 triángulos 12 decágonos
Icosaedro truncado	Icos.	60	90	32	12 pentágonos 20 hexágonos
Rombicuboctaedro	Oct.	24	48	26	8 triángulos 18 cuadrados
Gran rombicuboctaedro	Oct.	48	72	26	12 cuadrados 8 hexágonos 6 octógonos
Rombicosidodecaedro	Icos.	60	120	62	20 triángulos 30 cuadrados 12 pentágonos
Gran rombicosidodecaedro	Icos.	120	180	62	30 cuadrados 20 hexágonos 12 decágonos
Cubo chato	Oct.**	24	60	38	32 triángulos 6 cuadrados
Dodecaedro chato	Icos.**	60	150	92	80 triángulos 12 pentágonos

**Simetrías: tedraédrica: 4 x ejes triples, 3 x dobles, 6 planos de simetría. Octaédrica: 3 x ejes cuádruples, 4 x triples, 6 x dobles, 9 planos de simetría. Icosaédrica: 6 x ejes quíntuples, 10 x triples, 15 x dobles, 15 planos de simetría.*

***Los sólidos chatos no tienen planos de simetría.*

*Radio inscrito**** *Radio circunscrito*	*Radio medio**** *Radio circunscrito*	*Longitud del lado**** *Radio circunscrito*	*Ángulos diédricos*****	*Ángulo central******
0,3333333333	0,5773502692	1,6329931619	70°31'44"	109°28'16"
0,5773502692	0,8164965809	1,1547005384	90°00'00"	70°31'44"
0,5773502692	0,7071067812	1,4142135624	109°28'16"	90°00'00"
0,7946544723	0,9341723590	0,7136441795	116°33'54"	41°48'37"
0,7946544723	0,8506508084	1,0514622242	138°11'23"	63°26'06"
0,4472135955	0,5257311121	1,7013016167	116°33'54"	116°33'54"
0,4472135955	0,8506508084	1,0514622242	63°26'06"	63°26'06"
0,1875924741	0,3568220898	1,8683447179	63°26'06"	138°11'23"
0,1875924741	0,5257311121	1,7013016167	41°48'37"	116°33'54"
0,8164965809 0,7071067812	0,8660254038	1,0000000000	125°15'52"	60°00'00"
0,9341723590 0,8506508084	0,9510565163	0,6180339887	142°37'21"	36°00'00"
0,8703882798 0,5222329679	0,9045340337	0,8528028654	70°31'44" 109°28'16"	50°28'44"
0,9458621650 0,6785983445	0,9596829823	0,5621692754	90°00'00" 125°15'52"	32°39'00"
0,8944271910 0,7745966692	0,9486832981	0,6324555320	109°28'16" 125°15'52"	36°52'12"
0,9809163757 0,8385051474	0,9857219193	0,3367628118	116°33'54" 142°37'21"	19°23'15"
0,9392336205 0,9149583817	0,9794320855	0,4035482123	138°11'23" 142°37'21"	23°16'53"
0,9108680249 0,8628562095	0,9339488311	0,7148134887	135°00'00" 144°44'08"	41°52'55"
0,9523198087 0,9021230715 0,8259425910	0,9764509762	0,4314788105	125°15'52" 135°00'00" 144°44'08"	24°55'04"
0,9659953695 0,9485360199 0,9245941063	0,9746077624	0,4478379596	148°16'57" 159°05'41"	25°52'43"
0,9825566436 0,9647979663 0,9049441875	0,9913166895	0,2629921751	142°37'21" 148°16'57" 159°05'41"	15°06'44"
0,9029870683 0,8503402074	0,9281913780	0,7442063312	142°59'00" 153°14'05"	43°41'27"
0,9634723304 0,9188614921	0,9727328506	0,4638568806	152°55'48" 164°10'31"	26°49'17"

**Desde el centro del poliedro, el radio inscrito se mide hasta el centro de las distintas caras, el radio medio hasta el punto medio de los lados y el radio circunscrito hasta los vértices.*

*****En los sólidos arquimedianos, los ángulos diédricos más grandes se encuentran entre los pares de caras más pequeñas.*

******El ángulo central es el que se forma en el centro de un poliedro uniendo los extremos de un lado con ese centro.*

Algunos ejemplos de afinaciones

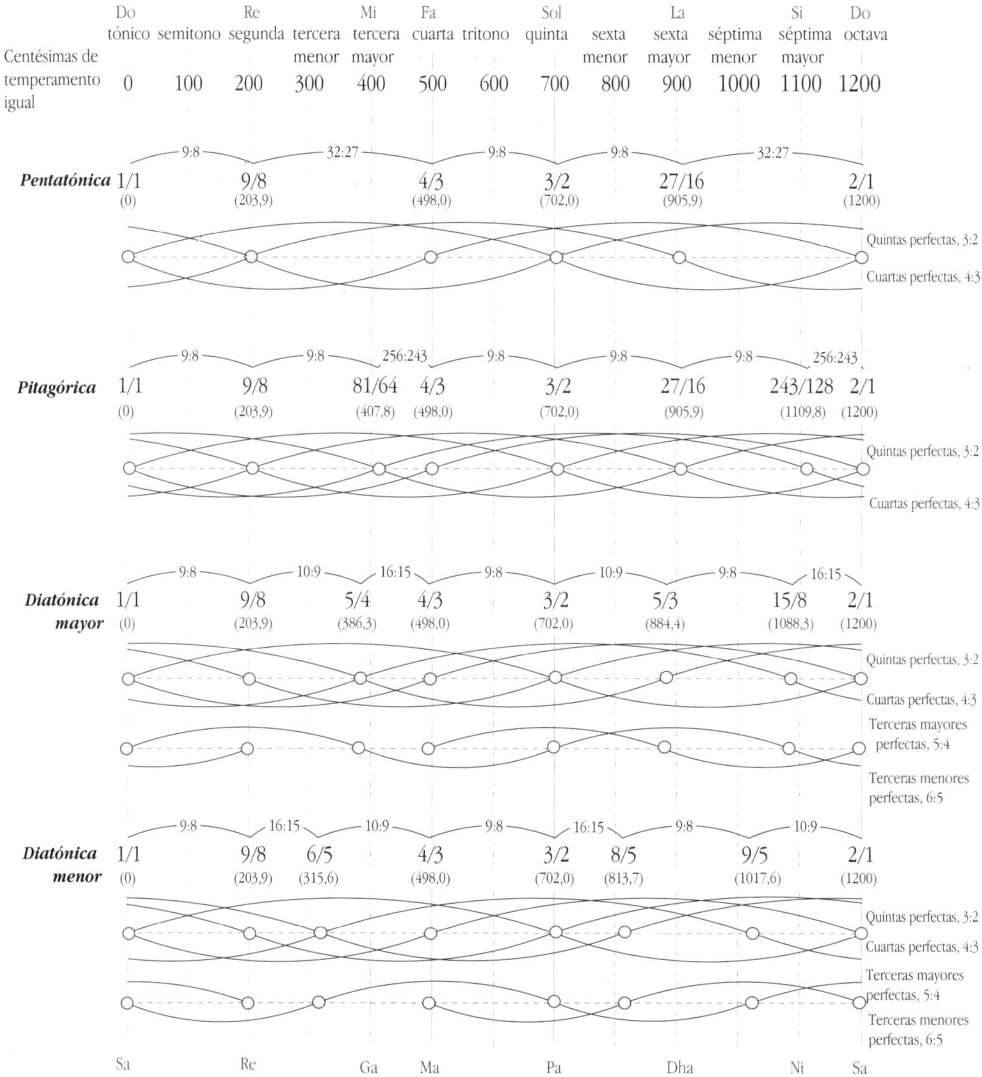

Selección de intervalos musicales

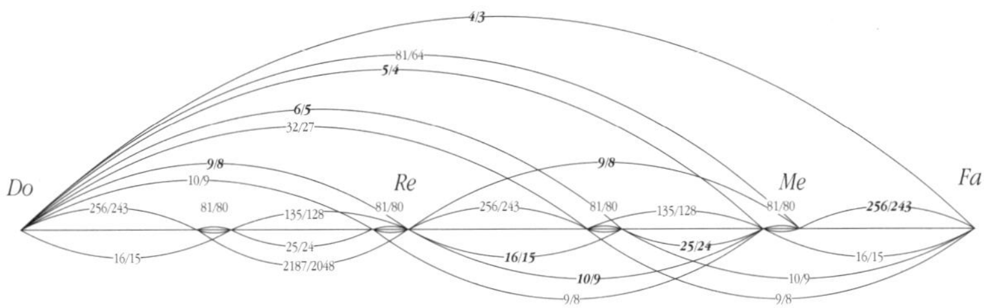

Intervalo	Centésimas	Nombre
1:1	0	*Unísono*
32 805:32 768	2,0	*Schisma*
2048:2025	19,6	*Diaschisma*
81:80	21,5	*Coma sintónica*
531 441:524 288	23,5	*Coma pitagórica*
128:125	41,1	*Diesis*
25:24	70,7	*Semitono diatónico menor*
256:243	90,2	*Leimma, semitono pitagórico*
135:128	92,2	*Cromático mayor*
16:15	111,7	*Semitono diatónico mayor*
2187:2048	113,7	*Apótoma*
27:25	133,2	*Gran leima*
10:9	182,4	*Tono menor*
9:8	203,9	*Tono mayor*
8:7	231,2	*Tono séptimo*
7:6	266,9	*Tercera séptima menor*
32:27	294,1	*Tercera menor pitagórica*
6:5	315,6	*tercera menor perfecta*
5:4	386,3	*tercera mayor perfecta*
81:64	407,8	*tercera mayor pitagórica*
4:3	498,0	*cuarta perfecta*
7:5	582,5	*séptimo tritono*
45:32	590,2	*tritono diatónico*
729:512	611,7	*tritono pitagórico*
3:2	702,0	*quinta perfecta*
128:81	792,2	*sexta menor pitagórica*
8:5	813,7	*sexta menor diatónica*
5:3	884,4	*sexta mayor perfecta*
27:16	905.9	*sexta mayor pitagórica*
7:4	968,8	*séptima armónica*
16:9	996,1	*séptima menor pitagórica*
9:5	1017,6	*séptima diatónica menor*
15:8	1088,3	*séptima diatónica mayor*
243:128	1109,8	*séptima mayor pitagórica*
2:1	1200	*octava*

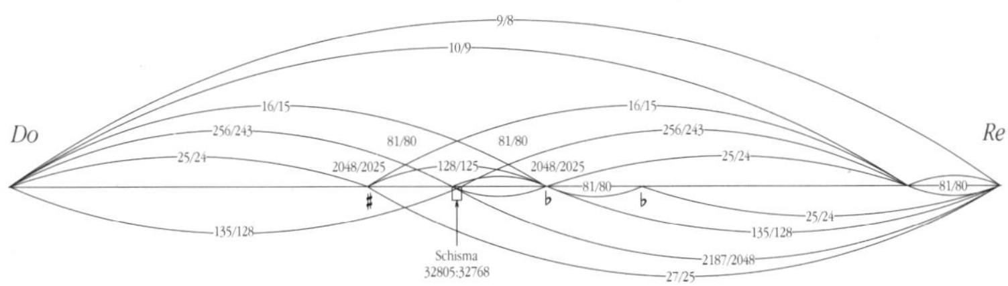

Al igual que la división descentrada de la octava en quintas y cuartas, los sostenidos no son bemoles y dan paso a cinco notas más, diecisiete en total (se encuentran en las afinaciones de Oriente Próximo). De forma más completa podríamos pensar en las siete notas de la escala como moviéndose por doce «zonas» de la octava, yendo a parar a las veintidós posiciones.

Los modos griegos

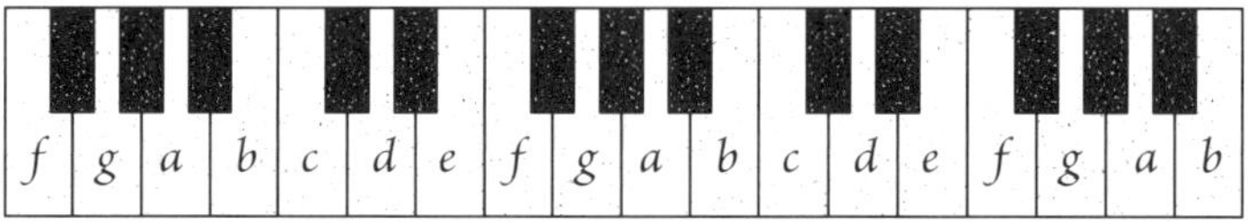

Nombres modernos	*Los siete modos de la Antigüedad*				*Antiguos nombres griegos*
Jónico *mayor*	1 1 ½ 1 1 1 ½	*do re mi fa sol la si do*	*c d e f g a b c*	1 2 3 4 5 6 7 8	*Lidio*
Dórico	1 ½ 1 1 1 ½ 1	*re mi fa sol la si do re*	*d e f g a b c d*	1 2 3♭ 4 5 6 7♭ 8	*Frigio*
Frigio	½ 1 1 1 ½ 1 1	*mi fa sol la si do re mi*	*e f g a b c d e*	1 2♭ 3♭ 4 5 6♭ 7♭ 8	*Dórico*
Lidio	1 1 1 ½ 1 1 ½	*fa sol la si do re mi fa*	*f g a b c d e f*	1 2 3 4♯ 5 6 7 8	*Sintolidio*
Mixolidio	1 1 ½ 1 1 ½ 1	*sol la si do re mi fa sol*	*g a b c d e f g*	1 2 3 4 5 6 7♭ 8	*Jónico*
Eólico *natural menor*	1 ½ 1 1 ½ 1 1	*la si do re mi fa sol la*	*a b c d e f g a*	1 2 3♭ 4 5 6♭ 7♭ 8	*Eólico*
Locrio	½ 1 1 ½ 1 1 1	*si do re mi fa sol la si*	*b c d e f g a b*	1 2♭ 3♭ 4 5♭ 6♭ 7♭ 8	*Mixolidio*

Las notas blancas del piano dan las siete notas de los siete modos de la antigua Grecia. Los errores de transcripciones medievales nos han dejado los nombres actuales, que no coinciden con los antiguos. Cada modo –o escala– tiene un patrón propio de tonos y semitonos; solo dos de ellos sobreviven: nuestra escala mayor y natural menor.

Otras escalas incluyen pentatónicos modales que prohíben los semitonos, el armónico menor con su tercera menor y sexta menor, 1 2 3♭ 4 5 6♭ 7 8 y muchas más.

Constantes armónicas y ecuaciones

Las proporciones e intervalos de este libro se refieren a frecuencias, por regla general expresadas como ciclos por segundo o hercios. La afinación clásica sitúa la nota *do* en 256 Hz. La afinación moderna es más alta, y sitúa la nota *la* en 440 Hz. El período T de una onda es el recíproco de su frecuencia f: $T = 1/f$. La velocidad del sonido en el aire seco es aproximadamente de 331,4 + 0,6*Tc* m/s, donde *Tc* es la temperatura en grados Celsius. Su valor a temperatura ambiente, 20 °C, es 343,4 m/s. La aceleración de la gravedad en la Tierra, g, es 9807 m/s^2.

Frecuencia de un péndulo

$$\frac{1}{2\pi}\sqrt{\frac{\textit{aceleración de la gravedad}}{\textit{longitud del péndulo}}}$$

Frecuencia fundamental de una cuerda tensada

$$\frac{1}{2 \times \textit{longitud cuerda}}\sqrt{\frac{\textit{tensión cuerda}}{\textit{masa cuerda} \div \textit{longitud cuerda}}}$$

Frecuencia resonante de una cavidad con abertura

$$\frac{\textit{velocidad del sonido}}{2\pi}\sqrt{\frac{\textit{área de la abertura}}{\textit{volumen cavidad} \times \textit{longitud abertura}}}$$

Frecuencia fundamental de una tubería abierta o cilindro

$$\frac{\textit{velocidad del sonido}}{2 \times \textit{longitud del cilindro}}$$

La frecuencia de tiempo entre f_1 y f_2 es la diferencia entre las dos, $f_b = f_2 - f_1$.

La proporción a:b se convierte en centésimas (donde a>b): (log(a)-log(b)) x (1200 ÷ log2).

Dar palmadas frente a un tramo de escalera produce una serie de ecos con una frecuencia percibida igual a $v/2p$, donde v es la velocidad del sonido, y p es la profundidad de cada peldaño. Dar palmadas en un pequeño corredor de anchura a produce una frecuencia v/a.

La *media aritmética* y la *media armónica* son básicas para la teoría de números de Pitágoras. La media aritmética de dos frecuencias separadas por una octava produce la quinta entre ellas (3:2), la media armónica produce la cuarta (4:3).

6	:	8	::	9	:	12
A	:	$\frac{2AB}{A+B}$	::	$\frac{A+B}{2}$	:	B
A	:	*Media armónica*	::	*Media aritmética*	:	B

TABLAS DE PATRONES DEL ARMONÓGRAFO

En la parte inferior de la página y en la siguiente se muestran los sobretonos y los armónicos de proporción simple, por orden de disonancia que va aumentando al bajar la página. Para descubrir la proporción de un dibujo rotatorio, dibuje ambas formas, convergente (ambos círculos en la misma dirección) y divergente (en direcciones contrarias). Cuente los bucles de cada dibujo, sume los dos números y divida el total por dos. Esto da el número de proporción más alto. Réstelo del total contrario para obtener la proporción menor. Las figuras rotativas para la proporción *a-b* tendrán bucles *b-a* cuando ambos círculos son convergentes, y bucles *a-b* cuando son divergentes. Los patrones que aquí se muestran se hicieron con amplitudes iguales.

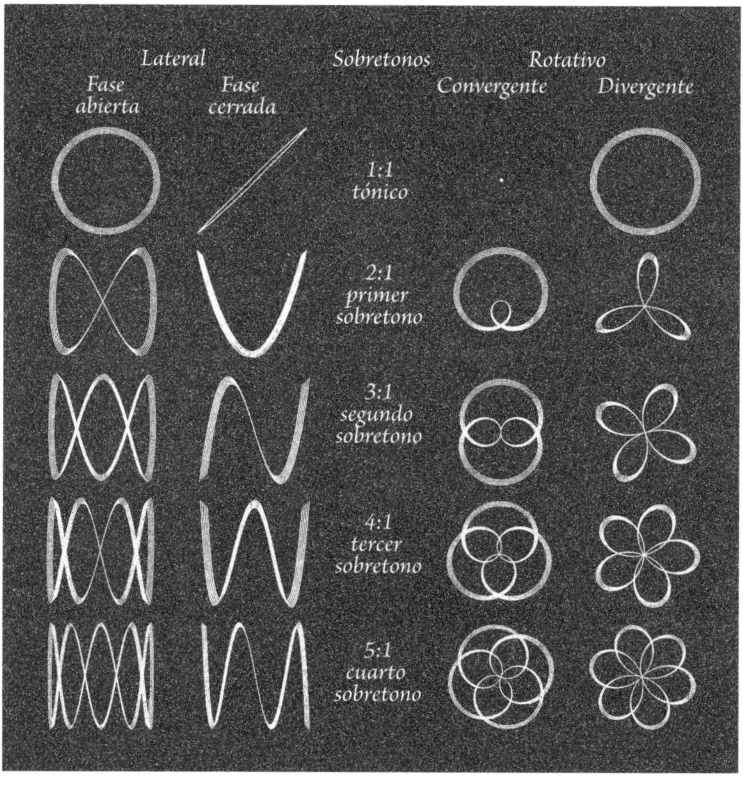

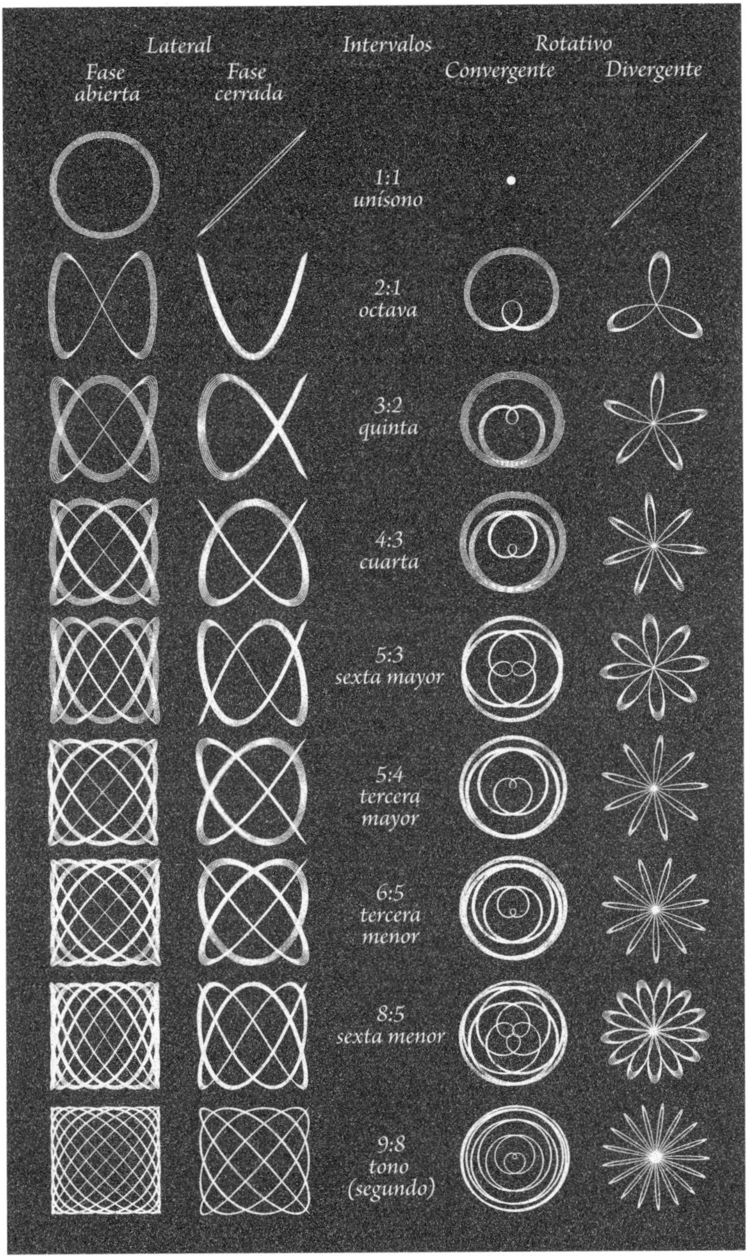
Lateral
Intervalos
Rotativo
Fase abierta
Fase cerrada
Convergente
Divergente
1:1 unísono
2:1 octava
3:2 quinta
4:3 cuarta
5:3 sexta mayor
5:4 tercera mayor
6:5 tercera menor
8:5 sexta menor
9:8 tono (segundo)

Cómo construir un armonógrafo

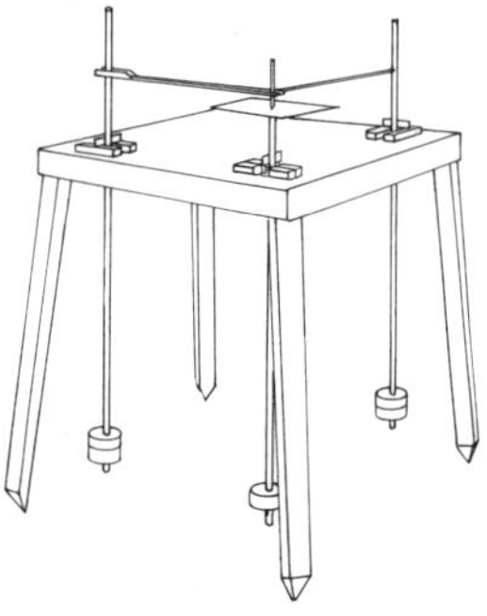

CUALQUIER PERSONA realmente interesada en construir un armonógrafo debería pensar en ir directamente al modelo con tres péndulos.

La mesa debe ser rígida y estar colocada firmemente en el suelo, de otro modo los movimientos de los pesos se distorsionarán. Yo sugeriría unos 90 cm de altura, 60 x 30 cm para dos péndulos, 60 x 60 cm para tres, y un grosor de unos 2 cm, con un reborde de unos 8 cm.

Las patas deberían ser cuadradas y de unos 6 cm, separadas hacia fuera y terminadas en punta. Una forma de conseguir el ángulo es fijar unos soportes de madera o metal en las esquinas, por debajo de la mesa y a cada lado de las diagonales, y atornillar las patas entre los soportes. Tras ajustar las patas para obtener el ángulo de separación deseado, puede fijarlas en su lugar con unos tornillos que atraviesen el reborde.

Si quiere ahorrar espacio, corte la mesa como si pasara por la línea de puntos. Tres patas no resultan tan estables, pero funcionan bastante bien.

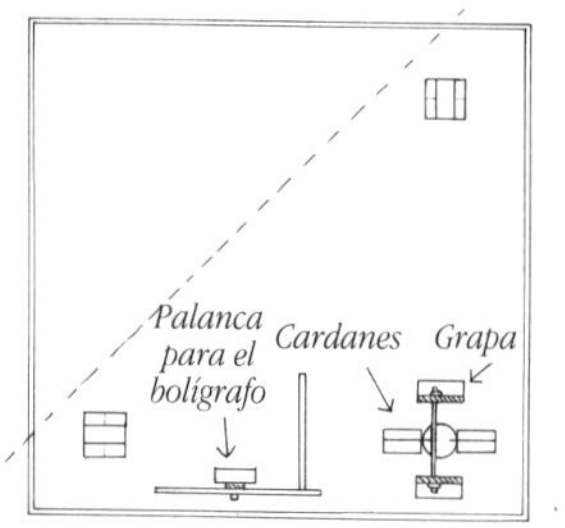

La plataforma donde va el papel debería ser ligera y rígida, fijada al péndulo con un tornillo avellanado. Una plataforma de 22 x 16 cm será suficiente para media hoja A4 sujeta por una goma elástica o un pequeño clip.

Todos los tamaños sugeridos son los máximos, pero una versión a escala más pequeña también funcionará si se construye con cuidado.

Si se siente tentado a hacer un armonógrafo, empiece por los pesos, porque el instrumento solo resultará satisfactorio si estos son realmente pesados pero a la vez fáciles de ajustar. Es conveniente hacer unos diez, pongamos de dos kilos cada uno, para que las cargas se puedan variar. Deberían tener unos 8 cm de diámetro y un agujero en el centro, o incluso mejor, una ranura para una más fácil manipulación. Puede prepararlos usted mismo con plomo o cemento premezclado, o encargárselos a un pequeño taller metalúrgico o a un amable fontanero.

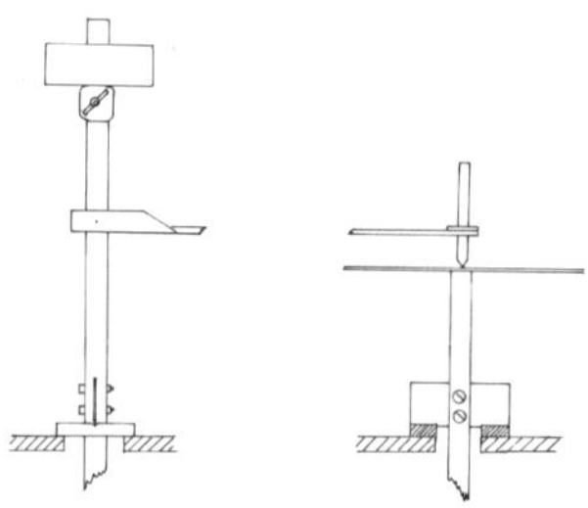

Los ejes deberían ser varillas de madera, de unos 1,5 cm de diámetro (las varillas de metal se pueden doblar y distorsionar los dibujos), marcadas con centímetros.

Puede conseguir las grapas en un proveedor de artículos para laboratorio. Para algunos de los dibujos se precisan pesos superiores, sujetos por grapas. También puede añadirlas a la parte superior de los péndulos para un mejor ajuste, acompañadas de una o dos arandelas metálicas.

El tipo más sencillo de cojinete consiste en tiras de latón atornilladas a una ranura del péndulo y limadas para que los bordes estén afilados y descansen sobre unas muescas a cada lado.

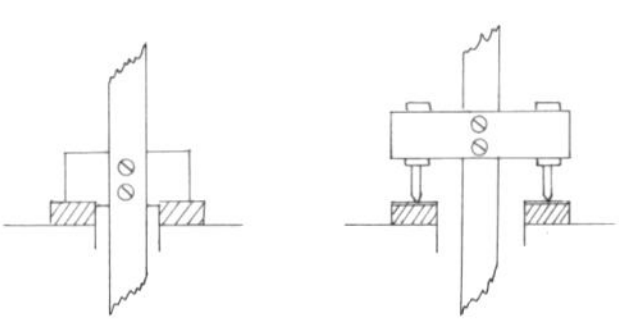

Para un cojinete que cause menor fricción, el péndulo se encaja en el fulcro dentro de un bloque horizontal de madera dura con tornillos verticales a cada lado, de puntas afiladas y que descansen sobre las concavidades de las placas metálicas. Si resulta demasiado difícil horadar el agujero en el bloque de madera, puede hacerlo en dos mitades, haciendo un hueco para que quepa el eje y luego juntar las dos mitades atornillándolas.

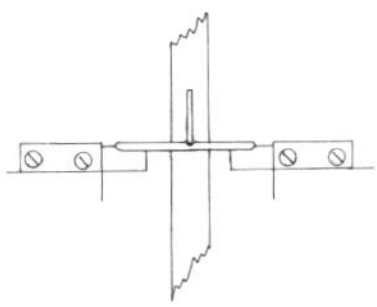

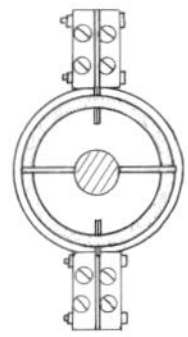

El movimiento rotativo precisa cardanes. En este caso las muescas para el péndulo se hacen limando el lado superior de un anillo (por ejemplo de un llavero) mientras que el lado inferior tiene muescas que están en ángulo recto con las del lado superior. La muesca inferior encaja en dos ejes afilados que sobresalen (tiras de latón), cada uno de ellos encajado entre dos trozos de madera fijados a la mesa. Con el cojinete alternativo se debería utilizar una arandela grande y plana para las partes hundidas, para tapar los puntos afilados.

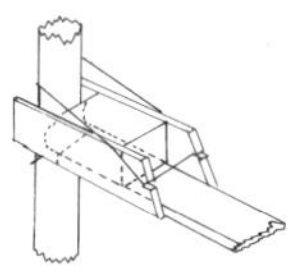

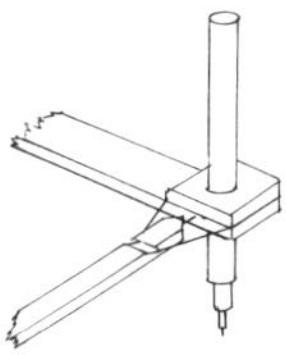

Los brazos para el bolígrafo deberían ser lo más ligeros posibles para evitar la sobrecarga. Son fáciles de hacer con tiras de madera de balsa que venden en tiendas de modelismo, y con pegamento para balsa y cinta adhesiva. Para dos péndulos el brazo se puede sujetar al eje con las agujas despuntadas, e introducir el bolígrafo en un orificio del otro lado. Para tres péndulos, las piezas laterales del brazo deberían encerrar el eje de manera firme pero no muy apretada, y sujetarse con una goma elástica fina. Uno de los brazos contiene el bolígrafo, mientras que el otro es sostenido por agujas que sobresalen, empujadas hacia atrás y aseguradas con suavidad por ambos extremos con las gomas elásticas.

Pueden existir otras formas más sofisticadas de construcción; cualquier sugerencia será bien recibida.

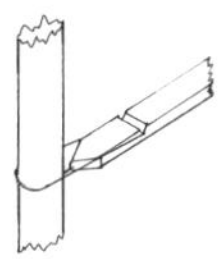

Hace falta un encaje adicional para asegurar bien un péndulo rotatorio, para que se pueda usar el instrumento con solo los dos péndulos de eje único. Esto se puede hacer montando dos soportes sobre la mesa cerca del péndulo rotatorio, con agujeros donde poner un tornillo horizontal largo (ligeramente a un lado) al que se puede sujetar el eje.

El bolígrafo debería ser fino, ligero y de tinta fluida; evite los rotuladores gruesos. Para un buen resultado use papel satinado para dibujar y papel normal de copia para los experimentos preliminares.

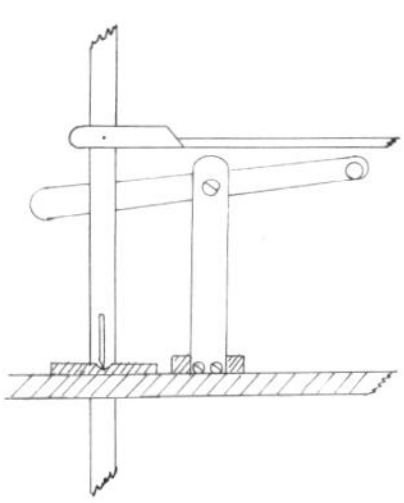

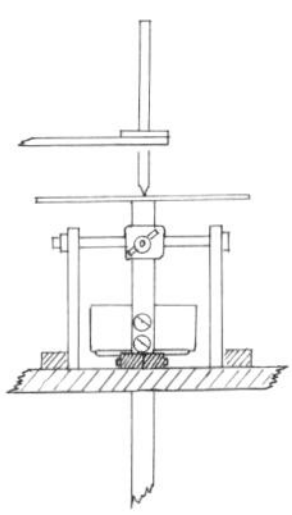

Si se deja que el bolígrafo toque el papel en el momento final, quedará una mancha fea. Para evitarlo, monte una columna corta sobre la mesa con una palanca ajustable que sostenga un trocito de varilla de madera fina colocado bajo el brazo del bolígrafo. Levantando con suavidad la varilla el bolígrafo se alza sin arrastrarse sobre el papel. Esto también se debería realizar antes de hacer descender el bolígrafo hasta el papel. Observando el bolígrafo puede ver el patrón que se va trazando, y llevarlo hacia uno u otro lado mediante la presión de los péndulos.

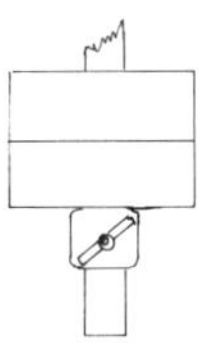

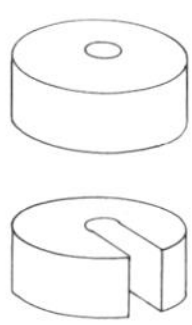

Para proporciones fuera de la octava, como 4:1, puede que tenga que probar con otro tipo de armonógrafo, como el de péndulo de doble elipse de Goold (dcha.).

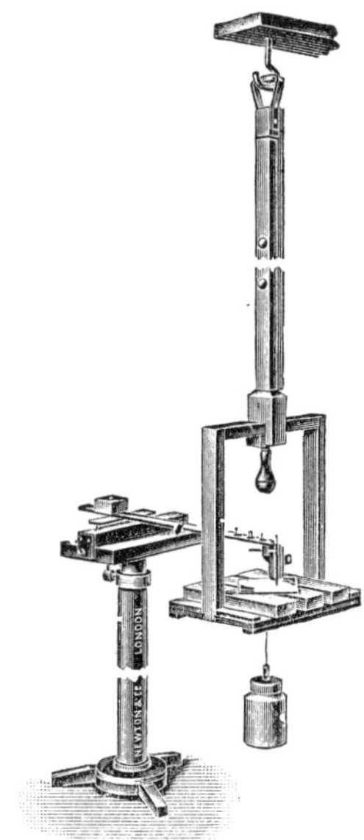

Glosario de términos musicales

Acorde: tres o más notas que se tocan juntas como unidad independiente. A menudo se expresan con terceras, y el núcleo primario es una tríada.

Alteración: cualquiera de los cinco símbolos (bb, b, nat, #, x) que suben o bajan uno o dos semitonos; por lo general se usan para cambiar o restaurar una clave.

Anacrusa: nota o compás débil, que preceden al tiempo fuerte.

Añadidos: tono intermedio u ornamental añadido a un acorde para dar sabor o color, por lo general una segunda, cuarta, sexta, novena, undécima o decimotercera.

Appoggiatura: tono disonante que ocurre en un tiempo fuerte y se resuelve en una consonancia o tono de acorde, se «apoya» contra la consonancia y se disuelve en ella.

Armadura de clave: la instrucción global que indica qué notas hay que subir o bajar en una composición para mantener y expresar una escala determinada; se sitúa al principio del pentagrama, antes del compás y después de la clave.

Armonía: la relación de una disposición vertical de tonos cuando se tocan juntos; también un acorde, y la forma en que los acordes se relacionan y se organizan en el tiempo.

Armónica menor: uno de los tres tipos de escala menor, donde el sexto grado se baja y el séptimo se sube para permitir que el acorde dominante sea mayor. Por ello tiene el intervalo de un segundo aumentado entre la sexta y la séptima.

Armónicos: cada uno de los tonos que componen la serie de sobretonos y que dan al tono más bajo, el fundamental, su timbre o color; cada uno de ellos mantiene una proporción matemática con el tono fundamental de número entero, 1x, 2x, 3x, aumentando gradualmente de frecuencia. Muchos instrumentos de cuerda y de viento se pueden tocar así para revelar estos tonos superiores más suaves.

Aumentado: se emplea para describir un intervalo o acorde. En el caso de los intervalos indica uno mayor o perfecto aumentado un semitono; en el de los acordes indica una tríada mayor con una quinta aumentada.

Becuadro: alteración que cancela un sostenido, bemol, doble sostenido o doble bemol.

Bemol: símbolo que se usa para indicar un descenso de medio tono en una natural. También se usa para describir una nota afinada ligeramente por debajo del tono.

Binaria redondeada: estructura musical de forma ABA, donde la última A es una versión más corta y truncada de la primera.

Cadencia: un gesto o agrupación de notas o ritmos que aportan sensación de cierre, pausa o finalidad a una frase o sección musical.

Cambiata: fórmula de disonancia formada por un grupo de notas contiguas, a todos los efectos un tono y sus dos tonos contiguos, arriba y abajo.

Clave: símbolo que se coloca al principio del pentagrama y que indica dónde se escriben las notas en las líneas y espacios del mismo; los tres tipos son clave de sol, clave de fa y clave de do.

Compás: paquete de tiempo musical, segmentado por el metro, en el que se delimita una agrupación completa. En la notación musical está separado por una línea a cada lado.

Consonancia: estabilidad relativa de un intervalo musical, que generalmente no requiere resolución; opuesto de disonancia.

Contrapunto: simultaneidad de líneas independientes, coherentes en horizontal y vertical, que siguen las reglas estrictas de consonancia y disonancia, con variación histórica.

Crescendo: aumento gradual de volumen e intensidad, indicado en la notación musical por un <.

Cromático: colorido; se usa para indicar que la música usa semitonos, accidentes o los 12 tonos completos; distinto de diatónico.

Decrescendo o ***diminuendo:*** descenso gradual de volumen e intensidad, indicado en la notación musical por un >.

Diatónica: escala que comprende siete tonos contiguos distintos, con una relación específica de tonos y semitonos, a menudo usados para describir mayor y menor. Es distinta a la cromática. También describe la música que sigue esta escala.

Disminuido: describe un intervalo o acorde musical, bien el descenso de un semitono en un intervalo perfecto, bien una tríada con una tercera menor y una quinta disminuida.

Disonancia: uno o más intervalos musicales que sugieren inestabilidad, a menudo segundas y séptimas, y tienden a precisar algún tipo de resolución hacia una consonancia.

Dominante: el grado de la escala una quinta por encima de una fundamental o tónica de una tonalidad, que a menudo sugiere su propia resolución, de vuelta a la tónica. Suele aparecer en la cadencia.

Epigrama: tal como se usa en este libro, motivo o idea musical que tiene carácter e individualidad suficiente para constituir una forma e identidad reconocible; a menudo sirve como elemento básico de construcción de toda una composición.

Escapada o ***elisión:*** tono escapado, disonancia en una parte débil del tiempo que escapa un tono en una dirección y salta en la otra hacia una consonancia.

Extensión: notas por encima de la octava que se añaden a un acorde para enriquecer su cromatismo sin alterar su función; siempre una novena, undécima o decimotercera.

Forma binaria: forma musical de estructura básica A-B. Con frecuencia una o ambas partes se repiten.

Forte: símbolo de la dinámica usado para indicar que la música se debe tocar «fuerte» o a gran volumen; contrario de piano.

Fricativa: consonante que crea fricción en el lenguaje oral, como s, f, x.

Fundamental: nota más baja de una tríada o acorde, que transmite su función e identidad en el contexto de una progresión armónica. Se puede descubrir agrupando las notas en terceras próximas.

Guía tonal: generalmente la tercera y la séptima de un acorde, que actúan como notas principales que maximizan el movimiento de avance de una progresión armónica.

Ictus: primer acento métrico de una pieza, apoyo rítmico.

Intervalo: distancia entre dos notas.

Inversión: en el caso de los intervalos musicales, es el proceso de tomar la nota inferior y colocarla arriba, de modo que la segunda genera una séptima, la tercera una sexta, la cuarta una quinta, y así sucesivamente. En armonía indica que una nota del pentagrama no es la fundamental del acorde.

Legato: instrucción musical para tocar las notas de forma conectada y fluida, sin intervalos.

Mayor: en la descripción de intervalos musicales, indica la segunda, tercera, sexta y séptima en su orden natural en la escala mayor. Cuando se usa para describir acordes, una tríada compuesta por una quinta perfecta y en medio la tercera mayor, colocada encima de la fundamental. Opuesto de menor. También describe una escala o tonalidad, siempre haciendo referencia a la tercera de la escala.

Mediante: el tercer grado de cualquier escala.

Melismática: música vocal que contiene dos o más tonos por sílaba.

Melodía: sucesión de notas en el tiempo, dispuestas en un patrón significativo y de duración variable.

Melódica menor: una de las tres escalas menores; en esta escala los grados sexto y séptimo se alteran para aparecer como en la escala mayor, para reforzar el movimiento ascendente de la tónica. Suele existir una versión descendente como versión inalterada de la menor natural.

Menor: en la descripción de intervalos musicales, indica un intervalo mayor bajado un semitono. En armonía, un acorde compuesto por una quinta perfecta y en medio una tercera menor, colocada encima de la fundamental. Opuesto de mayor. También describe una escala o tonalidad. La música occidental identifica tres tipos de menores: natural, armónico y melódico.

Menor natural: el modo eólico; es la escala menor sin alteraciones en sus grados sexto o séptimo.

Metro: patrón de agrupaciones rítmicas indicado por una fracción donde el numerador indica el número de pulsos por medida, y el denominador indica el tipo de subdivisiones donde recibir el pulso. Las dos formas básicas del metro son binarias y ternarias.

Modal: música que emplea otras escalas que no sean mayor o menor, como frigia, dórica, lidia, etc. (véanse págs. 8-9). A menudo este tipo de música carece de modulación.

Modulación: cambio de tonalidad o escala donde se mueve el centro tonal y se introducen entonces las alteraciones necesarias para indicar la nueva escala. La forma más sencilla de expresarla es con la fórmula armónica I-IV-V-I.

Modulación aparente: apoyo temporal que apunta a un centro tonal que no es la tónica, aunque no lo confirma con exactitud.

Natural: entonación sin alteraciones, correspondiente a las notas blancas del piano.

Nota contigua: nota ornamental que existe por encima o por debajo del tono de un acorde como disonancia temporal y ornamento, generalmente en un tiempo débil.

Nota intermedia: nota situada entre dos notas de un acorde, por lo general una disonancia, que se da en un tiempo débil.

Oclusivas: consonante que suena plosiva en el lenguaje oral, p, t, k (mudas) y b, d, g (sonoras).

Octatónica: escala de ocho notas; a menudo denota las escalas disminuidas.

Orden de las notas de una escala: agrupación de tonos que refuerzan una nota como tónica. Existen 12 tonalidades mayores y 12 tonalidades menores en la música occidental, cada una de ellas construida sobre una de las 12 notas, con bemoles y sostenidos añadidos para conservar los tonos y los semitonos.

Pedal o ***bordón:*** música primordialmente melódica y rítmica, que carece de movimiento armónico, con todos los tonos de la escala relacionados con un bordón o punto fijo.

Pentatónica: escala de cinco notas; a menudo denota las cinco quintas primeras cuando se agrupan: 1-2-3-5-6. También las notas negras del piano.

Perfecto o ***justo:*** intervalo musical de una octava, quinta, cuarta (y unísono), que se parece mucho a los primeros intervalos acústicos de la serie de sobretonos.

Piano: instrucción musical para que la música se toque suavemente. Opuesto de forte.

Polirritmia: uso simultáneo de dos patrones rítmicos distintos que no están relacionados directamente; también se denominan «ritmos cruzados».

Registro: zona específica de la tesitura de un instrumento, voz o pieza musical.

Ritmo: ordenamiento temporal de movimiento, que con frecuencia tiene un pulso.

Semitono: medio tono, el intervalo más pequeño de la música occidental tradicional. Dos notas adyacentes del piano, ya sean blancas o negras.

Sensible: séptimo grado de cualquier escala, por regla general un semitono por debajo de la tónica.

Serie de sobretonos: fenómeno acústico natural siempre que se da la vibración de una cuerda o el viento pasa por un tubo. La longitud de la vibración se va subdividiendo cada vez más, generando vibraciones o frecuencias más altas de sonido que la vibración más elevada. Estas se juntan para formar el timbre y comunicar la identidad del sonido. También describen las vocales en el lenguaje hablado.

Sibilante: tipo de consonante fricativa del lenguaje hablado, de frecuencia más elevada y que suele sonar como un silbido, por ejemplo la S y la Z.

Silábica: música vocal que contiene un solo tono por sílaba.

Silencio o ***cesura:*** pausa o descanso.

Síncopa: proceso rítmico por el cual los tiempos fuertes cambian a débiles, eclipsando temporalmente la sensación de pulso o compás. El uso de la síncopa es uno de los indicadores más claros de los estilos musicales de todo el mundo.

Sonata: tal como se emplea en este libro, un proceso formal que presenta dos temas contrastados, el segundo en otra tonalidad que no es la tónica (a menudo la dominante), seguido por una sección modulada y de libre desarrollo, y por una recapitulación donde se presentan de nuevo los dos temas, estando el segundo en la tonalidad original.

Sostenido: símbolo que se usa para indicar el ascenso de medio tono en una natural. También se usa para describir una nota afinada ligeramente por encima del tono.

Staccato: instrucción musical que indica que las notas se deben tocar de forma separada; por lo general se anota con un puntito por encima o por debajo de la nota.

Subdominante: cuarto grado de la escala, una quinta por debajo de la tónica, y un tono por debajo de la dominante. Suele indicar un alejamiento de la tónica y una preparación para la dominante.

Submediante: sexto grado de cualquier escala, una tercera por debajo de la tónica.

Subtónica: séptimo grado de cualquier escala, por norma general un tono por debajo de la tónica (véase Sensible).

Supertónica: segundo grado de cualquier escala, un tono por encima de la tónica.

Suspensión: acorde en el que la tercera queda suspendida y no se resuelve como el resto de las notas; se prepara en el acorde previo. En la música moderna la suspensión no requiere preparación ni resolución.

Tempo: ritmo o velocidad de una interpretación musical en el tiempo.

Tenuto: instrucción musical de que las notas se deben tocar de forma sostenida, por lo general anotado como una línea o guion encima o debajo de la nota.

Ternaria: estructura musical de forma ABA, donde por regla general la última A es una repetición de la primera.

Tonal: música que emplea los principios de relaciones tónica-dominante, en especial los sistemas de mayores y menores prevalentes en la música occidental.

Tónica: base o punto de reposo de una escala, el punto de gravedad más fuerte con el que todos los demás tonos de la escala se relacionan; primer grado de la escala.

Tono: compuesto por dos semitonos.

Trasposición: movimiento ascendente o descendente de las notas de una composición, de una tonalidad a otra, manteniendo intactos los intervalos relativos.

Tríada: estructura de tres notas dispuesta en terceras y que da como resultado uno de los cuatro tipos de acordes: mayor, menor, disminuido o aumentado.

Tritono: quinta disminuida o cuarta aumentada, compuesto por tres tonos o seis semitonos. El intervalo simétrico más grande de la escala occidental, divide la octava en dos mitades perfectas, y es su propia inversión. A menudo se usa en un acorde de séptima dominante (representado por los grados cuarto y séptimo de una escala mayor), tiene un fuerte impulso hacia la resolución mediante la contracción o la expansión, y de hecho es la fuerza liberadora que descifra el enigma de la tonalidad empujando y tirando, entrando y saliendo de una tonalidad a otra.

SOLFEO Y MNEMOTÉCNICA

SOLFEO

Do (ut) re mi fa sol la si do

Ut queant laxis, Re-sonare fibris, Mi-ra gestorum
Fa-muli tuorom, Sol-ve polluti, La-bii reatum,
Sa-ncte Iohannes

(CANTO GREGORIANO DEL SIGLO VIII, HIMNO DEDICADO A SAN JUAN BAUTISTA)

En Occidente se han desarrollado tres sistemas que se utilizan en la actualidad:

Do fijo:
Do re mi fa sol la si do
Ventajas: bueno para quien tiene oído natural; el nombre absoluto de las notas de la escala.
Desventajas: cualquier sílaba puede tener hasta 5 sonidos.

(♭♭, ♭, nat, ♯, x)
Siete silabaciones de clave distinta.

Do móvil (o solfeo relativo), sílabas cromáticas:
Do di re ri mi fa fi sol si la li ti do ASCENDENTE
Do ti te la le sol se fa mi me re ra do DESCENDENTE
Ventajas: ilustra claramente la relación tónico-dominante do-sol mediante una escala mayor y menor paralelas; una silabación para todas las escalas.
Desventajas: eclipsa las relaciones menores, se desglosa en pasajes cromáticos, es decir, sin 3 aumentada ni 4 disminuida.

Do móvil, la menor, sílabas cromáticas:
MAYOR:
Do di re ri mi fa fi sol si la li ti do ASCENDENTE
Do ti te la le sol se fa mi me re ra do DESCENDENTE
MENOR:
La li ti do di re ri mi fa fi sol si la ASCENDENTE
La le sol se fa mi me re ra do ti te la DESCENDENTE
Ventajas: revela la relatividad modal e histórica de la escala mayor y menor.
Desventajas: enmascara la relación tónico-dominante do-sol, se desglosa en pasajes cromáticos menores, es decir sin 5 aumentada ni 3 disminuida; siete silabaciones de distintos modos.

MNEMOTÉCNICA

PARA TERCERAS:

CLAVE DE SOL, LÍNEAS:
Muchos SOn SIempre Rompen Filas
Marchan SObre SIlenciosas Ruedas Firmes
Mientras SOlo SIlencio Rompe Fracaso
Marineros SObre SIllas Recuerdan Fiesta

CLAVE DE SOL, ESPACIOS:
F-L-D-M, Famosos Lamentan Dolor Migraña

CLAVE DE FA, LÍNEAS:
SObre SIlencio Resulta Falso Lamento
SOberanos SInceros Repelen Feroces Lobos
SOlitaria SIrena Recuerda Feliz Lugar
SOcios SIniestros Remiten Falsas Líneas
SOlemnes SIrvientes Revisan Fallos Lejanos
SOlo SIrve Recuerdo Fresco Limón

CLAVE DE FA, ESPACIOS:
Lejano Domingo Mañana Será
Linda Dama Mentira Segura
Leones Depredadores Muy Satisfechos

PARA QUINTAS Y CUARTAS:
SOnidos Ruidosos Lejos Mejor SIlencio Feliz Descanso
Feliz Descanso SOnidos Ruidosos Lejos Mejor Silencio
Feliz SIempre Mirando Lejos Rayos SOnoros Dóciles
SIempre Mirando Lejos Rayos SOnoros Dóciles Festivos

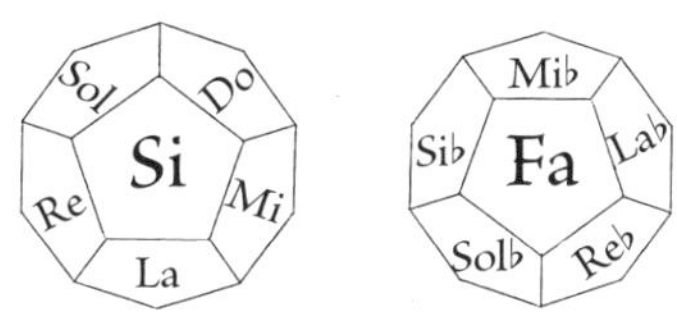

Mapa dodecaédrico de las doce notas de la escala, que mantiene las oposiciones de tritonos mostradas en el círculo de quintas.

Notación musical básica

Pentagrama: líneas o matriz de soporte para las notas y reposos.

Clave de sol: su espiral interior rodea la nota sol.

Clave de fa: su espiral interior rodea la nota fa.

Clave de do (alto): el punto donde se juntan los bucles es el do central.

Clave de do (tenor): el do central es una tercera más elevado que en la clave de alto.

Clave neutral (percusión): para notación rítmica, instrumentos no afinados.

Líneas adicionales o auxiliares: líneas que se dibujan encima o debajo del pentagrama para ampliar la extensión de tonos.

Coda: signo que indica fin; situado en la partitura y al final.

Dal segno: signo que indica retorno, a menudo después del principio, como D.S.

Repetición: igual que un paréntesis, indica el principio y el fin de un fragmento de música.

Repetir: repetir el compás anterior.

Calderón (corona, fermata): colocado sobre una nota o reposo, indica que el tiempo se detiene momentáneamente.

tr Trino: ornamento que oscila repetidamente con la nota superior o inferior.

Mordente: ornamento que oscila una o dos veces con la nota superior o inferior.

∨ Arco hacia arriba (sull'arco): para instrumentos de cuerda, la nota se toca de forma ascendente.

Arco hacia abajo (giù arco): para instrumentos de cuerda, la nota se toca de forma descendente.

^ Martellato (muy marcado): fuerte acento o puntuación.

· Staccato: articulación breve y separada.

○ Nota en armónico o abierta: indica que hay que tocar un sobretono en lugar del tono fundamenta

> Acento/marcato: demarcación general, no tan fuerte como el martellato.

– Tenuto: indicación para maximizar y conectar la duración de la nota.

8va / 8vb Ottava alta/Ottava bassa: tocar las notas una octava más arriba o más abajo que la nota indicac

15ma / 15mb Quindicesima alta/Quindicesima bassa: tocar las notas dos octavas más arriba o más abajo que la nota indicada.

Puntillo: añade a la nota la mitad de su duración inicial.

Doble puntillo: añade a la nota la mitad de su duración inicial, y después la mitad del puntillo.

Arpegio: las notas del acorde se tocan de forma secuencial.

Nota de gracia: nota decorativa, de tamaño más pequeño que la normal; pueden estar agrupadas.

Trémolo: indica que una nota se repite o vibra rápidamente.

barra

Frase de ligadura: notas conectadas. Para cuerdas: una dirección de arco. Para viento madera y metal: una respiración.

cabeza nota

Ligadura: en un compás, junta la duración de dos notas en una sola.

Primer y segundo final: son indicadores de forma que ofrecen un final alternativo a la música repetida.

Barra rítmica: se suele usar en las partituras básicas; indica el flujo de los tiempos.

Al estilo breve/Alla breve: indica 2/2.

pp Pianissimo: muy suave.

p Piano: suave.

mp Mezzopiano: mitad de suave que el piano.

mf Mezzoforte: mitad de ruidoso que el forte.

f Forte: ruidoso.

ff Fortissimo: muy ruidoso.

sfz Sforzando: forzado, brusco.

Crescendo: un incremento gradual del volumen.

Decrescendo o diminuendo: descenso gradual del volumen.

Pedal: se usa en la notación para piano; indica accionar y soltar el pedal de sostenido.

Doble barra (final): indica el final de una partitura.

Doble barra: indica el final de una sección.

Compasillo: indica 4/4.

Escalas musicales

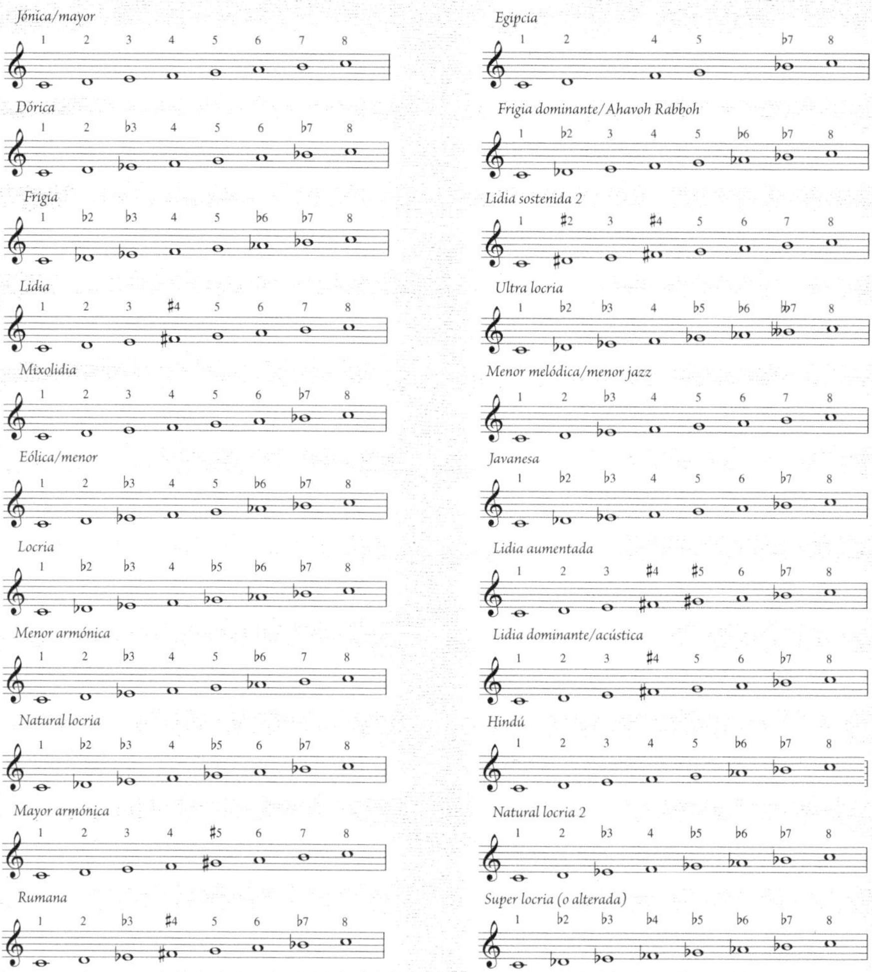

Doble menor armónica

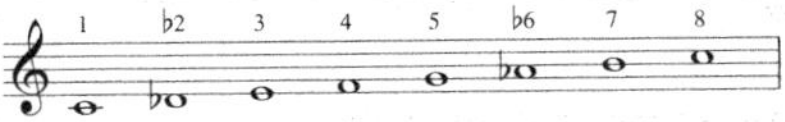

Húngara mayor

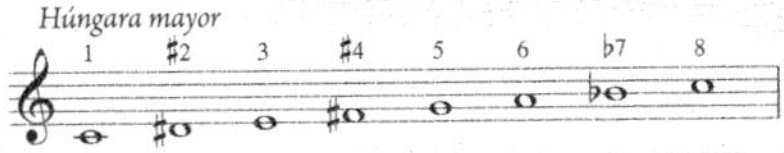

Húngara menor

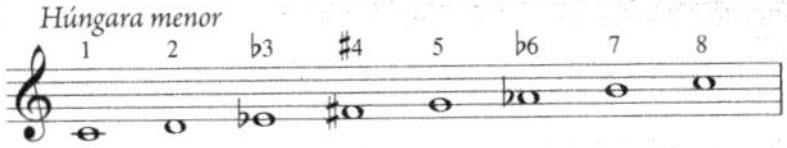

Raga todi

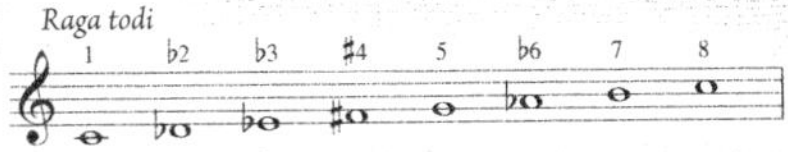

Raga marva

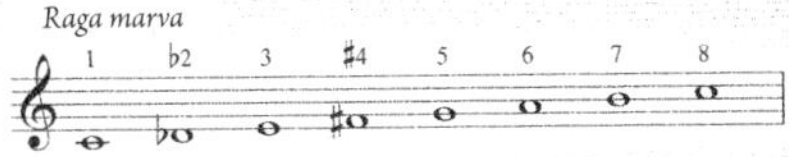

Escala de blues

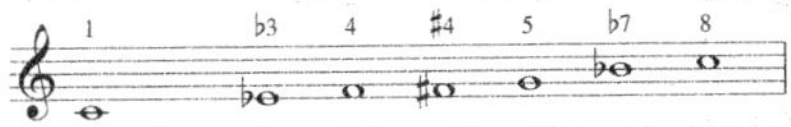

Persa

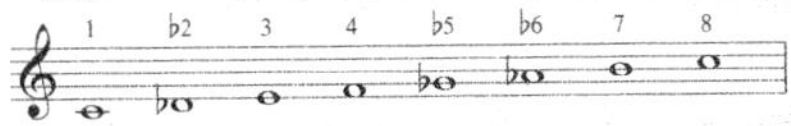

Enigmática

Lidia menor

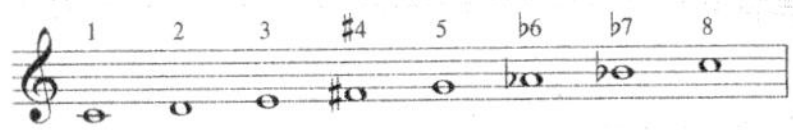

Locria mayor

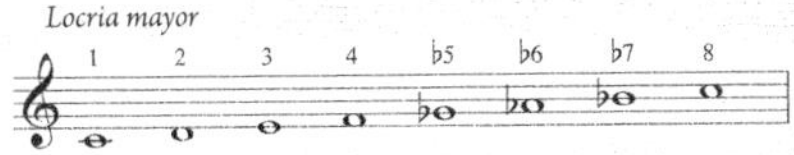

Napolitana mayor

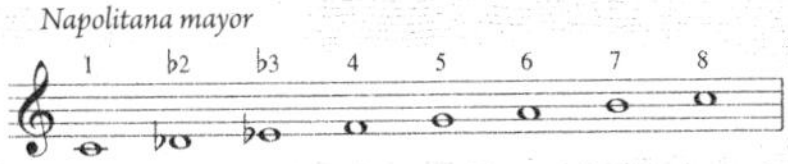

Napolitana menor

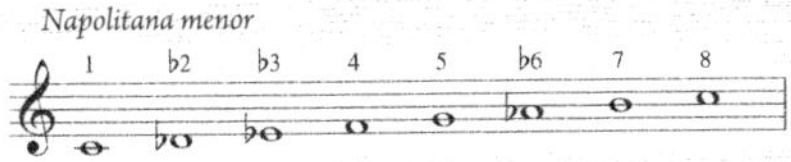

Mixolidia aumentada

Oriental

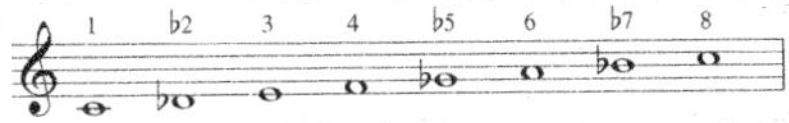

Prometeica

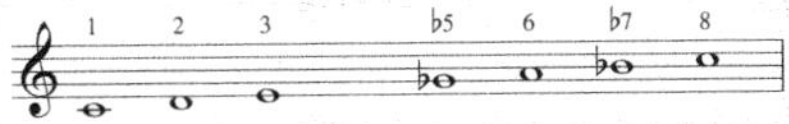

China

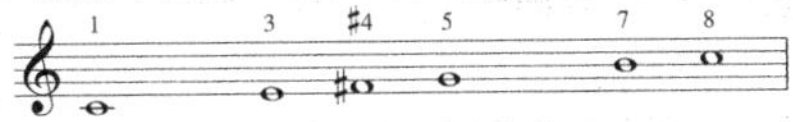

Tono principal

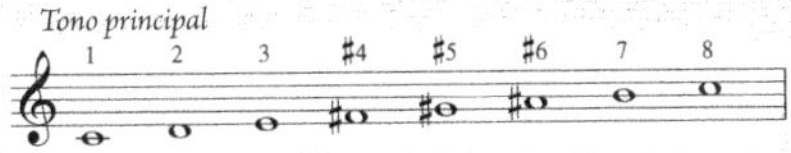

Pelog (Bali)

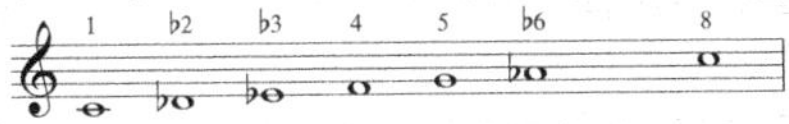

Japonesa

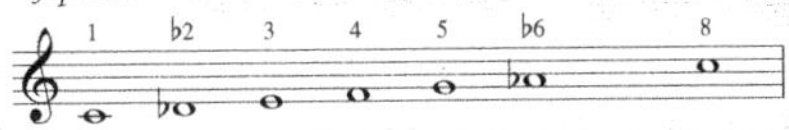

Pentatónica mayor

Pentatónica menor

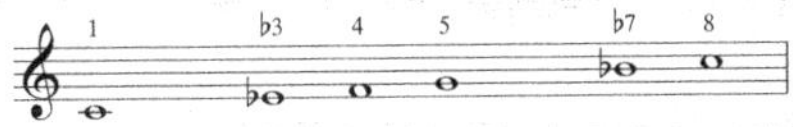

Tonos completos

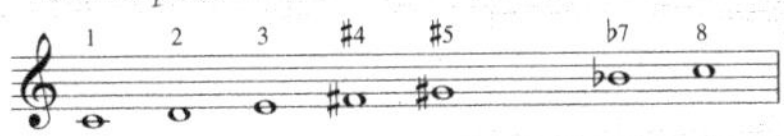

Octatónica/disminuida/de semitonos

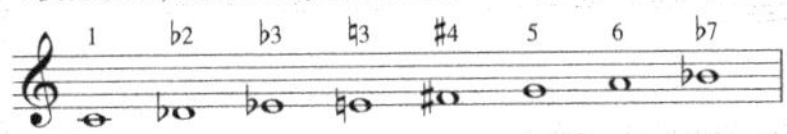

Octatónica/disminuida/de tonos enteros

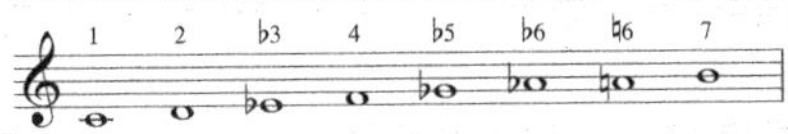

Menor tercera-semitono

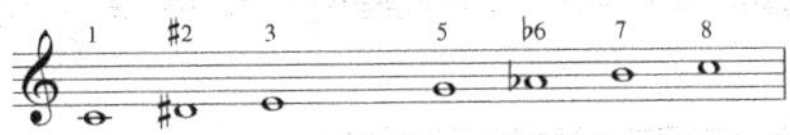

Semitono/tercera menor

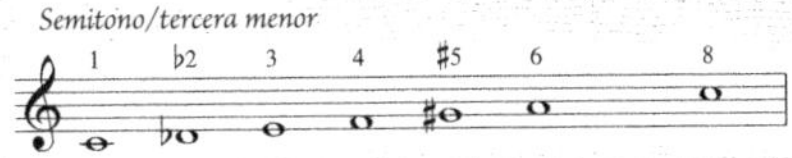

Selección de ritmos

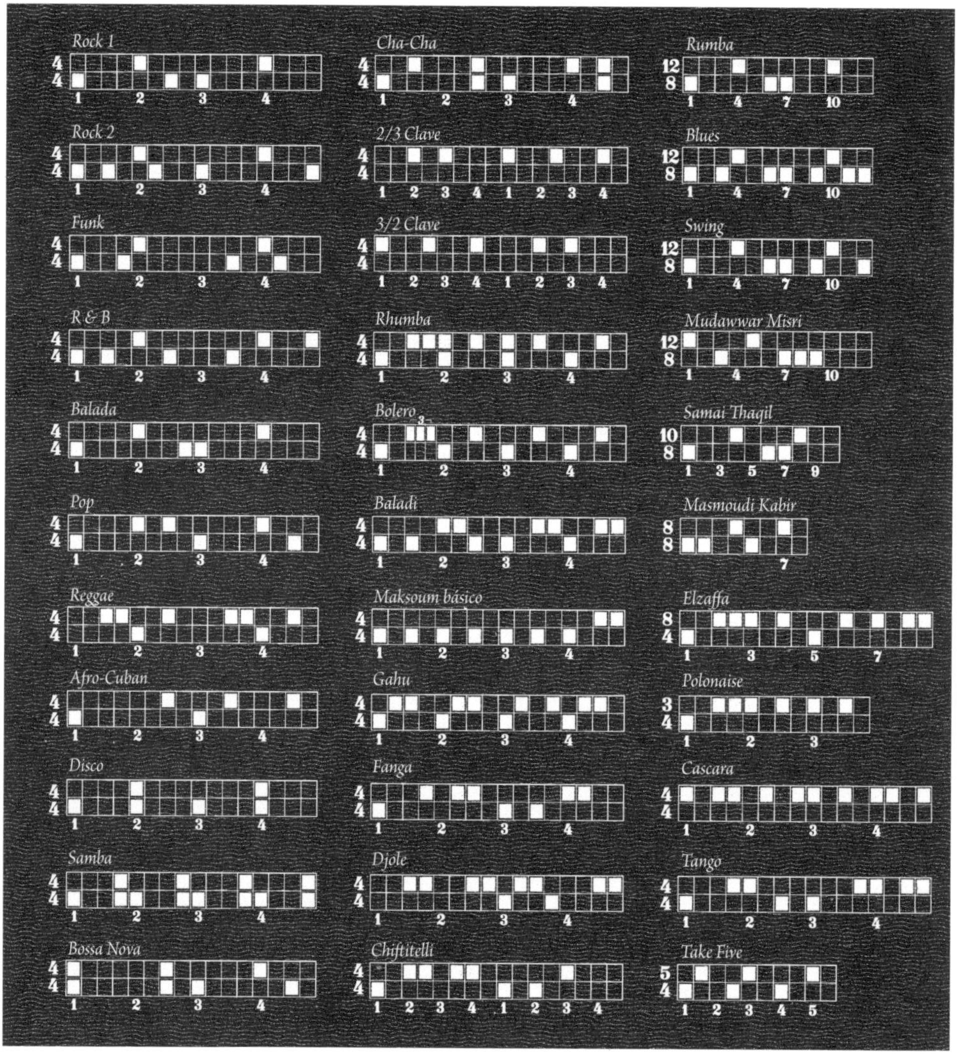

Armonías

Do Do+ Dom Do° Dosus4 Dosus2 Do6 Do(añadir9)
Do6/9 Do5 Dom6 Dom(añadir9) Dom6/9 Doma7 Do7 Dom7
Do7(♯5) Dom(ma7) Dom7♭5 Do07 Do0(ma7) Doma7(5) Do7(♭5) Doma7(♭5)
Do7sus Do7(omitir3) Do7(omitir5) Doma9 Do9 Dom9 Do9(♯5) Dom(ma9)
Dom9♭5 Do°(ma9) Doma9(♯5) Do9(♭5) Doma9(♭5) Do9sus Do7(♭9) Do7(♯9)
Do7(♭9 ♭5) Do7(♯9 ♯5) Do7(♭9 ♯5) Do7sus(♭9) Doma7(♯11) Doma9(♯11) Do7(♯11) Do9(♯11)
Dom7(añadir11) Dom11 Dom11(♭5) Do7(♯11 ♭9) Do7(♯11 ♯9) Doma13 Doma13(♯11) Do13
Do13(♭9) Do13(♯11) Do13(♯11 ♭9) Do13(♯11 ♯9) Do13sus Do13sus(♭9) Dom13 Dom13(♯11)
Do/Mi Do/Sol La/Do Si/Do Sib/Do Do(añadir9)/Mi Do7(añadir4) Rebma7♯5/Do
Doma7sus Sol7♯5/Do Do(añadir♭6) Labma/Doma Do7sus4-3 /Do Dobajo N.C.

Sol y planetas

	Perihelio (10^6 km)	Órbita media (10^6 km)	Afelio (10^6 km)	Excentricidad	Inclinación de la órbita (grados)	Longitud del perihelio (grados)	Período orbital (días)	Año tropical (días)
El Sol ☉	-	-	-	-	-	-	-	-
Mercurio ☿	46,00	57,91	69,82	0,205631	7,0049	77,456	87,969	87,968
Venus ♀	107,48	108,21	108,94	0,006773	3,3947	131,53	224,701	224,695
La Tierra +	147,09	149,60	152,10	0,016710	0	102,95	365,256	365,242
Marte ♂	206,62	227,92	249,23	0,093412	1,8506	336,04	686,980	686,973
Ceres ⚳	446,60	413,94	381,28	0,0789	10,58	???	1680,1	1679,5
Júpiter ♃	740,52	778,57	816,62	0,048393	1,3053	14,753	4332,6	4330,6
Saturno ♄	1352,2	1433,5	1514,5	0,054151	2,4845	92,432	10.759,2	10 746,9
Quirón ⚷	1226,2	2050,1	2833,9	0,38316	6,9352	339,58	18 518	18 512
Urano ⛢	2741,3	2872,46	3003,6	0,047168	0,76986	170,96	30 685	30 589
Neptuno ♆	4444,4	4495,1	4545,7	0,0085859	1,7692	44,971	60 190	59 800
Plutón ♇	4435,0	5869,7	7304,3	0,24881	17,142	224,07	90 465	90 588

Lunas

(una selección)

	Nombre del satélite	Radio orbital medio (10^3 km)	Período orbital (días)	Excentricidad de la órbita	Inclinación de la órbita (°)	Diámetro (medio, km)	Masa (10^{18} kg)
De la Tierra +	*La Luna*	384,8	27,3217	0,0549	5,145	3475	73 490
De Marte ♂	*Fobos*	9378	0,31891	0,0151	1,08	22,4	0,0106
	Deimos	23 459	1,26244	0,0005	1,79	12,2	0,0024
De Júpiter ♃	*Io*	421,6	1,7691	0,004	0,04	3643	89 330
	Europa	670,9	3,5512	0,009	0,47	3130	47 970
	Ganímedes	1070	7,1546	0,002	0,21	5268	148 200
	Calisto	1883	16,689	0,007	0,51	4806	107 600
De Saturno ♄	*Tetis*	294,66	1,8878	<0,001	1,86	1060	622
	Dione	344,40	2,7369	0,0022	0,02	1120	1100
	Rea	527,04	4,5175	0,0010	0,35	1528	2310
	Titán	1221,8	15,945	0,33	0,33	5150	134 550
	Jápeto	3561,3	79,330	0,0283	14,7	1436	1590

Período de rotación (horas)	Longitud promedio del día (horas)	Diámetro ecuatorial (km)	Diámetro polar (km)	Inclinación del eje (grados)	Masa (10^{24} kg)	Volumen (10^{12} km^3)	Gravedad en la superficie (m/s^2)	Presión en la superficie (bars)	Temperatura promedio (°C)
600 – 816	-	1 392 000	1 392 000	7,25	1 989 100	1 412 000	274,0	0,000868	5505
1407,6	4222,6	4879,4	4879,4	0,01	0,3302	0,06083	3,70	negl.	167
-5832,5	280,20	12 106,6	12 103,6	177,36	4,8685	0,92843	8,87	92	464
23 934	24,000	12.756,2	12 713,6	23,45	5,9736	1,08321	9,78	1014	15
24 623	24,660	6794	6750	25,19	0,64185	0,16318	3,69	0,007	-65
9,0744	9,0864	960	932	var.	0,00087	0,000443	negl.	negl.	-90
0,9250	9,9259	142 984	133 708	3,13	1898,6	1431,28	23,12	100+	-110
10,656	10,656	120 536	108 728	26,73	568,46	827,13	8,96	100+	-140
5,8992	5,8992	208	148	???	0,000006	0,000024	negl.	negl.	???
-17,239	17,239	51 118	49 946	97,77	86,832	68,33	8,69	100+	-195
16,11	16,11	49 528	48 682	28,32	102,43	62,54	11,00	100+	-215
-153,29	153,28	2390	2390	122,53	0,0125	0,00715	0,58	negl.	-223

LUNAS
(continuación)

		Nombre del satélite	Radio orbital medio (10^3 km)	Período orbital (días)	Excentricidad de la órbita	Inclinación de la órbita (°)	Diámetro (medio, km)	Masa (10^{18} kg)
De Urano	⛢	*Miranda*	129,39	1,4135	0,0027	4,22	235,7	66
		Ariel	191,02	2,5204	0,034	0,31	578,9	1340
		Umbriel	266,30	4,1442	0,0050	0,36	584,7	1170
		Titania	435,91	8,7059	0,0022	0,14	788,9	3520
		Oberón	583,52	13,463	0,0008	0,10	761,4	3010
De Neptuno	♆	*Proteo*	117,65	1,1223	0,0004	0,55	193	3
		Tritón	354,76	-5,8769	0,000016	157,35	2705	21 470
		Nereida	5,5413	360,14	0,7512	7,23	340	20
De Plutón	♇	*Caronte*	19,6	6,3873	<0,001	<0,01	1186	1900

Solo indicamos las lunas principales de los gigantes gaseosos. En 2001 se conocían 28 satélites orbitando alrededor de Júpiter, 30 alrededor de Saturno, 21 alrededor de Urano y 8 alrededor de Neptuno. Probablemente existan muchos más. En la Tierra transcurren 29,5306 días entre dos plenilunios. La cosmología puede beneficiar su salud.

Afinaciones planetarias

	Mercurio	Venus	Tierra	Marte	Júpiter	Saturno	Urano	Neptuno	Plutón	Luna	Luna sideral	Día
Período (años)	0,24085	0,6152	1	1,8809	11,862	29,458	84,013	164,79	247,69	0,08085	0,07480	0,00274
Frecuencia audible (Hz)	141,27	221,23	136,10	144,72	183,58	147,85	207,36	211,44	140,25	210,42	227,43	194,18
Número de octavas	30	32	32	33	36	37	39	40	40	29	29	24
Tono audible	Re	La	Do♯	Re	Fa♯	Re	Sol♯	La	Do♯	Sol♯	La♯	Sol
Tono de afinación (Hz)	423,34	442,46	432,10	433,67	436,62	443,04	439,37	422,87	445,26	445,86	429,33	435,92
Frecuencia visible 10^{14} Hz	6,213	4,865	5,986	6,365	4,037	6,502	4,559	4,650	6,168	4,627	5,001	4,270
Número de octavas de luz	72	73	74	75	77	79	80	81	82	70	70	65
Longitud de onda	0,483	0,616	0,501	0,471	0,743	0,461	0,685	0,645	0,486	0,648	0,599	0,702
Color	*azul*	*naranja*	*azul verdoso*	*azul*	*rojo*	*azul*	*naranja rojizo*	*naranja rojizo*	*azul*	*naranja rojizo*	*amarillo anaranjado*	*rojo anaranjado*

Adaptado de La octava cósmica *de Hans Cousto*

Tabla de medidas antiguas

	Pies ingleses	Asiria	Ibérica	Romana	Egipcia común	Inglesa	Griega	Persa	Nórdica	Sumeria	Inglesa arcaica	Egipcia real	Rusa
Asiria	0,9	1	63/64	15/16		9/10	7/8	6/7					
Ibérica	0,91429	64/63	1	20/21	14/15		8/9			5/6		4/5	
Romana	0,96	16/15	21/20	1	49/50	24/25	14/15			7/8			
Egipcia común	0,97959		15/14	50/49	1	48/49	20/21					6/7	
Inglesa	1	10/9		25/24	49/48	1	**35/36**	20/21	14/15		9/10	7/8	6/7
Griega	1,02857	8/7	9/8	15/14	21/20	**36/35**	1	48/49	24/25	15/16		9/10	
Persa	1,05	7/6				21/20	49/48	1	49/50				9/10
Nórdica	1,07143					15/14	25/24	50/49	1		27/28	15/16	
Sumeria	1,09714		6/5	8/7			16/15			1		24/25	
Inglesa arcaica	1,11111					10/9			28/27		1	35/36	20/21
Egipcia real	1,14286		5/4		7/6	8/7	10/9		16/15	25/24	36/35	1	48/49
Rusa	1,16667					7/6		10/9			21/20	49/48	1

METROLOGÍA ANTIGUA

Geometría significa «medición de la Tierra» y las medidas de la Antigüedad forman un único sistema global ajustado al tamaño de la Tierra y de la Luna. Están relacionadas por fracciones, internamente como divisiones y múltiplos de sus medidas *(véase tabla inferior)*, y externamente entre módulos *(véase la tabla de John Neal de la página anterior)*. Así, las medidas asirias y griegas mantienen una proporción de 9:10, y las romanas y las griegas de 24:25; la proporción entre asiria y romana es de 15:16. El pie nórdico es 6:5 del asirio y 9:8 del romano. Los nombres de los distintos módulos a veces resultan confusos, ya que los sistemas muchas veces se utilizaban de forma simultánea. Observe el uso de intervalos armónicos.

Fue Newton quien reavivó el interés moderno por la antigua metrología. Buscando un valor exacto para el tamaño de la Tierra consultó la tradición hebrea de que un cúbito «sagrado» era una fracción del radio terrestre (es la 10 millonésima parte). En los años que siguieron, John Greaves, Francis Penrose y William Flinders Petrie realizaron meticulosas mediciones en excavaciones egipcias y griegas, que revelaron pequeñas pero regulares variaciones de los módulos individuales. Petris y más tarde Livio Stecchini observaron que las medidas variaban de forma regular sobre las 170.ª y 450.ª partes. John Michell y John Neal más tarde pulieron y explicaron el tema.

La primera variación resulta de la diferencia entre los dos valores de π en el mundo antiguo, 25/8 y 22/7, que se calcula como 175/176. Marco Vitruvio describe un odómetro romano con ruedas de 4 pies de diámetro (1,2192 m) que marcan una longitud de 12,5 pies cortos (3,81 m) por revolución. Medida en pies largos la proporción sería de 176/175. La fracción aparece en otros lugares, por ejemplo el *shaku* o pie tradicional japonés, que hasta el presente mantiene una proporción con el pie inglés de 175:176.

La segunda variación se puede derivar de la forma no esférica de la Tierra. Los antiguos sabían que el radio ecuatorial excede el radio polar, lo que significa que los grados de latitud en superficie se van acortando al ir aproximándose a los polos. La proporción entre valores polar:medio:ecuatorial se basó en la antigua medición como 880:882:883, explicando la variación de 440:441, a menudo observada en unidades particulares (a veces denominadas el pie «largo» y el pie «corto»). El radio medio se da sobre los 51°, y se conoce como el grado del meridiano.

Estas conversiones mantenían la armonía entre medidas lineales y angulares. Por ejemplo, un segundo de arco de la superficie terrestre en el grado del meridiano equivale a 100 pies griegos. La milla inglesa y norteamericana también es geodésica *(véase pág. 327)*.

		Dígito	Pulgada	Palma	Mano	Palmo	Pie	Cúbito	Paso	Yarda	Paso romano	Braza
Dígito	=	1	3/4	1/4	3/16	1/12	1/16	1/24	1/40	1/48	1/80	1/96
Pulgada	=	4/3	1	1/3	1/4	1/9	1/12	1/18	1/30	1/36	1/60	1/72
Palma	=	4	3	1	3/4	1/3	1/4	1/6	1/10	1/12	1/20	1/24
Mano	=	16/3	4	4/3	1	4/9	1/3	2/9	2/15	1/9	1/15	1/18
Palmo	=	12	9	3	9/4	1	3/4	1/2	3/10	1/4	3/20	1/8
Pie	=	16	12	4	3	4/3	1	2/3	2/5	1/3	1/5	1/6
Cúbito	=	24	18	6	9/2	2	3/2	1	3/5	1/2	3/10	1/4
Paso	=	40	30	10	15/2	10/3	5/2	5/3	1	5/6	1/2	5/12
Yarda	=	48	36	12	9	4	3	2	6/5	1	3/5	1/2
Paso romano	=	80	60	20	15	20/3	5	10/3	2	5/3	1	5/6
Braza	=	96	72	24	18	8	6	4	12/5	2	6/5	1

DANZAS DE LOS PLANETAS

MERCURIO - VENUS

MERCURIO - TIERRA

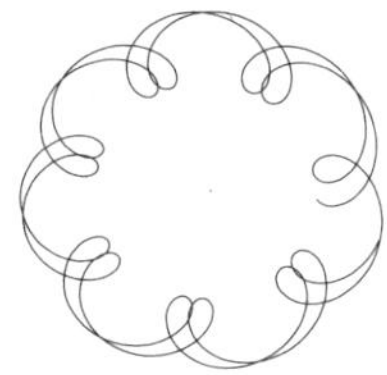

MERCURIO - MARTE

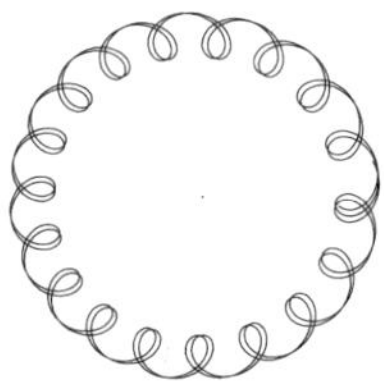

MERCURIO - CERES

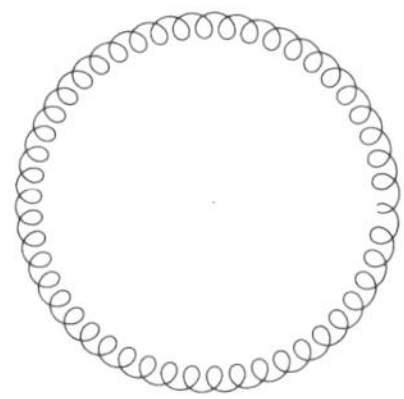

MERCURIO - JÚPITER

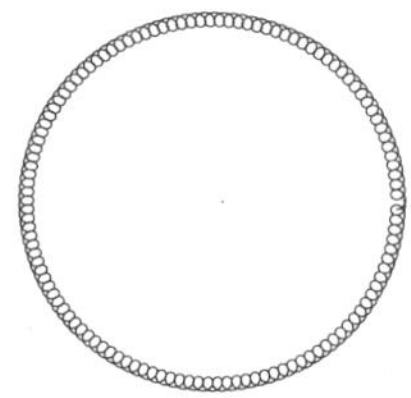

MERCURIO - SATURNO

VENUS - TIERRA

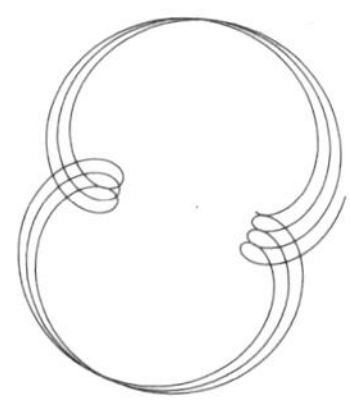

VENUS - MARTE

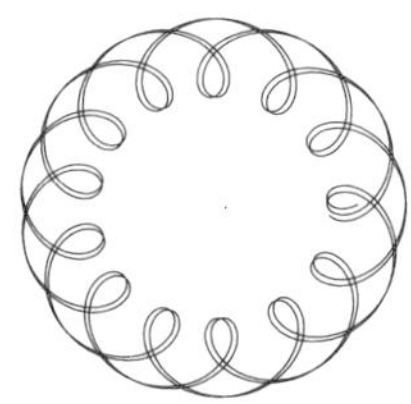

VENUS - CERES

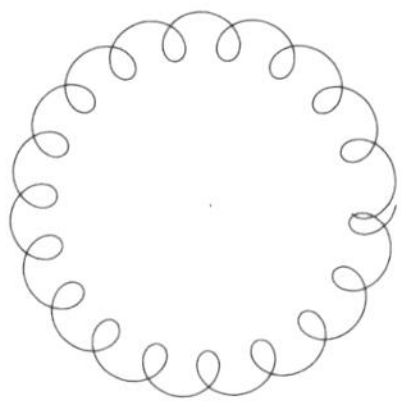

VENUS - JÚPITER

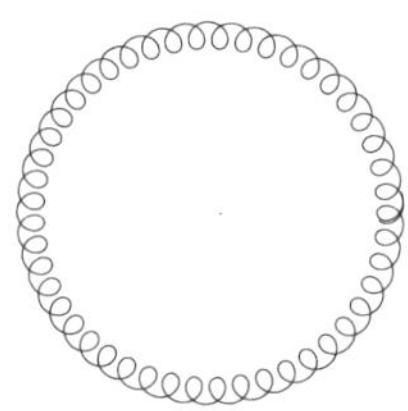

VENUS - SATURNO

TIERRA- MARTE

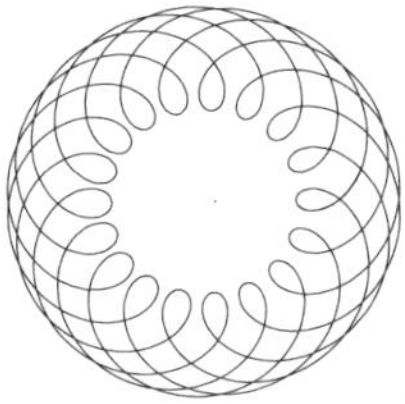

TIERRA- CERES

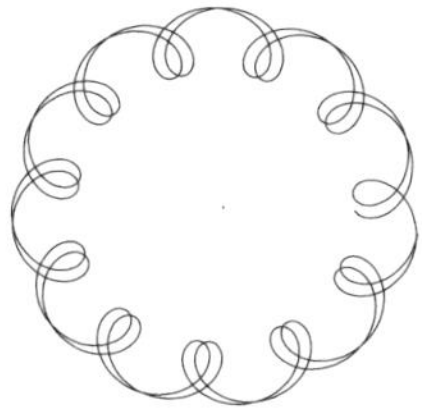

TIERRA - JÚPITER

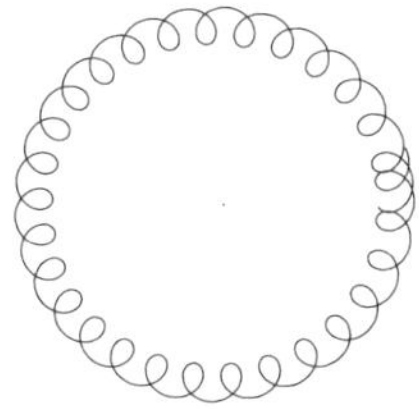

TIERRA - SATURNO

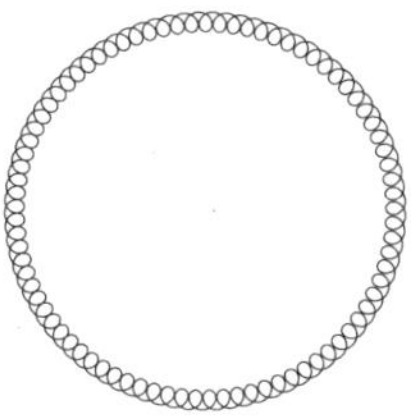

TIERRA - URANO

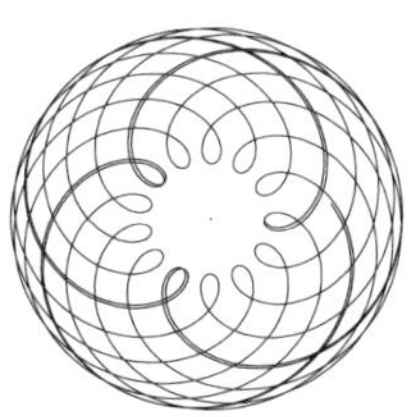

MARTE - CERES

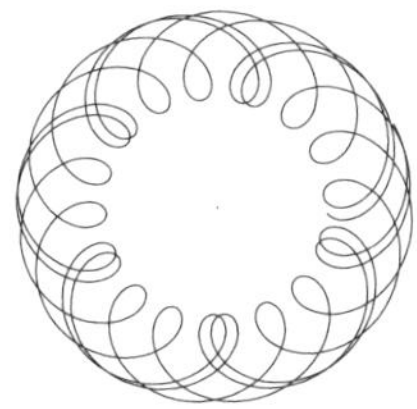

MARTE - JÚPITER

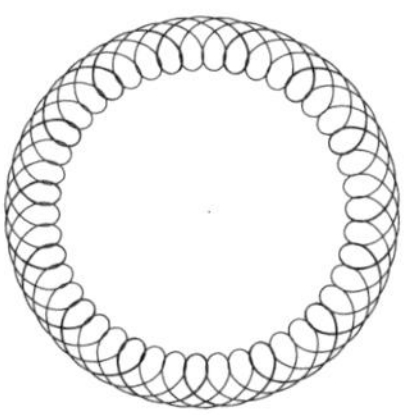

MARTE - SATURNO

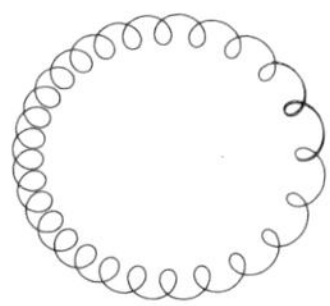

MARTE - QUIRÓN

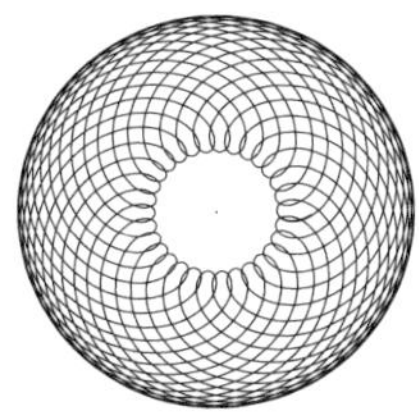

CERES - JÚPITER

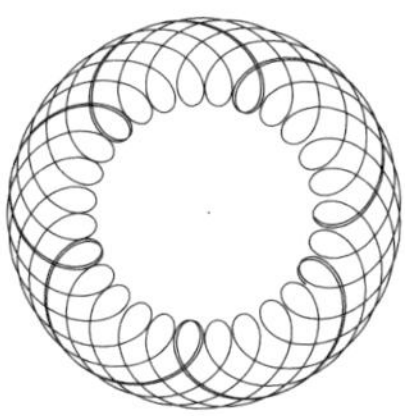

CERES - SATURNO

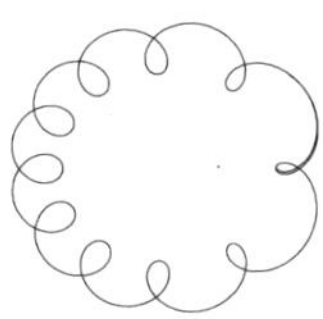

CERES - QUIRÓN

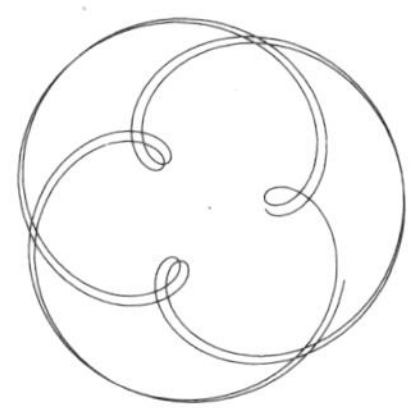

JÚPITER - SATURNO

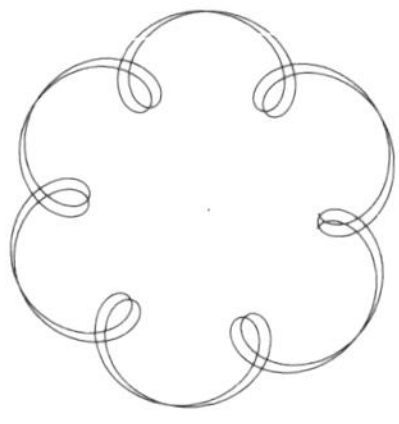
JÚPITER - URANO

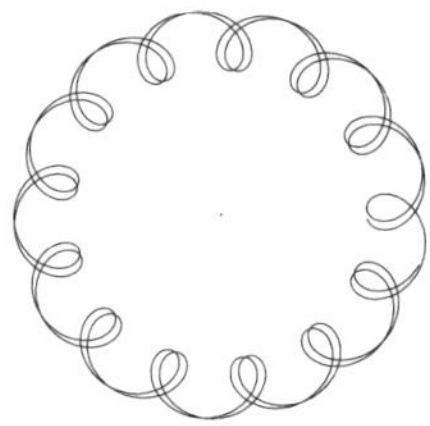
JÚPITER - NEPTUNO

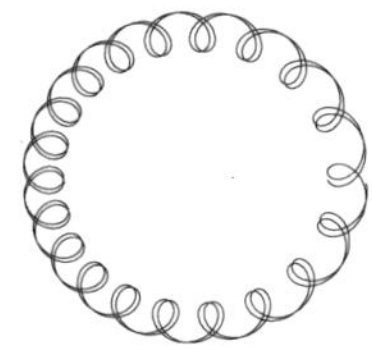
JÚPITER - PLUTÓN

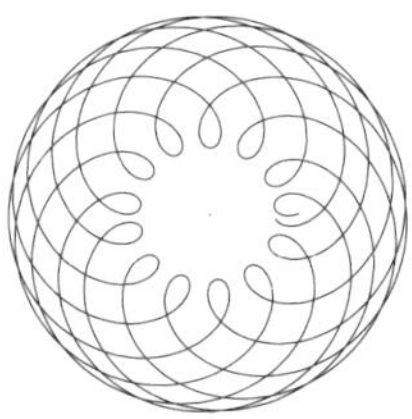
SATURNO - URANO

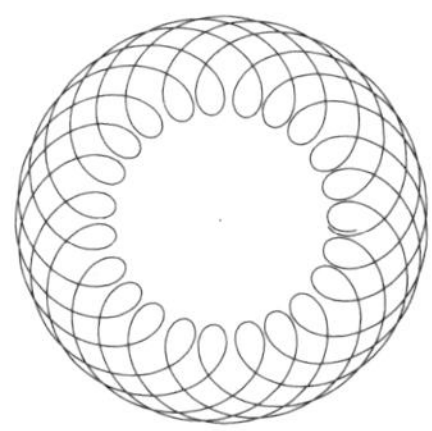
SATURNO - NEPTUNO

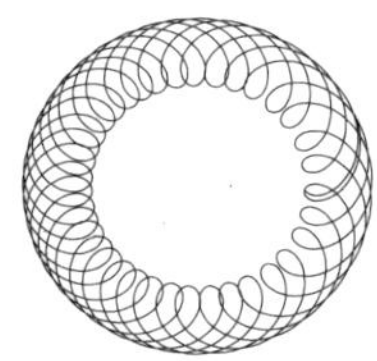
SATURNO - PLUTÓN

QUIRÓN - URANO

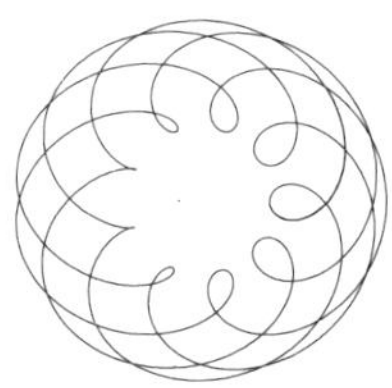
QUIRÓN - NEPTUNO

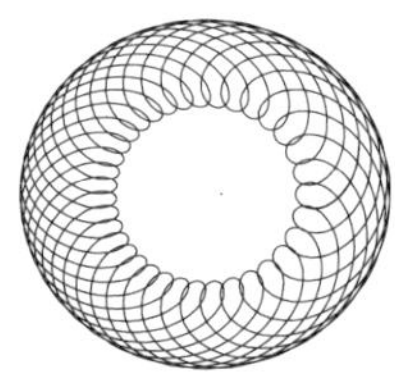
QUIRÓN - PLUTÓN

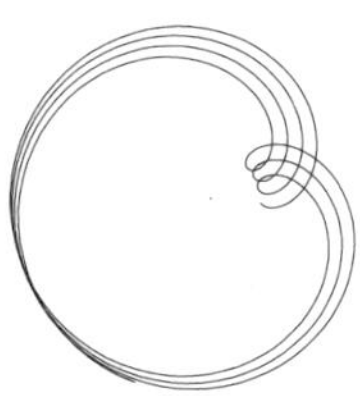
URANO - NEPTUNO

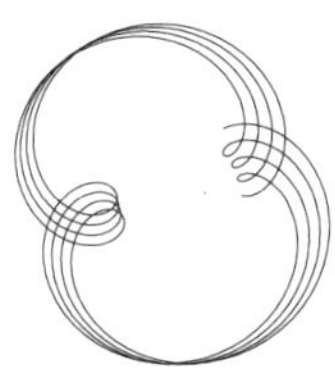
URANO - PLUTÓN

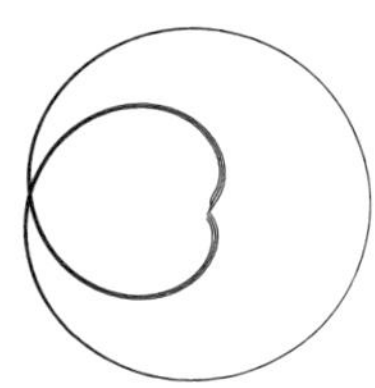
NEPTUNO - PLUTÓN

ÍNDICE ALFABÉTICO

Las entradas clave se indican en *cursiva,* las secuencias con - y las referencias ocasionales en varias páginas con ~

Bibliografía y lecturas recomendadas

Deryck Cooke, *The Language of Music*, Oxford 1959
Harold Coxeter, *Regular Polytopes*, Dover 1974
Keith Critchlow, *Order in Space*, Thames & Hudson 1969
Time Stands Still, Floris Books 2007
Islamic Patterns, Thames & Hudson 1983
Peter Cromwell, *Polyhedra*, Cambridge 1999
Michael J. Crowe, *Theories of the World from Antiquity to the Copernican Revolution*, Dover 1990
Alain Danielou, *Music and the Power of Sound*, Inner Traditions 1995
David Fideler, *Jesus Christ, Sun of God*, Quest Books 1996
William Fleming, *Art, Music and Ideas*, Holt 1970
Jocelyn Godwin, *Armonías del Cielo y de la Tierra*, Ed. Paidós. Ibérica, 2000
Armonías de las esferas, Ed. Atlanta, 2009
Joseph Goold, C. E. Benham, R. Kerr y L. R. Wilberforce, *Harmonic Vibrations*, Newton & Co. 1909
Kenneth Sylvan Guthrie & David Fideler, *The Pythagorean Sourcebook*, Phanes Press 1987
George Hart (todo sobre poliedros), www.georgehart.com
Richard Heath, *Los números sagrados y el origen de la civilización*, Ed. Obelisco, 2010
The Matrix of Creation, Inner Traditions 2004
Robin Heath, *El Sol, la Luna y la Tierra*, Ed. Oniro, 2004
Herman Helmholtz, *On the Sensations of Tone as a Physiological Basis for the Theory of Music*, Dover 1954
Alan Holden, *Shapes, Space and Symmetry*, Dover 1992
Georges Ifrah, *La historia universal de las cifras, Ed. Espasa Libros, 2007*
Jamie James, *The Music of the Spheres*, Grove Press/Little, Brown 1993
James Jeans, *Science and Music*, University Press 1937
Hans Jenny, *Cymatics*, Macromedia Press 2001
Robert Kanigel, *The Man Who Knew Infinity*, Abacus 1992
Hazrat Inayat Khan, *The Mysticism of Sound and Music*, Shambhala 1996
Arthur Koestler, *Los sonámbulos*, Ed. Salvat, 1989
Robert Lawlor, *Geometría Sagrada*, Ed. Debate 1994
Ernest McClain, *The Myth of Invariance*, Shambhala 1978
John Michell, *Nueva visión sobre la Atlántida*, Ed. Martínez Roca, 1987
The Dimensions of Paradise, Inner Traditions 2008
How the World is Made, with Allan Brown, Thames & Hudson 2009
Angela Moore, *In Love with Venus*, Squeeze Press 2009
Guy Murchie, *Music of the Spheres*, Dover Books, 1961
John Neal, *All Done with Mirrors*, Secret Academy 2000
Scott Olsen, *The Golden Section*, Wooden Books/Walker & Co. 2006
Guy Lyon Playfair & Scott Hill, *Cycles of Heaven*, Souvenir Press 1978
Martin Rees, *Just Six Numbers*, Phoenix 2000
Michael Schneider, *A Beginner's Guide to Constructing the Universe*, Harper Perennial/Avon 1995
Arnold Schoenberg, *Fundamentals of Music Composition*, Faber, 1973
Joachim Schultz, *Movements and Rhythms of the Stars*, Floris Books 1986
Malcolm Stewart, *Patterns of Eternity*, Floris Books 2009
William Stirling, *El canon: la cábala como clave de todas las cosas, Ed. Humanitas, 2000*
Gordon Strachan, *Jesus the Master Builder*, Floris Books 2000
Daud Sutton, *Ruler and Compass*, Wooden Books/Walker & Co. 2009
David Wade, *Symmetry*, Wooden Books/Walker & Co., 2006
Magnus Wenniger, *Polyhedron Models*, Cambridge 1974
Spherical Models, Cambridge 1979 & *Dual Models*, Cambridge 2003
and ... www.woodenbooks.com

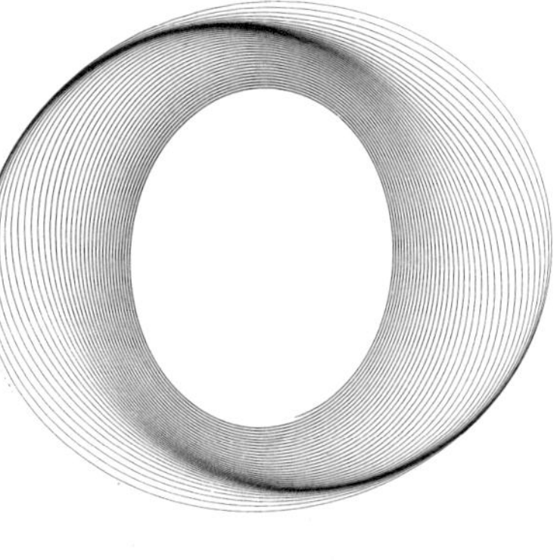